# 원불교와 한국인

# 원불교와 한국인

류성태 著

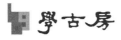

　원불교 창립 100년대에 진입하면서 교단의 과제로는 여러 가지가 등장할 것이다. 교단 2세기를 보는 안목으로 기대욕구가 더 커질 것이기 때문이다. 무엇보다 원불교는 한국사회에서 활력을 얻어야 하는 점을 염두에 두어야 한다. 한국사상과 한국인의 성향을 바로 알아야 세계적 종교로 발돋움할 수 있기 때문이다.

　한국사회와 한국인의 심리를 진단하고 이에 능동적으로 대응해야 한다는 시각에서 감히 『원불교와 한국인』이라는 저서를 발간하게 된 것이다. 1916년 한국의 변방 일우에서 닻을 올린 원불교가 교단 2세기에 진입하는 현 시점에서 수많은 도전과 새롭게 불공해야 할 일들은 적지 않다고 본다.

　이러한 도전에 대응할 실마리로서 한민족관·한국고유사상에 대한 정체성을 파악할 필요가 있다. 원불교 사상에 근거하여 국가관을 접근하고, 최치원이 밝힌 한국고유의 사상 곧 '풍류도'에 관심을 갖게 된 것이다. 소태산은 금강산을 드러내었고, 정산종사는 『건국론』을 밝혔다. 또 고운은 12세에 험난했던 유학 생활에서 애국심의 고취와 한민족의 고유사상을 천명했다.

이제 원불교 100년에 즈음한 교화의 화두는 한국인 불공이며, 나아가 한국교화라 본다. 세계교화의 비전을 세우는데 한국교화부터 물꼬를 터야 한다. 원불교가 한국의 4대종교로 부상한 시점에서 명과 실에 충실해야 한다는 뜻이다.

필자에게 인재양성과 원불교사상의 천착이라는 은혜의 일터를 주신 법신불님, 그리고 본 저서 발간에 물심양면으로 협력해준 학고방 하운근 사장님과 임직원 여러분께 감사를 표한다.

2014년(원기99) 4월 28일 철산 류성태 識

목 차 >>

## 총설  한국인의 정체성 •13•

## 제1편  한국인의 긍정적 성향 •23•

## 제3편  한국인의 성찰과 원불교 ● 169 ●

## 제4편  한국사상과 최치원 ● 243 ●

총설_

# 한국인의 정체성

국가마다 고유의 풍속이 있을 것이며 국가마다 그 민족의 특성이 있다고 할 수 있다. 그렇다면 한국인의 특성은 무엇인가? 어떤 공동체든 같은 시공간 속에서 호흡하며 살아간다면 그에 합당한 성향을 드러낼 수 있을 것이다. 자신이 속한 국가의 이념과 목표에 합류하는 국민들이라면 그 정체성이 분명히 규명될 수 있으리라 본다.

한 심리학자는 각 나라 국민의 특성을 다음과 같이 밝히고 있다. "중국인은 돌솥과 같다. 달구기가 여간 어렵지 않다. 그러나 한번 뜨거워진 다음에는 좀처럼 식지 않는다. 식은 줄 알고 잘못 손댔다가는 혼이 나기 쉽다. … 일본인은 은그릇과 같다. 조금만 힘을 줘도 잘 찌그러진다. 그러나 아무리 찌그러져 있어도 쉽게 펴질 수가 있다. 한국인은 양철냄비와 같다. 달아오르기도 쉽지만 식기도 쉽다."[1] 한중일

---

1) 박지영, 『유쾌한 심리학』, 신영북스, 2010, p.38.

3국의 국민들에게 나타난 성향을 친숙한 음식그릇에 비유하여 설득력 있게 다가서고 있는 것은 3국인의 국민성을 대비하는데 용이하기 때문일 것이다.

우리나라 사람들의 성격을 그릇에 비유하여 규명하는데 있어서 다소 비판적 시각이라는 점은 부담스러운 일이다. 하지만 국민의식을 환기하는 측면을 고려한다면 오히려 교육적 의의가 있을 것이다. 한국인의 성향을 긍정적 시각 15항목과 비판적 시각 15항목을 언급하려는 필자의 의도가 이와 관련된다. 장·단점을 두루 파악하여 원불교적 시각에서 접근하자는 것으로, 국민들로 하여금 성찰을 환기시키지 않으면 안 된다는 위기의식의 발동이 본 저술의 발단이다.

국민의 양면성을 고려할 때, 한국인의 특성이 그릇과 관련해서 비유되는 것은 이방인들에게 냉소적 시각으로 비춰진다는 점에서 분명 기분 좋은 일은 아닐 것이다. 그러나 우리 민족의 우수성도 적지 않다. 세계적 브랜드로서 각광을 받고 있는 한국제품이 적지 않은 현실임을 고려하면 더욱 그렇다. 2011년에 이어 2012년에도 우리나라가 세계 수출시장 점유율 1위를 유지한 품목은 메모리 반도체, 자동차 부품 등 48개였고, 2012년에 새로 진입한 품목은 프로필렌 공중합체 등 화학제품 16개였다. 또 현대자동차가 세계에서 인기를 끌고 있고, LG 제품 역시 세계적 브랜드로, 삼성제품은 반도체 등을 포함하여 세계적 브랜드로 성장하였다.

무엇보다 우리를 신명나게 하는 것은 한민족이 근면뿐만 아니라 산하대지를 유람하며 여흥을 즐길 줄 알고, 풍류를 좋아한다는 사실이다. 청나라 때 학자 지원(紀昀)(1724~1805)은 '시구만 읊조리면 가장 생각나는 해동인'(吟詩最憶海東人)이라 하였다. 한국인은 흥에 겨워 시조를 읊조리는 신명인들이며, 우리 민족은 예로부터 풍류를 좋아하는 민족인 것이다.[2] 신명을 즐기고 세계 속의 한국인으로 주목받는 민족이라는 면에서 오늘날 세계에 '한류' 바람이 일고 있는 것도 우연은 아니라 본다.

풍류의 기질을 타고난 한민족의 문화적 색깔은 한류라는 트렌드로서 세계에 바람을 불리기에 충분하다고 본다. 일본이나 중국, 동남아와 유럽 등에 한류가 거세게 몰아친 것은 한국에서 방영된 드라마, 영화의 수출 덕분이다. 더불어 한국 가수들의 해외 인기도 덕분이다. 싸이의 '강남스타일'이 유트뷰에 수십억의 조회 수를 기록한 것이라든가, 욘사마로 알려진 배용준의 '겨울연가'는 일본여인들의 우상이기도 하다. 1996년 우리의 TV 드라마를 중국으로 수출하면서 시작된 한국 대중문화의 붐은 1998년 가요가 가세하면서 중국과 대만·베트남·일본·태국·필리핀·인도네시아 등 동남아 일대로 번졌으며, 이미 클론은 대만의 국민가수로, 탤런트·영화배우인 장동건은 베트남의 국민배우로, 안재욱은 탤런트로 중국에서 인기 1위를 누린 바 있다. 카라(Kara)는 2013년 제17회 차이나 뮤직 어워드 최고 인기 국제그룹상을 수상하여 한류의 열기를 더하였다.

이처럼 21세기를 살아가고 있는 현대인, 또 거센 격동의 바람을 맞고 있는 한국인들에게 세상은 넓어지고 있다. 세상은 넓고 할 일은 많다고 했듯이 인류 문명의 가능성은 참으로 크고, 그 가능성에 대하여 우리 국민이 해야 할 일은 너무도 많다.[3] 세상은 한 일터요 한 가족이란 구호에 걸맞게 지구촌(Global village)이란 말이 이제 낯설지 않게

---

2) 최병철, 『공자가 살아야 나라가 산다』, 시아출판, 1999, pp.27-28.
3) 김용옥, 『도마복음한글역주』 2, 통나무, 2010, p.16.

되었다. 의식수준에 있어서도 국 좁은 한국인에 머물지 말고 넓은 세계인으로서 살아가야 할 것이며, 보다 멀리, 보다 넓게 세상을 바라보는 지혜가 필요하다.

21세기 지구촌의 시대는 한국 속의 세계, 세계 속의 한국을 바라보면서 살아가야 할 것이다. 한국 기업들이 외국에 진출해 있고, 또 외국기업들도 한국에 진출해 있다. 국가의 장벽이 터진 상황에서 외국인들이 한국에 몰려와 한국기업에 취직하여 일하고 있고, 외국인 규수들이 한국인 총각들과 결혼하는 경우가 빈번해지고 있다. 최근에는 단일민족이란 말보다는 다문화 가족이라는 말이 더 유행하고 있는 실정이다. 한국이 세계화되는 마당에 한국에 주재하며 근로 활동을 하고 있는 외국인들을 무시하여 부정적 시각을 보인다면 국수주의의 사고일 따름이다.

요즈음 국가의 경제적 성장으로 인해 많은 한국인들은 돈과 시간적 여유 덕분에 해외여행을 즐기고 있다. 여행은 세계 속의 한국인으로서 폭넓은 안목을 키워주는 좋은 기회가 아닐 수 없다. 해외여행을 통해서 세계인의 시각을 가져야 할 것이며, 그런 까닭에 여행을 할 때에 국제 매너를 중시하는 외교관임을 알아야 한다. 우리는 4천만 동포를 대표하는 사람이며, 언제 어디서든 외국인들이 우리를 만나면 최초의 한국인으로 기억할 것이기 때문이다.[4] 한국인으로서 품위도 지키면서 사소한 일상생활 하나하나에 스며있는 우리 모습을 보여주어야 하는 이유이다.

한국인의 특성에 더하여 한국사상의 정체성도 주목할 일이다. 한국

---

4) 한비야, 『바람의 딸 걸어서 지구 세바퀴 반』 1, 도서출판 金土, 1999, p.91.

인으로서 자부심을 느끼게 하고 한국 고유사상의 본질을 규명하는데 고운 최치원은 단골메뉴이다. 그는 우리 민족과 같이 위대한 민족은 없다고 하면서 우리 민족 나름의 독자적 우수성을 주장하여 한국사상 을 최초로 정의하기도 했던 인물이다.[5] 유불도 3교의 회통 사상으로 서 풍류도를 언급한 것이 이와 관련된다.

한국과 중국의 수교 21년째인 2013년 6월, 중국을 국빈 방문한 박 근혜 대통령은 중국 국가주석 시진핑과 정상회담을 가졌다. 본 회담 에서 시진핑 주석은 한국 고유사상을 밝힌 최고운에 대하여 언급하고 있다. 확대 정상회담 환영사에서 그는 통일신라 고운의 한시 '범해'를 인용하였다. 당나라 때 고운이 중국에서 공부하고 한국에 돌아갔을 때 "푸른 바다에 배를 띄우니 긴 바람이 만리를 통하더라"는 시를 썼 다면서, 한중 관계가 과거로부터 가까운 관계였음을 강조한 것이다. 중국에 가서 중국 본토인보다 한시에 더 능한 실력을 갖춘 고운이었기 에, 오늘날 중국의 시진핑 주석이 그의 한시를 인용할 정도이다.

주목할 바, 유불도 회통의 종교적 혼을 간직한 한국인의 정신과 사 상 속에는 상생의 조화사상이 뿌리하고 있다. 상생조화의 사상은 평화 사상으로서 자연과 인간, 인간과 인간, 인간과 사물, 사물과 사물 등 모두가 조화롭게 공존하며 살아온다고 느꼈으며, 그리하여 우리 한국 인들은 일찍이 조화정신을 깨달았던 것이다.[6] 조선시대의 유교사상이 지배해 왔던 천인합일적 사유도 이와 관련되며, 도교의 자연환경과의

5) 송항용,「노장철학의 세계」, 한국불교환경교육원 엮음,『동양사상과 환경문제
   』, 도서출판 모색, 1997, pp.45-46.
6) 류병덕,『근·현대 한국 종교사상연구』, 마당기획, 2000, p.18.

친화사상, 나아가 불교의 호국 자비사상도 이러한 상생조화와 관련되어 있다. 상생 공존의 법칙을 일찍이 배웠던 한국인들은 갈등이 아니라 서로 협력하는 조화사상을 한국사상의 근저로 정착시켰다.

또한 21세기를 전망하면서 한국사상의 전개 방향은 정신과학을 선도해 가는 일이라 본다. 정신과학은 물질과학 위주로 전개되어가는 것에 대한 균형 유지에 큰 기여를 할 것이다. 독일의 철학자 빌헬름 딜타이(1833~1911)에 있어서 역사는 법학, 경제학, 문학비평 및 사회학과 더불어 그가 정신과학이라고 불렀던 학문군(學問郡)에 속한다.[7] 물질 중심의 자연과학에 대비되는 정신과학은 인간의 사유와 감정, 정서 및 감각이라는 점에서 출발한다. 19세기 산업사회로부터 20세기를 지나 21세기에는 정신문명을 주축으로 한 사유를 전개하자는 것이며, 정신과학을 선도하자는 것이다.

새 학문으로 등장한 정신과학은 한국사상의 혼이 담겨있는 후천개벽 사상으로 초점이 맞추어진다. 동학사상과 증산사상 및 소태산사상에서 나타나는 후천개벽론이 한국을 중심으로 이루어지고 있다.[8] 21세기에 접어든 한국의 사상이 이러한 후천개벽론으로 전개될 때 그것은 유불도 3교의 회통사상이라 본다. 고운이 밝힌 유불도 3교의 회통사상으로서 풍류의 현묘지도가 새로 등장할법한 일이다. 3교의 회통사상에 근거한 후천개벽론은 오늘날 한국 민중종교의 흐름과 그 맥을 같이 하고 있다.

---

7) W.H.월쉬 지음, 김정선 옮김,『역사철학』, 서광사, 1989, p.65.
8) 이은봉,「미래종교에 대한 원불교적 대응」, 제18회 원불교사상연구 학술대회 《少太山 大宗師와 鼎山宗師》, 원광대 원불교사상연구원, 1999년 2월 2일, p.12.

앞으로 세계 속의 한국인으로서 더욱 성숙하려면 가장 한국적인 사람, 가장 한국적인 사상이 무엇인가를 찾아야 할 것이다. 우리는 과연 문화적으로 우리 나름의 색깔을 갖고 있는지 곰곰 생각해 보아야 할 것이며, 서울을 비롯한 대도시를 높은 곳에서 내려다보면 별다른 특색을 찾기가 어렵다.[9] 한국인의 정체성을 모색하는 것과 더불어 한국사상의 뿌리를 찾는 일은 이제 더 이상 미룰 수 없는 일이다.

본 저서의 목차에 제시한 것처럼 제1편에서는 한국인의 긍정적 성향을 밝히고, 제2편에서는 한국인의 부정적인 성향을 밝히는 이유도 한국인의 정체성을 찾기 위한 것이다. 제3편에서는 한국인의 성찰과 원불교의 과제를 밝히고, 제4편에서는 한국사상과 고운의 공헌에 대하여 언급하고자 한다. 제5편에서는 원불교와 한국사상을 거론함으로써 소태산대종사와 정산종사의 한민족관·국가관을 정립하고자 한다. 이는 원불교가 창립 100년을 전후한 시점에서 원불교의 한국교화 및 국가불공에 깊은 관심을 갖자는 것이다. 이러한 작업은 궁극에 가서 세계교화의 디딤돌이 될 것이라 본다.

---

9) 이건희, 『생각좀 하며 세상을 보자』, 동아일보사, 1997, p.108.

제1편_

# 한국인의
# 긍정적 성향

# 제1장

## 긍지와 자부심

### 1. 원조국에서 후원국으로

우리나라는 수많은 외침을 받아왔으며, 그로인해 주변 국가들에 의해 받은 고통도 적지 않다. 열강의 잦은 외침에 의한 고진감래라던가, 한민족에게 오히려 강인한 생명력을 가져다주었다. 고구려 시대에 수나라의 1백만 대군이 수차례 침략하였으며, 당나라 10만 대군이 침략하였다. 11세기 거란의 전후 세 차례, 13세기 몽골의 일곱 차례 침략도 있었다. 조선시대에는 7년간의 임진왜란과 병자호란을 거쳤다. 17세기 청나라의 침략도 있었으며, 1910년에는 일제의 침입으로 36년의 고통이 있었지만 다행히 1945년 해방이 되었다. 우리 민족은 어떠한 침략에도 굴하지 않고 잔디와 같은 생명력을 지닌 굳건한 한민족이며, 외침이 없도록 정신무장이 더욱 필요하다.

냉정한 입장에서 우리나라가 왜 침략을 받아야만 했는가를 성찰해야 한다. 그것은 한민족이 약해서만이 아니며 지리적 환경에 의한 원

인도 적지 않을 것이다. 한반도의 지리적 환경을 살펴보면 주변 강대
국(중국, 러시아, 일본)에 둘러싸여 그들의 경쟁적 탐욕 무대가 되어
왔다. 또 한반도는 작고 약한 나라였기 때문에 주변의 어느 나라와 싸
워서 이길 수 있는 입장이 되지 못하였다.[1] 고금을 통하여 우리에게
는 외세의 침략이 많았으니, 그 역사를 거슬러 올라가면 기원전 2세기
한나라의 침입도 있었다.

수많은 외세의 침략으로 인해 한민족은 안정보다는 고통의 연속이
었다. 우리나라의 꽃이 무궁화인데, 무궁화나무를 보면 다른 나무들
에 비해 벌레들이 유독 많이 모인다. 무궁화나무가 다른 나무에 비해
병충해에 더 시달리는 것을 보면 한민족이 외침에 의해 고통 받아온
것과 비유되곤 한다. 하지만 한민족은 어떠한 외침에도 삶을 포기하
지 않고 국민의 단결로써 5천년의 역사를 지켜오지 않았는가? 다음의
글을 소개해 본다. "무궁화의 덩치를 찾아서 무궁한 혜복으로 무궁하
게 살아가자"[2](전음광 강연, 원기 13년 6월 13일). 비록 무궁화가 병
해에 곧잘 시달림을 받지만 제철에 찬란한 꽃을 피우듯이, 한민족은
어떠한 외침에도 굴하지 않고 무궁히 견디어 오늘의 선진국으로 발돋
움하게 된 것이다.

우리가 잊어서는 안 되는 것은, 수많은 외세의 침략 속에서 한민족
은 빈국(貧國)을 벗어나지 못한 채 수많은 세월을 견디어야 했다는 점
이다. 가난한 살림살이로 인해 굶어죽는 사람도 적지 않았다. 1백여년

---

1) 황인관, 「중립화 통일과 건국론」, 『원불교학』 2집, 한국원불교학회, 1997,
   p.666.
2) 『월말통신』제2호, 시창 13년 6월 末日(원불교교고총간 제1권, pp.14-15).

전, 영국 왕립지리학회 소속 학자 이사벨라 버드 비숍이 네 차례나 한국을 방문하여 우리나라 팔도를 유람하면서 다음의 기록을 남긴다. "가난과 나태, 우울함이 도처에 널려 있다. 백성들은 양반에 의해 핍박받고, 급료 없이 노동해야 할 뿐만 아니라 부채로 인해 혹독한 부역을 해야 한다"(허남진, 조선의 치모 속). 지독하게도 가난했던 한민족은 당시 국정을 담당했던 위정자들의 혹세무민에 의해 그 가난을 벗어나는데 장애가 되었다. 탐관오리의 가렴주구에 의해 핍박을 받았던 백성들의 생활상은 그야말로 처참하였다.

오랜 시련으로 다가왔던 기아(飢餓)는 우리 한국인의 인사말에도 큰 영향을 주었다. 미국인들은 아침 인사에 '좋은 아침(Good morning)'이라 하며, 중국인들은 "짜오안(早安)"이라 하여 "아침, 안녕하세요"라 한다. 그러면 우리는 과연 어떻게 인사를 하는가? "식사하셨나요"라고 한다. 혹시라도 지난밤 굶어 죽지 않았는가에 대한 조바심에서 나온 인사말일 것이다. 이처럼 간밤에 굶어죽는 사람이 많아서 사람을 만나면 먼저 "밥 먹었느냐"부터 묻는 것이 한국 사람들이었다.3) "식사하였느냐"는 우리 인사말을 미국인들에게 "Have you taken a breakfast?"라고 하면 그들은 어떻게 반응할까? 웃어넘기지 못할 끼니걱정의 인사말은 우리 민족이 가난 속에 굶어죽은 사람들이 많았다는 징표이다.

오랫동안 한민족을 짓누른 가난이 이제 사라지게 되었다. 기나긴 가난 속에서 원조만 받던 한민족이 가난한 나라들을 후원하게 된 것이다. 그것은 21세기 들어 한국인의 근면성과 눈부신 발전을 가져다준

---

3) 한비야, 『바람의 딸 걸어서 지구 세바퀴 반』 2, 도서출판 金土, 1999, p.181.

IT 산업의 덕택이다. 광복 이후 식민지 잔재 위에 한국동란의 국가적 재난을 겪으면서도, 경제적인 면에서 오늘의 한국은 조선, 반도체, 휴대폰, 자동차 등 다양한 분야에서 세계 최고수준에 이르렀다.[4] 우리 민족은 빠른 경제성장과 사회발전을 성취해 온 것이니 자랑스러운 한국인임을 자랑할 만하다.

1950년 6·25 동란을 거치며 폐허가 된 이 나라였기에 원조를 받던 상황에서 다른 나라를 후원하는 국가로 변신한 것은 겨우 몇십 년 전의 일이다. 한국이 후진국에 속해 있다가 OECD 국가 대열에 합류하였으니 짧은 시간에 선진국으로 변한 것은 기적에 가까운 일이다. 한국의 산업 발전에 견인차 역할을 한 것은 한국인의 근면성과 지혜에 기인한다. 우리는 전후의 잿더미 속에서 세계가 부러워하는 경제 성장을 일궈냈으니, 외국의 여러 인사들은 한국의 성장과 발전을 기적이라고 하는데 주저함이 없다.[5] 짧은 역사 속에서 우리나라가 눈부시게 발전한 것에 세계가 놀라고 우리도 놀랐던 것이다. 6·25 전쟁의 폐허로부터 짧은 기간 안에 선진국으로 발전한 나라가 거의 없었기 때문이다.

한민족은 전쟁의 위기를 슬기롭게 극복하여 일어선 민족으로서 이제는 가난한 나라를 후원하게 되었다. 과연 5천년의 역사 속에서 "식사하셨나요?"라고 인사말을 하지 않아도 될 것이다. 오늘날 우리는 여전히 같은 인사말을 주고받는다. 추측컨대 다시는 가난한 나라가 되

---

4) 김종서, 「광복이후 한국종교의 정체성과 역할」, 제32회 원불교사상연구원 학술대회《광복이후 한국사회와 종교의 정체성 모색》, 원광대학교 원불교사상연구원, 2013.2.1, p.19.
5) 이건희, 앞의책, p.24.

지 말자는 본능적 다짐이라 본다. 당당한 선진국이 되어 후진국을 후원하는 나라로서 살아가려면 지난날의 굶주린 시절을 잊지 말자는 교훈으로 새기는 한국인의 인사말은 이제 자랑스럽기까지 하다.

어느 날 석가모니가 제자들에게 "사람의 목숨이 얼마 사이에 있느냐"고 물었다. 한 제자가 수일 사이에 있다고 답하자, 부처는 답하기를 "너는 도가 능하지 못하다"고 했다. 다시 다른 제자에게 묻자 그 제자 대답하기를 "밥 먹는 사이에 있다"고 답했다. 부처는 그에게도 도가 능하지 못하다고 하였다. 이는 한국인들에게는 어쩌면 맞는 말인지 모른다. 오랫동안 가난하게 살았던 탓에 한민족의 목숨은 밥 먹는 사이에 있었기 때문이다. 그러면 부처는 어떤 제자의 답변을 정답으로 보았을까? 다시 다른 제자에게 묻자 그 제자 대답하기를, 숨 한번 쉬는 사이에 있다고 했다. 이에 부처는 말하기를 "착하고 착하다. 네가 도를 알았다"라고 하였다.6) 불타와 세 제자의 대화에서 보면, '밥 먹는 사이'라고 대답한 제자가 정답이라 하고 싶은 것은 우리의 심정일 것이다. 식사를 하지 못하면 숨도 못 쉴 것이기 때문이다.

필자도 보릿고개란 말에 익숙한 베이비붐 세대이다. 가난에 허덕이던 1960년대는 필자가 초등학교 다니던 시절이었다. 어느 날 몇몇 친구들과 등교하기 위해 빠른 걸음으로 신작로를 걷고 있었는데, 미군용 차량이 지나가다가 우리 어린이들 앞에 멈추었다. 그러면서 우리에게 초콜릿 하나씩을 던져주자 우리는 고사리 같은 손으로 그 초콜릿을 서

---

6) 『四十二章經』 38章, 佛問諸沙門하사대 人命이 在幾間고 對曰- 在數日間이니이다. 佛言-子未能爲道로다 復問一沙門하사대 人命이 在幾間고 對曰-在飯食間이니이 佛言-子未能爲道로다 復問一沙門하사대 人命이 在幾間고 對曰-呼吸之間이니이 佛言-善哉라 子知道矣로다.

로 받아먹으려고 발버둥을 했다. 이 광경을 재미있게 지켜보고 웃으면서 사진을 찍는 미군도 있었다. 우리는 아랑곳없이 여기저기 던져지는 곳을 향하여 몸을 던져 겨우 초콜릿 하나를 차지하고 바로 먹지 않고 남겨두었다가 자랑삼아 먹은 일이 있다. 미국은 우리의 원조국이었기 때문에 식량 원조를 했으며, 밀가루와 강냉이를 원조하여 필자는 초등학교와 중학교 시절 빵과 강냉이 죽으로 점심을 채우곤 했다.

아이러니하게도 필자는 2012년 7월, 가난에 허덕이는 나라 라오스 여행을 하였는데, 필자가 한국에서 60년대에 겪었던 것과 같은 일이 벌어지고 있음을 지켜보았다. 우리 여행객은 라오스 시골 몽족마을에 당도하여 어린이들에게 과자와 공책 등을 선물하였다. 여기저기에 놀고 있던 아이들이 우리 일행을 보자 구름처럼 몰려들어 선물을 하나라도 더 받으려고 정신없었다. 필자는 신기해서 카메라를 연신 눌러댔다. 미군이 60년대 우리에게 사진을 찍었던 것처럼 필자 자신도 과거로 회귀한 마냥 라오스 어린이들에게 사진을 찍어댄 것이 아닌가. 비감한 역사의 아이러니가 아닐 수 없었다.

우리는 이제 가난한 나라 사람들에게 힘 미치는 데로 후원하는 국가가 되었다는 사실에 대하여 한국인의 한 사람으로서 가슴 뿌듯함을 느낀다. 한국의 눈부신 발전은 전 국민의 노력에 의한 결과이지만, 1970~80년대에 고생을 한 50~60대들의 헌신이 뒷받침되어 있다. 서울 구로공단에서 재봉틀에 앉아 고생했던 당시의 여공들, 무작정 상경하여 쇳덩이와 씨름하며 공장에서 굶주린 배를 움켜쥐며 고생했던 남공들의 노고가 아니었으면 오늘의 눈부신 발전은 기대할 수 없었을 것이다. 한국의 눈부신 발전상은 우리의 끈끈한 가족주의적 유대와 부지런한 근면성에 기인한다.

그렇다고 이제 우리는 부자라고 자만해서는 안 된다. 가난했던 당시의 심경을 헤아리며 성실한 자세로써 국가 발전에 공헌해야 한다. 샴페인을 먼저 터뜨리면 탈이 나기 때문이다. 1950년 6·25를 지나 우리에게 또 다른 시련은 1997년 IMF라는 것이 있었음을 상기할 일이 다. 다행히 이를 극복하기 위해 우리는 장롱에 보관해둔 금을 뒤져 금 모으기 운동을 전개함으로써 국가 부도를 극복하였다. 다소 지나친 표현이지만 IMF를 겪던 때를 6·25보다 더한 국난이었다는 표현이 나오기도 하였다. 이를 교훈삼아야 할 것이며, 그간 우리가 원조를 받 던 나라에서 후원하는 나라가 지속되려면 조금 잘 산다고 자만하거나 사치해서는 안 된다.

원조하는 나라로서의 국력을 키우기 위해서는 부단한 노력과 실력 을 쌓아야 한다. 다시는 원조 받는 국가로 뒤쳐져서는 안 된다는 절치 부심(切齒腐心)으로 내실을 갖추어 부강한 나라를 후손들에게 물려주 자는 것이다. 정산종사는『건국론』제3장 정치에서「실력양성」을 밝 히어 우방의 원조에 의존해서 안 되며 우리 자체의 실력을 양성하여야 한다고 했다. 우방의 원조는 일시적인 것이요 자기의 힘이 아니며, 원 조에 의지하면 진정한 독립국가의 실현은 어렵게 된다[7]는 사실 때문 이다. 우리는 과거의 원조를 교훈삼아 선진국의 대열에서 뒤처지지 않도록 실력을 양성함으로써 가난한 나라를 후원하는 자부심을 키워 가는 민족이 되어야 한다.

---

7) 한종만,「정산종사의 건국론 고」,『원불교사상』15집, 원불교사상연구원, 1992, p.423.

## 2. 한국인의 두뇌와 자긍심

오랫동안 농경사회를 지나 19세기~20세기는 산업·자본주의 시대
가 지속되었다. 농경사회는 부동산 경작지를 많이 소유하면 부자가
되는 시대였으며, 도시 산업사회는 과거와 달리 자본과 기술의 풍요
로움을 통해 부자가 되는 시대였다. 고대와 중세에 인류는 농경사회
에서 오랫동안 지내오다가 근대에 이르러 산업사회로 진행해 왔다[8]
는 점에서 근대와 현대는 놀랄 만큼 달라졌다. 근대 산업사회가 발전
하면서 개발의 가치가 우선시되다 보니 환경문제가 심각하게 대두되
는 부작용도 나타났다.

희망의 21세기가 우리의 현실로 다가오면서 산업사회에서 지식정보
화의 시대로 전환되기에 이르렀으니 두뇌가 중시되는 사회라고 할 수
있다. 지식 근로자들은 자신이 필요로 하는 지식을 스스로 보유하고
있으며, 결국 그들은 스스로 생산수단을 소유하게 된 셈이다.[9] 피터
드러커에 의하면 현대인은 자신의 생산수단을 어디에나 가지고 갈 수
있다는 것으로 그것은 현대인의 두뇌 속에 있는 것이라고 한다. 우리
는 발달된 두뇌자원에 의하여 가상현실을 구상하며, 그것을 현실로
창출해내고 있는 전대미문의 상황에 직면해 있다.

이처럼 생산양식이 바뀌는 시대로서 육체노동에서 정신노동으로 이
동하는 시대에 깊숙이 진입한 것이다. 이미 케인즈가 예언한 바와 같

---

8) 윤은기, 『하트경영』, 디자인하우스, 1998, p.23.
9) 피터 드러커 著, 이재규 譯, 「서문-지식 경제 시대의 개인과 기업」, 『프로페
   셔널의 조건』, 청림출판, 2001, p.13.

이 물질적 생산에 더 이상 전 국민의 노동력을 투입할 수는 없으며, 더 이상 육체노동자들이 필요하지 않을 시대가 다가오고 있다.[10] 생산양식이 근육에서 두뇌로 이행하는 것을 지식사회라 하며, 이를 가히 지식혁명사회라고도 볼 수 있다.

오늘날 지식과 두뇌의 사회로 접어들면서 세계에서 머리좋은 사람들이 모인 집단을 두뇌집단이라 하며, 그것은 부의 가치를 창출하는 최고의 부가가치가 된 셈이다. 한국인은 특히 머리가 좋은 민족으로 알려져 있으며, 21세기의 지식사회에 접어들면서 세계에서 주목받는 국가가 되고 있다. 세계 기네스북에 이 세상에서 가장 머리 좋은 사람은 한국인으로 올라 있으며, 그의 아이큐는 240이라고 한다.[11] 물론 가장 머리 좋은 사람이 있다고 해서 그 국가가 가장 우수한 두뇌집단이라고는 단정할 수 없을 것이다.

하지만 중요한 것은, 우리 한민족은 어느 민족보다 우수한 두뇌 자원이 있다는 사실이다. 한국인 평균 IQ가 106으로 세계 2위를 기록했다고 오스트리아의 한 의과대학이 발표했으며, 1위 홍콩(107), 3위 일본, 4위 싱가포르까지 아시아인이 상위권을 휩쓸었다(2003). 이처럼 한민족은 두뇌 자원이 풍부한 나라임에 틀림이 없다. 궁금한 것은 한국인이 왜 좋은 두뇌를 가지고 있는가 하는 점이다. 그것은 우리나라 부모의 자녀 교육열에 있을 것이며, 나아가 경쟁사회에서 공부를 잘해야 출세한다는 출세 지향주의적인 면이 적지 않기 때문이다. 이를

---

10) 스티븐 E. 투울민, 「지식의 가치와 미래」, 스미드소니연 연구소 編, 車河淳 譯, 『現代人과 知識』, 乙酉文化社, 1973, p.279.
11) 이종훈(중앙대총장), 「IMF시대의 大學財政」, 《원광대교직원연수자료》, 원광대학교, 1998년 2월 23일.

긍정적으로 본다면 우리에게는 현실적 삶에 대한 적극적인 개척의 의지가 충천해 있다고 보아야 할 것이다.

국제평가에서도 우리나라 초등학생 3~4학년들의 수학성취도가 1위로 나타났으며, 과학부문에서도 모두 1위를 차지했다. 국립교육평가원의 국제교육성취도평가학회(IEA)가 미국, 일본 등 45개국 초등학과 3·4학년생과 중학교 1·2학년생 50만여명을 대상으로 실시한 '수학·과학 성취도 국제비교연구(TIMSS)'의 결과(1991~96년)에서 뛰어난 성적을 보였다. 또한 과학 성취도에서 우리나라 3~4학년생들은 각각 553점과 597점을 얻어 522점과 565점인 일본 및 511점과 565점인 미국을 제치고 1위에 올랐다. 한국 초등학생의 두뇌가 우수한 것은 한국인으로서 자부심을 가져도 좋을 것이다.

한국 14세 중학생들의 두뇌도 선진국에서 1위를 기록하고 있다. 미국에서 조사한 각국 14세 아동의 수학(數學) 능력을 보면 선진국이라는 미국이 225점, 영국이 260점인데 비해 우리나라는 무려 318점에 이르며, 타고난 두뇌로 보나 역사로 보나 우리는 충분히 일류국가가 될 가능성이 있다.[12] 우리나라 청소년의 학업 성취도는 세계 최상위 수준이다. 2013년 12월 교육부에 의하면, 경제협력개발기구(OECD)가 발표한 '2012 국제 학업성취도평가(PISA)'에서 우리나라는 수학의 평균점수가 554점으로 OECD 회원국 가운데 가장 높았으며, 2위인 일본(536점)과도 18점이나 차이가 났다(국제신문, 2013.12.3). 우리나라는 2006년 조사에서 1~2위에 오른 뒤 2009년 1~2위, 최근 조사에서도 1위로 세계 선두였다.

---

12) 이건희, 『생각좀 하며 세상을 보자』, 동아일보사, 1997, p.121.

한국학생들의 학업 우수성은 초등·중등학생들에만 해당되지 않는다. 한국 대학생들의 명문대 입학도 신선한 충격을 준다. 실제로 우리 주변에 많은 한국인 1.5세나 2세들이 명문 하버드, 예일, 스텐포드, MIT 대학 등을 졸업하였기 때문이다.13) 이처럼 한국의 젊은이들이 국제사회에서 두뇌지수가 뒤처지지 않을뿐더러 우수한 두뇌 덕택에 미래사회의 기둥으로 등장할 것이다.

다가오는 미래사회는 두뇌자본이 세상 발전을 좌우하게 되리라 본다. 21세기는 지식 정보화의 사회임과 동시에 앞으로의 세상은 첨단 기술사회일 것이기 때문이다. 미래사회에서 가장 중요한 사람은 바로 창의력을 가지고 있는 이른바 첨단 두뇌들이다.14) 기존의 발전 방식에 의존한다면 그것은 정치적 힘이나 군사적 힘일 것이다. 그러나 현대는 급변하여 두뇌전쟁이 벌어지고 있다. 사이버 세상의 인터넷이 세상을 전혀 다른 모습으로 변화시켜온 현실을 굳이 언급하지 않아도 미래는 두뇌 파워가 세상을 선도할 것이라 본다.

한국인들은 머리만 좋은 것이 아니라 감성자원도 뛰어나다. 정이 많은 민족이요, 풍류를 즐길 줄 아는 민족이기에 EQ(감성지수)가 높다. EQ가 높은 사람은 두뇌의 힘뿐만 아니라 마음의 에너지를 이용할 줄 알며, 마음의 에너지와 두뇌의 힘이 합해지면 감성 지능이 나온다.15) 아이큐가 높다고 해서 반드시 이큐지수가 높다는 뜻은 아니다. 여기에는 두뇌지수가 높은 집단에게 감성지수를 높일 수 있는 프로그

---

13) 현용수,『IQ는 아버지 EQ는 어머니 몫이다』, 國民日報社, 1997, p.29.
14) 高範瑞,『價値觀硏究』, 나남, 1992, p.400.
15) 윤은기,『하트경영』, 디자인하우스, 1998, p.39.

램의 개발이 따라야 한다는 것이다. 우수한 두뇌를 지닌 한민족이 감성지수까지 높일 수 있도록 하기 위해 따뜻한 감성을 지닌 지성인들의 적극적인 역할이 요구된다.

우리의 두뇌자원과 감성자원의 확충을 위해서는 많은 명상이 필요하다. 명상을 통해서 우리의 두뇌에 활력을 갖출 수 있다는 것은 명상의 힘이 감성 개발에 영향을 크게 미치기 때문이다. 달라이 라마도 이에 말한다. "뇌의 능력은 깊은 명상을 통해서만 온전히 이용될 수 있다."[16] 우리 인간은 명상을 하면 할수록 두뇌가 발달되므로, 미완의 인생을 성숙시켜 가자는 것이다. 아직 명상에 익숙하지 않은 사람들이 많으므로 그들을 명상의 세계로 인도한다면 두뇌의 감성지수는 발달되리라 확신한다.

무엇보다도 한국인의 자원은 두뇌자원이다. 오늘날 지식산업이나 뇌본주의(腦本主義)와 같은 용어가 낯익은 시대가 됐다. 우리에겐 천연자원은 부족하지만, 다른 어느 민족보다도 우수한 두뇌자원이 있으며, 이들을 잘 활용해서 첨단산업에 뛰어드는 것이 국제 경쟁력을 갖추는 지름길이다.[17] IT분야 등 첨단사회에 뛰어든 한민족은 오늘날 세계에서 경쟁력 갖춘 국민으로 알려져 있다. 세계에서 Korea 브랜드가 한국인으로 하여금 자부심을 갖게 하기에 충분하다.

---

16) 달라이 라마 著, 공경희 譯, 『마음을 비우면 세상이 보인다』, 문이당, 2000, p.23.
17) 이건희, 앞의책, p.14.

## 3. 유구한 역사와 단군신화

한민족의 사상사를 여러 측면에서 접근할 수 있다. 단군신선사상에서 보는 시각, 불교 도참사상에서 보는 시각, 유교성리학에서 보는 시각, 실학개화사상에서 보는 시각 등이 그것이다. 무엇보다도 우리 민족정신사의 첫 단계는 단군신선 사상의 시대로, 이때는 원시사회에서 어디서나 볼 수 있는 원시적 샤머니즘이 지배적인 사고형태를 이루고 있었고, 정치적으로는 제정일치의 시대로 나타났다.[18] 유구한 역사의 단군시대로서 원시사회란 일월성신에서 성령을 찾는 시대였으며, 무당의 역할로서 길흉화복이 유행하던 시대였다.

원시시대의 단군신화에 대한 문헌 기록을 살펴보도록 한다. 중국 위서(魏書)를 보면, 지금으로부터 2천년 전에 단군왕검이 있어서 아사달에 도읍을 정하고 개국하였으니 그 나라 이름이 조선이라 하였다. 관련된 역사 기록물을 살펴보면 1280년께 일연 스님이 쓴『삼국유사』에 가장 먼저 실려 있다. 뒤이어 1287년에 나온 이승휴의『제왕운기』에도 단군에 대한 기록이 있다. 1200년대는 고려시대로서 외세의 침략(몽고)으로부터 고통을 받고 있었던 시대로서 단군에 대한 기록을 남김으로써 민족의 정체성을 확인하려는 역사적 과업이 부여되었다. 단군에 대한 재인식으로서 단군의 자손인 한민족의 유구함을 확인하려는 것은 민족정신사적 시각에서 뿌리의식이 발동한 것이다.

---

18) 한승조, 「한국정신사의 맥락에서 본 원불교」, 『원불교사상』 4집, 원불교사상 연구원, 1980, p.41.

단군신화라는 용어는 우리 조상의 정체성을 파악하는데 있어서 자주 등장한다. 단군신화에 의하면 하느님의 아들이 인간 세상에 하강하였다. 여기에 등장하는 곰은 사람이 되기를 기원하여 여자가 되었으며, 단군은 곧 하늘과 땅이 결합되어 사람으로 태어난 우리의 시조이며, 우리 민족의 이상적 인간상이다.[19] 한민족의 조상은 환인이며, 그는 아들 환웅을 인간 세상에 내려 보내어 세상을 통치하도록 하였다는 것이다. 최초의 부족국가인 배달국을 열었으며, 그것이 개천(開天)으로 오늘날 한민족의 개천절은 천제(天祭) 지내는 기념일로 되어 있다.

단군신화에 의하면 우리 민족의 근원지는 태백산 신단수 아래로 알려져 있다. 왜냐하면 하느님의 아들 환웅은 인간세계를 탐내었고 하느님이 직접 태백산을 선택하여 그 아들을 내려 보냈으니, 이 산정(山頂)의 신단수(神檀樹) 아래가 신시니 바로 우리 민족의 근원지이다.[20] 필자는 2012년 1월 27일 태백산 신시에 다녀온 적이 있으며, 원불교 사진특성단과 더불어 출사(出寫)를 그곳으로 정하였던 것이다. 이날 새벽 4시에 영하 20도 추위와 싸우며 등산을 하여 신단수에서 30분 정도 유람을 하고 설경을 카메라에 담아왔다. "이곳에 환웅이 내려왔구나" 하는 마음으로 잠깐 머물며 민족의 정기가 이곳에 서려있음을 알고 묵념을 올렸던 것이다.

신단수 아래에서 한 동안 감사의 묵념을 한 후 확신이 선 것은, 단군신선사상에 근거한 한민족은 유구한 민족이라는 사실이다. 우리가 단군의 자손이란 단일민족이란 뜻이기도 하다. 어떤 이들은 한국인의

---

19) 금장태, 『유교와 한국사상』, 성균관대학교 출판부, 1993, pp.17-18.
20) 위의책, p.9.

장점을 단일민족[21]이라고 한다. 조상이 같고 부모가 같으면 단일민족
이란 것으로, 오늘날 단일민족이 단일국가를 이루고 있는 나라는 한
국을 위시해서 12개국에 불과하다. 미국의 경우를 보면 백인, 흑인,
황인이 함께 섞여 있다. 따라서 인종간의 갈등이 있어서 상호 우월적
사고에 의해 상처를 받곤 한다. 한민족은 5천년의 유구한 역사 속에서
황인종이라는 단일민족으로 살아왔지만, 오늘날 다문화가족의 물결이
점차 밀려오고 있다.

한민족이 유구한 단일민족이라는 점에서 좋은 점도 있으나 미래사
회에 있어서 반드시 바람직하지만은 않다. 한국은 단일민족, 단일 언
어로 똘똘 뭉쳐진 민족주의 사상이 문제가 되고 있으며, '우리는 하나'
혹은 신토불이를 외치면서 배타적 민족주의 노선을 걷는다면 세계화
시대에 몰락의 길은 피할 수 없다.[22] 혈통이 단일해서, 배달겨레라
해서, 흰색이라 해서 무조건 좋은 것은 아니라는 점을 새겨볼 필요가
있다. 지금은 모든 나라가 세계화되어가는 상황에 있으며 지구촌이란
용어가 보편화되고 있다. 인종 배타주의적 성향은 결코 바람직하지
않은 이유이다.

하여튼 우리 민족은 단군의 자손이라는 점, 그리고 서로 다른 인종
이 섞여 있지 않았다는 점이 오랫동안 자랑으로 여겨져 왔다. 단군의
자손은 유구한 민족으로서의 한민족을 표현하는 말로 간주된다.[23] 한
민족을 어떻게 표현하든 유구한 단일민족이라는 용어가 가져다주는

---

21) 현용수, 『IQ는 아버지 EQ는 어머니 몫이다』, 國民日報社, 1997, p.114.
22) 윤은기, 『하트경영』, 디자인하우스, 1998, p.51.
23) 최병철, 『공자가 살아야 나라가 산다』, 시아출판, 1999, p.26참조.

의미는 우리에게 민족정기의 일체성이라는 것이다. 그러나 단일민족
이 반드시 우수한 민족이라는 사고방식에는 문제가 없지 않다. 단일
민족만이 우수한 민족이라는 사고방식에 갇혀 있다면 그것은 인종에
대한 우월감정에 사로잡힐 수 있으므로 세계화시대에 직면하여 미래
지향적 사고는 아니라 본다.

그럼에도 불구하고 유구한 민족으로서 단군신화를 간직한 한민족은
자기 긍정의 장점을 가질 수 있다고 본다. 민족의 정체성 확보가 분명
하기 때문이다. 우리 민족이 과거 동물의 원시상태에서 인간적 삶을
시작하고 하나의 질서를 창조했다는 단군신화가 있으며, 이 신화의
뚜렷한 특징으로서 그 강한 자기긍정의 성격을 들 수 있다.24) 자기민
족에 대하여 자신감을 갖고 긍정의 힘을 발휘할 수 있는 민족의 신화
를 갖는다는 것은 우리에게 자존(自尊)의 역사이기도 하다. 민족에 대
한 자기 긍정은 우리 민족이 새 시대를 이끌어가는 삶의 에너지로서
작용한다는 점에서 바람직한 일이다.

지금까지 단군신화의 확신이 한민족의 유구한 반만년 역사를 이끌
어왔다는 점을 새겨봐야 할 것이다. 여기에서 단군자손에 의한 우리
민족으로서의 장점 몇 가지를 살펴본다.

첫째, 백의민족으로서 접근될 수 있다. 한국인들은 유난히 흰색을
좋아한다. 도로의 자동차 색상도 흰색이 많다. 외국산 자동차로서 흰
색상이 차지하는 비중에 비하여 한국의 자동차로서 흰 색상 비중이 지
대한 것은 우리 민족이 흰색을 좋아하기 때문이다. 백의민족은 흰옷
을 입는 민족이라는 뜻으로 영혼의 순결, 곧 민족의 순수성을 상징하

---

24) 금장태, 『유교와 한국사상』, 성균관대학교 출판부, 1993, p.9.

는 것이다.

둘째, 홍익인간의 정신을 실현해온 민족이라는 점도 새겨볼만한 일이다. 우리는 단군의 자손으로서 홍익인간임을 강조하며 이웃사랑과 국가사랑을 소중히 여긴다. 한국인들은 문화와 사상의 꽃을 피우고 홍익인간의 보편적 가치를 계승하여 한국뿐만 아니라 미래 인류사회에 대한 새로운 가치를 발전시켜 왔다.[25] 홍익인간의 보편적 가치는 세상을 널리 이롭게 하는 숭고한 정신과 직결되어 있으므로 국가 사랑과 세계 평화를 위해 헌신하자는 뜻이 담겨 있다.

셋째, 한민족의 순수 혈통을 지켜왔다는 점도 언급될 수 있다. 한민족으로서 순수 혈통을 반만년이나 지켜왔기 때문에 우수한 민족이라고 자부할 수 있을까[26]라는 지적도 있지만, 그동안 우리는 순수 혈통이라는 자부심으로 살아왔다. 순수 혈통이 무조건 우월한 민족이라 할 수는 없다. 그러나 한민족으로서 5천년의 뚜렷한 정체성을 지닌 것에 대해 자부심을 갖는다는 점은 크게 문제될 것은 없다.

한민족은 언어활동의 측면에서 보면 우랄 알타이어족에 속한다. 이집트, 리비아 등 북아프리카 민족들은 함어족에 속하고, 유대인과 아랍인은 셈어족에 속하며, 아리아인과 게르만인 등 인도와 유럽에 거주하는 민족은 인도유럽어족에 속하며, 우리의 한국어는 투르크어 · 몽골어 등과 더불어 우알타이어족에 속한다.[27] 따라서 우리 민족은

25) 박광수, 「원불교 후천개벽 세계관」, 『원불교사상과 종교문화』 44집, 원불교사상연구원, 2010.2, p.76.
26) 최병철, 『공자가 살아야 나라가 산다』, 시아출판, 1999, p.27.
   김경일, 『공자가 죽어야 나라가 산다』, 바다출판사, 1999, p.46(단일 민족의 혈통을 가장 자랑스러워하는 사람들이 왜 애들을 밖으로 내보내는 것일까).

언어학적으로 볼 때 중국, 일본과 더불어 유사한 구조를 지니고 있다. 한국용어는 한문과 직결되어 있으며, 어순은 일본과 유사한 면이 적지 않다. 한민족은 동북아를 중심으로 한 우랄 알타이어족으로서 넓게 보면 동아시아계의 민족이라 할 수 있다.

## 4. 가족주의와 공동체

우리의 첫 출발지가 가정이라는 점에서 인간은 태어날 때부터 혈연 공동체의 운명을 피할 수 없다. 나 혼자서는 살아갈 수 없기 때문이다. 인간은 첫 출발부터 가정에서 배운다는 사실을 결코 부인할 수 없으니 어떤 사람은 가정을 제2의 학교라 했고, 학교에서는 학문을 배우지마는 가정에서는 인생 모두를 배운다.[28] 가정은 우리 인간의 출발지로서 인생의 진정한 맛을 느끼는 최초의 학교임에 틀림없는 것이다.

전통적으로 오랫동안 전개되어온 농경사회에서는 우리의 삶이 가족 중심의 유대관계에 의해 발전해 온 측면이 있다. 고대로부터 근대에 이르기까지 가족 중심으로 우리 인간의 생명선이 유지되어 온 것이다. 과학 이전의 세계관에서는 살아 있는 유대로서의 생명관이 그 중심이었으니, 생명은 각각의 개체 안에 생명으로 살아있는 동시에 어버이와 자식 사이, 형제 사이는 물론 모든 인간을 실재적으로 묶어 놓는 것이기도 하다.[29] 현대사회의 눈부신 발전이 전통적 가족관계에 위협

---

27) 세계사신문 편찬위원회, 『세계사신문』1, 사계절출판사, 1999, p.28.
28) 이광정, 『주세불의 자비경륜』, 원불교출판사, 1994, p.139.

이 되고 있는 실상을 상기해 보자는 것이다.

현대사회는 경쟁과 조직논리에 따라 특정 목적을 위해 구성되는 성향이지만 우리 개개인은 가족 구성을 가장 기본으로 한다. 특정한 목적의 추구를 위하여 의도적으로 구성된 사람들의 집합체를 조직이라고 부르며, 사람은 태어나면서부터 가족이라는 집단의 한 구성원이 되는 관계로 가족은 가장 기본적인 조직이다.30) 이러한 기본적 생존 관계로서의 가족은 현대 문명사회가 등장한 이래 그 기본 틀이 바뀌게 되어 핵가족으로 변모되었다. 한국의 경우도 산업화의 물결을 피할 수 없으므로 대가족이 핵가족으로 급격하게 변화되었다. 다만 면면이 이어온 한국인들의 인정(人情) 문화는 가정공동체의 순수함을 유지해 왔음은 그나마 다행이다.

고금을 통하여 동서양 가정공동체의 성향을 볼 때 서구에서는 핵가족에 의한 개인윤리 중심의 사회가 지속되어 왔다면, 동양에서는 3대 가족이 함께 사는 대가족공동체 윤리가 강조되어 왔다. 그것은 충효를 강조하는 동양문화로 인하여 부모 효도가 중시되는 가족윤리 때문이다. 동양에서 효도를 강조하는 것은 사회의 질서가 가정의 화목과 안정 없이는 불가능하다는 유교적 바탕 때문이라고 생각해 볼 수 있다.31) 조선시대부터 유교윤리에 근거한 충효문화가 대가족의 가정윤리를 자랑스럽게 여기는 동인이 되어왔다.

앞으로는 동서를 불문하고 가족구성 및 가정윤리가 변화될 것이다.

---

29) 니시타니 게이이치 저, 정병조 역, 『종교란 무엇인가』, 대원정사, 1993, pp.35
   -36.
30) 이성은, 「조직제도 변천사」, 『원불교70년 정신사』, 성업봉찬회, 1989, p.413.
31) 금장태, 『유교와 한국사상』, 성균관대학교 출판부, 1993, p.23.

농경사회의 혈연 중시의 가족관계에서 탈피, 능력 중시의 학연이나 도시지역의 지연과 같은 개인관계로 변화될 것이기 때문이다. 한국에 있어서 「달라지는 가구 구성」을 보면 부부+자녀 가구의 경우 2000년 48.2%, 2020년 41.5%이며, 부부 가구의 경우 2000년 12.3%, 2020년 18.9%이며, 일인 가구의 경우 2000년 15.5%, 2020년 21.5%라는 분석[32]이 이를 뒷받침하고 있다. 통계수치에 의하면 미래사회는 부부와 자녀의 가족관계가 줄어든 반면, 일인가구의 수가 늘어날 것이라는 전망이다. 그것은 농경사회의 공동체적 풍토가 사라지고 도시사회의 개인주의적 활동이 더욱 유행할 것이라는 사실과 관련된다.

급변하는 현대사회의 성향에 걸맞게 핵가족 중시의 의식변화가 빠르게 지속되는 상황에서, 오랫동안 지속되어온 농경사회의 가족윤리를 어떻게 접근해야 할 것인가? 21세기에 진입하면서 우리에게 적합한 자족적(自足的) 공동체가 형성되면 최소 규모는 가족을 통해서 이루어져야 하며, 이를 극대화한 모습은 널리 자기 동질성을 네트워크화 함으로써 글로벌 사회의 한 단체가 되어야 한다.[33] 누구나 합리적으로 접근할 수 있는 자족적 공동체는 소규모로서의 가족윤리가 필요하겠지만, 중간 혹은 대규모로서의 목적동일체적 사회커뮤니티가 주목을 받는다는 뜻이다.

그럼에도 불구하고 우리 한민족은 여전히 가족윤리를 강조하는 가족 중시의 민족이라는 점에서 합목적성을 지닌 글로벌 단체의 연합에

---

32) 통계청 장래가구추계(2002.7) : 「평균 가구 원수」 2000년 3.1% 2020년 2.7%.
33) 류병덕, 「21C의 원불교를 진단한다」, 제21회 원불교사상연구 학술대회 《21세기와 원불교》, 원불교사상연구원, 2002.1, p.13.

만족할 수 없다. 가족 중시의 끈끈한 연대가 사회의 합리적 조직에 접합되어야 한다는 점을 상기해야 한다. 오늘날 한반도의 좁은 토양에서 세계 속의 한국을 지향하기 위해서는 합리적이고 이성적인 사회조직을 이끌어 가되, 한국인의 정서에 맞는 가족윤리가 그 기반이 되어야 하기 때문이다. 한국인들은 전통적으로 가족 중심의 민족이라는 점을 고려하면 우리 민족의 끈끈한 가족윤리를 무시한 채 합목적의 사회조직에 마냥 휩쓸릴 수만은 없다.

미래사회가 아무리 변화를 거듭한다고 해도 한국인의 가족중시적 전통 정서는 변할 수 없다는 사실을 직시해야 한다. 외국인에 비친 한국인은 부모 효성과 형제애를 강조하는 가족 사랑의 정신에서 참 가치가 나타난다고 평가되고 있다. 한국에서 수년간 살았던 외국인의 말에 의하면 "나는 자신의 전 재산을 거침없이 줄 수 있는 형제간의 애정, 아무리 고생스럽더라도 명절 때 고향의 어른들을 찾아뵙는 윗사람에 대한 공경심 등 한국인의 아름다운 사랑에 대해 이해나 감동의 차원을 넘어 존경심마저 갖곤 한다"(웨인 첨리 다임러 크라이슬러 코리아 사장, 중앙일보, 2001.9.29)는 지적은 새삼스럽지 않다. 웨인 첨리의 언급에 의하면 한국인의 끈끈한 가족 사랑이야말로 세상과 사회를 밝히고 발전시키는 한국인의 진정한 힘이라고 본 것이다.

새 물결의 문명이 범람한다고 해도 한국인으로서 변할 수 없는 것은 조상을 섬기고 고향을 포근한 안식처로 생각하는 점이다. 주요 명절 때 교통대란을 감수하고라도 가족을 찾아 온정을 나누는 것은 우리 문화의 전통이요 자랑이다. 설날이라든가 추석에 먼 길을 마다않고 고향을 찾는 것은 한국인들이 해마다 겪는 교통체증의 감수(甘受)에서 잘 알 수 있다. 고향을 그리워하고 가족 유대를 끈끈히 이어온 전통은 오랫동안 농경문화의 전승에 기인한다. 가족제도를 바탕으로 국가제도를 만든 것이 종법(宗法)제도이며, 종법은 혈연을 매개로 만들어진 사회제도로서 이 종법제도는 동양의 정신과 철학에 큰 영향을 주었다.[34] 그로 인해 동양문화는 혈연을 매개로 한 가족중심의 제도가 지속되고 있으며, 명절 때 고향으로의 귀성 행렬은 앞으로도 지속되리라 본다.

동양의 정서에 걸맞게 한국인의 가족 중심적 사고는 지대하다고 본다. 「장래에 대한 한일 고교생 의식비교」에서 "행복한 가정을 만든다"에 대한 결과를 보면 한국 93.1%, 일본 73.1%를 보였다.[35] 또한 '아시아'를 나타내는데 적당하다고 생각되는 말을 보면 「가족중시」에 있어서 한국 28%, 일본 15%, 중국 25%로 나타났다. 행복한 가정에 대한 사고에 있어서 한중일 3국 중 한국이 가장 높았고, 또한 가족중시의 사고 역시 한국이 일본과 중국보다 앞서 있다.

한편 복수명사인 '우리'라는 용어가 단수명사인 '나'라는 용어와 동의어로 쓰는 나라는 한국이 유일하다. 영어 문법에서 보면 '우리'와 '나'는 다른 용어이기 때문에 더욱 주목된다. 이를테면 한국 아이들은 '나의 엄마'라는 용어보다 '우리 엄마'라는 표현을 많이 한다. 가족 중시의 공동체적 사유 때문이라 본다. 한국인이 자주 사용하는 용어로서 '우리 엄마'는 영어로 'Our mother'인데, 이를 서구적 방식으로 엄

---

34) 이강수, 『중국 고대철학의 이해』, 지식산업사, 2000, p.11.
35) 재단법인 일한문화교류 기금이 일본 외무성의 의뢰를 받아 양국 중고생의 생활형태와 의식을 조사해 최근 발표한 양국 교육비교 조사이다(2002.2). 서울의 1999년 3~4월 인문계고교 732명과 일본의 인문계 고교생 4252명을 조사, 일본은 서울 부산의 중학생 820명 1999년 3~4월과, 일본 중학생 1782명 1998년 2~3월 조사한 내용이다.

밀하게 사용한다면 '나의 엄마'(My mother)로 해야 할 것이다. My mother가 Our mother로 사용된다면 미국인들에게는 윤리적 문제가 야기될 수 있지만, 한국인에게는 가족 중시의 사유로 인해 개인적 의미를 지닌 'My'라는 단어보다는 'Our'라는 단어를 쓰는 것을 자연스럽게 여기고 있다.

가히 한국인들에게는 '우리' 증후군에 사로잡혀 있는 것도 사실이다. 워커 전 주한미국대사는 그의 회고록에서 말하기를, 한국인들은 국가적 대의를 위해서라면 금붙이라도 선뜻 내놓을 수 있는 것은 우리(our) 증후군 때문이라고 했다. 한국인으로서 가족 중시의 사고에는 공동체적 언어가 있음을 확인할 수 있었다는 것이다. 가족중시의 공동체적 사유가 서로 돕는 인정 많은 한국인 DNA를 만들어냈다고 본다. 개인으로서의 '나' 보다는 공동체로서 '우리'라는 용어를 선호하는 한국인들이 개인적 이기주의에 떨어진 현대사회에서 공동체적 가족윤리를 살려냄으로써 세계는 한 가족(We are the world)이라는 시방일가(十方一家)의 정신을 되살려 낼 수 있으리라 본다.

# 제2장

# 교육열과 선비정신

## 1. 솜씨와 집념

　최령(最靈)의 존재인 인간의 솜씨는 동물들에 비해 섬세하고 견고하며 정밀하기까지 하다. 농경사회의 단순 농기구로부터 오늘날 최첨단 기술에 이르기까지 모두가 만물의 영장인 인간의 솜씨로 만들어진 것이다. 우리 한국인의 솜씨는 가히 세계적 수준이라고 할 수 있다.

　과거 농경사회에 흔히 있던 풍경으로 우리의 누나와 언니들이 시집을 가기 위해 미리 준비하는 것은 수(繡)를 놓는 일이었다. 여러 모양의 도본 위에 화사한 색상의 실로서 수를 놓아 설렘의 신혼살림을 준비하였던 것이다. 중국 당나라에서 청나라에 이르기까지 중국 왕실의 옷을 짓는 침수방(針繡房)의 침모들은 거의가 한국 여성들이었다는 사실이다. 수려한 수를 놓는 것은 주로 여성들의 일로 간주되었으니 한국인의 손재간은 남성보다 여성이 더 발달되어 있는 것 같다. 지금은 낯선 일로 여겨지지만 대나무로 만든 긴 바늘을 사용하여 실을 얽

어서 옷을 만들어 입었던 것도 한국 여성의 아름다운 손 솜씨의 결과
이다.

가난한 농경사회에서 살아왔던 한국의 어머니들은 농한기에 베틀
위에서 명주 옷감 짜는 솜씨를 발휘하였다. 전답에서 농사를 지으면
서도 틈틈이 베틀 위에 올라앉아 베틀을 짜던 어머니들의 고단했던 삶
을 잊을 수 없다. 필자 역시 어린 시절 어머니(계타원 손도심)가 베틀
위에서 옷감을 짜던 것을 지켜보았고, 집에서 누에를 키운 관계로 뽕
잎을 따서 누에에 뽕잎을 주던 시절을 잊을 수 없다. 현대그룹의 정주
영 전 회장의 회고에 의하면, 농사철에 어머니는 한편으로 늘 길쌈을
하였으니, 베를 짜 광목으로 바꾸어서 식구들의 옷 문제를 해결한 어
머니의 명주 짜는 솜씨는 인근에서도 소문난 솜씨였다[1]는 것이다.
60~70년대에 살았던 베이비붐 세대들의 어머니들은 모두 길쌈하며
고단했던 시절을 이겨낸 장한 분들이었다.

한복을 만들어 입는 바느질 솜씨도 대단하였다. 한복을 만드는데
한국 여인의 솜씨는 보통이 아니었던 것이다. 2013년을 전후하여 박
근혜 대통령이 미국과 중국을 방문하면서 의상 외교를 펼친 것도 한국
인의 섬세한 한복솜씨를 세상에 선보인 외교전이었다. 바느질 솜씨는
원불교 여성교도들에게도 예외는 아니었다. 소태산대종사의 옷감을
마련하여 올린 제자 민자연화에 이어, 이를 손수 바느질하여 올린 제
자 이성각의 솜씨는 대단하였다. 경성 부잣집 민자연화가 옷감을 마
련하고 이성각이 바느질하여 두 모녀가 옷을 지어 올리니 소태산은 퍽
이나 좋아하였다.[2] 이처럼 한국 여인의 수려한 바느질 솜씨 덕택으로

---

1) 정주영, 『이 땅에 태어나서』, 솔출판사, 1998, pp.18-19.

한복은 아름답기로 정평이 나있다.

우리가 먹는 음식 또한 맛있고 그 종류도 다양한 바, 한국 어머니들의 음식솜씨는 자랑할 만하다. 우리 민족은 전 세계에서 유일하게 숟가락을 사용하는데 찌개와 탕을 먹기 위해서이며, 밥상 한가운데 찌개나 탕을 놓고 공동으로 식사한다.[3] 세계에서 반찬이 유난히 많이 만들어지는 나라는 한국이며, 김치 요리에도 다양한 종류의 양념이 첨가되어 영양식으로 알려져 있다. 서구의 경우 인스턴트 음식이나 고기류의 음식에 비해 한국요리는 어머니의 손맛이 들어간 친환경적 음식이며 채식류의 음식이 더욱 발달해 왔다.

한국인들의 솜씨 중 솜씨는 손으로 빚어낸 도자기일 것이다. 유구한 문화유산으로서 고려 청자기와 이조 백자기는 예술 문화를 찬란하게 꽃피워온 결정체이다. 도공들의 손놀림에 의해 화사하면서도 소박하게 만들어진 도자기 솜씨는 일품이다. 몇백 년 전만 거슬러 올라가면 이 지구상에서 도자기를 굽는 기술은 우리 조선의 기술이 세계 최고의 수준을 과시하고 있었으니, 고려청자나 조선백자의 수준은 기술적인 측면에서 분명 송대나 명대의 도자기 수준을 훨씬 뛰어넘는 것이다.[4] 우리가 청자와 백자를 만들어 낼 당시 유럽은 1,300C 가까운 가마의 기술을 상상하기 쉽지 않았으리라 추단해 본다. 오늘날 조선 백자기의 거래 가격에 있어서, 소더비나 크리스티의 국제 경매시장에서 수십억원에 거래되는 것도 있다. 신비로운 청자기의 불심과 선비의

2) 박용덕, 『금강산의 주인되라』, 원불교출판사, 2003, p.77.
3) 이건희, 『생각좀 하며 세상을 보자』, 동아일보사, 1997, p.15.
4) 김용옥, 『老子와 21세기』, 통나무, 1999, p.34.

지조가 숨어있는 백자기는 우리 민족의 탁월한 솜씨와 직결된다.

한민족의 양궁 실력도 대단하다. 활을 쏘는 장면들이 고대 벽화에 나타나 있고, 사냥할 때 활을 사용하는 것은 원시대대로부터 대대로 이어온 것이기도 하다. 오늘날 올림픽 양궁 경기에서 한국의 신궁들이 많은 금메달을 따서 국위선양에 적지 않은 영향을 미치고 있으니 가히 자랑스럽다. 한국의 양궁 기술은 전 세계에 퍼져서 올림픽에서 한국 기술을 전수받은 외국 선수들이 심지어 한국 선수들을 압도하기도 한다.5) 한국 국가대표팀 감독들이 이적을 하면, 다른 나라 양궁팀이 이들을 전격 국가대표팀 감독으로 발탁한 결과 외국에서 양궁 금메달을 따는 경우가 점증하고 있다. 무엇보다도 한국인의 양궁솜씨는 선수뿐만 아니라 감독까지도 인정을 받고 있으니 자랑스럽기까지 하다.

한국인들의 뛰어난 솜씨는 주로 손놀림에서 나온다. 골프도 손동작과 직결되어 있으며 미국에서 메이저 대회 골프대회에서 한국 선수들이 우승하는 횟수가 늘어나고 있다. 1990년대 중후반의 박세리 선수에 이어 오늘날 최경주, 박인비 선수 등 그 숫자가 늘어나고 있는 추세이다. 우리나라에서 골프는 1900년 세관관리로 채용된 영국인들이 원산 바닷가에 6홀짜리 코스를 만들면서 시작되었다. 100년이 겨우 넘은 상황에서, 더구나 우리나라 골프장의 열악한 상황에서 세계를 재패하는 골프선수들의 신비한 솜씨는 한민족의 유전인자를 확인해주고 있다.

---

5) 김종서, 「광복이후 한국종교의 정체성과 역할」, 제32회 원불교사상연구원 학술대회《광복이후 한국사회와 종교의 정체성 모색》, 원광대학교 원불교사상연구원, 2013.2.1, p.20.

손놀림에 이어 발놀림까지 화려한 기예로 등장한 한국의 태권도를 상기하여 본다. 한국의 국기로는 태권도이며 한민족의 태권도 솜씨가 일품으로, 태권도 경주의 성패는 손과 발의 솜씨가 관건이다. 태권도가 2000년 올림픽 영구종목이 됐다는 사실은 88서울올림픽 이후 쾌거가 아닐 수 없다. 후안 안토니오 사마란치 국제올림픽위원회 위원장으로부터 태권도가 아테네 올림픽에서도 정식종목으로 채택됐다는 소식이 전해진 것이다. 태권도 종주국으로서 올림픽 금메달을 딴 것 자체에 고무되면서도, 국기로서 태권도가 손발 놀림에 있어서 최고의 무예라는 사실이 자랑스럽다.

한민족에게 손재주가 구비된 특별한 이유가 있다면 그것은 무엇인가? 아주 단순한 것에서 그 원인을 찾을 수 있다. 우리의 젓가락 문화 때문이라 본다. 외국인들은 음식을 먹을 때 포크를 사용한다. 포크는 여러 손가락으로 사용하지만 젓가락은 엄지와 검지 두 손가락으로 사용하므로 처음 사용하는 사람은 매우 어렵게 느껴진다. 필자도 어린 시절 젓가락을 잘 사용하지 못한다고 엄마로부터 여러 차례 꾸중을 들은 적이 있지만, 어느새 젓가락 사용은 익숙해져 있다. 사실 우리 식사의 문화는 젓가락 문화권이어서 손재주가 좋다[6]는 것은 일리 있는 주장이다. 어린 시절 서툴기만 했던 젓가락 사용을 평생 하게 되니 자유자재로 사용할 줄 알며, 이를 외국인들은 신기하게 바라본다.

또한 한민족의 솜씨는 오랫동안 농경사회의 육체노동에 의해 단련된 것이다. 이를테면 농기구를 만드는 대장간 대장장이의 솜씨는 대단하다. 삼국시대의 문화는 기본적으로 대장장이 문화로서 거친 채굴

---

6) 이건희, 앞의책, p.15.

과 제련은 단발적인 동작과 소리를 낳게 마련이다.[7] 대장간에서 대장
장이의 얼굴에는 땀방울이 물처럼 쏟아져 내리며, 달궈진 붉은 쇳덩
이는 망치에 의해 요리사의 노련한 요리솜씨처럼 제련된다. 호미, 괭
이, 낫, 삽, 도끼들이 정교하게 단련되어 최고의 농기구가 된다.

우리민족의 제반 솜씨는 정신노동과도 결부되어 있다. 한민족의 우
수한 두뇌가 뒷받침되어 첨단기술을 개발하고 있는 점을 상기하자는
뜻이다. 우리나라가 기능올림픽 대회에 참가한 후 여러 차례 1위에 오
른 것은 국가적으로도 대단한 일이다. 한국은 1967년 스페인 마드리
드에서 열린 제16회 기능올림픽대회에 처음 참가한 이래, 1977년 첫
우승 이후부터 2011년 대회까지 모두 19개 대회에서 17번을 우승했
다. 세계무대에서 한민족이 기능올림픽대회를 압도한 것이다. 한민족
의 솜씨는 세계적 경쟁력으로 다가서 있으며, 오늘날 한국이 경제적
으로 여유를 갖춘 선진국 대열에 들어선 것도 한국인의 IT산업 덕택이
아닐 수 없다.


## 2. 근면 성실한 한국인

일하기 위해 태어난 생명체를 인간이라 한다면 누구나 묘한 감상이
들 것이다. 우리가 여유와 행복을 즐기기 위한 존재라면 좋아할 터인
데, 힘들게 일만하는 사람으로 인간을 묘사하면 고생이라는 개념이
떠오를 것이기 때문이다. 우리는 일생을 살아가면서 "열심히 일하라"

---

7) 김경일, 『공자가 죽어야 나라가 산다』, 바다출판사, 1999, p.66.

는 말을 자주 들을 것이다. 독일의 비스마르크는 청년들에게 세 가지 조언을 남겼다. 첫째가 '일하라'이며, 둘째는 '좀 더 일하라'이고, 셋째도 '끝까지 일하라'이다. 처음부터 끝까지 일하라는 것을 긍정적 시각에서 보면 가치 있게 살라는 뜻이다. 그러나 부정적으로 보면 일중독자(workaholic)로서 죽도록 일만 하면서 고생만 하다가 보내버리는 측은한 인생으로 비추어질 수도 있다.

열심히 일하는 것을 긍정적으로 본다면 노동의 생산 가치를 통해 자신의 문화적 삶을 추구하는 것이라 본다. 그것은 창조적 삶을 가져다준다는 점에서 근면 성실한 삶의 의미 부여이다. 이념적으로 근면 성실을 강조하는 것은 동양의 고전 『논어』나 『주역』 등에 잘 나타나 있다. "나타난 용이 밭에 있다는 것은 덕을 널리 베풂이요, 종일 힘쓰고 힘쓴다는 것은 반복하기를 도로써 함이다."[8] 도로써 힘써 일하라는 것으로 그렇게 하면 대인이 될 수 있다는 것이다. "군자가 종일토록 힘써 노력하며 저녁까지 두려워함이니 위태로우나 허물이 없다"(乾卦 九三爻辭, 君子終日乾乾, 夕惕若, 厲, 无咎). 군자는 수고스럽지만 종일 힘써 일하면서 삶을 의미 있게 살아간다는 뜻이다. 대인군자가 근면 성실하게 살아가야 하는 당위적 이념이 본 『주역』에 잘 나타나 있다.

이처럼 동아시아인들이 근면 성실한 이유는 오랜 전통의 유교문화권에서 찾아볼 수 있다. 유교에서는 근면과 성실을 강조하는 것을 윤리덕목으로 삼고 있는 것이다. 유교에서 천리(天理)의 추구는 서양의

---

8) 『周易』 乾卦, "潛龍勿用", 陽在下也, "見龍在田", 德施普也, "終日乾乾", 反復道也.

외재적 초월과 구별되는 것으로, 동아시아인들의 근면·성실·절약 등을 유교 윤리로부터 설명해내는 데에 큰 무리가 없다.[9] 한국은 조선시대에 유교를 국교화하여 대중들의 삶에 많은 영향을 미쳤으며, 오늘날까지 한국인들의 일상에서 유교윤리가 묻어나오고 있다.

근래 한국의 급속한 발전은 한국인의 근면성 때문이라 보면서 이를 유교윤리에 바탕하고 있다는 지적이 있다. 한국의 급속한 경제 발전을 설명하기 위하여 학자들은 권위 있는 정부와 가족주의, 그리고 근면·검약이라는 유교문화의 특징을 말하곤 한다.[10] 나태와 사치를 철저히 배격하는 유교의 현실 치세적인 윤리항목은 한국인의 전반적 삶에 용해되어 있다. 조선 500여년을 유교의 이념 속에서 지내온 것이 오늘날 한국사회 발전에 그대로 투영되어 있는 것이다.

우리가 존경하는 인물로 조선시대의 퇴계와 율곡 등을 들 수 있으며, 이들은 한민족에게 근면 성실을 강조하고 있다. 이를테면 율곡의 '성실' 개념의 해석은 관심을 끌기에 충분하다. 성(誠)은 하늘의 실리 (實理)이며 마음의 본체이니, 사람이 능히 그 본심을 회복하지 못하는 것은 사사(私邪)에 가리기 때문(李珥, 聖學輯要3)이라는 견해를 새겨 볼 일이다.[11] 조선시대 유학자들은 주로 현실 치세적인 교훈을 설했으며, 그것이 백성들에게 근면하고 성실하도록 유도하였다.

---

9) 송영배, 「세계화 시대의 유교적 윤리관의 의미」, 『새로운 21세기와 유교의 禮』, 전남대 인문과학연구소, 1999. 10, p.82.

10) 이승환, 「反유교적 자본주의에서 유교적 자본주의로」, 《제5회 열린정신 포럼 발표요지》, 원광대 인문대학 철학과, 1999년 6월 7일, p.7.

11) 이동인, 「율곡의 '實' 사상과 실학」, 『한국사회사상사연구』, 나남출판, 2003, p.25.

뒤이어 15세기~16세기에 유행하였던 조선 후반의 실학사상이 등장한다. 이 실학사상에서도 근면과 성실이 강조되고 있다. 실학의 이념으로서 실사구시(實事求是), 경세치용(經世致用), 무실역행(務實力行)이라는 성실성이 드러날 때 실학의 개념은 철학적 또는 윤리적 영역에까지 폭이 넓어짐을 알 수 있다.[12] 실용이니 실증이니 실제니 하는 것으로서 우리로 하여금 성실하지 않을 수 없게 만든 실학정신은 무실역행의 근면성을 깊이 새기게 하고 있다.

한중일 3국을 넓혀 보면 동아시아 문화권이라고 볼 수 있으며, 헌팅턴은 아시아적 의의를 근면으로 보고 있다. 그에 의하면 아시아적 가치는 근면과 규율, 집단충성심 등으로서 이것은 지난 80년대까지 성장의 원천이었으며, 다행히 아시아 가치의 긍정적 측면은 경제 회복에 박차를 가하고 있다[13]는 것이다. 아시아적 의의로서 근면과 성실을 외국인 학자로서 비교적 잘 간파하였다고 보며, 그것은 오늘날 한국과 중국, 일본이 선진국가의 대열에서 들어섰다는 것에 기인한다. 근면과 절제를 중시하고 성실을 윤리덕목으로 삼는 아시아적 공통 가치는 3국의 교육열을 통해 그대로 드러난다.

아시아 국가에서도 노동력이 많은 한국에서 노동의 근면성을 드러내는 것은 오랫동안 유교문화권에 힘입었으며, 이는 농경사회를 중심으로 발전해 왔다는 점에서 새삼스러운 일이 아니다. 서양의 자본주의가 우리나라에 들어온 이래 근면 성실의 가치는 더욱 빛을 발하고 있

---

12) 이을호, 「다산 실학의 洙泗學的 연구」, 고려대 아세아문제연구소 편, 『실학사상의 탐구』, 현암사, 1979, pp. 285-286.
13) 미 하버드대 교수 헌팅턴이 維民문화재단 초청으로 방한, 1999년 7월 12일 프레스센터에서 강연내용을 요약한 것이다.

다. 인간은 생존과 사회생활을 유지하기 위해 필요한 물자를 생산·소비해야 하는데 이것은 노동에 의해 이루어진다. 이 노동은 인간이 가지는 에너지를 자연에 작용시켜, 그 자연을 변형 가공해 생활에 유용한 것을 생산하는 활동이다.[14] 이처럼 한국사회는 근면에 근거한 노동을 농경사회에서 지속적으로 가치화하였으며, 이를 근거로 하여 전통의 농경사회가 현대의 자본주의사회로 전향된 것이다.

한국인의 노동시간은 OECD 국가들 중에서 1위라는 것은 어제·오늘의 일만은 아닐 것이다. 2000년도에 주당 55.1시간으로 '일벌레'라는 소리를 들을 정도였으니, 이는 평균치보다 10시간 많아 한국인의 주당 노동시간이 세계에서 가장 긴 것으로 조사되었다. 한국 다음으로는 터키(54.1시간), 아르헨티나(53.5), 대만(53.4) 등의 순이었다. 본 자료에 의하면 2000년을 기준으로 한국인은 연간 평균 2,474시간을 일해 압도적 1등이었으며, 2위를 차지한 체코인(2,092시간)보다 382시간이 많다. 이처럼 한국인의 노동시간은 세계 노동시간에 비해 제일 긴 것으로, 근면 성실의 측면에서 보면 한국인의 삶에 대한 의욕이 세계 선진국가로 발돋움한 것이다.

한국이 선진국 대열로 들어선 대표적 사례로는 현대와 삼성 등 대기업의 역할을 빼놓을 수 없다. 현대라는 회사를 설립하여 오늘날 자동차 수출의 선진국 대열로 들어서게 한 것은 고 정주영 현대회장을 거론할 수 있다. 그는 다음과 같이 회고한다. "장남인 내가 태어난 것

---

14) 박규택,「사회·경제·공간의 관점에서 본 한국인의 일상적 노동과 여가시간 변화, 1981~2000, 『한국지역지리학회지』제9권 제1호, 한국지역지리학회, 2003, p.37.

이 1915년인데 그때 아버지는 32세였고 어머니는 22세였다. 아버지는 농사철에는 농사일로 하루도 쉬는 날이 없었고, 농사일이 없는 겨울에도 손 놓고 앉아 그냥 쉬는 법이 없었다."[15] 부전자전이라 할 수 있을지 모르지만 정주영 전 회장은 근면 성실을 삶의 투철한 신념으로 삼아서 부를 이룸과 동시에 세계적 기업의 하나인 현대그룹을 창시한 것이다.

오늘날 세계적 브랜드로 손색이 없는 기업으로는 또한 '삼성'을 빼놓을 수 없다. 삼성그룹의 이건희 회장은 반도체 산업이 세계 정상으로 발돋움한 이유로서 남들은 2년씩이나 걸리는 공장 건설을 반년 만에 끝낼 수 있었기 때문이라고 한다. "우리가 '빨리 경쟁력'을 확보하게 된 것은 남다른 근면과 그것을 촉발한 헝그리 정신 덕분이었다."[16] 그에 의하면 한국의 자본이나 기술이 부족했지만 남들이 쉬고 있을 때 우리 한국인은 부자 되기 위해서 더 열심히 일함으로써 남보다 빨리 성과를 낼 수 있었다고 회고한다.

한국인의 근면성은 최강성 노조국가를 탄생시킨 배경이 되기도 했다. 서울대 이면우 교수는 노조 투쟁의 구호가 생존, 안정, 복지 수준을 넘은지 오래라면서 다음과 같이 말한다. "빈부의 갈등이 산업 현장에까지 전파된다. 차별받는 비정규직 동료의 형편을 애써 외면한다. 전 세계를 놀라게 했던 우리 국민의 근면성이 이제 세계 최강성 노조국가로 등급이 바뀐다."[17] 어떠한 사업이 성공하기까지 득과 실이 있

---

15) 정주영, 『이 땅에 태어나서』, 솔출판사, 1998, p.16.
16) 이건희, 『생각좀 하며 세상을 보자』, 동아일보사, 1997, pp.176-177.
17) 이면우, 『생존의 W이론』, 랜덤하우스중앙, 2004, pp.107-108.

는 것은 사실이다. 산지를 개간하면 부유할 수 있지만 환경보전의 측면에서는 바람직하지 않다. 근면 성실에 바탕한 노동은 국가 발전에 크게 공헌하였지만 노동자들의 삶에 있어서 질적 행복을 가져다주는 데 어려움이 적지 않았다.


## 3. 교육열과 입신양명

1960년대 전후 우리 국민의 문맹률은 매우 높았다. 물론 세계의 문맹률도 당시는 대단하였던 것이다. 새뮤얼 헌팅턴에 의하면 1960년대 초반 제3세계의 대부분 지역에서 문맹률은 성인의 3분의 2가 넘었으며, 1990년 초반의 경우 아프리카를 제외하면 문맹률이 절반을 넘는 나라는 극소수[18]라고 한다. 인도 인구의 절반, 중국 인구의 75%가 글을 읽고 쓸 줄 안다는 것이다. 다행스러운 것은 21세기에 진입하여 문맹률이 더욱 낮아지고 있는 추세이다.

세계 어느 나라든 근래 교육의 기회가 많아지고 있다. 2000년을 기점으로 하여 세계 대부분의 나라들이 최소한 초등교육을 받았고 중등교육을 받고 있는 상황이다. 중등교육의 경우를 보면 1960년대 초반까지만 하더라도 아시아, 라틴아메리카, 중동, 아프리카에서 해당 연령 집단의 3분의 1미만이 중등교육을 받은데 비하여, 1990년대 초반에는 아프리카를 제외하고 해당 연령집단의 절반이 중등교육을 받고 있다.[19] 중등교육이 보편화되고 있는 상황에서 한국의 경우 고등교육

---

18) 새뮤얼 헌팅턴 著, 이희재 譯, 『문명의 충돌』, 김영사, 1997, p.108.

이 보편화되고 있는 추세에 있다는 사실을 보면 한국의 교육열은 다른 나라에 비해서 대단하다고 할 수 있다.

한국뿐만 아니라 동아시아의 교육열은 지나치다싶을 정도이다. 그것은 유교문화의 영향이라고 볼 수 있으니, 공자는 배우고 또한 익히면 즐겁지 아니한가[20]라고 하였다. 그리고 멀리서 친구가 찾아오면 또한 즐겁지 아니한가라고 하였으니, 배우고 익히며 대인관계를 중시하는 유교문화권에서 우리의 교육열은 새삼스럽지 않다. 공자의 말을 거꾸로 생각한다면 배우지 않고 또한 익히지 않으며, 멀리서 친구가 찾아오지도 않으면 인간다운 구실을 하지 못한다는 것이다.

따라서 동아시아의 전통종교에서 오랫동안 영향을 미쳐왔던 유교의 교육열은 성인군자를 목표로 삼은 완성된 인격을 도모하기 위함이었다. 근대화·산업화의 저해요인으로 지적되었던 유교가 요즘은 반대로 아시아의 경제성장을 이끄는 새로운 생산양식으로 평가받고 있으며, 교육열과 결속의식 등 유교의 덕목은 유교사상의 근본으로 일컬어져 온 인(仁)이라 할 수 있다.[21] 조선은 기나긴 역사 속에서 사단(四端)의 출발로서 인(仁)을 유교 이념으로 삼아온 나라로서 우리나라는 자녀교육을 통해서 그 인을 실천해온 것이다.

근래 관심을 끌었던 것으로, 사마란치 전 IOC 위원장의 언급에 의하면 한국과 일본은 자원이 없는 나라인데도 불구하고 이렇게 잘 사는

19) 새뮤얼 헌팅턴 著, 이희재 譯, 『문명의 충돌』, 김영사, 1997, pp.108-109.

20) 『論語』 「學而」, 學而時習之, 不亦說乎? 有朋自遠方來, 不亦樂乎?

21) 李御寧, 「정보시대와 仁의 문화-유교사상의 21세기적 패러다임」, 창립 20주년기념 제9회 사회윤리 심포지엄 『세기의 도전, 동양윤리의 응답』, 峨山社會福祉事業財團, 1998년 1월, p.16.

나라가 된 비결이 무언가 하고 고민하다가 결국 그 이유를 알게 되었다고 한다. 그것은 한일 양국이 지녀온 교육의 힘이라는 것이다.[22] 그의 언급처럼 한국과 일본은 자원이 많지 않은 나라에 속한다. 특히 한국은 자원이 없는 편이기 때문에 상품 개발과 무역을 통해서 경제적 성장을 이룩해 왔다. 세계적 상품을 개발하고 국제무역에서 흑자를 이루려면 인재가 중요하다는 점에서, 인재양성을 위한 한국의 교육열은 대단한 힘을 발휘한 것이다.

동아시아에서 이룩한 경제적 기적의 동력이 무엇인가는 이제 어렵게 설명할 필요가 없다. 서양학자들은 1970년대 말부터 일본에 이어서 한국, 대만, 싱가포르, 홍콩의 급속한 경제성장에 주목하기 시작했다. 예컨대 허만 칸(Herman Kahn)은 동아시아의 문화적 요소 가운데 유교 윤리에 내재된 높은 교육열, 성취감, 협력적 인간관계가 이 나라들의 경제발전에 기여하였다[23]는 것이다. 동아시아 중에서 한국의 경제적 성장은 눈부신 발전을 이룩해 왔으며, 이는 높은 교육열에 기인한다는 사실을 이방인이 확인시켜 준 셈이다.

한국인의 교육열이 지대하다는 것은 한민족의 입장에서 볼 때 지하자원은 부족하지만, 오히려 뛰어난 무형자산을 소유하고 있기 때문이라는 것이다. 한민족은 가산을 정리해서라도 자녀를 교육시키겠다는 높은 교육열, 나아가 목표를 향한 강한 투지와 재주는 우리 민족이 갖

---

22) 1998년 5월 15일 오전 11시 원광대 개교기념일에 임석한 김운용 IOC부위원장이 명예 정치학박사 학위를 받고난 직후 답사에서 언급한 말이다.

23) Herman Kahn, *World Economic Development: 1979 and Beyond*, Westview Press, 1979(이승환, 「反유교적 자본주의에서 유교적 자본주의로」, 《제5회 열린정신 포럼 발표요지》, 원광대 인문대학 철학과, 1999년 6월 7일), p.2.

고 있는 무형의 값비싼 자산이다.[24] 자원이 많은 나라는 그 자원이 큰 자산인 것처럼, 한국의 높은 교육열은 국가의 자산이라는 점에 설득력이 있다. 문맹률이 매우 낮은 나라로서 한민족의 교육열은 무형자산임에 틀림없다.

사실 문맹률이 매우 낮다는 것은 교육을 받아야만 입신양명에 도움이 된다는 한국인의 의식과 깊은 관련이 있다. 출세해야 산다는 것은 우리 한국인들이 벌이는 서바이벌게임에서 살아남을 수 있는 유일한 처방전이며, 한국인을 이해하는 가장 좋은 키워드의 하나이다.[25] 출세하기 위해서 공부를 한다는 것은 부정적 시각에서 비추어질지 모르지만, 현대 경쟁사회에서 살아남는데 어쩔 수 없는 일이다. 누구나 대학에 진학하려는 이유가 출세라는 점을 부인할 수 없으며, 이러한 사회적 분위기 속에서 교육열이 지속되어온 것이다.

한국의 대학진학률에서 볼 경우, 한 동안 교육시기를 놓친 성인이라도 진학하여 전문인재가 될 수 있다는 풍조가 지속되고 있다. 2013년 현재 한국의 대학 진학률이 80%라고 알려져 있다. 영국의 대학 진학률이 40%대에 불과한데, 한국의 대학 진학률이 70%라는 것은 한국의 교육열이 얼마나 높은지를 알 수 있다. 또한 OECD 통계에 의하면 한국 대학진학률은 OECD 2위(2010)로 나타나 있다. 이러한 통계수치를 보아도 문맹률이 거의 없는 국가의 국민으로서 살아간다는 것은 신명나는 일이며 선진국들 중에서도 가히 대 교육국가라 할 수 있다.

한국의 부모들이 갖고 있는 자녀교육에 대한 열정은 농부가 곡식을

---

24) 현용수, 『IQ는 아버지 EQ는 어머니 몫이다』, 國民日報社, 1997, p.32.
25) 김경일, 『공자가 죽어야 나라가 산다』, 바다출판사, 1999, p.35.

가꾸는 일과 재단사가 화초를 가꾸는 일에 비유되곤 한다. 소암 이동
식은 이에 말한다. "건강한 부모의 사랑은 농사나 화초를 기를 때의
이치와 같다. 사랑을 줄 때는 충분히 흡족하게 주어야 한다. 불필요한
때에는 지켜만 보고 가만 두어야 화초가 잘 자란다."26) 관심은 늘 가
지되 지켜보고 있으면서 필요한 것만 제공해주는 것이 잘 자라게 하는
비법이라고 한다. 그가 지적한 것처럼 농부가 농작물을 가꾸듯이 부
모가 자녀를 교육시키는 일은 매우 중요하다.

자녀에 대한 부모들의 교육열은 사회 일원이 되어서 자녀가 국가의
인재가 되어야 한다는 염원이 실려 있다는 점에서 필연적이다. 성장
기에 있는 청소년의 인격은 기본적으로 가정에서 부모의 도움으로 형
성된다27)는 사실을 볼 때 부모의 자녀교육은 본능에 가깝다. 어린이
가 성장하여 원만한 인격을 갖추고 사회생활에서 무리 없이 행복한 삶
을 누릴 수 있다는 것은 자녀 성장기에 있어서 부모 사랑이 큰 영향을
미치기 때문이다. 이에 자녀에 대한 부모의 교육열은 어쩌면 당연한
일로 여겨진다.

다만 부모의 자녀교육의 열정에 더하여 부모로서 자녀의 예절교육
까지 염두에 두어야 한다. 아무리 학교에서 공부를 잘한다고 해도 예
절이 부족하다면 그것은 바람직한 교육이 아니기 때문이다. 요즘 부
모들의 자녀 사랑은 귀여워해 주는 것만이 전부인 것으로 알고, 올바

26) 백영석, 원사연 제136차 월례발표회 「공감과 인간발달-소암 이동식의 道 정
　　신치료적 관점」, 원불교사상연구원, 2003.10.21, p.25.
27) 백현기, 「마음의 상처 치유를 위한 온톨로지 설계에 관한 연구」, 제334회 학·
　　연·산 연구성과교류회《인문학적 마음치유와 한국의학의 만남》, 마음인문학
　　연구소, 한국연구재단, 2012.4.14, p.9.

른 교육을 시키지 않아서 멋대로 자란 아이들이 많기 때문에 예절도 잘 모르고 남에게 피해주는 것이 예사이다.[28] 한국의 교육열에서 볼 때 입신양명의 학교교육뿐만 아니라 아름다운 공동체사회 가꾸기에 도움이 되는 예절교육이 중시되어야 한다.


## 4. 지조와 선비정신

선비정신을 언급함에 있어서 우리가 자주 인용하는 예로는 조선시대의 선비들이며 중국의 경우 백이와 숙제가 대표적이다. 은(殷) 나라 제후 고죽군(孤竹君)의 두 아들인 백이와 숙제는 주나라 무왕(周武王)이 은나라 주왕(殷紂王)을 치려는 것을 말리었다. 그러나 주 무왕이 이를 거절하자 두 선비는 수양산에 들어가 고사리를 캐어먹고 살다가 굶어 죽었다. 장자는 이를 다음과 같이 말한다. "우리는 옛날의 선비란 잘 다스려진 세상에서는 정치를 맡기도 하지만 어지러운 세상에서는 절의를 굽혀서까지 살려고 하지 않는다고 들었다. 지금 천하는 캄캄한 어둠 속이며 주(周)의 덕은 쇠퇴해 버렸다. 이런 주와 함께 살며 몸을 더럽히는 것은 이를 피하여 우리의 행위를 깨끗하게 지키는 것만 못하다."[29] 결국 백이와 숙제는 북쪽의 수양산으로 가서 끝내 굶어죽었다며, 장자는 이들의 선비정신을 통해 절의(節義)를 거론하고 있다.

---

28) 박장식, 『평화의 염원』, 원불교출판사, 2005, p.250.
29) 『莊子』「讓王」, 吾聞古之士, 遭治世不避其任, 遇亂世不爲苟存. 今天下闇, 周德衰, 其竝乎周以塗吾身也, 不如避之以絜吾行.

이처럼 동양문화에 있어서 이상적 인간상을 언급할 때 선비정신이 자주 등장한다. 우리나라의 경우 지조와 선비정신은 고대로부터 강조되어 왔으며, 이는 충효열의 정신과도 같은 것으로 이해된다. 인간에 대한 긍정적이고 적극적인 관심은 유교사상의 수용과 더불어 더욱 깊어졌으며, 삼국시대 이래 충효열의 정신은 국민정신으로 일반화되었다.30) 삼국시대로부터 선비정신은 우리 민족에게 이상적 인간상으로 거론되기 시작한 것이다.

따라서 한국인의 전통적인 정서에서 선비정신으로 이념화 할 수 있는 것은 충효열이다. 우리의 전통적인 정서로서 청빈생활과 안빈낙도를 하는 선비·도인이나 예술가나 구도자나 의인 열사 열녀들을 우러러 보며, 마음속에 간직하고 있는 대중들의 정신이 도도히 흐르고 있기 때문에 시대는 발전하고 국가는 멸망하지 않는다.31) 한민족이 추구하는 충효열의 실천과 전통문화의 계승도 이러한 선비들의 굽힐 줄 모르는 지조(志操)에 의한 것이다. 재야에서 선비의 견고한 자세를 지닌 채 삶을 담금질해온 역사적 인물들이 적지 않았다는 점을 참조할 일이다.

절의정신의 대표적 인물로 고려의 정몽주를 거론할 수 있다. 정몽주의 「단심가」를 보면 "이 몸이 죽고 죽어 일백 번 고쳐죽어 백골이 진토되어 넋이라도 있고 없고 임 향한 일편단심이야 가실 줄이 있으랴"라는 가사에는 선비의 절의정신이 그대로 표출되어 있다. 그가 고

---

30) 금장태, 『유교와 한국사상』, 성균관대학교 출판부, 1993, p.18.
31) 정종, 「문명·문화·문화재」, 『동양의 문화와 문화재』 통권 5호, 선우기획, 2002 봄, p.7.

려 왕조를 위해 지킨 충절은 조선 왕조도 높이 추장(推奬)하였던 것이
다.[32] 또한 세조의 왕위 찬탈에 있어서 단종을 위해 절의를 지킨 사육
신과 생육신도 선비로서의 정통을 지키려는 의리의 표본이다.

이 같은 조선시대의 선비상을 염두에 둔다면, 율곡이 거론한 참 선
비론을 연상하게 한다. 율곡에 있어서 참 선비 곧 '진유'(眞儒)는 도를
행하여 백성에게 희호지락(熙皞之樂)이 있게 하고 물러서서는 만세
(萬世)에 가르침을 내려 학자로 하여금 큰 잠에서 깨어나게 한다(李
珥, 東湖問答)는 것이다.[33] 율곡이 말하는 선비로서의 도학공부란 격
물치지와 수양이며, 그것은 왕도를 실천하는 것과 관련된다. 따라서
율곡이 본 참 선비상은 심신 수양을 통해 도를 실천함으로써 백성들을
행복하게 하는 것이다.

조선 후반의 참 선비로는 담헌 홍대용이 있다. 그는 18세기의 선비
로서 실천궁행의 실학을 강조하였던 인물이다. 담헌은 이미 당대의
친구인 박지원으로부터 다음과 같은 평가를 받았다. "통달하고 민첩
하며 겸손하고 단아하였다. 식견이 원대하고 이해가 정미했다. 특히
율력에 조예가 깊어 혼천의(渾天儀)와 같은 여러 기구를 만들었다. 사
려가 깊고 생각을 거듭하여 독창적 기지가 있었다"(洪德保墓誌銘).[34]
담헌은 참 선비를 양성하기 위해 '예악사어서수'(禮樂射御書數)라는
육예(六藝)를 가르쳐야 한다고 하였다. 선비가 되려면 다양한 종류의

---

32) 금장태, 『유교와 한국사상』, 성균관대학교 출판부, 1993, p.16.
33) 이동인, 「율곡의 '實' 사상과 실학」, 『한국사회사상사연구』, 나남출판, 2003,
    p.22.
34) 노태천, 「담헌 홍대용의 교육사상」, 『한국사회사상사연구』, 나남출판, 2003,
    p.54.

공부를 해야 하며, 이는 두루 총명한 지혜를 쌓으라는 뜻이다. 결국 조선의 선비는 실학정신으로 다가서서 과학 발전의 뒷받침이 되도록 하였다.

다음으로 선비의 지조(志操)에 대하여 음미할 필요가 있다. 벽초 홍명희의 경우를 살펴보자. 그는 선비의 지조란 대의를 위해 목숨을 던질지언정 몸을 더럽히지 않는 것이라고 말한 적이 있다. 대의를 위해 살고 어떠한 불의에도 타협하지 않는다는 것이다. 벽초는 주변의 권유에도 불구하고 임꺽정 이외에 다른 소설을 쓰지 않은 것으로 유명하다. 대하소설「임꺽정」을 저술한 그는 근대의 격동기를 살면서 선비정신에 투철했던 것이다. 3.1운동 때 독립운동으로 투옥되기도 하였는데, 일제로부터 어떠한 타협에도 굴하지 않고 선비의 지조를 지킨 인물이다. 이처럼 선비정신은 구국을 위해 절의를 지킨 강직한 인물의 모습인 것이다.

지조 외에도 안빈낙도를 도모하는 것이 선비정신으로 부각된다. 선비들은 도가 있으면 현실에 뛰어들어 헌신하면서도 도가 없으면 은둔하여 안빈낙도의 삶을 추구하였다. 천하의 정위(正位)가 아니면 서지 아니하고, 천하의 광거(廣居)가 아니면 머물지 아니하고, 천하의 대도가 아니면 행하지 아니하는 것은 선비가 지켜야 할 기본 약속이었다.[35] 천하에 도가 없을 때 정계에 아당하여 벼슬이나 하려고 한다면 그것은 참 선비가 아닌 것이다. 우리의 선비들은 도가 없을 땐 은둔하여 도 있을 때를 대비해서 인재를 양성하고 홀로 독공을 하면서 안빈낙도를 추구하였다.

---

35) 김용옥,『老子와 21세기』, 통나무, 1999, p.16.

이제 한국사회를 굳건히 지켜 온 선비정신을 오늘의 현실에서 우리는 어떻게 실천해야 하는가에 대해 숙고해야 한다.

첫째, 의리를 실천하는 진정한 삶의 자세이다. 선비들의 의리는 삼강오륜의 도덕규범을 중히 여기는 것으로, 선비정신은 의리정신으로 표현되는 데서 그 강인성이 드러난다.[36) 참다운 선비라면 도덕성을 벗어나 개인의 사적인 탐욕에 사로잡히지 않는다. 불의에 절대 타협하지 않고 대의명분에 따라 취사하는 의리정신으로 살아간다는 뜻이다. 오늘날 의리와 도덕을 소홀히 아는 경향이 적지 않다. 현대를 살아가는 우리는 대의(大義)와 도의(道義)를 중히 여기고 개인의 탐욕에 눈멀지 않아야 한다. 대인관계에서 인륜을 중시하는 것이 선비의 의리정신을 새기는 길이라 본다.

둘째, 선비정신은 지행합일을 하는 삶이다. 현대사회는 지식정보사회로서 지식이 넘쳐나고 있다. 이에 걸맞게 첨단 정보가 인터넷에 범람하고 있는 상황에서 현대인은 정보와 지식의 노예로 전락한 경향이 적지 않다. 정보와 지식에서 의미화할 수 있는 것은 그에 걸맞게 실천하자는 것이다. 선비정신에 비추어 볼 때 학자의 지식과 행동은 병진해야 하며, 지행병진과 언행일치 여부는 바로 참된 선비냐 그렇지 않느냐의 차이[37)라는 것을 염두에 두어야 한다. 한국의 선비들은 앎과 행동을 일치시켜 타의 모범이 되어왔던 것이다.

셋째, 불의에 타협하지 않고 자기 창조의 정신으로 살아가는 것이

---

36) 이용헌, 「儒敎의 인간상과 사회정의 구현」, 제5회 한국철학자연합대회 『현대의 윤리적 상황과 철학적 대응』, 한국철학회, 1992, p.215.
37) 이동인, 「율곡의 '實' 사상과 실학」, 『한국사회사상사연구』, 나남출판, 2003, p.20.

요구된다. 선비정신이 현대사회에 정당성을 부여하고 역사를 의롭게 이끌어갈 지성과 정의를 내포하는 것이라면, 그것은 끝없는 자기 극복이어야 하고 새로운 자기 창조여야 할 것이다.[38] 조선의 선비들은 국가와 사회에서 벌어지는 불의에 타협하지 않고 정의로운 국가 발전에 기여하였다. 불의에 아당하는 것은 사회를 부패하게 만드는 일인 만큼 올곧은 선비는 자기희생과 자기창조의 정신으로 세상을 바르게 선도해야 한다.

앞으로 선비정신을 계승하는 지도자는 이 사회를 이끌어갈 정신적 지주로서 역할을 해야 할 것이다. 여기에는 국가 지도층의 정신자세가 중요하다. 국가를 이끌어 가는 각 분야의 지도자와 기업 경영자는 자라나는 후손을 위해서라도 이 시대가 요구하는 선비정신과 홍익인간의 이념을 앞장서서 구현해 나아가야 할 의무가 있다.[39] 물질 만능의 현대사회에서 한국의 선비정신이 더욱 요구될지 모른다. 고금을 통하여 선비는 사욕을 채우는 금전적 여유에 관심을 멀리하면서 사회의 정신적 지주로서 직분을 다했다는 것을 염두에 둔다면, 우리나라 도처에 의로운 선비들의 활동이 요구되는 것이다. 물질 만능의 혼탁한 시대에서 한국인의 이상적 인간상으로서 선비정신이 중시되는 이유가 여기에 있다.

---

38) 류병덕, 『근·현대 한국 종교사상연구』, 마당기획, 2000, p.26.
39) 이건희, 『생각좀 하며 세상을 보자』, 동아일보사, 1997, p.192.

## 5. 인정 많은 한국인

우리가 살아온 자취를 돌아보면 인간 상호의 신뢰 속에 끈끈한 유대와 더불어 삶의 생명력을 키우려 노력해 왔으며, 그것은 매우 값진 행복의 씨앗이었다. 첨단 과학의 발달만으로 행복하지 못하기 때문에 상호 인정이 건네야 한다는 것이다. 농경사회의 세계관에서는 생존의 유대로서 생명관이 중심이었으므로 부모와 자녀, 형제는 물론 모든 인간은 실재관계로 설정되었다.[40] 원시시대의 열악한 환경조건 속에서도 우리가 생명을 온전히 존속하며 살아올 수 있었던 것은 주변의 인연들과 끈끈한 연대 속에 서로의 따뜻한 인정을 건넴으로써 가능하였으며, 이는 인간 존재의 역사가 상생의 인정과 직결되어 있음을 증명하는 것이다.

세계 각 종교의 전파도 서로의 인정과 관련된다고 본다. 인도에 불교를 가장 흥성하게 전파한 아소카왕의 남다른 심법은 보살도로서 많은 사람에게 인정을 베풀었다는 점이다. 인도 내정(內政)에 있어서 그는 사람들에게 인정을 베풀면서 여행자를 위하여 길가에 과실나무를 심고 휴게소를 만들고 우물을 파는 일, 약초의 재배와 요양원의 설치 등 사회복지 사업에 힘썼다.[41] 고대 성자의 자비로운 인정은 종교 포교의 흥성과 관련되는 점에서 아소카왕을 교감으로 삼을 수 있다.

종교는 물론 정치에 있어서 인정을 베푸는 일도 마찬가지라 본다.

40) 니시타니 게이이치 저, 정병조 역, 『종교란 무엇인가』, 대원정사, 1993, pp.35
   -36참조.
41) 길희성, 『인도철학사』, 민음사, 2007, p.77.

과거로부터 훌륭한 정치를 한 사람은 인정을 베풂으로 인하여 백성의 민심을 샀던 점을 새겨볼 필요가 있다. 독일 전 대통령 바이츠제커에 의하면, 그가 가장 중요시하는 것은 동·서독인들 간에 인간적으로 관심을 보여 주는 것이라 했다. 자신들이 살아온 얘기며 경험을 나누고, 서로 입장을 바꿔 상대방에 관심을 가져야 한다는 것이다. 지금은 이미 통일된 국가로 변신했지만 그 이전 동독은 공산주의였고 서독은 자본주의였다. 경제적으로 서독인들이 여유로웠으므로 자신의 경제적 부를 동독인들과 함께 하여 인정을 서로 건넴으로써 동서독은 완전한 통일을 이룰 수 있었다는 것이다. 서로 따뜻한 감정이 전달된다면 어떠한 고통의 상황이라도 극복할 수 있다고 본다.

따뜻한 감성을 소중히 하기 위해서 우리는 인정의 가치를 새삼 숙고해볼 필요가 있다. 아이큐 높은 것만을 부러워하는 세태에서 이큐 높이는 것을 잘 모른다면 인생의 소중한 맛을 모르는 것이다. 그동안 묻어두고 멀리 했거나 잠시 소홀히 했던 우리의 것을 다시 되돌아보는 시간이 필요하며, 삶의 여유라든지, 정이라든지, 인간미라든지 하는 것이 소중하다.[42] 인간미가 있어야 상호 신뢰의 대인관계가 이루어지고, 살맛나는 세상이 되는 것이다. 인정이 메마른 사람과 대화하고 싶은 사람은 별로 없기 때문이다.

여기에서 우리 민족은 특히 정이 많은 민족이라는 것을 언급하고자한다. 물론 인정 많은 민족을 한국인에 한정시키려는 것은 아니다. 인정을 건네는 것은 인간의 본능이라는 점에서 어느 민족이나 지녀야 하는 공통의 감성이기 때문이다. 어느 여행가의 견해를 들어보도록 한

---

42) 송철규, 『중국 고전이야기』, 조합공동체 소나무, 2000년, p.6.

다. "끈끈한 정은 한국 사람들에게서만 느꼈던 게 아니다. 아메리카의
원래 주인, 인디오들과도 똑같은 정이 오고갔다."[43] 세계 어디를 가
든 따뜻한 감성을 지닌 사람들이 적지 않다. 다만 온정으로 인정을 건
네는 우리의 심성이 중요하며, 한국인의 경우 '우리 문화'에 익숙한 탓
에 돈독한 인정의 가치를 더 소중히 알고 상부상조의 인정을 건네어
왔던 것이다.

우리는 조상 대대로 상부상조하는 민족이었다. 이웃집에 사는 사람
들이 힘들고 고통스러워하면 인정으로 도와주는 습관이 역사적으로
있어왔음을 상기할 일이다. 우리에게는 고대 씨족사회(삼한) 때부터
상부상조하는 '두레 정신'이라는 좋은 전통이 있었으니, 지금 이 시대
의 우리 공동체에 무엇보다 필요한 것은 협력과 화합의 상생 정신일
것이다.[44] 두레는 우리나라 중남부 지방에서 행해오던 것으로, 농번
기 때 같은 마을의 성인남자들이 협력하며 농사를 짓거나, 부녀자들
이 서로 협력하여 길쌈을 하던 공동 노동조직이었다. 두레 문화는 한
민족의 따뜻한 인정문화와 관련되어 있다.

서로의 따뜻한 인정은 누구나 당할 수 있는 어떠한 난관도 극복하
게 해주는 생명의 에너지이다. 누구나 힘들고 어려울 때 따뜻한 마음
으로 다가서는 이웃의 인정이 삶의 치유제로 되는 것이다. 우리 민족
이 겨울철 김장을 할 때 서로 품앗이로 도와가며 김장을 하는 것도 세
계에서 드문 일이다. 추운 겨울철에 김장을 하는데 일손이 부족하기
때문에 서로 돕는 것은 과거 우리 어머니들의 지혜였다. 그뿐이랴, 환

---

43) 한비야, 『바람의 딸 걸어서 지구 세바퀴 반』 2, 도서출판 金土, 1999, p.16.
44) 이건희, 『생각좀 하며 세상을 보자』, 동아일보사, 1997, p.188.

난의 어려운 여건 속에서도 우리는 온정 넘치는 일을 통해 갖은 어려움을 극복하기도 했다. IMF 때에 국가부도 직전의 위기상황에서 우리는 금붙이를 내다 팔아서 부도위기를 넘겼다. 한국인은 심성과 감성 지능이 뛰어난 민족으로서 심기(心氣)를 바르게 살리고 뜨거운 열정을 통해 우리는 IMF 체제의 위기를 뚫고서 21세기 선진국으로 진입한 것이다.45) 이처럼 난관에 봉착했을 때 개인사든 국사든 우리 각자가 인정을 주고받을 때 위기는 극복된다고 본다.

하지만 현대사회에서의 살림살이는 그리 녹록하지 않다. 물질 가치에 매몰되어 인간성이 상실되고 있다는 말이 자주 들린다. 인간성 상실이란 인정이 메마른 사회라는 것으로 도덕성의 추락으로 이어지기 십상이다. 만물의 영장으로서 윤리 도덕이 사라지지 않도록 하려면 인간성 회복이 중요하다. 이웃에게 따뜻한 감성을 전하면서 서로 더불어 살려는 공존의 의지가 우러나오고, 공생의 의지가 선행되고서야 염치 · 겸양 등의 예의로 표현하는 윤리 도덕이 가능함을 간과해서는 안 될 것이다.46) 따뜻한 인정을 주고받는 민족으로서 인정미 넘치는 사회가 필요하다고 본다.

앞으로 한국의 인정문화는 인간성 회복 차원만이 아니라 미래사회의 발전에 원동력이 되어야 한다. 단순히 대인관계만을 위해 인정을 건네자는 것이 아니며, 국가의 발전에 동력이 되는 방향에서 인정이 발휘되어야 한다. 이웃 사람들과 인정을 건네며 살아온 한국인이야말

---

45) 윤은기, 『하트경영』, 디자인하우스, 1998, p.19.
46) 윤사순, 「現代 産業社會의 倫理問題」, 『汎韓哲學』 제13輯, 汎韓哲學會, 1996. 6, p.11.

로 다른 사람의 마음을 잘 헤아리고 감동시킬 가능성이 있으며, 이런 잠재력이 21세기 상생의 시대에 모든 분야, 즉 산업의 곳곳에서 더욱 꽃을 피울 것이다.[47] 인정 넘치는 사회와 국가라면 서로의 신뢰와 국가의 발전은 일취월장하리라 본다.

물론 인정 많은 민족이라고 해서 인정이 그릇되게 전달된다면 오히려 부정적 측면도 적지 않다고 본다. 인정문화가 자칫 원근친소의 인정주의에 머무를 수 있기 때문이다. 전통적 가치지향의 인정주의는 근대화되어가는 사회구조와 마찰을 빚을 수 있으며 새로이 출현한 합리주의, 보편주의, 개인주의 등의 가치지향과 갈등을 일으키기도 한다.[48] 끼리끼리의 문화가 갖는 폐쇄성을 상기한다면 그것은 오히려 집단의 갈등을 부추길 수 있다. 혈연, 지연, 학연 등이 사회갈등의 원인이 되는 경우가 적지 않기 때문이다. 자기 지역의 사람들, 자기종교인, 자기학교끼리 인정이 넘쳐나는 것은 당연한 일이지만, 그로 인해 타 집단을 멸시하고 부정하는 행위가 한국인들에게 적지 않다는 점을 숙지해야 한다.

아무튼 우리는 인정 넘치는 세상을 만들어야가야 하며, 개인의 따뜻한 인정을 시민의식·국가의식으로 승화시켜 세상을 아름답게 꾸려간다면 더욱 좋을 것이다. 한국 사람은 외국에 나가면 그 정이 더욱 오롯이 살아나며, 특히 오지를 다니다가 어렵게 만나게 되는 동포들

---

47) 이은봉, 「미래종교에 대한 원불교적 대응」, 제18회 원불교사상연구 학술대회 《少太山 大宗師와 鼎山宗師》, 원광대 원불교사상연구원, 1999년 2월 2일, p.25.

48) 서울대사회과학연구소 編, 『價値意識의 變化와 展望』, 서울대학교 출판부, 1986, pp.21-22.

은 하나하나가 우리 형제라는 진한 동족애를 느끼게 된다.[49] 우리 민족에게서 느끼는 진한 인정은 동족애로서 자랑스러운 일이 아닐 수 없다.

자긍심의 한민족은 인정미(人情味) 넘치는 세상을 지속적으로 유지해야 할 것이다. 원불교의 경산 종법사도 2013년 신년법문으로 "훈훈한 인정을 넓혀 갑시다. 올해는 국민들의 삶이 더욱 어려운 한 해를 맞이할 것 같습니다"라고 하였다. 힘든 세상일수록 사람들의 메마른 마음을 따뜻하게 적셔줄 인정이 필요하다는 것이다. 가뭄이 극심할 때 하늘에서 내리는 빗줄기가 생명의 원천이 되듯이 서로 마음에 상처를 받고 불신감으로 괴로워할 때, 마음의 장벽을 부수고 인정을 건네는 마음은 세상 사람들을 훈훈하게 해준다. 인정 많은 한국인의 심성이 우리 민족의 자랑이라는 사실을 깨닫고 밝고 훈훈한 세상을 만들어 가자는 뜻이다.

---

49) 한비야, 『바람의 딸 걸어서 지구 세바퀴 반』 2, 도서출판 金土, 1999, p.176.

# 제3장

# 신바람과 끈기

## 1. 금수강산 한국

산과 바다를 좋아하는 사람들의 심성이 선하다는 것은 잘 알려진 사실이다. 우리는 수려한 산하대지를 찾아가 휴식을 취하곤 한다. 산 좋고 물 좋은 곳은 심신을 포근하게 감쌀 수 있는 아름다운 공간을 제공하기 때문이다. 공자는 이에 말한다. "지자(知者)는 물을 좋아하고 인자(仁者)는 산을 좋아하며, 지자는 동적이고 인자는 정적이다."[1] 물 좋고 산 좋은 곳은 공자의 언급대로 인자요 지자로서 성인군자가 머무는 곳이다. 우리나라 선비들은 산 좋고 물 좋은 곳에 서당과 정자를 만들어 쉼터로 삼고 후학을 가르쳐 왔으며, 고승들은 명승지에 사찰을 건립하여 자비법당을 세워왔던 것이다.

---

1) 『論語』「雍也」, 子曰, "知者樂水, 仁者樂山. 知者動, 仁者靜.

무엇보다 산과 물이 많은 곳에서 산다는 것은 험난한 사막지대를 벗어나 있다는 것으로 삶의 풍요를 누릴 수 있어서 좋은 일이다. 아프리카 사막지대에서 살 경우 물이 부족하고 모래가 바람에 날려 생활하기 쉽지 않다. 다행히 우리나라는 이러한 사막지대를 벗어나 있으며, 물 맑고 공기 좋은 금수강산인 것이다. 조선 중기 예학(禮學) 사상가인 김장생의 글을 소개해보도록 한다. "십년을 경영하여 초가삼간 지어내니 / 반간(半間)은 청풍이요 반간은 명월이라 / 강산은 들일 데 없으니 둘러두고 보리라." 우리나라는 살기 좋은 곳으로 청풍명월이 갖추어진 강산대지라는 것이다.

'청풍명월'이라는 말은 풍수지리가 좋아서 자연과 더불어 행복함을 만끽할 때 나오는 감탄의 시구이다. 산이 많고 물이 좋아 우리 민족은 풍수지리에 관심이 많다. 통일신라시대에 도선국사는 청풍명월의 대지에 관심이 많았으니, 풍수지리의 대가로 잘 알려져 있다. 그는 신라 선종의 큰 스님으로서 전국 청풍명월의 산하대지를 돌아다니며 수련을 하였던 고승이었다. 도선은 산세와 지형에 대해 남다른 감각을 가지고 있었으며, 오늘날 한반도 풍수지리의 이론적 토대를 마련했던 인물로 잘 알려져 있다. 그는 아름다운 산하대지를 다음과 같이 말한 바 있다. "우리나라는 백두산에서 일어나 지리산에서 마치니 그 세는 물을 근본으로 하고 나무를 줄기로 하는 땅이다." 이처럼 도선은 선승이라기보다는 오히려 풍수지리학자[2]라고 해도 좋을 것이다.

---

2) 일반적으로 도선을 선승이라기보다는 풍수지리의 대가라거나 우리나라 도참 사상의 비조로 인식되고 있다. 또한 후대인들이 덧붙이거나 꾸며서 쓴 신기한 전설로 말미암아 神僧 또는 術師로까지 취급되기도 하였다(불교신문사 편, 『한국불교 인물사상사』, 민족사, 1990, p.133).

한반도가 고금을 통하여 풍수지리설로 유행한 것은 당연한 일이다. 국토 대부분이 산 좋고 물 좋은 강산에 더하여 삼면이 바다로 둘려 쌓여있기 때문이다. 세계 지도상의 한반도는 아시아 대륙의 동쪽 끝에서 북으로부터 남을 향하여 뻗어 내려, 양 대륙이 좌우에서 감싸고 있으니, 이는 마치 세계의 추기(樞機)를 이을 지형이며, 삼면 바다와 일면 대륙에 연결된 그 이치는 세계의 문호가 됨직하다.[3] 더욱이 꽃이 피는 봄철, 나무가 무성하게 자라는 성하, 오곡백과가 익어가는 가을, 다시 고요함으로 회귀하는 겨울로서 사계가 뚜렷한 기후 토양을 갖춘 나라이다. 어디를 가든 물이 흐르고 바람이 사방으로 불어대며 기름진 옥토에는 한민족이 넉넉하게 먹고 살 수 있도록 오곡백과가 풍성하다.

우리나라가 이처럼 아름다운 것은 산이 많다는데 있다. 백두산을 비롯하여 한라산까지 팔도강산에 있는 산들은 가히 장관이다. 이와 관련한 시 한수를 소개하여 본다. "백두산부터 제주도까지 화려한 삼천리 이강산 위에 / 문명한 무궁화 가득히 싣고 광막한 대지"(조옥정 백년사).[4] 본 시구에서 전하는 것처럼 북한의 끝자락 백두산에서 시작하여 지리산을 거쳐, 남한의 끝자락인 제주도 한라산까지 모두가 화려한 강산이다. 우리는 보통 삼천리강산이라고 부른다. 애국가의 가사인 '동해물과 백두산~화려강산'이라는 것이 말해주듯이 우리가 이 강산에서 살고 있는 것만으로도 행복하다.

---

3) 『원불교 교사』, 제1편 개벽의 여명, 제1장 동방의 새불토, 2. 한민족과 한반도.
4) 원불교사상연구원 編, 『원불교 인물과 사상』(Ⅰ), 원불교사상연구원, 2000, p.424.

화려강산의 대표적인 산으로는 금강산을 거론하곤 한다. 당나라 이후 중국 문인들의 평생소원이 "고려국에 태어나서 금강산을 구경하고 싶다(願生高麗國, 見金剛山)"라는 것이다. 정수동(鄭壽銅)이 난산하는 아내를 위해 약국에 가던 중, 금강산에 구경 가자는 친구의 말을 듣고 곧바로 금강산을 구경하고 집에 오니 난산한 아이는 돌이 지났다는 말이 지금도 회자되고 있다. 조선시대의 문인 이상수(李象秀)는 다음과 같이 말했다. "금강산이 아름답다는 것은 금강산이 스스로 뽐내고 자랑해서 생긴 말이 아니다. 거기를 다녀온 사람들이 모두 그렇게 말함으로써 얻은 천하의 공론인 것이다." 금강산을 다녀온 사람들은 하나같이 감탄의 심경으로 아름다운 최고의 강산이라 했던 것이다.

필자도 2001년 2월 3박4일간 금강산을 유람하였다. 소태산대종사는 금강산을 유람하고 돌아와 "금강이 현세계(金剛現世界)하니 조선이 갱조선(朝鮮更朝鮮)이라" 했는데 이를 확인하고 싶은 터여서 여간 즐거운 일이 아니었다. 현대 금강호(2만5천톤)를 타고 임덕근 정토와 금강산에 다녀왔던 것이다. 금강산 첫날 코스는 온정리 휴게소에서 10분 휴식 후 구룡폭포(약 8km)를 산책하는 것이었으며, 전날 밤 눈이 내려 아이젠으로 무장하고 등산한 관계로 약 3시간 정도 걸렸다. 오후에는 금강산 온천에서 약 2시간 정도 온천욕을 하였다. 둘째 날 코스는 온정리 휴게소에서 만물상 가는 코스였다. 오르는데 무척이나 눈바람이 심하게 몰아쳤으나, 만물상답게 기암괴석으로 되어 있어 눈부시게 아름다웠고 다만 아쉬운 점5)도 있었다. 조국이 분단되었지만

---

5) 이 아름다운 금강산에 안타까운 일들이 있었으니 슬픈 일이다. 금강산을 등정했을 때 아름다운 바위에 북한정권 우상화의 일환으로 각종 이름들이 새겨

금강산을 유람하고 보니 빨리 통일이 이루어지면 얼마나 좋을까라고 염원하였다.

역사적으로 산하대지와 관련한 아쉬운 점으로는 1999년 9월, 태백산과 소백산 등의 산등성이에 쇠말뚝이 박힌 것이 다수 발견되었다. 우리나라 식민지 36년의 뼈아픈 역사로서 일제에 의해 도발된 것이다. 일제 당국은 당시, 우리 민족의 정기를 말살하려고 산의 정맥을 끊어놓겠다는 심보로 쇠말뚝을 박았다. 침략자가 풍수사상의 곡해로 인해 우리나라의 아름다운 산등성이의 기맥(氣脈)을 끊어놓겠다고 하였으니, 태백산과 소백산은 백두산 금강산 오대산 설악산 속리산 덕유산 지리산으로 이어지는 화려강산에 샘이 났던 모양이다.

우리 민족은 공존하는 모든 생명체를 자신의 몸처럼 소중하게 보존해 왔다. 자연과 인간의 조화를 꾀하면서 평화를 사랑하는 민족으로서 당연한 일이다. 한국인들은 하늘이나 땅이나 동물이나 자연이나 모두를 하나의 혈연처럼 여겨왔고 그것이 사상적으로 나타날 때 원융회통 사상으로 표현되었다.[6] 유교의 천인합일 정신과 불교의 불살생 정신, 도교의 무위자연 사상이 하나로 합하여 풍류의 현묘지도로서 회통정신을 계승해 온 것이다. 천지 대자연 어느 하나라도 소중한 것으로 그에 맞게 삶의 조화를 추구해온 우리 민족이다.

천인합일의 정신에서 볼 때 산하대지는 모두가 보배로서 소중한 것으로 마치 박물관에 전시된 진귀품들과도 같다. 우리나라의 산은 그

---

져 있는 것을 보고 환경보호가 얼마나 중요한가를 새삼 느끼게 된 것이다.
6) 이은봉, 「미래종교에 대한 원불교적 대응」, 제18회 원불교사상연구 학술대회 《少太山 大宗師와 鼎山宗師》, 원광대 원불교사상연구원, 1999년 2월 2일, p.24.

자체로서 온통 살아 움직이는 병풍과 같기에 허름한 초가집 한 채, 아무렇게나 내버려진 돌멩이 하나라도 박물관에 전시된 유물처럼 아름답게 보인다.[7] 일반적으로 박물관에는 세속에서 소중히 여기는 금은 보화 내지 골동품이 전시되어 있다. 한걸음 나아가 우리나라 산하대지는 모두 보배로서 우주 박물관에 보존된 것으로 본다면 금수강산은 보배가 아닐 수 없다.

금수강산을 보배로 여기는 성숙된 자세를 견지하기 위해서는 우리 후손들에게 훼손되지 않게 물려줄 환경보호 운동이 요구된다. 환경을 오래 보존하면 인간은 물론 어떠한 생명체도 자신을 온전히 존속하는 데 지장이 없을 것이다. 환경보호의 목소리가 일어난 동기와 목적은 바로 인류의 생존이 위협받는다는 사실과 이런 분위기에서 인류의 생존을 위해서이다.[8] 무엇보다도 우리 인간이 풍요로운 삶을 유지하고 온전한 생명을 보전하려면 환경보전 운동에 앞장서야 한다. 금수강산을 훼손하지 않고 후손에게 전해주어야 할 막중한 책임이 현 시대를 살아가는 우리 모두에게 있는 것이다.

자연을 보호하기 위해서 우리는 삶의 큰 공간으로서의 대자연을 정복의 대상으로 삼지 않아야 한다. 산을 정복한다는 사유 자체가 자연을 인간의 이용물로 생각하기 때문이다. 또한 자연을 개간한다고 하여 마구 파헤치는 일도 금물이다. 자연은 우리를 위협하지 않는데, 인간이 자연을 위협하는 일이 적지 않다. 우리가 산을 좋아하는 것은 철

---

7) 김삼룡, 『동방의 등불 한국』, 행림출판, 1994, pp.18-19.
8) 정재서, 「신세기의 이념과 송정산의 삼동윤리」, 정산종사탄생100주년기념 추계학술회의 《傳統思想의 現代化의 鼎山宗師》, 한국원불교학회, 1999.12, p.42.

마다 다양한 조화를 연출하면서도 산이 우리에게 전혀 위협적이지 않기 때문이며, 우리나라 사람들은 산을 두려움의 존재나 정복의 대상으로 여기지 않고 뒷마당과 같이 편안하게 느끼는 것이다.[9] 무궁화 삼천리 화려강산을 우리가 위협한다면 더 이상 화려강산일 수가 없다. 모두가 금수강산을 생명의 파트너로 생각하는 지혜가 요구된다.


## 2. 동방예의지국

한국은 동북아시아 내지 동방의 나라로 불린다. 타골이 우리나라를 동방의 고요한 아침의 나라라고 칭송하였으니 한민족은 서쪽지방이 아닌 동쪽지방의 나라이다. 동서남북의 사방 중에서 동쪽은 태양이 뜨는 곳이다. 따라서 우리는 타골이 말한 '빛은 동방으로부터'라는 자긍심, 그리고 최남선의 백두산족 중심사상을 거론한다.[10] 최남선은 식민사학에 의해 왜곡된 한국사를 바로잡기 위해 동방문화의 연원을 밝히었다. 그는 동방문화의 원류로서 'ㅂ·ㄹ' 사상에 주목했고, 이 사상의 발원지가 단군신화에 등장하는 태백산(太白山)이며, 여기에 하강한 단군은 우리의 선조로 알려져 있다. 단군의 자손은 동방문화에 직결되어 있다는 것이다.

서방이 서양의 나라라면 동방은 동아시아를 말하는 바, 한국과 중

---

9) 김삼룡, 『동방의 등불 한국』, 행림출판, 1994, p.18.
10) 이은봉, 「미래종교에 대한 원불교적 대응」, 제18회 원불교사상연구 학술대회 《少太山 大宗師와 鼎山宗師》, 원광대 원불교사상연구원, 1999년 2월 2일, p.12.

국, 일본은 동북아시아에 속하므로 동아시아라고 부른다. 흔히 동방의 군자국이라 할 경우 한국, 중국, 일본 모두가 자기나라를 군자국이라고 할만하다. 군자국 동방을 인류의 희망으로 이해하고 그 동방을 한국인, 중국인, 일본인 각각이 자기 나라를 지칭하는 것이라고 상상해도 무방하다. 중국은 위대한 사상가들의 철학과 오랜 문화를 드러내고, 한국은 식민의 아픔을 달래려 하였고, 일본은 대동아 공영권이란 아시아가 함께 잘 살기위한 것이라는 자기변명의 도구로 받아들여 쓰고 있다.11) 한중일 3국은 지리적으로도 가깝고 문화적으로 동방 문화권에 속해 있으며, 문자도 한자문화권에 속해 있는 군자국이라고 할법한 일이다.

동아시아에서는 오랫동안 예절에 대하여 깊은 관심을 갖고 각종 고전을 통해 예절 및 인품교육을 받아 왔다. 동방의 고전『주역』에서도 예절에 대하여 다음과 같이 말한다. "천지가 있은 연후에 만물이 있고, 만물이 있은 연후에 남녀가 있고, 남녀가 있은 연후에 부부가 있고, 부부가 있은 연후에 부자가 있다. 부자가 있은 연후에 군신이 있고, 군신이 있은 연후에 상하가 있고, 상하가 있은 연후에 예절이 시행된다."12) 이처럼 정명(正名)의 의미는 각자 맡은 바의 역할을 충실히 하는 것인데,『주역』에서 서열을 정하여 그 서열에 맞게 역할을 하는 것을 예절로 보고 있다. 곧 천지, 만물, 남녀, 부부, 부자, 군신, 상

---

11) 吳光爀,「21세기의 불교의 전망과 과제」, 제17회 국제불교문화학술회의『21세기 불교의 전망과 과제』, 원광대 원불교사상연구원, 2001.5, p.14.
12)『周易』, 序卦傳, 有天地然後有萬物, 有萬物然後有男女, 有男女然後有夫婦, 有夫婦然後有父子, 有父子然後有君臣, 有君臣然後有上下, 有上下然後禮義有所錯.

하가 서로 차서를 지키며 예의 실천을 언급하는 정명으로서 각자의 위상을 자리매김한 것이다.

동방의 고전으로서 『주역』 못지않게 공자사상을 중심으로 전개된 사서(四書)는 동아시아의 인성과 예절을 수록하고 있다. 공자의 중용론은 실천윤리로서 『주역』에서와 같이 시중(時中)을 추구했으며, 그가 강조한 인(仁)이라는 일관된 실천성은 바로 인간의 본성인 인(仁)에 의해 확보되는 것이므로 "사람이 인(仁)하지 않으면서 예(禮)는 어떻게 실행하겠는가"(논어, 八佾)라고 하였다.[13] 맹자에 이르러 사단설(四端說)이 등장하는데 그는 인의예지를 거론하고 있다. 사단으로서의 인의예지는 인간의 선한 성품과 직결되는 것으로 그것은 순자에 이르러 예(禮)를 강조함으로써 교육을 통해서 예절 갖춘 군자가 되기를 갈망했던 것이다.

만물의 영장으로서 인간에게 예절이 강조되는 만큼 '동방예의지국'의 개념이 무엇인가를 살펴볼 필요가 있다. 동방예의지국이란 예의를 잘 지키는 민족이라는 의미로 받아들인다.[14] 바르게 예절을 지키는 민족이 동방예의지국의 국민이라는 뜻이다. 우리는 삼강오륜을 인륜의 표준으로 삼고 예절을 실천해 온 민족이다. 오륜은 인륜의 가장 기본적인 인간관계로서 부자, 군신, 부부, 장유, 붕우의 관계를 인륜 도덕으로 실천하기 위해 제시된 유교의 기본윤리이다. 오륜을 수직의 경직된 윤리로 보는 경향도 있지만, 동방의 한민족은 오륜을 인륜의 덕목으로 알고 일상의 삶에서 실천해 왔다.

---

13) 남상호, 「주역과 공자인학」, 『범한철학』 제28집, 범한철학회, 2003 봄, p.76.
14) 최병철, 『공자가 살아야 나라가 산다』, 시아출판, 1999, p.27.

　그리하여 동방국의 사람들은 상하 좌우가 상호 실존적으로 예절을
잘 지키는 것을 덕행으로 아는데, 예절을 잘 지킨다는 것은 원만한 대
인관계는 물론 고상한 인품을 위함이다. 곧 예절이란 실존적 인간세
계 안에서만 논의될 수 있는 실천적 요소로서 원리적 차원이 아닌 생
의 차원으로 전환된 현실세계에서 비로소 밝혀지는 인성의 외적 구성
요소인 것이다.15) 동양인들은 상하 좌우의 인관관계를 중시하면서 예
절의 실천을 가치 있는 삶으로 새기고 있다. 한민족은 예절을 잘 지키
는 양반의식을 은연 중 자랑해온 것도 사실이다.

　인격이 완성된 양반이자 군자로서의 품격을 간직하기 위해서는 무
엇보다도 동양종교의 수양론을 거론하지 않을 수 없다. 수기치인(修
己治人)과 도덕성을 간직하자는 것으로, 그것은 유교의 성리학에서
주로 거론된다. 조선 성리학자들에게 긴요하였던 것은 무엇보다도 수
기치인의 정신에 의하여 사회도덕 및 정치질서를 확립하는 것이었
다.16) 유교의 성리학은 예학(禮學)으로서 역할을 충실히 하였으며,
조선 유교는 이러한 예학을 우리의 삶에서 실천궁행하도록 지속적으
로 영향을 미쳐온 것이다.

　조선조 후반기에는 예학이 더욱 발달하게 된다. 이것은 개인적인
예의 확장으로 사회적 예를 강조하게 되는 계기가 된 것이다. 당시에
는 제례와 상례 등이 단순한 개인의 선택이 아닌 사회규범으로 공동체
적 통합의 의례로 강조되었으며, 중종 때까지 정착되지 못한 가례(家

---

15) 송재국, 『주역의 인간관』, 석사논문·충남대학 대학원 철학과, 1986, p.40.
16) 윤사순, 「박세당의 실학사상에 관한 연구」, 고려대 아세아문제연구소 편, 『실
　　학사상의 탐구』, 현암사, 1979, p.16.

禮)가 점차 사대부를 중심으로 수행되었고 서민들은 그런 의례를 거부할 수 없었다.[17] 조상을 섬기는데 있어서 제례를 수행하도록 하였고, 그것이 사회국가 교화의 방편으로도 이용되었다. 수제치평의 구조가 유교의 개인, 가정, 사회, 국가윤리와 연결되어 있다.

오늘날 예절은 우리 주변의 삶에 있어서 어떻게 전개되고 있는가? 효제(孝弟)의 측면에서 본다면 조상에 대한 효도, 상하에 대한 공손, 형제에 대한 우애가 거론된다. 한민족은 대대로 조상에 대해 효성을 바치는 민족으로서 자부심을 가져왔고, 이웃간 화목은 물론 형제간 우애하는 것을 최고의 덕목으로 삼아왔다. 예절이라는 것은 내외에 절도 있는 행위를 베푸는 것으로, 자신과 제일 가까운 혈족 관계는 바로 부자의 관계이며 형제의 관계로서 효와 제(弟)가 예의 최고덕목이 된다.[18] 동방의 나라 한민족으로서 예절바른 민족이라는 것은 어른에게 공경하고, 부모에게 효도하며, 형제간에 우애하는 것을 최고의 미덕으로 삼아온 것이다.

예절을 잘 지키는 것은 달리 보면 나와 타인과의 관계에 있어서 상호 자기 본분을 벗어나지 않는 외적 형식에서 비롯된다. 외적 형식이라는 것은 나의 타에 대한 덕을 쌓는 것이기도 하다. 그래서 예는 덕의 외적 형식으로서 예라는 행동규범이 없으면 덕을 표현할 길이 없으며, 덕이 없으면 예가 요구하는 행위규범을 유지할 수 없다.[19] 예와

---

17) 이희재, 「유교의례와 생명윤리」, 『종교교육학연구』 제20권, 한국종교교육학회, 2005.5, pp.77-78.
18) 정수동, 「유교와 불교의 효사상」, 『동아시아 불교문화』, 동아시아불교문화학회, 제7집, 2011.6, p.263.
19) 최영찬, 「유학의 근본정신과 연원」, 『범한철학』 22집, 범한철학회, 2000 가을,

덕이 하나이면서 둘이고 둘이면서 하나라는 것으로, 나와 상대방이
서로 예절을 갖추면 둘이면서 하나로서 만날 수 있다는 것이다. 예의
중요성이 이것으로 그것은 도의를 갖추어 덕을 베푸는 것으로 우리 민
족이 동방예의지국으로서 역할을 해야 하는 당위성으로 이어진다.

그렇다고 예절을 잘 지키는 일이 자칫 형식만을 중히 여긴다는 것
으로 왜곡되어서는 안 된다. 기계적인 예는 죽은 것으로 내용이 없는
바, 진정한 예는 자발적으로 일어나는 것으로서 그 속에는 성실성과
심각성이 내포되어 있다.[20] 형식문화에 길들이다 보면 진정성이 매몰
되는 것으로 그것은 아부 행위와 다름이 없다. 형식은 타율적이며 자
율적이 아니라 기계적인 것으로 우려하는 형식주의에 떨어질 수 있다.

앞으로 한국인들은 동방예의지국으로서 명실 공히 예절을 잘 지키
는 민족으로 남아야 하는데, 현실은 과연 그렇게 전개되고 있는가를
냉정히 성찰할 필요가 있다. 우리 민족은 외형적·물질적 성공에 비
례하여 과연 도덕적으로 바람직한 모습을 하고 있는가를 질문해 보면
자신 있게 대답하기가 어렵다.[21] 한국인들이 자신의 일이 상대방에게
피해를 주는가에 대한 의식이 약하고 공중질서를 잘 지키지 않기 때문
이다. 외국인이 한국인들을 '어글리 코리안'이라 비판한 적이 있음을
상기한다면 우리는 예절 바른 민족으로서 교양 있는 동방예의지국의
자존심을 지켜나가야 할 것이다.

---

pp.92-93.

20) 황필호, 「논어와 분석철학-H. 핑가레트를 중심으로」, 『공자사상과 현대』, 사
    사연, 1986, p.312.

21) 온만금, 「현대사회의 도덕성 문제」, 제20회 원불교사상연구 학술대회 《원불
    교 사상과 도덕성 회복》, 원광대 원불교사상연구원, 2001.2, p.20.

## 3. 가무와 신바람의 한국인

이따금 노래하고 춤추는 사람들을 구경하면 흥에 겨운 듯 "신명나
게 놀아보세"라는 말을 하곤 한다. 이 신명은 누가 불리는가? 마음이
살아있는 사람이 불리는 것이다. 『주역』에도 이와 관련한 언급이 있
어 주목된다. 『주역』 계사(繫辭) 상편의 마지막인 제12장에, "신명을
밝혀 드러냄은 그 사람에 달렸다"(神而明之存乎其人)라고 하였다. 우
리들의 마음이 살아 있는 것을 신명난 생활이라고 하는 것도 이와 관
련된다. 마음이 죽어있다면 그에게 삶의 에너지가 고갈된 관계로 결
코 신명은 없을 것이다.

따라서 신명은 마음을 살려내는 놀이 문화와 관련된다. 우리가 재
미있다고 하는 것은 무언가의 놀이의 결과에서 나타나는 경우이다.
원시사회로부터 오늘에 이르기까지 우리는 전통놀이를 즐겨왔다. 이
놀이는 인간이 노동을 하면서 쌓인 피로를 없애고 나아가 놀이를 통해
보다 창조적 생산성을 위함이었을 것이다. 오늘날 레크리에이션과 관
련된 오락 행위는 고금을 통하여 인간의 애환을 달래고 축제를 즐기는
것으로 여겨졌다. 더욱이 공동체사회 속에서 놀이는 재생산성을 위해
서 필요한 공동체적 신명성과 정의의 유대감을 조성하는 행동양식22)
이라는 것이다.

그러면 신명과 관련된 가무로서의 노래와 춤의 역사는 얼마나 오래

---

22) 오정행·박현덕, 「깔깔대소회를 통해서 본 원불교 놀이문화」, 『원불교문화논
총』 제4집, 일원문화연구재단, 2000, pp.389~390.

되었는가? 아무래도 노래와 춤은 인간의 생활과 그 시원을 같이 하는 것이라 본다.[23] 우리나라의 경우 고대로 거슬려 올라가면 삼한(三韓)도 예외는 아니었다. 삼한 시대, 잦은 제삿날에 서로 어울려 춤을 추고 노래하는데 밤낮을 가리지 않았다. 수십 명이 줄지어서 땅을 구르며 손발을 맞춘다고 하였으니 춤사위가 과연 어떠했는가를 상상할 수 있다. 『수서(隋書)』에서도 북을 치고 춤추고 노래하며 장송(葬送)한다고 하였으니, 인간 역사가 시작된 원시시대부터 노래와 춤이 시작되었으리라는 추단은 어렵지 않다.

노래와 가무로서 신명 넘치는 모습은 무녀에게서 발견된다. 오랜 인류의 역사와 더불어 시작된 무교의 실상을 살펴보자. 무당은 부족적인 인간의 상징이며, 무녀는 그의 종교를 춤과 노래로 나타낸다.[24] 무녀는 신명나게 춤사위를 하며 하늘과 인간 사이를 오가며 미래를 예언한다. 신들린 듯 춤을 추는 것은 하늘과 인간 사이의 가교 역할을 무당이 담당하기 때문이다. 신명(神明)이란 이처럼 무당이 하늘과 인간을 일체화하면서 혼을 발휘하는 현상인 바, 신명 넘치는 행위 중에서 무당춤이 과연 장관이다. 인간의 역사와 더불어 가장 오래된 종교가 무교라면 무당은 그 주연으로서 신명의 춤사위로 민중의 애환을 달래어 왔던 것이다.

무당만이 아니라 우리 민족은 신명 넘치게 노래 부르기를 좋아했다. 상고시대부터 한민족이 노래 부르기를 좋아했다는 기록과 그 흔적은 중국의 역사서(隋書)를 비롯해 여러 곳에 나타난다. 춤과 노래를

---

23) 손정윤, 「문학・예술사」, 『원불교70년정신사』, 원불교출판사, 1989, p.657.
24) 하아비 콕스 著, 손명걸 外 5人 譯, 『世俗都市』, 大韓基督教書會, 1979, p.22.

부르며 가무를 즐겨온 우리 한민족은 그로 인해 마을과 국가의 결속을
다져왔던 것이다. 우리가 신명 넘치게 노래를 부르며 삶의 애완을 달
래고 미래를 기원했던 것은 민족의 결속이요, 이 결속의 과정을 통해
서 흥분된 감정의 엑스터시를 체험하였고 그것이 신명, 곧 신바람으
로 나타난 것이다. 신명은 신과 인간이 일체가 되어버린 황홀의 상태
로 한민족이 그토록 염원한 결속의 결정체이다.

또한 노래 부르기 좋아한다는 것은 우리 민족이 순수하고 거짓 없
이 선량한 마음으로 살아왔다는 뜻이다. "노래에는 거짓이 없다"라는
박재삼 시인의 시론(2000)은 시작되고 있다. 그의 시론에 의하면, 시
라고는 한 줄도 읽은 적이 없는 어머니가 아들을 무릎에 앉혀놓고 해
준 말이 있는데 "듣고 또 들어 보아라, 노래가사에 어디 한마디 보태
고 뺄 거짓이 있는지…". 가히 감동으로 다가온 어머니의 속삭임으로,
거짓이 없어야 마음에 흥에 겨워 노래가 절로 나온다는 것이다. 악한
사람은 얼굴을 밝게 펼 수 있는 여유가 없지만, 오로지 선량한 사람의
마음에 여유가 있으며, 그 여유 속에서 흥겨운 노래가사가 흘러나오
게 된다.

맑고 선량한 마음으로 흥겹게 노래를 불러서 마음이 살아나는 것을
소위 신명난다고 한다. 오탁악세에 찌든 나머지 우리의 마음이 죽어
있으면 어떻게 신명이 날 수 있을 것인가? 마음은 곧 신명의 집으로
사람이 능히 깨끗이 씻어내 한 점의 더러움도 없다면 이 마음의 고요
함과 신명은 하나가 된다.[25] 맑고 조촐한 마음을 얻고자 가무를 즐긴

---

25) 『周易折中』, 丘氏富國曰 心卽神明之舍 人能洗之而無一點之累 則此心靜與神
明一(곽신환, 「주역의 자연과 인간에 관한 연구」, 박사논문:성균관대학교 대

다면 이보다 더한 신명 곧 심신의 환희가 없을 것이다. 우리 민족은 선량한 민족으로서 희로애락을 가무로써 달래며, 영혼도 달래며 담박한 인생사를 즐겨왔다.

한국에는 유독 노래방이 많다. 노래를 사랑하는 민족이므로 노래를 잘 부를 줄 모르면 대인관계에서도 원활하지 못하다고 할 정도이다. 2천년대 초반 전국 노래방이 3만5천여개가 넘었다고 한다. 노래방이 이처럼 많은 것은 우리가 노래를 좋아하는 민족임을 스스로 증명하는 것이다. 물론 일본에도 가라오케 노래방이 많은 것으로 알고 있으며, 한국이든 어느 민족이든 다 같이 노래를 사랑한다는 것은 삶의 활력이요, 대인관계에 있어서 사기를 북돋우는 일이 될 것이다.

기실 노래를 좋아하는 것은 일상성에 빠진 자신을 북돋우고 또 스트레스를 날리기 위함이다. 가무는 스트레스 해소에 좋다는 사실을 밝힌 임동창씨의 언급은 다음과 같다. "우리 민족이 새 출발을 해야 한다. 그것을 이루려면 국민들이 놀아야 한다. 더 이상 놀 수 없을 때까지 놀아야 한다. 그러다 보면 자기에 쌓인 온갖 잡동사니(스트레스)가 다 없어진다. 그 다음에 맑아지는 나를 보게 된다. 그 다음이 신명으로 이어진다."26) 여유가 없다고 하여 잘 놀 줄 모르는 사람이 스트레스도 많아지는 것은 우연이 아니다.

한국인들이 노래를 부르고 신바람을 불리고자 하는 것은 스트레스를 풀고 여유를 찾고자 하는 민중의 예술적 정서에서 모색된다. 한국

---

학원 동양철학과, 1987.4, p.93).

26) 원광대학교 법당에서 1997년 10월 22일 오후 4시에 특별 수요법회를 개최하였는데, 이에 컬트 피아니스트 임동창씨는 「나의 삶과 예술」이라는 특강을 하면서 언급한 말이다.

의 전통문화에 흥취를 갖고 여기에 몰입하면 삶의 시너지 효과를 얻게
되는 것이다. 사실 우리는 한국 문화의 우수성을 재인식해야 하며, 한
국인들 중에 세계적으로 두각을 나타내는 예술가가 많은 것은, 그들
이 한국의 전통에 세계적인 것을 보탰기 때문이다.[27] 한때 국악인이
텔레비전 광고에 "우리 것은 소중한 것이여"라고 했던 언급에서 알 수
있듯이, 우리 문화를 소중히 여기고자 하는 예술가의 의도를 알 수 있
다. 한민족의 신바람을 불리는 풍악이 세계적으로 알려진 것은, 지난
월드컵 축구대회 때 외국 경기장에서 징과 꽹과리 등을 동원하여 신명
나게 응원한 한국인들의 극성스런 팬들 덕택이었다.

한국인으로서 예술분야의 전문가들이 우리에게 심금을 울리는 경우
가 적지 않다. '흥'으로 다른 사람을 직접적으로 감동시키는 예술분야
에는 다른 악조건이 많음에도 불구하고 세계적으로 뛰어난 인재들이
수두룩하다.[28] 무형문화재로서 뛰어난 예술가의 활동은 한국인의 무
형자산임에 틀림없는 것이다. 가무와 관련된 종교의례 분야에 있어서
가무 역시 무형문화재의 가치가 크다. 오늘날 한국불교의 가장 대표
적인 의례 가운데 하나인 영산재는 중요무형문화재 제50호로 지정되
어 있으며, 봉원사를 중심으로 매년 실행되고 있다.[29] 국가지정 중요
무형문화재로서 판소리와 춤, 남사당놀이 같은 것을 보아도 예술분야
의 활동상은 세계적 예술분야에서도 손색이 없다고 본다.

---

27) 이건희, 『생각좀 하며 세상을 보자』, 동아일보사, 1997, p.107.
28) 이은봉, 「미래종교에 대한 원불교적 대응」, 제18회 원불교사상연구 학술대회
《少太山 大宗師와 鼎山宗師》, 원광대 원불교사상연구원, 1999년 2월 2일,
p.25.
29) 김응기, 박사학위논문 『영산재 작법무 범패의 연구』, 불교학과, 2004.6, p.2.

　신바람의 가무를 사랑하는 삶이 소중한 것은 우리 민족이 국난에
닥칠 때 그로 인해 사기를 얻고, 개인적으로 생기 넘치는 신바람의 주
인공이 되어 활력을 얻도록 하자는 것이다. 삶에 생기가 돋게 하여 신
바람을 불리며 열정이 생겨나게 하는 방법으로 가무를 사랑하는 것만
큼 좋은 것은 없다고 본다. 우리 민족의 신바람은 개인과 국가의 사기
를 살리는 것으로서 21세기 선진시민의 자부심을 가져다 줄 것이다.
우리 민족은 노래를 사랑하는 선량한 민족으로서 남의 나라를 한 번도
침략한 적이 없다. 한민족의 아낙들이 적군이 쳐들어 왔을 때 남장을
하여 중요 무형문화제 제8호인 '강강술래'를 부름으로써 왜군들의 간
담을 서늘케 했던 것처럼 보여 겁을 먹고 도망갔다[30]고 하니, 흥을 돋
우고 즐기는 가무는 우리 민족의 활력이 되어온 것이다.

---

30) 해남·완도·무안·진도 일대에서 성행되어 왔다. 노래와 무용과 놀이가 혼
　　합된 부녀자들의 놀이로 추석날 밤에 행하여지며 정월 대보름날 밤에 하기도
　　한다. 임진왜란 때 이순신이 해남 우수영에 진을 치고 있을 때, 적군에 비하
　　여 아군의 수가 매우 적었다. 그래서 이순신은 마을 부녀자들을 모아 남자차
　　림을 하게하고, 옥매산 허리를 빙빙 돌도록 했다. 바다에서 옥매산의 진영을
　　바라본 왜병은 이순신의 군사가 한없이 계속해서 행군하는 것으로 알고, 미
　　리 겁을 먹고 달아났다고 한다(강강술래: 한국민족문화대백과, 한국학중앙연
　　구원).

## 4. 한 그리고 은근과 끈기

우리 민족에게 한(恨)이 있다는 것은 국민은 물론 외국인들도 어느 정도 알고 있는 것 같다. 미국 국적의 현각스님은 한국 사람의 한을 모친의 전언(傳言)으로 알게 되었다고 한다. 그는 우리 민족에게 한의 정서가 깔려 있다며 그 이유를 국난 등에서 온 것으로 보고 있다. "한국 사람들의 한의 정서에 대해 내가 그토록 쉽게 이해할 수 있었던 것은 아마 어머니 때문이 아니었나 싶다. 오랜 식민지와 분단, (어머니 고향) 아일랜드는 한국과 비슷한 역사적 배경을 가진 나라이다. 아일랜드 민요를 부르며 슬퍼했던 내 어머니…."[31] 이처럼 한국이 한의 민족으로 알려진 것은 잦은 외침(外侵)으로 국난을 겪었던 탓임을 알 수 있다.

외부세력의 잦은 침략으로 인해 한민족의 한은 국가 잃은 설움에서 지속되었다. 주변 열강 중국과 일본 등으로부터 침략·간섭과 같은 크고 작은 마찰이 적지 않았기 때문이다. 한민족의 쌓인 한을 풀어주는 일은 여러 측면의 도움이 필요하겠지만, 종교적 분야에서는 무당이 그 역할을 하곤 했다. 무당은 항상 피해를 입은 사람들 속에서 꿈틀거리는 종교성으로 그들의 한을 달래는 역할을 해왔던 점[32]을 상기해 볼 일이다. 오늘의 기성종교가 한국사회에 뿌리박기 전까지 지내온 역사를 보면 무당의 역할을 인정해야 하는 이유이다.

---

31) 현각, 『萬行-하버드에서 화계사까지』(1), 열림원, 1999, p.21.
32) 류병덕, 『근·현대 한국 종교사상연구』, 마당기획, 2000, p.19.

무당의 역할을 살펴보면, 맺힌 한을 풀어내는 것은 우리의 정서 속에 침잠된 응어리를 정화시키는 것과 같다. 인간의 응어리를 정화시키는 것은 무교와 기성종교의 측면에서 볼 때 그 중심 기능이라 본다. 맺힌 응어리를 풀어내는 정화의 기능, 그리고 여러 사상체계를 폭넓게 수용할 수 있는 조화 정신을 지향하는 태도 등 종교의례로서 굿은 쇠퇴하였지만, 여전히 우리 의식구조에 자리 잡은 무속의 중요한 영향력을 짐작케 한다.[33] 무당의 신명나는 굿을 통해 그동안 쌓인 한을 풀어냄으로써 마음을 정화시키는 경우가 적지 않았던 것이다.

한을 정화시키는 힘은 오랜 옛날부터 한국인의 종교성에 기인한다. 무속의 힘에 의존하여 쌓인 한을 풀어온 것이 이와 관련되며, 오늘날의 경우 과거 무속의 역할은 기성종교가 떠맡고 있다. 아주 오랜 옛날부터 한국인이 이 땅에 살아오면서 가꾸어 온 종교성 곧 종교심성이 있으니, 그것은 한국인이 그렇게 험한 고비를 넘기면서도 멸망하지 않고 끈질기게 연명해 온 놀라운 정신성이다.[34] 기성종교 성직자들의 열정적인 설교와 기도에는 과거로부터 전해온 무당의 열정이 녹아들어 있다. 그러한 열정으로 인해 한민족의 종교성을 자극한 것이며, 이러한 자극 속에서 한국인에 쌓인 응어리가 풀려 삶의 에너지 곧 신명으로 바뀐다.

그러면 한을 극복한 원인이 종교성에만 의존했을까를 살펴본다. 여기에는 한민족의 은근과 끈기가 숨어 있음을 알 수 있다. 우리 민족이 한에 쌓인 원인이 이미 밝힌 바대로 주변국의 침략에 의한 것이 그 주

---

33) 韓國哲學思想硏究會, 『韓國哲學』, 예문서원, 1995, pp.114-115.
34) 류병덕, 『근·현대 한국 종교사상연구』, 마당기획, 2000, pp.16-17.

류를 이루어 왔다. 외세에 억눌린 한을 풀어내는데 종교성에 더하여 우리 민족의 심성에는 놀라운 인내력 곧 은근과 끈기가 있다는 것이다. 한민족의 원형질을 파헤쳐 보면 은근과 끈기가 뒷받침되어 있는 바, 어떠한 억울함과 슬픔에 처하여도 거기에 굴하지 않고 속으로 삼키곤 한다. 슬픔을 가슴 속에 오랫동안 묻어둔 것은 한민족에게 은근과 끈기라는 감내 정신을 심어주었다.

한민족의 근성으로서 은근과 끈기는 어떠한 원망이라도 밖으로 쉽게 분출하지 않고 속으로 참아내는 인내력을 말한다. 이러한 인내는 감내(堪耐)의 능력이라 할 수 있을 것이다. 우리는 감내 능력의 한계를 겪으면서도 스스로 그것을 극복할 수 있을 가치의 규범을 마련할 줄 알고, 그 규범의 실천적 현실을 좇아 살면서 의미 있는 삶을 펼치고자 하는 지혜로 살아간다.[35] 한민족에게는 이처럼 감내 능력의 한계를 잘도 겪어왔다. 어쩔 수 없이 닥쳐온 국난의 위기 속에서 포기하지 않고 꿋꿋이 견디어 온 것이다. 주변 강대국의 야심과 횡포가 도사리고 있는 지정학적 상황 속에서도 한민족은 이 은근과 끈기의 감내할 수 있는 능력을 끊임없이 시험 당하였다.

어떠한 환난에 처하여 우리가 감내할 수 없는 한계에 도달할 경우 은근과 끈기가 발동했다는 것은 우리 민족의 장점이기도 하다. 고통스런 일이 닥쳐도 감당할 수 있다는 자기 능력에 대한 신뢰가 조금씩 생기게 되면서 자기에 대한 믿음이야말로 얻을 수 있는 최고의 소득이며, 이것이 인생을 사는데 가장 큰 힘이다.[36] 우리 민족은 인내의 힘

---

35) 정진홍, 『종교문화의 이해』, 書堂, 1992, p.49.
36) 한비야, 『바람의 딸 걸어서 지구 세바퀴 반』 1, 도서출판 金土, 1999, p.197.

을 부단히 보여주었다. 어떠한 한계 상황에 봉착하여도 굴하지 않은
것은 한민족의 은근과 끈기 덕택이다. 한민족이 어려움을 겪을 때마
다 수많은 애국지사 및 열사들의 희생은 이러한 은근과 끈기의 정신을
자손에게 커다란 유산으로 남겨주었다.

　민족성의 유산으로서 끈기를 요구하는 감내(堪耐)란 무조건 참는
것이 아니라 한스러움을 의미 있게 승화시키라는 것이다. 무조건 참
으려다가 오히려 반발심과 같은 역효과가 있기 때문이다. 고통의 한
을 참는데 있어서 이를 의미 있게 전환시키는 것이 인격 성숙이요 민
족성의 지혜와 관련된다. 어떻게 하면 고통을 쉽게 회피할 수 있을까
를 묻기보다는, 어떻게 그 고통을 수용하여 새로운 에너지를 창출하
는 출구를 만들어 감내할 수 있을까를 묻는데서 인간의 감내 능력이
겪는 한계는 새 출구를 찾는다.[37) 인간의 감내 능력은 참을 수 없는
고통의 의미를 되새김으로써 극한 상황으로부터 반전할 수 있다는 뜻
이다. 한민족이 겪어온 한을 은근과 끈기라는 민족성으로 대신한다면
감내 능력은 극대화되는 것이다.

　이러한 감내 능력의 극대화는 한국 여인상에서 은근과 끈기로 나타
나곤 한다. 한국 여인들은 가정의 고통, 이를테면 가난과 가족의 모진
시집살이를 감내하면서도 엄마와 아내와 며느리의 역할을 충실히 해
왔다. 농번기에는 들판에 나가서 일을 하고, 농한기에는 베틀에 앉아
서 베를 짜며, 틈틈이 자녀 보육에도 힘을 쓴다. 오랜 동안 남편들의
시중을 잘 들었으며, 시부모의 시집살이도 끈기 있게 잘 견디었다. 자
식을 사랑하는 어머니는 인류를 사랑하고, 자식을 기르는 어머니는

---

37) 정진홍, 『종교문화의 이해』, 書堂, 1992, p.49참조.

인류의 역사를 창조하며, 어떤 보답을 바라지 않고 마냥 쏟아주기만 하는 어머니는 사랑과 창조의 사역(使役)이다.[38] 이처럼 한국의 어머니상은 자신의 모든 것을 다 바치면서 아무런 보상도 바라지 않는 부처님의 자비처럼 숙명으로 알고 고통도 감내했다.

은근과 끈기는 어쩌면 여성의 속성인 것 같다. 남성들은 격정적이고 활동적인 성향이라면 여성들은 내향적이고 정적이면서도 모든 것을 포용하는 힘을 지녔기 때문이다. 이에 대하여 어느 CEO는 여성상을 다음과 같이 말한다. "사자처럼 무리를 지어 사는 동물 집단에서 사냥하고 새끼를 키우는 것은 암컷의 몫이다. 사람도 동물이니 이 원리는 비슷하다. 남자가 힘세다고 자랑해도 아이를 기르는 여자의 끈질김과 섬세함은 따라가지 못한다."[39] 암컷 동물들이 본능적으로 갖고 있는 생명 살림은 인간에게도 마찬가지인 바, 인간으로서의 여성은 진한 생명 살림의 모성을 지녔다는 뜻이다. 생명창조의 여성성을 지닌 한국여인들은 집안의 온갖 굳은 일을 마다하지 않으며 가권의 자모 역할을 하는데 있어서 은근과 끈기를 무기로 삼아왔던 것이다.

그럼에도 불구하고 우리의 어머니를 포함한 여성의 법적 지위는 한국사회에서 오랫동안 열악했던 것이 사실이다. 한국의 민법은 1958년 처음 제정되었다. 식민지 시절 일본의 민법을 그대로 사용해 왔는데 이른바 의용민법(1912년 3월 제7호 공포)에 의해 오랫동안 조선은 일본의 민법 하에 있었다. 당시 민법에 의하면 여자는 미성년자와 같이 취급하여 법률적 효력이 있는 행위를 해야 할 때에는 반드시 법정대리

---

38) 김삼룡, 『창조를 위한 여백』, 동화출판사, 1985, p.16.
39) 이건희, 『생각좀 하며 세상을 보자』, 동아일보사, 1997, p.197.

인이 있어야 가능했던 것이다.[40] 국난의 시기에 여성들은 남성들과 달리 교육에 있어서 차별을 받았고, 재산 상속에 있어서도 차별을 받았으며, 사회적 대우에 있어서도 차별을 받았다. 이러한 고통을 감내하면서 쌓인 한(恨)은 적지 않았을 것이지만 이를 극복해온 어머니들의 희생정신이 오늘의 한국인들에게 은근과 끈기라는 DNA를 깊이 심어준 것이다.

누구나 자신의 힘에 겨워 참고 또 참다보면 내면의 깊은 상처를 받고 말할 수 없는 고통을 겪는다. 이러한 상처를 온몸으로 수용하며 가슴에 담아온 한국의 어머니들은 본능적인 감내의 덕택으로 우리가 존경하는 인물로 자리하고 있다. "지각 있는 존재들, 내 어머니들에게 직접 간접으로 모든 은혜와 행복을 바치고, 그들의 해로운 행동과 번뇌는 은밀히 내가 짊어지련다."[41] 달라이 라마의 언급처럼 어머니의 은근과 끈기는 한국의 어머니상뿐만 아니라 모든 인류의 어머니상으로 다가오는 것이다. 우리의 어버이들은 온갖 고통을 감내하면서 은근과 끈기로서 자녀들을 길러 사회의 일꾼으로 성장시켜온 것이며, 세계의 부모들 중에서 유독 국난을 겪고 가난을 겪어온 한국의 부모들이 감내해온 능력은 우리 자손의 뇌리에 깊숙이 박혀 있다.

---

40) 김탁, 「원불교 사요교리의 체계화 과정」, 『인류문명과 원불교사상』(上), 원불교출판사, 1991, p.281.

41) 마음을 단련시키는 여덟 노래 중에서(달라이 라마 著, 공경희 譯, 『마음을 비우면 세상이 보인다』, 문이당, 2000, p.11).

제2편_

# 한국인의
# 부정적 성향

# 제1장

# 공중의식과 조급증

## 1. 공중도덕의 결여

공중도덕이란 인류가 공존하면서 서로가 지켜야 할 예절이라고 본다. 공동체의 예절이 잘 지켜진다면 행복한 사회라 할 수 있지만 예절이 사라진다면 고통 또한 클 것이다. 한국인들에 있어서 공중도덕의 수준은 어떠한가를 긍정적 시각보다는 부정적 시각에서 살펴보는 것도 바람직한 예절문화를 유도하는데 의미를 두려는 뜻이다.

먼저 한국의 자녀교육에서 예절교육보다 영재교육에 치우치는 탓에 더불어 살아가는 예절문화에 소홀하다는 것을 지적하고자 한다. 한국인의 수재가 미국 주류사회나 국제화에 뒤지고 있는가를 보면, 두뇌가 모자라기 때문이 아니라 인간관계의 성숙도가 낮기 때문이다.[1] 학교

---

1) 현용수, 『IQ는 아버지 EQ는 어머니 몫이다』, 國民日報社, 1997, p.31.

의 영재교육에만 치중하는 우를 범하고 있는 탓이다. 머리 좋은 아이를 칭찬하고 남보다 앞서는 것을 자랑으로 삼는 것은 공부를 권면하는 면에서 바람직할지 모르지만, 능력이 부족한 아이를 배려하는 상호 예절 속에서 인간관계를 형성하는 일에 소홀한 경우가 적지 않았다.

상대방을 배려하지 못하는 대표적인 경우를 보면, 한국인들의 상당수가 도로상에서 차를 운전하는 순간부터 차분하던 사람이 갑자기 성격이 급해진다. 다른 차를 추월하려는 심리가 발동하기 때문이다. 평소에는 그렇게 침착한 사람이 운전대에 앉기만 하면 급히 상대방의 차를 추월하려다 사고를 내고, 결국 큰 소리로 싸우는 현상을 이따금 목격하게 된다. 외국인들이 한국에 처음 와서 운전하기 힘들다고 한다. 한국인들이 차선이나 신호·속도를 준수하지 않기 때문이며, 이러한 자기 만용으로 인해 외국인 운전자들이 두렵게 느낀다는 것이다. 양보운전에 길들여진 사람들이라면 한국인의 자동차 운전습성에 더욱 난처해지기 십상이다. 우리나라의 교통사고 사망자 수가 미국이나 일본보다 훨씬 많다는 사실을 보면 공중도덕의 측면에서 교통질서의 준수가 미흡하다.

또한 기차역이나 영화관 등에서 차분하게 줄을 서서 자기의 순서를 기다리는 아름다운 풍경거리도 있지만 새치기하는 경우가 적지 않다. 택시를 타거나 버스를 타는데 있어서 줄을 잘 서고 위치만 잘 잡으면 늦게 와서도 빨리 갈 수 있는 사회에서 자랐다며, 먼저 나와서 기다리는 것은 별 의미가 없는 사회가 우리가 경험한 사회였다.[2] 미국에서

---

2) 백정윤, 「부자유와 구속」, 『차는 다시 끓이면 되구요』, 출가교화단, 1998, p.33.

새치기는 불법으로 간주되어 아주 어려서부터 줄을 서는 습관을 가르
친다는 것이다. 놀이공원에 입장할 때, 은행 업무를 볼 때, 상점에서 상
품을 살 때 줄을 서는 예절을 자녀에게 가르치는 문화가 선진국의 흔한
풍경이다. 현재 우리나라의 경우 줄서는 문화가 점차 정착되는 과정에
있다. 그러나 아직도 급한 성격에 "나 하나쯤은 괜찮겠지"라며 순서를
기다리는 문화에 낯선 사람이 적지 않음을 성찰해야 할 것이다.

　예절문화에 있어서 또 고려해야 할 것은 자신의 일상적 일을 전개
함에 있어서 상대방의 눈살을 찌푸리지 않도록 하는 것이다. 버스를
타거나, 휴대전화를 하거나, 친구와 대화를 하는 것이 일상적인 일들
이다. 버스나 기차 속에서 휴대전화 벨소리로 인해 남에게 피해주는
것은 고려하지 않고 아무렇지도 않다는 듯이 큰 소리로 전화를 주고받
는 경우가 적지 않다. 조그마한 공간에서 사람들과 함께 하는 경우 그
공간 예절이 필요한 것은 상식이다. 버스정류장과 지하철의 대합실에
서 안하무인격으로 마구 떠드는 소리며, 요란한 휴대전화 벨소리가
한정된 공간에서 상대방에게 폐를 끼치는 상황이며, 지식층들의 회의
시간에도 휴대전화가 울리는 현상은 우리들의 자화상이자 몰염치의
모습이라 본다.

　박물관이나 전시장에 가서 관람하는 경우에 있어서도 공중도덕이
필요하다. 해외관광이 보편화된 상황에서 외국의 박물관에서 한국 관
람객들 때문에 "작품에 손대지 마시오"라고 친절하게도 경고문을 한
글로 써서 붙여놓은 것을 본다면 어떻게 생각할 것인가? 우리 민족이
외국에서도 공중도덕이 부족한 탓에 이러한 한글 문구가 붙어 있다면
한국인의 사기는 꺾이고 말 것이다. 유명 박물관에서 분명히 사진을
찍지 말라고 했는데 조명을 터뜨리며 사진을 찍는 경우가 적지 않음을
성찰해야 할 일이다.

어린 자녀교육에 있어서 부모들이 자녀를 기죽이지 않기 위해 간섭을 자제하다보니 남을 의식하지 못하는 경우가 많다. 누가 어린아이에게 주의라도 준다면 그 부모는 눈을 부릅뜨고 "왜 간섭하느냐"고 달려드는 경우도 있다. 요즘 부모들이 자녀를 사랑하는 것이 귀여워해주는 것만을 전부인 것으로 알고, 예절교육을 시키지 않아서 멋대로 자란 아이들이 많기 때문에 공중도덕도 잘 모르고 남에게 피해주는 것을 예사로 알고 있다.3) 부모로서는 자녀가 의젓한 한국시민으로 성장하도록 돕기 위해 어린 자녀들의 예절교육에 신경 켜야 한다. 선진국의 자녀교육은 엄격하기로 유명하며, 특히 공중장소에서의 매너교육은 필수사항으로 가르친다.

오늘날 한류열풍 덕택에 한국을 방문하는 외국인들이 많아지고, 또 한국인의 해외여행자 수가 늘어나고 있다. 외국인들의 한국 방문 후, 그 평가는 어떠한가? 중국인 치엔홍이 한국을 여행하였던 관계로 한국여행에 대한 감상을 묻자 "하이 커이"라며 시큰둥한 반응을 보였다. "입국 심사할 때 기분이 상했어요. 그 사람들 너무나 무뚝뚝하고 고압적이야." "묵은 여관도 너무 지저분하고 시설이 엉망이었어요. 4성급이라면서." "도로 표지나 관광 표지에 한자가 없어서 불편했어요."4) 이러한 불평을 과소평가할 수도 있겠지만, '어글리 코리안'이라는 소리가 귓전에 들려오는 것이다. 국제화 시대에 우리 한국인의 외국인에 대한 예절이 얼마나 중요한지를 깨닫게 해준다.

한민족은 비교적 짧은 시간 안에 경제적 부를 이루어 선진국의 대

---

3) 박장식, 『평화의 염원』, 원불교출판사, 2005, p.250.
4) 한비야, 『중국견문록』, 푸른숲, 2001, pp.206-207.

열에 들어섰지만 공중도덕을 지키는 성숙된 국민행동으로까지 이어지고 있는가를 반조해 보자. 외국인들의 눈에 비친 한국인들은 어떤 환경에도 잘 적응하지만 공공질서를 잘 지키지 않고, 경제적 부를 누리면서도 세금에는 탈법이 난무하고, 자기들끼리 잘 다투고, 약속을 안지키는 사람들이라는 말을 자주 듣는다.5) 우리는 가난을 극복하고자 근면과 성실로 노력했지만, 도덕성 함양의 인성교육에는 상대적으로 소홀했음을 시인해야 한다.

이제 한국 가문에서 인성교육이 더욱 절실하다는 면에서 그 내용은 무엇인가를 살펴본다. 한국인들은 그동안 경제적 부를 이룬 만큼 인성교육에 관심을 가져야 한다는 것은 절박한 일이다. 한국인이 보존해 온 정신세계는 가문에서 내려오는 가정의 가훈이나 인간관계에 필요한 덕과 예절6)이라는 사실을 환기해야 할 것이다. 우리는 어린 시절, 어른에게 공경하고 부모에게 효도하며 친구들과는 신뢰를 쌓으라는 소리를 듣고 자랐다. 초등학교의 기본교육이 사회의 성숙된 의식으로 결실 맺지 못한 원인을 앞으로 분석해 볼 필요가 있다. 남녀노소를 막론하고 충효열의 아름다운 문화를 계승해 나가야 할 한민족이 덕을 베푸는데 인색하거나 공중 매너가 부족하다면 선진시민으로의 역할은 힘들다고 본다.

선진시민으로서 살아가는 사회의식, 곧 개인의 공중 의식의 향상이 필요한 것이다. 바람직한 시민사회 의식이 부족한 현실을 성찰해야

---

5) 온만금, 「현대사회의 도덕성 문제」, 제20회 원불교사상연구 학술대회 《원불교 사상과 도덕성 회복》, 원광대 원불교사상연구원, 2001.2, p.20.
6) 현용수, 『IQ는 아버지 EQ는 어머니 몫이다』, 國民日報社, 1997, p.149.

할 시점이다. 우리는 국가적 차원에서 국민의 의식수준 향상을 위하여 일정한 프로그램을 시행해야 한다고 보며, 국민의 의식수준 향상이란 시민의식의 함양과 직결된다.[7] 고금 성자들의 가르침을 깊이 새기면서 한민족의 시민의식을 고양시키지 못한다면 한국인이 선진국의 대열에 함께할 수 없을 것이다. 부끄러움이 없는 행동을 위해 공중도덕과 예절교육이 더욱 아쉬운 상황이다.

## 2. 격정과 성냄

윗물이 맑아야 아랫물도 맑다는 속담이 있다. 한 가정에서 부모가 화를 내면 자녀들도 그 영향을 받기 마련이다. 또 국가 위정자들이 격정을 드러내면 국민들의 감정도 피폐해지기 마련이다. 인간의 감정이란 주변의 상황에 의해 전이되기 쉬운 것이다. 감정 전이의 소용돌이 속에는 한국의 정치 사회문화의 병리현상이 있으며, 그것은 대립과 갈등이 국민의 안전을 벗어나 극한적 상황으로까지 치닫게 했다.[8] 언론매체의 뉴스에서 국회의원들의 고성과 싸움판을 보는 경우가 적지 않다. 격정의 싸움판에서 국사(國事)가 탈 없이 전개될 수 있는가를 성찰해볼 일이다. 정치인과 어른들이 감정조절을 잘 못하는 것을 청소년들이 그대로 본받아야 할 것인가?

---

7) 한종만, 「정산종사의 건국론 고」, 『원불교사상』 15집, 원불교사상연구원, 1992, p.423.
8) 한승조, 「야합이냐 투쟁이냐의 한국정치」, 『한국인·한국병』, 도서출판 일념, 1987, p.96.

화가 극에 달하여 가스통에 불을 붙여 화재가 나고 사람이 죽는 경
우가 이따금 발생하는 등 사건사고는 네이버 뉴스코너에 자주 등장한
다. 일례로 2010년 8월 13일, 제주 서부경찰서는 같이 일하는 사람이
외국인 동료들로부터 놀림을 받고 화가 나서 숙소에 있던 LP 가스통
에 불을 붙여 화재를 일으켰다. 이모씨(46)는 외국인들이 외국어로만
얘기해 무슨 내용인지 알아들을 수 없는 상황에서 자기에게 말을 걸어
온 후 웃어대자 자기를 놀리는 것으로 판단해 이 같은 범행을 저질렀
다(뉴스제주, 2010.8.13). 순간의 감정조절을 못하여 흥분의 격정으
로 방화범으로 전락한 것이다.

화가 나면 정신을 잃곤 하는 한국인들이 적지 않다는 것은 심각한
일이다. 구한말 미국인 헐버트가 『조선멸망』이라는 책에서 말한 바가
있다. "조선인은 화가 나면 정신을 잃을 정도이다. 자기 목숨 같은 건
어찌 되어도 좋다는 상태가 되어 동물처럼 변한다. 입에 거품을 물고
마치 짐승 같은 얼굴이 된다." 사실 누구나 화가 나면 이성을 잃을 수
도 있겠지만 한국인들은 흥분을 잘하고 격정에 길들여져 있다는 지적
을 어떻게 받아들여야 하는가? 화가 많이 나면 밝은 정신을 뒤덮어 아
무 것도 안 보이고, 살림도 부수고 자식도 마누라도 죽이게 된다.[9] 눈
앞이 깜깜하고 아무것도 보이지 않으니 마음 내키는 대로 부수고 내일
이 없다는 식의 광분이다.

우리 국민이 화를 잘 내는 성향이라 지적한 김문학은 『한국이여, 상
놈이 되라』는 저서를 출판한 적이 있다. 그는 저서에서 중국 양계초의
글을 인용한 적이 있는데, 그것은 조선인이란 감정의 기복이 심하며

---

9) 조전권, 선진문집1 『행복자는 누구인가』, 원불교출판사, 1979, p.36.

화를 잘 낸다는 것과 사소한 일에 목숨 걸고 끼어들기도 잘한다는 내용이다. 외국인에 비추어진 한국인의 급한 성격에다가 격정으로 생명까지 담보한다는 것은 가슴 아픈 충고가 아닐 수 없다. 중국에서 태어나 일본에서 공부하면서 저술활동을 한 조선족 김문학은 한국인이 화를 잘 내는 이유로서 울화통의 민족이기 때문이라고 하였다. 이는 다소 지나친 표현일지 모르지만 이성보다 감정을 앞세우는 성향이 적지 않은 한민족의 아픈 점을 꼬집고 있다. 교통사고 현장에서 큰 소리로 다투는 사람들을 자주 목격하는 현실을 부정할 수는 없을 것이다.

이따금 들리는 말이지만, 도로의 교통사고 현장에서 목소리 큰 사람이 이긴다는 말은 과연 합리적인 판단인가? 보험회사에서 알아서 해결해줄 일을 큰소리친다고 일이 해결될 것인가를 냉철하게 생각해보자는 것이다. 화를 내면 그는 자신의 마음을 잃는 행위로 손해만 볼 따름이다. 김수환 추기경은 다음과 같이 말한다. "화내는 사람이 언제나 손해를 본다. 화내는 사람은 자기를 죽이고 남을 죽이며 아무도 가깝게 오지 않아서 늘 외롭고 쓸쓸하다."[10] 먼저 화를 내는 사람이 손해를 본다는 것이다. 이성적 사유로 자기 주변에 일어나는 일을 냉철하게 판단한다면 목소리를 크게 낼 필요가 없다. 현장의 격정 분위기에 휩싸여 격앙된 소리를 내면 판단력도 흐려지며 오히려 일이 더 꼬이는 경우가 많다.

격정의 감정에 얽매인 화병은 우리를 고통스럽게 하는 속병과도 같다. 우리는 종종 화병에 걸린 사람을 만나곤 한다. 울화통에 겨워 겪

---

10) 장혜민 엮음, 김수환 추기경 잠언집 『바보가 바보들에게』, 산호와 진주, pp.48-51.

는 심한 고통은 가슴앓이의 원인이 될 수 있다. 미움, 그리움, 두려움, 서러움, 안타까움 같은 일상의 감정들이 표출되지 못하고 쌓일 때 가슴앓이는 시작되며, 미움이나 서러움이 쌓이면 화병으로 속병이 든다.11) 인생사는 희로애락의 연속이므로 이 감정들을 피할 수 없다고 해도 절제하지 못하면 속병으로 고통 받게 되며, 극에 달하면 자살 충동에 이르기도 한다.

무엇보다도 습관적으로, 또는 무의식적으로 화를 내는 사람들이 없지 않는가를 새겨볼 필요가 있다. 세상을 살다보면 화가 날 일이 적지 않을 것이다. 주변에서 남이 시비를 걸어와서, 또 자신의 취사에 스스로 불만이 생겨서 화를 내는 경우가 있다. 이러한 일들을 접하면 무심코 짜증이 나고 얼굴이 상기되는 습성이 생기곤 한다. 그러나 감정 기복에는 절제가 필요하다고 본다. 화라는 것은 자기 절제의 한계이며, 모든 문제가 처음에는 문제를 인식하다가 나중에는 습관이 되는 경우가 얼마나 많은가?12) 그들에게는 감정보다 이성을 앞세우는 감정 조절의 지혜가 필요한 일이다.

해외여행이 자율화되기 이전, 필자는 대학교 4학년 때 국가에서 주최한 교육부의 후원으로 대만과 일본을 방문한 적이 있다. 당시는 외국에 갈 때 서울에 올라가 소양교육을 받아야 했던 관계로 교육에 참가했던 바, 그곳의 교육 담당자가 말하기를 "외국인들에게 한국인의

---

11) 김익진, 「문학과 마음치유」, 제334회 학·연·산 연구성과교류회《인문학적 마음치유와 한국의학의 만남》, 마음인문학연구소, 한국연구재단, 2012.4.14, pp.35-36.

12) 박현덕, 「허물없는 자리를 가장 경계해야」, 『마음은 어디서 쉬는가』, 출가교화단, 1997, p.301.

인상은 흥분을 잘 하는 사람으로 알려져 있다"고 하였으며, 그로 인해
우리 한국인의 인상이 부정적으로 비추어진다는 지적이 안타깝게 다
가왔다. 화를 잘 내는 성향이 있다는 것은 누구라도 격정의 감정을 치
유해야 한다는 당위성으로 다가온다. 한국인의 심성을 다소 왜곡되거
나 과장된 것으로 본다고 할 수도 있다. 그러나 우리의 영혼이 외부
환경에 의해 격앙되어 있다면 잠시 우리의 본래 모습을 바라보고, 왜
곡된 우리의 모습에서 한 발짝 뒤로 물러나 나의 왜곡된 자아가 화를
내고 있다고 반성하자[13]는 것이다. 무명에 가린 우리를 성찰의 계기
로 삼으면 격정의 감정이 가라앉게 되는 치유 경험을 하게 된다.

　화를 잘 내는 성향을 지닌 감정의 소유자라면 이의 극복을 위한 깊
은 수양심이 필요하다. 우리의 다혈질적인 기질을 온유하게 변화시키
지 않는다면 울화통에 치밀어 결국 화병을 얻기 때문이다. 특히 화를
잘 내는 사람은 화병에 들기 전에 그 울화통을 없애야 하는데 노력 없
이 기질변화는 쉽지 않다. "성날 일을 당하면 넘어오는 간덩이를 씹어
삼키는 비장한 결심으로 물리쳐라."[14] 얼마나 비장한 다짐인가를 보
면, 화를 참기란 여간 힘든 일이 아니다. 주변에 대한 애증이 나의 심
장을 태우므로 간절한 적공이 필요하다.

　아무튼 우리 민족이 빨리 흥분하고 화를 잘 낸다는 평판을 외국인
들에게서 듣는 것은 좋은 일이 아니다. 우리들의 마음이 불안정하고
너무 단순하여 인내심이 없다는 것을 드러내는 마음의 찌꺼기를 부끄

---

13) 윤종모, 『치유명상』, 정신세계사, 2009, p.76.
14) 辛丑日記, 1961년 8월 15일(東山文集編纂委員會, 동산문집 Ⅱ 『진리는 하나
　　세계도 하나』, 원불교출판사, 1994, p.70).

러워해야 한다. 내면이 흔들리는 불안한 사람들은 인내심이 없는 사람들이라고 말한 달라이 라마는 '화를 벌컥 내는 것은 자기가 약하다는 사실을 단적으로 보여주는 것'15)이라 했다. 한국인들은 스스로 약하다고 자인해버린다면 억울해야 할 일이다.


## 3. 조급증과 적당주의

세상을 살다보면 바쁜 일도 있고 급한 일도 있을 것이다. 인생살이가 호락호락 편하게 되는 일이 아니기 때문이다. 우리가 갑자기 급한 일을 당했다고 해서 그것을 무조건 급히 처리한다고 덤벼들면 일이 어그러지는 경우가 허다하다. 이집트를 통치하던 프톨레마이오스 1세는 기하학 공부에 흥미를 느끼자 빨리 이를 숙지하려고 에우클레이데스에게 "기하학을 배우는데 좀 더 빠른 길은 없느냐"고 물었다. 그로서는 빠른 길이 있다면 좋을 것인데, 공부하는데 빨리 한다고 해서 되는 것은 아니므로 에우클레이데스는 왕의 질문에 황당했을 것이다.

개인의 성향에 따라 다르겠지만 한국인들은 무엇이든 빨리 이루려는 습성이 있다. 성격이 급하다는 것은 무조건 부정적으로 볼 수는 없는 관계로 적극적이고 열정적이란 측면도 있겠지만 결과적으로 바람직한 일은 아니다. 한국인의 급한 성격은 무엇에든 화끈하고 열정적이라는 면에서 매력적인 것으로 볼 수도 있을 것이다. 우리나라가 6·

---

15) 달라이 라마 著, 공경희 譯, 『마음을 비우면 세상이 보인다』, 문이당, 2000, p.61.

25의 폐허가 된 상황에서 빠른 시간에 세계 경제의 선진국 대열에 들어선 것도 한국인의 열정적이고 급한 성격도 한몫 했으리라 본다. 그러나 매사를 급히 이루려다 보니 삼풍백화점이 무너지고, 한강다리가 무너져버린 사건들이 있었으며16) 건설공사 현장에서 안전사고로 사망하는 자들이 많이 발생한다.

우리가 빠른 시간 내에 국가의 부를 이루었다고 자족만 해서는 안 될일이다. 우리나라가 세계에서 경제대국의 10위권에 머무르고 있다고해서 샴페인을 먼저 터트릴 것인가? 우리나라에 IMF가 터진 것도 급히이룬 부를 지키지 못한 탓도 있으리라 본다. 서양 속담에 다음과 같은말이 있다. "처음에 급히 얻은 재물은 나중에 복이 되지 않는다."17) 우리나라가 "잘 살아보세"라며 새마을운동에 적극 참여함으로써 가난을면하는데 도움이 되었다. 그리고 우리나라 상품을 세계의 곳곳에 수출하여 국가의 부를 누릴 수 있었다. 우쭐하다보니 순간 자만에 빠져해외여행을 가서 호화쇼핑을 하는 경우가 적지 않았으니, 졸부가 만용을 부린 듯하다. 급히 먹은 밥이 체하는 경우를 상기하자는 것이다.

한국의 급속한 성장은 세계에 알려진 사실이며 석학들도 놀라워한다. 빈국의 한반도를 변모시킨 전환의 속도는 전례가 없을 만큼 빠르고 또한 극적이었으니, 일본이 75년 걸리고 프랑스와 미국이 각각

---

16) 「화재」 : 05년 낙산사 화재 강원도 지역, 06년 북한산 연쇄 고의적 화재, 06년 대구ㅇㅇ시장 화재, 03년 대구 지하철 화재. 「교통」 : 3년전 대구 중국 비행기 추락사고, 2년전 눈이 많이 내려 20시간 이상씩 고속도로에 갇혀 있던 교통 대란. 「붕괴」 : 95년 서울 삼풍백화점 붕괴사고, 95년 전후 성수대교 붕괴사고. 「폭발」 : 1995년 대구 지하철 공사 가스 폭파사고(2006년 기준).

17) An inheritance quickly gained at the beginning will not be blessed at the end.《World News》Vol.7, 월드뉴스사, April 1995, p.119.

200년과 125년에 걸쳐 이룩한 것을 한국은 불과 25년 만에 달성해낸 것이다.[18] 한국은 세계에서 가장 빠른 인터넷 속도를 즐기는 나라이며 도로 위에서 운전 속도 역시 빠르다. 일부 택시기사들은 속도전을 방불케 하듯 도로를 질주하곤 하며, 지나친 속도의 쾌감은 교통사고로 이어지는 것이 부지기수이다.

여기저기에서 속도의 질주가 전개되는 상황에서 우리 민족의 성격마저 덩달아 급박해지곤 한다. 평소 차분한 사람들이 운전대만 잡으면 급해진다는 말을 우리는 자주 듣는다. 80~90년대 우리나라의 영어강사로 유명했던 오성식씨가 오디오 테이프 영어회화 교재에서 언급한 말을 주목해 본다. 그는 영어회화 파트너이자 영어교사인 미국인 마사 레이어스에게 "한국에서 무엇이 가장 무섭냐"고 질문하자, 레이어스는 주저 없이 '길거리를 거니는데 갑자기 택시기사들이 빵빵 하고 달려드는 것이 한국에서 가장 무서운 일'이라 했다.

각 나라에서 자주 사용되는 언어를 통해서 그 나라 사람들의 특성을 알아낼 수가 있다. 중국 언어에 '만만디'라는 말이 있으며, 터키 속담에 '수하힐리, 수하힐리'(천천히, 천천히)라는 말이 있다. 여기에 대하여 우리들은 '빨리 빨리'라는 말을 자주 사용한다. 외국인들이 한국에 와서 가장 먼저 익히는 단어는 '빨리 빨리'라고 한다. 쇠뿔도 단김에 빼라는 한국 속담처럼 빨리 빨리 일을 처리해야 하는 것이 우리 국민의 습성인 것 같다.

무엇보다도 급한 성격의 소유자에 있어서의 문제점은 두 번 생각하

---

18) 피터 드러커 著, 이재규 譯, 「한국 독자들에게-한국의 새로운 도전을 위하여」, 『프로페셔널의 조건』, 청림출판, 2001, p.6.

지 않고 대충 처리해버린다는 것이다. 완급을 조절하는 지혜가 요구됨에도 불구하고 급한 성격으로 이를 무시하기 때문이다. 한 제자가 공부를 급히 이루고자 하여 밤새 경을 외울 새 필경 기운이 다하여 그 소리가 매우 가쁘고 퇴보할 생각을 할 수밖에 없었다. 석가모니가 제자에게 묻기를, 거문고 줄을 늘어뜨리거나 너무 조이면 연주가 잘 되느냐고 질문을 하였다. 이어서 말하기를, 도를 배우는 것도 또한 그러하므로 너무 급히 하지도 말고 너무 게을리 하지도 말라[19]고 하였다. 완급을 골라야 연주도 잘 되고 바른 도를 얻는다는 것이다. 급하게 해도 일은 어긋나고 느리게 해도 일은 미치지 못하기 때문이다. 석가모니의 설법은 급한 성격의 소유자들에게 좋은 교훈이라 본다.

완급을 고르지 못하고 급하게 하거나 느리게 하다보면 대강 적당히 처리하는 결과를 야기한다. 특히 급하게 일을 하는 사람들은 일을 얼버무리곤 한다. LG 창업의 정신적 지주인 구본무 회장은 대충대충 서로 좋게 지내는 것이 좋다는 '적당주의'로 흐르는 기업의 무사안일한 분위기가 팽배한 것을 깨닫고 대폭적인 개선을 촉구한 바 있다.[20] 대강 대충 일을 처리하는 것은 무사안일에 더하여 대중없이 일을 빨리빨리 하는 습관이라고 본다.

급할수록 돌아가라는 말이 있다. 급한 처지에 지름길로 가고 싶은

19) 『사십이장경』 34장, 有沙門이 夜誦經할새 其聲이 悲緊하고 欲悔思返이어늘 佛呼沙門問之하사대 汝處于家하야 曾何修爲오 對曰- 恒彈琴이니이다 佛言- 絃緩이 何如오 曰不鳴矣니다 絃急하면 何如오 曰聲絶矣니이다 急緩이 得中하면 何如오 曰諸音이 普矣니이다 佛告沙門하사대 學道猶然하야 執心調適하야사 淸淨安樂하야 道可得矣니라.
20) 조동성·이광현 共著, 『경쟁에서 이기는 길』, 교보문고, 1992, p.49.

우리의 심리를 여유 있게 통찰하도록 하기 위함일 것이다. 또 급하게 일을 처리하는 것보다 차분하게 처리하는 것이 오히려 일을 신속하게 할 수도 있다. 급하게 일을 하다보면 일들이 얽히는 수가 적지 않기 때문이다. 아침 일찍 출근해야 하는 상황에서 늦잠을 잔 관계로, 급하게 서두르다 보면 집에 무엇을 빠뜨리고 온 경우가 있다. 한국 사람들의 외양은 평온해 보이나 일단 동작을 취한다거나 감정을 표현한다거나 의사전달을 하는 상황에 이르면, 급해지고 격렬해져서 졸속주의 폐단에 이르기까지 여러 파급적인 피해가 따르기 마련이다.[21] 그로 인해 당면한 일을 적당하게 처리하는 경우를 우리는 자주 경험할 것이다.

아무리 급해도 차분한 마음으로 대응해야 한다. 설사 급한 일이 있다 해도 선후 본말을 잘 생각해서 일을 넘기면 나중에 가서 어려운 위기도 극복할 수 있으나, 거기에 당황해서 허둥지둥하면 극복하기 어렵다.[22] 급한 마음으로 일에 덤비는 경우 당황스러운 일들이 발생하므로 오히려 낭패를 보기 때문이다. 당황한다는 것은 그만큼 자신이 무언가에 쫓기어 살기 때문에 나타나는 현상이라 본다. 차분하게 다가서느냐, 아니면 당황하느냐는 나의 마음챙김 여부에 달려 있다. 내 마음이 바쁘면 모든 게 바쁘게 전개되고, 내 마음이 한가하면 매사가 한가하게 보인다. 성격 급한 사람들이 깊이 새겨야 할 사항이 이처럼 평범한 상식이라 본다.

---

21) 국흥주, 「한국인은 왜 서두르는가」, 『한국인·한국병』, 도서출판 一念, 1987, pp.111-112.
22) 박장식, 『평화의 염원』, 원불교출판사, 2005, pp.234-235.

## 4. 졸부근성과 사치

인생사를 전개함에 있어서 우리는 기본적으로 의식주를 소비할 수밖에 없는 존재이다. 그것은 우리의 생명 유지를 위한 기본적인 소비 대상이기 때문이다. 삶의 의식주를 향유하는데 있어서 절제가 필요함에도 불구하고 사치하게 된다면 그로인해 쇠망하게 된다. 『주역』에서도 인간의 욕구는 무한하므로 제한적으로 조절하지 않으면 사치와 방종에 흘러 재화(財貨)를 손상하고 남을 해치게 된다(節卦 象傳, 節而制度 不傷財不害民)고 했다. 그래서 맹자는 외환이나 사치와 같은 방심의 폐단을 알고서 말하기를 "적국과 외환(外患)이 없고 충언하는 신하가 없는 나라는 방심 속에서 쇠망하게 된다"[23]고 하였다. 그의 언급을 확대해서 해석하면, 사치로 인한 의식주의 남용은 가패신망의 길 뿐이라는 것이다.

오늘날 자본주의의 풍요와 같은 물질 만능의 현실에 방심한 나머지 지나친 사치는 심각한 고통의 원인이다. 실제 직면하고 있는 우주 생태계의 파괴, 빈곤과 풍요의 격차, 기아와 사치 낭비 같은 문제들은 현재와 같은 처방으로서는 앞날이 불안하고 위태로운 시점에까지 와 있다.[24] 인간의 무한 욕망에 의한 이기주의, 국가간 경쟁에 의한 이익 집단의 횡포는 결과적으로 개인과 국가의 파국을 불러오며, 현대 사회의 현란한 물질 범람은 이러한 일을 부추기기에 충분하다.

---

23) 『孟子』 告子 下 참조(심귀득, 『주역의 생명관에 관한 연구』, 박사논문:성균관 대학교 대학원 동양철학과, 1997, pp.61~62).
24) 정인석, 『트랜스퍼스널 심리학』, 대왕사, 2003, p.28.

그러면 우리가 달콤하게 빠지기 쉬운 사치의 원인은 무엇인가? 사람들이 갖고 있는 가치관의 전도 때문이다. 도덕성보다는 물질 팽배주의에 따른 정신적 가치관이 땅에 떨어진 탓이다. 가치관이 전도된 채 추구하는 부의 성장은 사회 전체의 파멸로 귀결될 게 분명하며, 사치와 호화가 사회 전반에 파고들며 졸부가 동경의 대상이 되었다.[25] 과거의 조상이 가난했던 시절을 잊어버린 채 어느 순간에 부자가 되어버린 졸부들의 사치 행태는 가치관의 전도 때문이다. 부동산 투기를 하고, 부모의 재산을 상속받고, 장사를 하여 많은 돈을 벌다보면, 또는 일확천금의 복권을 꿈꾸다보면 도덕적 판단보다는 물질적 판단이 앞서버린다. 습관적인 충동구매, 카드 연체, 가정의 부채, 회사의 부도 등이 이러한 물질적 사치에 빠져버린 우리들의 자화상인지 모를 일이다.

한국이 겪었던 IMF의 원인은 무엇인가를 보면 우리가 급속한 경제 부흥에 도취한 나머지 샴페인을 먼저 터뜨렸기 때문이다. 사실 기성세대는 1만달러 이하의 시대를 살아왔지만 상대적으로 내 자식이나 오늘의 젊은이들이 3만달러, 4만달러 수준으로 살아온 탓이다. IMF 체제를 맞이하기 직전에 한국의 경제는 타오르는 불꽃이었으니 세계인이 '한강의 기적'을 부러워했고 우리는 샴페인을 터뜨리는 자만심에 도취해 있었다.[26] 우리 민족은 OECD 가입과 더불어 일인당 GNP 1만달러 시대를 즐긴 후 2만달러에 진입, 2014년 현재 7년째 그대로 정체되어 있으니 사치와 방탕의 유혹을 떨쳐버려야 한다. 이웃나라 일

25) 이면우, 『생존의 W이론』, 랜덤하우스중앙, 2004, pp.106-107.
26) 윤은기, 『하트경영』, 디자인하우스, 1998, pp.52-53.

본은 1987년 2만달러 소득을 달성한 뒤 1992년 3만달러 시대를 열기까지 불과 5년이 걸렸다는 것을 참조할 일이다. 잘사는 유럽 선진국은 사치와 방탕보다는 절제와 절약의 가치를 매우 중요시한다.

우리 민족이 언제부터 졸부가 되었는지 해외여행 때 한국인들은 큰손으로 통하며 또 현금을 많이 소유하고 있다고 하여 외국인들의 범죄대상이 되고 있다. 퇴폐관광이나 보신관광을 하는 등 졸부들이 욕망을 불태운 경우는 없었는가? 해외여행의 자유화로 인해 일부 여행객이 외국에서 졸부 티를 내면서 예절을 지키지 않아 현지 언론에 좋지 않은 이미지로 나타나는 경우도 심심찮게 볼 수 있다.[27] 일부 졸부들은 돈 자랑이라도 하듯 외국에서 흥청망청 사치품을 쇼핑하고, 골프여행 등 호화여행을 즐기는 사람들이 적지 않다.

자본주의 사회에서 소비가 미덕이라는 말은 있지만 절제 없는 사치는 바람직하지 않다. 우리는 제품이 무엇이든 비싸야 좋은 것으로 아는 성향이 있다. 물론 가치 있는 제품은 비싸겠지만 고가와 저가의 품질을 비교해 보면 무조건 비싸야 품질이 좋은 것만은 아니다. 우리들의 좋지 못한 선입견의 하나가 비싸야 좋다는 사고방식에 젖어 비싼 물건만을 사려는 사고방식이다. 외국 현지에서는 저렴한 제품이 우리나라에서는 비싼 수입품으로 둔갑하는 경우도 있다.

냉철한 입장에서 한민족이 경제발전을 이룩한 여러 원인들을 살펴보면 근검과 절약 덕택이다. 따라서 경제적 부를 얻게 되면 오히려 겸손하고 절약해서 국가적 부를 위한 재투자의 지혜를 발휘해야 한다. 한때 우리의 경제발전을 안팎으로 자랑한 적이 있었으니, 작은 성취

---

27) 이건희, 『생각좀 하며 세상을 보자』, 동아일보사, 1997, p.104.

에 만족하는 소성안주(小成安住)는 아닌가?[28] 진정한 부자들은 소문 내며 자신이 부자라고 자랑하지 않는다. 그러나 졸부들은 갑자기 부자가 된 탓에 자신의 부를 세상에 자랑하고 싶을 것이다. 우리가 경제발전을 이룩한 것은 70~80년대 베이비붐 세대들의 노고가 뒷받침되었고 구로공단 여공 등 노동자의 땀방울이 있었다는 사실을 잊어서는 안 된다.

돈을 물 쓰듯이 한다는 말이 있다. 달리 말하면 흔한 물을 함부로 쓰는 것처럼 돈을 허비한다는 뜻이다. 우리 국민들이 피땀 흘려 이룩한 부를 몰지각한 사람들이 물 쓰듯이 낭비한다면 그것은 우리 후손들에게 부담을 줄 것이다. 우리나라의 물 소비량은 세계 1위로서 일본의 4배, 프랑스의 5배 이상이라고 하며, 우리나라 사람들의 물 낭비가 외국에 가면 얼마나 눈총과 미움을 사는 일인지 모른다.[29] 물을 함부로 낭비하는 사람들은 절약의 가치를 소홀히 하는 경우가 적지 않다. 그래서 우리는 돈을 물 쓰듯이 한다는 점을 자성해야 하는 것이다.

결과적으로 사치를 제어할 줄 모르면 파산에 이른다. 브레이크 없는 벤츠를 굴리면 사고로 이어지는 것은 불을 보듯 뻔한 일이다. 분수 밖의 의식주를 구하다가 패가망신하는 경우가 많이 있으니, 사치를 하면 밖으로 꾸미려는 마음에 얽매인다.[30] 우리가 수도승처럼 그저 청정일념으로 살자는 것은 아니다. 자신의 분수를 알아서 의식주를 검박하게 수용해야 한다는 것이다. 빈손으로 왔다가 빈손으로 가는

---

28) 이면우, 『생존의 W이론』, 랜덤하우스중앙, 2004, p.110.
29) 한비야, 『중국견문록』, 푸른숲, 2001, p.136.
30) 한종만, 『원불교 대종경 해의』(下), 도서출판 동아시아, 2001, p.344.

것이 우리의 인생사이다. 경제적 부를 분에 넘치게 누리면서 절제된 인품을 숙지하지 못하고 보면 악업을 짓는다는 사실을 각인해야 할 것이다.

고금을 통하여 한국의 성인 현자들은 사치와 낭비의 폐단을 환기시키며 분에 넘치는 사치를 벗어나라 했다. 조선조 김굉필은 선비의 투철한 정신의 하나로 사치를 버리라 했다. 그는 제자 반우형에게 '한빙계'(寒氷戒)라는 글귀를 지어준 후 선비로서 얇은 얼음을 밟듯이 매사를 경계하라 했다. 곧 한빙계는 조광조, 이황, 이이 등 후대 선비들이 반드시 지켜야 할 계율이 되었던 것이다. 한빙계 18조목 중에서 두 조목을 소개해 본다. 안빈수분(安貧守分)으로 이는 가난 속에서도 편안한 마음으로 분수를 지키도록 하라는 뜻이다. 또한 거사종검(去奢從儉)으로 사치를 버리고 검소하게 지내라는 뜻이다. 가난할 때는 안빈낙도하는 심경으로 살며, 부자가 된다고 해도 절약으로 일관하라는 뜻인 바, 낭비벽이 심한 사람들의 사치놀음은 방치되어서는 안 될 것이다.


## 5. 무표정 무뚝뚝

동서의 성향에 있어서, 서양인들의 발랄함과 활동성에 비해 동양인들의 근엄과 경직된 표정은 우리의 얼굴에 은연중 나타난다. 동양 문화에 있어서 성인군자의 과묵하고 엄숙한 표정이 곧 성숙한 인품으로 간주되어온 탓에 우리는 서양인에 비해 비교적 무표정한 편이다. 오랜 역사를 통하여 동양인들은 자신의 감정을 드러내지 않고 고요하고 차분하게 행동하는 것을 미덕으로 여겨온 까닭에, 경박하게 웃거나 가벼운 행동을 하는 것은 바람직하게 생각하지 않는다. 물론 근엄한 태도와 엄숙한 모습이 반드시 인품과 비례한 것은 아니며, 얼굴의 표정관리 측면에서 보면 밝고 활달한 얼굴 표정이 더 좋을 것이다.

동양의 전통에 길들여진 탓에 여전히 우리는 얼굴 표정을 근엄하게 하는 습관을 버리지 못하고 있다. 『장자』에 나오는 우화를 소개해 보도록 한다. 제자 한 사람이 노자에게 다가와서 수신(修身)을 어떻게 해야 하느냐고 묻자 노자는 대답했다. "당신의 얼굴은 긴장하여 근엄하고 당신의 눈빛은 상대방을 쏘는 듯하며 당신의 이마는 위압하듯 널찍하고 당신의 입은 크게 벌여져 있으며 당신의 모습은 오만하다."[31] 긴장된 얼굴, 화난 얼굴, 오만한 얼굴은 장자에게도 거부감으로 다가왔던 모양이다. 중국 고대의 철인에게도 경직되고 무표정한 얼굴은 오만한 얼굴로 이해되고 있다.

우리가 등산로를 산책하거나 약수터를 오르내릴 때 서로 상기된 모습으로 무뚝뚝하게 지나치는 경우가 적지 않다. 초면이기 때문에 쑥스러워 그럴 수도 있다고 본다. 이러한 상황에서 서양인들은 곧잘 "Hi, Hellow"라는 인사말을 건네는 것과 달리 우리는 그저 무심코 지나치는 경우가 대부분이다. 어느 교역자의 말이 새삼 떠오른다. 그에 의하면 마음의 여유를 찾기 위해 가까운 약수터를 오르내리며 만나는 사람들마다 대부분 사람들은 생활에 어려움을 나타내는 듯 힘든 몸을 이끌고 내려가는 모습이 지금의 현실을 대변하여 주는 듯하다[32]고 했

---

31) 『莊子』 「天道」, 士成綺雁行避影, 履行遂進而問 修身若何? 老子曰 而容崖然 而目衝然 而顙頯然 而口闞然, 而狀義然 … 凡以爲不信 邊竟有人焉 其名爲竊.
32) 한도웅, 「약수터의 희망」, 『나는 조각사』, 출가교화단, 2000, p.86.

다. 오늘의 복잡한 현실이 아무리 고달프더라도 이를 감내하고 밝은 표정을 드러내도록 노력한다면 그 고통도 감소될 것이라 본다.

우연히 자신의 얼굴을 거울에 비추어 보면, 긴장이 감돌고 무뚝뚝하다는 것을 발견하는 것은 어렵지 않다. 외국 여행을 하다보면 한국인의 얼굴을 객관적으로 볼 수 있다. 외국에 나와서 보면 한국 사람들 얼굴에 나타나는 공통점을 쉽게 발견할 수 있는데, 그것은 바로 웃음기 없는 얼굴, 잔뜩 긴장한 얼굴이다.[33] 밝고 착한 우리 민족이 왜 웃음기 없는 모습이라는 것인가? 우리의 긴장된 얼굴에는 분명 이유가 있으리라 본다. 아마도 그것은 한민족의 고단했던 지난 역사와 관련될지도 모를 일이다. 주변 강대국의 잦은 외침에 더하여 가난에 찌들어 살아왔던 우리 선조들의 얼굴에는 여유가 없었다.

나라의 풍속에 따라 각 국민들의 표정이 다를 수도 있다. 그러나 우리의 얼굴 표정이 어둡거나 상기되어 있다면 그것은 국민들의 감성 문제로 등장할 수 있다. 미국인들은 복도나 엘리베이터 등에서 낯선 사람들을 만나면 자연스럽게 미소 짓는 얼굴이지만 러시아인들은 무서운 표정이다. 러시아 사람들의 무표정, 무관심, 무반응은 혹독하기 이를 데 없으니 사람들은 웃지 않고, 지하철 안에서도 부동자세로 있어 미소를 띠고 물어보아도 본 척도 않는다.[34] 오랫동안 공산주의 문화권에 젖은 탓에 자신의 일상을 감추는 것이다. 남한 사람들도 다소 무표정이지만 북한 사람은 더욱 무표정인 이유가 공산주의의 간섭에 더

33) 한비야, 『중국견문록』, 푸른숲, 2001, pp.44~45.
34) 한비야, 『바람의 딸 걸어서 지구 세바퀴 반』 1, 도서출판 金土, 1999, pp.328~329.

하여 가정의 가난 때문이다.

 자본주의와 공산주의에서 사는 사람들의 표정이 상반되어 있다는 사실에서 볼 때, 선진국 시민의 표정과 후진국 시민의 표정이 사뭇 다르다. 선진국에서는 지도자들이 혼자 있을 때는 심각한 표정을 하고 있다가도 사람이 나타나면 치아를 드러내고 환하게 웃지만, 후진국에서는 지도자들이 혼자 웃고 있다가도 낯선 사람이 나타나면 곧바로 엄숙한 표정을 짓는다.[35] 밝게 웃는 얼굴의 표정과 달리 심각한 얼굴 표정에는 억눌린 인생살이가 묻어나오는 법이다. 오랫동안 가난과 침략의 고통을 겪어온 탓으로 여유가 없어지고 세상살이가 귀찮아진다.

 사람의 표정을 보면 그의 마음이 보인다는 말이 있다. 여유가 있거나 마음공부를 잘 하면 표정이 밝아진다는 뜻이다. 불경에서는 중생이 단정한 얼굴을 갖고 태어난 것(端正報)은 열 가지 선업이 있기 때문[36]이라고 했다. 첫째는 진심을 내지 않음이요, 둘째는 의복을 많이 혜시함이요, 셋째는 부모와 어른에게 공경심을 가짐이요, 넷째는 성인과 현인의 도덕을 존중히 앎이요, 다섯째는 항상 부처님의 탑이나 정사(精舍)를 잘 수리함이요, 여섯째는 집안을 청정히 함이요, 일곱째는 도량에 다니는 길을 평평하게 골라줌이요, 여덟째는 부처님의 탑묘를 지성으로 쓸고 닦음이요, 아홉째는 추루한 이를 보고 천하게 여

---

35) 윤은기, 『하트경영』, 디자인하우스, 1998, p.57.
36) 『업보차별경』 7장, 復有十業하야 能令衆生이 得端正報하나니, 一者는 不瞋
  이요, 二者는 施依요, 三者는 愛敬父母尊長이요, 四者는 尊重賢聖道德이요,
  五者는 恒常塗飾佛塔이요六者는 淸淨泥塗堂宇요, 七者는 平治僧地伽藍이요,
  八者는 掃灑佛塔이요, 九者는 見醜陋者하고 不生輕賤하며 起恭敬心이요, 十
  者는 見端正者하고 曉悟宿因하야 知福德感이라. 以是十業으로 得端正報니라.

기지 아니하며 공경심을 냄이요, 열째는 단정한 이를 보면 전생의 선업으로써 그리 된 줄을 알아 그에 감탄함이라 했다. 단정하고 우아한 얼굴, 미소 띤 얼굴은 자신의 선업, 곧 복덕을 베푸는 등 전생의 선업과 연결된다.

　밝은 얼굴은 또 경제활동과도 관련된다. 밝은 미소를 짓고 사업에 착수하면 사업이 잘되며 경제적 여유도 생긴다. 항상 긴장하고 찌푸린 인상을 하면 될 일도 잘 안 된다. 많은 회사의 사보에 실린 사진들 가운데 웃는 얼굴이 많으면 일류기업이고 딱딱한 인상의 사진이 많으면 질이 떨어지는 기업이다.[37] 특히 얼굴이 근엄한 사장의 회사는 부실하기 쉽다는 것이다. 사장이 긴장된 표정으로 사원을 대하다보면 레포 형성이 더디며 마음에 여유도 없으니 회사의 경영이 제대로 될 리 만무하다. 사장의 얼굴에 미소가 보이면 회사 직원들도 덩달아 밝은 미소가 보이며, 회사의 분위기도 명랑해진다. 구성원들의 명랑한 분위기가 보이지 않는다면 회사 사업도 딱딱해지며 결국 어렵게 된다.

　오늘날의 사회에서는 얼굴의 표정, 곧 이미지 메이크업이 성행이다. 다시 말해서 표정관리가 요구된다는 뜻이다. 이를테면 이미지 메이크업 연구소 정연아(39) 소장은 "웃으면 복이 온다"는 말이 있다며 『성공하는 사람에겐 표정이 있다』(1997.6)라는 저술까지 하였다. 그는 이 책을 저술한 후 방송출연의 요청이 쇄도하였다고 한다. 사람의 얼굴표정은 7천여가지로 직장에서 보기 싫은 동료와 마주칠 때의 표정, 시어머니로 인해 스트레스 받은 주부의 표정 등 수없이 많다.

　한용운의 "지리한 장마 끝에 서풍에 몰려가는 무서운 검은 구름의

---

37) 윤은기, 『하트경영』, 디자인하우스, 1998, p.56.

터진 틈으로 언뜻 보이는 푸른 하늘은 누구의 얼굴입니까"(알 수 없어
요)라는 시구가 떠오른다. 여름날 지리한 장마가 지속된다면 우리의
표정은 어두울 수밖에 없다. 한국인들은 좌우 먹구름 사이에서 외세
의 침략과 경제적 어려움에 봉착해왔다. 찌푸리고 억눌린 얼굴은 푸
른 하늘 바라보듯 밝은 미소로 전환되어야 한다. 우리의 얼굴은 찌푸
린 인상으로 어둠을 드러내지 않아야 하며, 한용운이 밝힌 바대로 푸
른 하늘의 밝은 주인공은 한민족이라면 좋을 것이다.

# 제2장

# 관료의식과 지방소외

## 1. 주류 문화의 난제

　과거 농경사회에서 별로 발견되지 않았던 한국인의 현대병으로는 비만, 당뇨병, 고혈압에 더하여 알코올 중독현상이 급격하게 늘어나고 있다. 이는 산업사회의 산물로서 물질문명의 범람에 따른 현대병의 증상들이라 본다. 불과 몇 십 년 전에는 볼 수 없었거나 흔치 않았던 증상들이며 비만과 알코올 중독이 그것으로, 기억력 감퇴, 말초 신경통 및 신체의 저항력 저하의 원인이 되어 각종 감염현상이 나타나고 있다.[1] 분주한 시대에 따르다 보니 인스턴트식품에 의한 비만이 늘어나고, 각종 스트레스로 인해 알코올 중독 현상이 늘어나고 있다.

---

　1) 백상창, 「한과 콤플렉스의 大食主義」, 『한국인·한국병』, 도서출판 일념, 1987, p.343.

직장인은 물론 대학생들도 내외의 각종 스트레스로 인해 술을 즐기다보면 과음하는 경우가 있다. 지성의 전당인 학교 주변에 서점이나 도서관보다는 술집이 즐비한 이유는 아무리 생각해 보아도 지나치다. 한국 지성의 본고장이라는 서울대 앞 녹두거리에는 사방 200미터도 채 되지 않는 곳에 술집, 당구장, 노래방, 비디오방이 몰려있어 학생들에게 '라스베가스'로까지 불린다.[2] 공부를 열심히 해야 할 젊은 나이에 주점이나 다니며 흥청망청하는 청소년이 늘어난다면 그것은 개인적으로나 사회적으로 손실이 아닐 수 없다. 젊은 나이에 자유를 만끽하며 술을 마신다는데 왜 간섭하느냐고 할 수 있을지 모르지만, 미래를 설계해야 할 대학생들이 머무는 곳에 서점보다 술집이 많아지고 있다는 사실은 아무리 좋게 보려고 해도 씁쓸한 현상이 아닐 수 없다.

술이 무조건 나쁘다는 뜻은 아니다. 한국인들이 즐기는 술은 농촌의 경우 막걸리이며, 도시의 서민들에게는 값이 저렴한 소주일 것이다. 하지만 값이 싼 막걸리나 소주를 마신다 해도 한국인들의 주류비 지출은 다른 것에 비해 앞선다는데 문제가 있다. 한국인은 술, 담배, 옷값의 지출이 많으며 신문, 도서구입비의 지출은 매우 적다. 일례로 통계청에 따르면 2005년도 3·4분기에 전국 가구의 서적·인쇄물 지출액은 1가구당 월평균 1만397원으로 지난해 같은 기간의 월평균 1만148원보다 2.5%가 늘어났는데, 이러한 지출액은 같은 기간 전체 월평균 소비 지출액의 0.5%에 불과하다. 성숙된 시민으로서 문화생활을 위해 자신의 한 달 비용 사용처를 보면, 술이나 담배보다 도서구입비의 지출이 많아져야 함에도 불구하고 그 반대 현상이라면 어떻게 생각

2) 현용수, 『IQ는 아버지 EQ는 어머니 몫이다』, 國民日報社, 1997, p.148.

할 것인가?

　세상을 여유롭게 살다보면 자신 나름의 기호식품을 즐길 수도 있다고 본다. 하지만 한국인들은 술을 마시더라도 폭주를 한다는 것이다. 외국인들의 경우 자기 술잔에 술을 스스로 채워가며 천천히 마시는데, 한국인들은 유독 상대방에게 술을 권하며, 한 번에 잔을 비우는 원샷(One shot) 문화를 즐긴다. 한국사회는 유난히 술을 많이 권하는 사회임을 모르는 사람은 없을 것이며, 오죽하면『술 권하는 사회』라는 제목의 소설까지 있었을까3)를 상기해 보자. 한국사회는 술 한 잔에 무너져 내리고 있다는 지적을 우리는 어떻게 받아들여야 하는가? 흥청망청한 주류문화를 바꾸어야 하며, 상대방에게 술을 억지로 권하는 후진형 문화는 망국병이라 하지 않을 수 없다. 대학 신입생 환영회에서 억지로 술을 먹여 목숨을 잃는 불상사를 한두 번 겪어본 일이 아니다.

　한국인들이 술을 많이 마시는 것은 사회의 접대문화 때문이다. 대인관계에 있어서 음주는 필수코스와도 같은 양상이다. 사교상 혹은 사업상 만나는 사람들을 접대하려고 하면 값 비싼 레스토랑에 가서 술대접을 해야 하는 경우가 많다고 하니, 이러한 문화에 젖어 있다면 우리는 건전하지 못한 사회에 사는 셈이다. 접대를 하다가 날 샌다는 말이 종종 들리곤 한다.『술 술 술 주당들의 풍류 세계』라는 저서에서 중앙대 남태우 교수는 의미 있는 말을 남겼다. 1960년대까지 음주문화는 '허무' 속의 술자리였으며, 60~70년대에는 경제개발과 군부독재에 취한 나머지 '취함'의 술자리였고, 80년대 이후에는 '접대음주'의 시대로서 술집들이 고급화되면서 허영과 과시를 위해 술을 마시는 문

---

3) 김경일,『공자가 죽어야 나라가 산다』, 바다출판사, 1999, p.30.

화로 바뀌었다는 것이다.

술이 사교를 위해서, 또는 자신의 취향을 위해서 아무리 좋다고 해도 과음은 건강이나 처세에 좋지 않다. 과음을 하면 간경화나 간암에 걸릴 확률이 높기 때문이다. 술은 여러 측면에서 독소가 될 가능성이 크다는 점에서 기성종교에서도 금주를 계율조항으로 삼는다. 불타는 "술을 마심으로써 재산을 잃고, 자제심을 잃어 타인과 싸움을 하게 되며, 병의 원인이 되고 명예를 추락시키며, 부끄러움을 모르는 행위를 하게 되고 지적 능력이 감퇴된다"라고 경계하였다.4) 건강을 상실하고 자신의 언행에 실수를 유발한다면 계율 준수를 통해서 타율적으로라도 금주를 해야 할 것이다.

이처럼 과음이 좋지 않은 것은 일단 술에 취하면 자기 자신을 온전히 자각하지 못한다는데 있다. 술에 취하면 정신을 잃는다는 김수환 추기경의 경고라든가, 술 취한 사람이 자기 몸 위에 옷이 걸쳐 있는지 잘 모르는 법이라는 윤종모의 언급은 우리에게 과음이 얼마나 심각한 상처를 주는지 알게 해준다.5) 인사불성이 되어 무엇하나도 인식하지 못한 채 세상 무서운 줄 모르고 술에 취해 산다면 그것은 취생몽사(醉生夢死)라 본다. 평상시는 아무렇지도 않은 사람이 술만 취하면 술주정에 더하여 인사불성이 되는 현상은 생명까지 앗아가는 사고로 이어진다.

---

4) 김용표, 「불교 오계의 지구윤리적 지평과 종교교육」, 『종교교육학연구』, 제20권, 한국종교교육학회, 2005.5, p.24.
5) 윤종모, 『치유명상』, 정신세계사, 2009, pp.287-288.
   장혜민 엮음, 김수환 추기경 잠언집 『바보가 바보들에게』, 산호와 진주, pp.48-51.

알코올 중독은 개인만이 아니라 가정 파탄으로 몰아가는 성향이 있다. 어떤 알코올 중독 환자는 술 때문에 부인이 집을 나가자 술을 끊어야겠다고 결심하고 진료실을 찾아오는 경우가 적지 않다.[6] 가장이 알코올에 중독되면 가정 구성원 모두에게 불행을 가져다준다. 술에 취하여 아내를 구타하고, 자녀들에게 함부로 욕설을 하는 경우가 적지 않은 것이다. 가정 파탄의 요인으로는 여러 가지가 있겠지만 한 집안 가장의 알코올 중독이 차지하는 비중이 크다. 평상시에는 얌전하던 가장이 술에 취해 폭군으로 변하여 가정살림을 때려 부수고 집에 불까지 질러 화마를 가져오는 사건들을 종종 접하곤 한다.

더욱이 과음으로 생명을 빼앗기는 경우가 많다. 이를테면 음주운전으로 교통사고를 일으키면 인명상해가 적지 않다는 것이다. 음주운전의 측정기준으로 삼고 있는 '혈중 알콜 농도'는 일반적으로 0.10%를 넘으면 취한 상태이고, 0.35%에 이르면 혼수상태이며, 0.45%를 넘으면 마취상태와 같다. 거리에서 운전은 특히 조심해야 함에도 불구하고 술에 취한 상태에서 운전을 하면 생명을 앗아가는 사건으로 이어지고 만다. 교통사고 사망자 중에서 음주운전으로 인한 사망자의 수가 다른 교통사고에 비하여 훨씬 크다는 것을 알아야 할 것이다. 네이버 검색창에 '음주운전 사망사고'를 검색해 보면 곳곳이 사망사고 관련 기사이다. 음주운전을 하면 자신만 상처를 주는 것이 아니라 상대방의 생명까지 앗아가게 되는 끔찍한 범죄임을 알아야 할 것이다.

궁극적으로 과음은 무지한 사람들의 마취놀이임을 알아야 한다. 다

---

6) 전현수, 『정신과의사가 붓다에게 배운 마음치료 이야기』, 불광출판사, 2010, p.39.

음의 가르침을 새겨보자. "포도주는 거만하게 하는 것이요 독주는 떠들게 하는 것이라, 무릇 이에 미혹되는 자에게는 지혜가 없느니라"(잠언 20:1). 술에 취함으로 인해 기운이 우쭐해지고 세상을 자기의 것인 양 행동한다는 것이다. "마음을 지켜 술 마시지 않음을 지혜라 한다"(湛然, 『止觀輔行傳弘決』제6-2)는 가르침을 새겨보는 수행자적 자세를 견지해야 한다. 가능한 한 술을 마시지 말고, 마시더라도 상대방에게 과음하도록 권하지 말며, 음주상태에서 운전을 하지 말고, 폭주로 인해 개인과 가정 사회에 돌이킬 수 없는 상처를 주지 말아야 할 것이다.


## 2. 애국심과 국수주의

이해관계가 얽힌 일을 처리함에 있어서 범상한 인간이라면 이기주의적 속성 탓에 팔이 안으로 굽을 것이다. 그러나 팔이 안으로 굽더라도 밖으로 뻗을 수 있는 아량이 없다면 그것은 원근친소에 끌린 처사이다. 이를 국가와 관련시켜 보면 국수주의적 행동과도 같은 것으로, 외국인에 대한 배타주의적 사고방식을 유도한다. 우리 한국 사람들은 오랫동안 외국인들과 살아볼 기회가 없었던 관계로 배타적인 민족주의가 나타나는 경향이 있으며, 실제 한국 국민은 배타적인 민족주의가 심하다[7]는 지적을 받고 있다. 우리 민족의 고귀함만을 알고 타민족을 배타시하는 성향이 없는가를 심각히 고민해야 한다.

---

7) 안병욱 前 숭실대 철학과 교수, 「정산종사님은 道人, 그 자체」, 《원광》291호, 월간원광사, 1998년 11월, p.120.

국수적 민족주의는 지구촌 개념이나 범시민의식이 없다는데 문제가 있다. "서울은 세계로, 세계는 서울로"라는 88올림픽의 슬로건을 우리는 잊고 사는지 모른다. 한국인의 단점은 세계를 보는 시야가 좁다는 것으로, 국제무대에서 세계인과 잘 어울리지 못하는 편협한 인간관계의 한계를 곧잘 드러낸다[8]는 사실을 잊어서는 안 된다. 인류를 하나로 보는 시민의식이 부족하다면 그것은 국제적으로 고립만을 불러온다. 미국 LA에 한국 교민들이 많이 살고 있는데, 한국인들이 만일 미국 본토인들과 잘 어울리지 못한다면 그곳 사람들로부터 질타를 받고 반감을 야기할 것이다.

세계적 안목이 없다는 것은 자신의 행동반경이 좁다는 것이며 자칫 외국인을 폄하하는 국수주의로 이어지기도 한다. 그것은 내가 세계인의 한 사람이라는 사실을 모르기 때문이다. 도스토예프스키의 언급을 소개하여 본다. "아, 제발 외국인을 비난하는 것이 조국을 사랑하는 것을 의미한다고, 또는 내가 그렇게 생각한다고 간주하지 말아주길 바란다. 나는 전혀 그렇게 생각하지도, 생각하고 싶지도 않다. 오히려 그 반대이다."[9] 조국을 사랑한다는 핑계로 외국인을 차별하는 것으로 이어져서는 안 되기 때문이다. 지구촌 시대에 접어든 상황에서 한국의 다문화가족을 사랑하고, 근래 직업비자로 들어온 외국인도 사랑하는 배려가 뒤따라야 한다.

국수주의적 사유는 일방적인 애국심에서 도래하는 것이라 본다. 우리 한국인의 애국심이 무척 강하다는 것은 자타가 인정하는 바이다.

---

8) 현용수, 『IQ는 아버지 EQ는 어머니 몫이다』, 國民日報社, 1997, p.114.
9) 도스토예프스키 지음/이길주 옮김, 『유럽인상기』, 푸른숲, 1999, p.33.

그러나 다임크라이슬러 코리아 사장인 웨인 첨리는 「애국심과 태극기」 (2001)라는 글에서 말하기를, 자신이 한국에서 사업을 하면서 한국인은 애국심이 무척 강하며 상당히 국수주의적이라는 생각을 가져왔다고 했다. 맹목적 애국심은 조국을 사랑하는 것이 마치 외국인들을 무시하는 국수주의적 태도로 변질 수 있음을 암시하고 있다.

지금까지 한민족이 보여준 강렬한 애국심은 조국의 경제 성장에 큰 도움을 주었다는 점에서 긍정적으로 볼 수 있다. 그러나 21세기에 진입한 현재의 상황에서 국산품만 애용하라는 주문은 시대에 뒤진 사고인 바, 세계가 한 집안이 되는 시대로 진입했음을 알아야 한다. 아무리 애국자요 국수주의자라도 조상들이 입던 옷이라고 해서 고대로부터 입어온 옷을 지금도 그대로 입자고 주장하지는 못할 것이다.[10] 백화점에 진열되어 있는 옷을 고를 때 이제 국적을 문제 삼지 않고 선택하는 고객들이 점차 늘어나고 있다. 우리나라도 수출대국이라는 면에서 패션이 좋으면, 옷감이 좋으면 어느 나라제품이든 구입해 입는 시대에 진입했다.

애국심에 호소하는 것을 넘어서서 품질과 서비스로 고객의 마음을 사로잡는 시대에 사는 우리는 이제 KS마크의 맹목적 애용이라는 국수주의를 넘어서는 노력이 요구된다. 애국사상은 한갓 맹목적인 국수주의에 한정하는 것을 의미하지 않으며, 어느 의미에서 국수주의는 폐쇄주의와 같은 길을 걸을 위험이 있기 때문이다.[11] 맹목적 애국심이

---

10) 柳達永, 「원불교에 대한 담박에서의 제언」, 『원불교개교반백년 기념문총』, 원불교반백년기념사업회, 1971, p.516.
11) 김귀성, 「정산종사의 사회교육관-건국론을 중심으로」, 『원불교사상』 15집, 원불교사상연구원, 1992, p.649.

야기하는 것은 국수주의의 유혹이 자리하는 것이며, 그로 인해 성숙된 시민의식으로서 좁은 공간에 한정된 폐쇄성을 벗어날 수 있는 성숙된 자세가 요구되는 것이다.

오늘의 현실은 시방일가 사생일신, 곧 지구촌의 시대이다. 자기민족끼리만 뭉치고자 하는 사고방식은 결과적으로 사회 갈등의 원인을 제공하는 것이다. 백인 우월주의라든가 유색 인종차별주의는 이성적 인간의 행위에 큰 저해가 된다. 지구촌화되어 가고 있는 시대와 달리, 편협한 국수주의적 민족주의를 강조하는 신념들을 제공하고 있다면 이는 사회적 균열의 요소가 아닐 수 없다.[12] 근래 호주에서 백인 우월주의로 인해 유색인종이 살해당하는 사례가 종종 발생하고 있다. 국가간 인종차별을 야기하는 사례가 빈번하게 일어난다면 그 편견으로 인명 피해자가 늘어난다는 사실을 알아야 한다. 이를 감안하면 지구촌의 시대에 처해 자국민들의 우월주의적 행위는 인권의 측면에서도 곤란하다.

안일한 사유에서 우리는 한민족을 중심으로 세상을 바라볼 수밖에 없다고 주장하는 경우도 있지만, 그것은 국가라는 허상에 집착하는 꼴이다. 물론 자국민 중심주의를 애국심으로 해석할 수도 있겠으나 이는 민족주의의 한계를 벗어나지 못하는 결과로 이어진다. 한민족 중심, 일본인 중심, 또는 중국인 중심의 사고방식에 따라 국정이 전개된다면 국가간 분쟁은 끊임없을 것이다. 인간이라면 누구나 자신이 처한 위치를 우주의 중심으로 생각하고 싶은 본능이 있겠지만, 자기

---

12) 한내창, 「종교간 잠재적 갈등요인(편견)에 관한 연구」, 제106회 월례연구발표회 《연구발표회요지》, 원광대 원불교사상연구원, 1998년 11월 3일, p.1.

민족을 고집하려는 반발이 기조를 이루는 역사 해석은 이미 해석으로서의 자격을 잃는 것이며, 이를 토대로 이루어진 민족 정서 또한 하나의 허상에 불과하다.[13] 한국인들의 애국적 자긍심을 모르는 바는 아니지만 이것이 지나치면 자국민의 우월성이라는 국수주의적 허구에 빠지고 만다.

인류 역사에서 국수주의적 사유는 어떠한 결과를 가져다주는가를 엄정히 성찰해야 하리라 본다. 지나친 자국민의 우월성은 타국민에게 오히려 열등감을 드러내는 우를 범할 수 있으며 그것은 결과적으로 대립과 전쟁으로 이어진다. 인류의 역사를 통해 인간은 자기 자신의 인종·계급 혹은 국가의 우월성에 대한 확신을 주장했지만, 열렬하게도 주장한 우월감에 대한 확신은 종교전쟁과 인종분쟁을 야기하여 왔다.[14] 여기에서 국수주의의 결과가 무엇인가를 교훈으로 삼아야 한다는 것이다.

편협한 민족주의를 극복하려면 보편적 사유에 더하여 성숙된 인간으로서 영성이 깨어있어야 한다. 라다크리슈난의『인도철학사』가 편협한 민족주의의 경계를 훨씬 넘어서는 메시지를 전해주고 있는 것은, 그의 사상이 존재의 통일성에 근거한 영성에 뿌리를 두고 있기 때문이다.[15] 편협한 민족주의의 경계를 넘어서지 못한 채 여전히 애국심이라는 이름으로 국수주의에 사로잡히는 사람이 있다면 세계적 철학자

---

13) 김경일,『공자가 죽어야 나라가 산다』, 바다출판사, 1999, p.48.
14) 라다크리슈난 著, 柳聖泰 外 3인 譯,『轉換期의 宗敎』, 圓光大學校出版局, 1986, p.47.
15) 옮긴이 이거룡의 언급이다(라다크리슈난 저, 이거룡 옮김,『인도철학사』Ⅰ, 한길사, 1996, p.33).

라다크리슈난이 주장한 세계시민의 영성을 본받아야 한다.

## 3. 선배의식과 관료주의

선배라는 관념과 관료라는 의식은 상하와 귀천에 관련된 용어라는 점에서 서로 통한다. 두 용어는 한국사회에서 자주 거론되는 것으로, 그것은 한국인의 부정적 시각을 드러내는 성향이다. 대학교의 진풍경으로서 신학기에 흔히 목격되는 것은, 일부학과들의 선배학생들이 꿈을 가지고 입학한 신입생의 군기를 잡는 광경이다. 군기의 기합 속에는 신입학년이 선배학년에게 허리를 크게 굽혀 인사하라는 뜻이 담겨있다. 새 학기가 되면 이따금 대학 신입생환영회에서 선배가 후배에게 술을 과도하게 마시도록 하여 숨지는 사례가 발생하곤 한다. 미국에서는 대학생들 사이에 '선후배'라는 용어를 거의 사용하지 않는다고 한다. 그 이유는 모두가 평등한 'friend'라는 사실 때문이다. 대신 몇 년 위, 몇년 아래라는 의미로써 'younger 1 year, older 2year' 등의 용어를 사용한다. 그들은 수직적 언어보다는 수평적 언어를 선호하기 때문이다.

우리나라에서 선후배 관념은 군대에서 극을 이룬다. 남북이 대치하고 있는 상황에서 남자들은 징병제도를 통해 군대에 입대하는데 군대 조직의 계급사회는 군기가 엄격하기로 소문나 있다. 군 복무 부적응의 원인으로 ① 선임병과의 갈등 49%, ② 비합리적 군대문화 47%, ③ 고된 훈련 30%(복수응답, 2008) 등이 거론되고 있다. 철저한 계급 중심으로 움직이는 군대는 군기로서 위계질서를 세우는 것은 어쩔 수 없는 일이라고 하지만, 근무시간 외의 내무반이나 기타 활동에서도 선임병의 강압적 명령에 의해 후임병이 받는 스트레스는 극에 달한다. 미군의 경우 근무시간 외에는 선임병이 후임병에 간섭을 하지 않는다는 면에서 한국군의 경직된 선후배 관념은 개선의 여지가 있다고 본다.

우리가 선배의식 내지 관료주의적 성향을 갖게 된 문화적 배경이라도 있다는 것인가? 중국을 중심으로 전개된 유교문화권은 상하질서 및 관료주의적 성향이 강하다. 유교가 국교화된 한나라 때의 통치자들은 고도로 중앙집권화되고 안정된 정치 체제를 확립하였으며, 관료기구가 13만 285명의 관리로서 구성되었다.[16) 당시 관료들은 18등급의 작위(爵位)를 갖고 권위를 누렸으니 이처럼 관료기구는 거대하였다. 관료주의적 국가의 유지가 오히려 상하계급을 양산하고 귀천계급을 불러일으키기에 충분하였다.

유교의 영향력 속에서 중국 관료의 부정적 측면들이 한국사회에 유입된 성향이 있으며, 한국 유학자들의 관료주의적 행태는 직업에 있어서도 차등화로 이어진 것이다. 한국의 주자학자들은 문사계급을 높이고 상공업자를 천시하던 관료주의적 유학풍을 행정에 도입했으니 조선조 말기까지 주류를 이루어 온 것이 사실이다.[17) 조선의 관료체제가 확립된 것은 이러한 중국의 관료제의 영향이 적지 않았던 것이다. 정치의 영향력에 더하여 송대의 중국철학이 조선의 철학에 적지 않은 영향을 미쳤던 탓에 한국과 중국의 상호 교류에 의한 관료제는 영향을 미쳤을 것이다. 이 관료체제에 의한 상하 귀천의 엄격한 차별

---

16) 존 K. 페어뱅크 外 2인著/김한규 外 2인譯, 『동양문화사』(상), 을유문화사, 1999, p.78.
17) 송천은, 『열린시대의 종교사상』, 원광대출판국, 1992, p.266.

과 권위의식이 오늘날까지 지속되고 있다.

고금을 통하여 일본 역시 관료의식에 사로잡혀 파벌들이 많아지게 되자 사회적 역기능 현상들이 나타났다. 문제는 이러한 사회적 역기능으로서 지나친 위계질서에 의해 사회의 활동을 약화시킨다는 것이다. 일본의 정치적 관료주의와 경제적 과점주의는 비개방적이고 자급자족적인 성향으로 인해 일본 정부는 점차 파벌주의에 물들게 되었다. 물론 일본은 관료제가 나라를 지탱해 왔지만, 이대로라면 일본의 미래는 없지 않을까 우려될 정도라는 동경대총장 하스미의 견해(1998)는 환기를 요한다. 한중일 3국의 유가적 관료주의는 사회를 위축시키고, 전통적 교리에 고집하고 의례와 과거에 집착하는 그들의 태도는 당시의 문제 해결에 거의 도움이 되지 못하였다[18]는 것을 알아둘 필요가 있다.

이와 더불어 관료주의의 문제점은 조직의 경직성을 가져다주기도 한다. 사회 조직의 신속한 대응이 어려워지고 개인의 능력보다는 직장근무 연장자 순으로 보수가 정해지는 등 비합리적인 점이 적지 않다는 것이다. 오늘날 수많은 기업체에 있어서 관료조직은 너무 느리고 거추장스럽기 그지없으며 특히 시장은 급변하고 있다[19]는 것을 알아야 한다. 급변하는 경쟁사회에 대응하지 못한 채 관료제에 의한 수직적·단계적 결정과 절차는 기업 환경을 저해시킬 따름이다.

또한 상하와 선후 관념에 기반을 둔 관료주의는 비인간화의 원인이

---

18) 존 K. 페어뱅크 外 2인著/김한규 外 2인譯, 『동양문화사』(상), 을유문화사, 1999, pp.108-109참조.
19) 앨빈 토플러 著, 李揆行 監譯, 『권력이동』, 韓國經濟新聞社, 1992, p.367.

되기도 한다. 관료주의 중심으로 전개되는 경직된 조직은 인간성의 측면에서 부정적 측면으로 다가오기 때문이다. 인간주의적 가치를 위협하는 공업화와 도시화의 과정에서 나타난 비정한 인간관계, 관료적이고 공식적인 조직 생활 등은 현대사회에 있어 인간의 생존조건을 비인간화하고 인간의 가치를 떨어뜨리는 사회현상들이다.[20] 상호 인격의 존중과 유대감의 형성에서 단선적인 상하·귀천의식은 서로의 불신과 거부감을 가져오는 원인이 된다. 그것은 군대문화와 권력조직에서 유행하는 것으로 여겨지는 것이다.

이제 인간관계에서 기준으로 삼아야 할 것은 무엇인가를 고려해야 한다. 선후배 의식이나 상하 관념보다는 따뜻한 인간성에 기반을 해야 한다는 것이다. 인간은 감성의 동물이라는 사실을 감안하면 온정이 건네지 않는 인간관계는 신뢰가 있을 수 없기 때문이다. 사람들을 둘러싼 인간관계는 상하·좌우와 전후로 나눌 수 있지만, 사람답게 대인관계를 맺는 기준은 사람의 마음을 떠나서 찾아서는 안 될 것이다.[21] 서로가 힘들 때 위로를 해줄 수 있는 인간관계가 유대관계를 강화시켜준다는 것은 인간이 감정적 동물이기 때문이다.

그럼에도 불구하고 우리의 상념 속에 선후배의식이나 관료의식이 잔재하는 이유는 무엇인가? 이를 불교적 시각에서 보면 내가 연륜이 많다는 수자상 내지 아상 때문이라 본다. 우리는 수자상과 아상에 곧잘 사로잡히는데 인간의 성품에는 본래 이러한 상이 없는 것이다. 아

---

20) 서울대사회과학연구소 編, 『價値意識의 變化와 展望』, 서울대학교 출판부, 1986, p.29.
21) 이강수, 『중국 고대철학의 이해』, 지식산업사, 2000, pp.32-33.

상, 인상, 중생상, 수자상이라는 사상(四相)의 그림자가 우리의 맑은 성품을 가리게 된다. 모든 상(相)은 허망하므로 참다운 실상이 아니다.[22] 따라서 우리가 수자상에 가리어 내가 상대방보다 선배이고, 내가 가장 존귀하다는 자기중심의 사고방식에 젖어 사는 것은 참으로 어리석은 일이라 본다.

그렇다고 관료주의나 선후배 의식을 무조건 부정적으로만 보아서는 안 된다. 선배의 경륜에 대한 인정, 또 장유유서 차원에서 권위가 필요한 것도 사실이다. 하늘이 백성을 양성함에 있어 선지자로 하여금 후지자를 깨닫게 한다[23]는 성현의 언급에 의미를 부여해보자는 뜻이다. 동양의 예절문화에서는 나보다 먼저 태어나서 나보다 아는 것이 더 많다는 통념에서 선배를 인정해주는 풍토도 필요하기 때문이다. 그러나 선지자나 선배는 후배를 애정으로 대하고 겸손의 자세로 임해야 하는데, 이보다는 후배에게 강압하는 경우가 허다하다는데 문제가 있다. 한국인들의 관료주의적 자세, 선후배 의식에 의한 복종의 강요는 극복되어야 할 사항이다.


## 4. 서울지상주의와 지방소외

말을 낳으면 제주도로 보내고 사람을 낳으면 서울로 보내라는 말이 있다. 이는 제주도 재래마의 우수성을 언급하는 것이며, 이와 유사하

---

22) 中村 元著, 김용식·박재권 공역, 『인도사상사』, 서광사, 1983, p.102.
23) 伊尹의 말이다.(『孟子』「萬章」上, 天之生此民也, 使先知, 覺後知).

게 서울에는 입신출세한 사람들이 많다는 풍자적 속담으로 전해진다. 제주도에 주로 서식되고 있는 재래마는 천연기념물 제347호로 지정되어 있으며 그것은 우리가 잘 알고 있는 제주 조랑말이다. 제주도와 관련된 비유는 긍정적인 반면, 서울과 관련한 비유는 부정적인 의미로도 새겨질 수 있어서 지방인들의 소외의식을 낳기에 충분하다. 서울로 가야만 출세를 할 수 있다고 하니 지방과 서울의 우열감을 조장하는 것은 국가의 균형 발전을 위해서 바람직한 일이 아니다.

우리나라는 지방보다는 서울을 중심으로 교통·경제 등 만사가 전개되고 있는 것도 사실이다. 1394년에 이태조가 고려의 수도였던 개경(開京)으로부터 이동했을 당시는 한촌에 불과했고, 왕도로서의 도시 개조는 천도 이후부터 시작하였으며, 시는 왕성(王城)을 이룩한 후에 도시 형태를 갖추었다.[24] 조선조 이성계가 한양으로 천도하였으며, 이곳 설계를 주도하고 그 위치를 확정했던 수도건설 제1의 공로자로는 정도전으로 알려져 있다. 해방 이후 미군정에 의하여 당시 경성부를 경기도 행정관할에서 분리한 후 격상된 서울특별시는 오늘의 국제도시에 어울릴 만큼 변모하였다. 이제는 대한민국의 수도만이 아니라 세계의 서울로 알려져 있으며 88년 서울올림픽 이후 수많은 외국인들이 서울을 다녀갔다.

우리나라 정치 및 경제가 서울을 중심으로 움직이고 있다. 서울이 수도이기 때문에 제반 분야가 수도를 중심으로 전개된다고 할지라도, 모든 것이 지나치게 서울 중심으로 이루어진다면 이 또한 바람직한 방향은 아니라 본다. 돈의 흐름 80% 이상이 서울에 집중되어 있고, 특

---

24) 康炳基 외 2인 共著, 『都市論』-理論과 實際-, 法文社, 1984, p.22.

히 강남 부자들은 막강한 부를 향유하고 있다. 서울시 강남구의 표준 인물은 40대 중반의 부유층이며, 사회적으로 중견층의 위치로서 대기업의 간부, 의사, 교수, 변호사, 회계사 혹은 고소득 자영사업자로서 학력은 대졸 이상, 연봉 수천만원 이상의 소득을 올린다.[25] 서울 집중으로 정치 경제가 전개되는 상황으로 인하여 지역은 왜소하다 못해 실업률이 지나치게 많다.

모든 길은 로마로 통한다 했던가? 교육 환경의 경우도 서울로 편중으로 되어 있다. 하지만 미국의 유명대학은 미국의 수도 워싱턴에 있지 않고 지방인 보스턴에 있다. 하버드 대학과 스탠퍼드 대학 등이 미국의 수도에 있지 않지만 우리나라 유명대학들은 서울에 몰려 있다. 더욱이 2천년에 들어서 서울 및 수도권 소재 대학과 지방대학의 실력 격차가 더욱 격화되었다. 2013학년도 대입 수능시험의 성적 상위 1%에 속한 학생들 100명 가운데 37명은 서울 출신이고, 이들의 11명 이상이 강남 3구(강남·서초·송파구) 출신인 것으로 드러나 고소득층 밀집지역에 상위권 학생이 집중됐다(뉴스&핫이슈! 디오데오(www.diodeo.com). 본 자료에 의하면 수능성적 상위 1% 응시자의 출신 지역을 살펴본 결과 특별·광역시 출신이 57.2%(3천923명)로 가장 높았고, 중소도시 출신 33.3%(2천280명), 읍·면지역 출신 8.5% 순이었다.

점입가경으로 인구밀도는 서울의 경우 포화상태에 이르고 있다. 토요일 오후 종로나 명동거리를 거닐면 떠밀려 다닌다는 표현이 정확하다고 느껴질 정도로 홍수 물결로 뒤덮여서 인파를 타고 떠다니면서 우리는 현대문명의 첨단을 만끽하고 있다.[26] 인구가 많다보니 인구과밀

---

25) 명성훈 저, 『교회개척의 원리와 전략』, 국민일보, 1999, p.194.

현상은 어쩔 수 없이 지켜보고만 있는 실정이다. 우리나라 수도권의 국토 면적은 남한 면적의 11.8%에 지나지 않지만 인구는 50% 가까이 서울에 살고 있다. 농촌의 일손이 부족하고 한산한 것은 많은 사람들이 돈 벌기 위하여 서울로 몰려들었기 때문이다.

서울은 인구과밀에 이어 교통과밀이기도 하다. 자동차의 홍수 물결로 인해 서울의 차량정체 현상은 극에 달하고 있다. 교통정체 현상에 더하여 서울의 물가는 타국 수도의 물가에 비해 높게 나타나고 있다. 물가가 오르다보면 서울 시민의 생계비도 가파르게 상승하며 그것은 삶의 질을 떨어뜨리기에 충분하다. 서울의 인심이 박하다는 말은 살기가 어렵다는 것이며, 그로 인해 서울 도시는 삭막한 도시라고 부르는 경우가 적지 않다. 삭막한 도시를 부추기는 것은 환경오염에도 관련되어 서울 지역의 오존주의보 내지 미세먼지 농도 발령이 내려지는 경우가 다반사이며, 그것은 서울 대기오염도가 심각하다는 것을 말해준다. 환경오염의 주범은 자동차에서 나오는 대기오염으로 오염 가운데 70%를 차지한다.

이러한 부정적 상황들은 서울의 부화지수가 높다는 뜻이며, 그로인해 주거환경에 열악한 측면들이 돌출하고 있다. 그럼에도 불구하고 지방에 대한 서울 시민의 우월감이 적지 않았다. 6·25 동란 무렵 '되민증'이라는 말이 유행했는데, 도민증(道民證)을 그렇게 부른 것으로 이는 서울시민증을 가진 사람의 우월감과 도민증을 가진 사람의 소외감을 은연중에 표현한 말이기도 했다.27) 우리가 서울에 간다는 말로

---

26) 불교신문사 편, 『불교에서 본 인생과 세계』, 도서출판 홍법원, 1988, p.41.
27) 이강재, 「대한민국은 서울 공화국인가」, 『한국인·한국병』, 도서출판 일념,

'상경'이란 말을 사용한다. 서울로 올라간다는 의미이고 서울에서 지방
으로 내려간다는 말로 '하경'이란 용어가 있기도 하다. 서울이 북쪽지방
이라 올라간다고 할 수 있겠지만 서울이 정점에 있는 것이 아닌 이상 올
라간다는 말은 서울에 대한 우월 감정이 스며있는 것이라 본다.

이제 인터넷 환경의 시공 초월적 상황에서 무조건 서울만 살기 좋
다는 생각은 지양해야 하며, 서울과 지역의 문화 혜택의 차등이 조금
씩 감소되고 있다. 서울과 지방뿐만 아니라 우리나라와 외국과의 관
계에 있어서, 시공 자재의 사이버 환경으로 인해 집중 공간이 갖는 혜
택이 협소해지고 있는 상황이다. 급속한 정보교환과 연결의 추세는
급기야 민족이나 지역 간의 자연적·문화적 생활공간의 차이를 실제
로 무의미하게 만들고 있다.[28] 이제 급변하는 상황에서 서울과 지역
의 관계는 종속관계가 아니라 대등관계로 발전해야 한다. 특히 도시
사회와 지역사회는 다차원적이어야만 한다는 피터 드러커의 언급(『미
래의 결단』, 1999)은 우리가 새겨들어야 할 것이다.

다소 늦은 감이 있지만, 서울의 행정이 세종시로 옮겨지는 상황은
고무적인 일인 바, 우리나라는 서울 중심에서 지방과의 균형적 발전
으로 나아가야 한다. 21세기의 사회변동 가운데 특징적인 것으로 지
방화시대가 지적되고 있으니, 지방화란 정치 경제 교육 문화 등이 수
도권이나 대도시권에 집중되어 있는 것을 지방으로 분산함으로써 중
앙과 지방의 균형이 유지되는 현상을 말한다.[29] 지방이 발전해야 서

---

1987, p.59.

28) 송영배, 「세계화 시대의 유교적 윤리관의 의미」, 『새로운 21세기와 유교의 禮』,
　　전남대 인문과학연구소, 1999.10, p.76.

29) 간행위원회 編, 담산이성은정사 유작집 『개벽시대의 종교지성』, 원불교출판

울은 인구 과밀지역에서 탈피할 수 있으며 생활환경이 호전될 수 있다. 지방의 고른 발전으로 인해 서울의 인구가 전국으로 분산되는 효과도 누릴 수 있을 것이다.

지역사회의 특성을 살려 서울과 지방의 상생적 발전이 이루어진다면 그것은 서울로만 향하던 발걸음을 멈추게 하고 소도시와 귀농·귀촌의 인구에게 긍정적 영향을 미칠 것이다. 지역사회와 도시사회는 그 구성원들을 묶어주는 유대감, 예컨대 언어, 문화, 역사 또는 지리적 근접성 등으로 규정된다.[30] 서울과 지역의 동떨어진 관계를 극복하고 도시와 지방, 도시와 농촌의 관계가 상호 유대를 가짐으로써 서울이 지금까지 노출시킨 문제점을 극복하는데 도움이 될 것이다.

사, 1999, p.234.

30) 피터 드러커 著, 李在奎 譯, 『미래의 결단』, 한국경제신문사, 1999, p.108.

# 제3장

## 사대주의와 배타주의

### 1. 사대주의와 열등의식

　요즈음은 외국에서 들어온 축제 행사가 많아지고 있다. 예를 들면 한국의 젊은이들이 즐기는 화이트데이라든가 발렌타인데이가 그것으로, 이날 연인들끼리 초콜릿을 선사하며 서로의 관심이나 사랑을 확인한다. 우리가 외국에서 들어온 이벤트를 즐겨하면서 한국 고유의 경축일은 잘 모르는 경우가 있다. 사랑과 관련한 행사라면 견우와 직녀가 만난 칠월칠석날이 가능할법한데[1] 한국 젊은이들은 이를 아무런 감정 없이 보내거나 또는 잘 모른 채, 상술에 더하여 발렌타인데이를 우리네 행사인양 즐긴다. 그동안 한국사회가 시행착오를 거듭했던 중요한 요인 중에 하나는 맹목적인 모방의 풍습이었으니 선진국의 문화나

---

　1) 실제 대만에서는 이날을 情人節로 삼고 있다.

제도는 무조건 좋다고 여기는 사고방식이 문제이다.[2] 이러한 현상은 서구에 대한 사대주의적 발상이라고 해도 지나친 말은 아닐 것이다.

한국 젊은이들의 한국문화에 대한 무관심 및 자긍심 결여를 우리는 어떻게 보아야 하는가? 한국의 젊은 지성들은 한국문화에 대한 이해나 긍지도 없었고 다만 영어나 미군들에게 배워 유학의 길을 밟는 것이 고작이었으니 미군들은 한국의 문화를 존중하지 않았고, 한국인은 배울 것이 없는 민족이라는 생각을 갖게 되었다.[3] 제품에 있어서 외제라 하면 좋아하는 습성을 무조건 탓할 수는 없을 것이다. 품질이 좋다면 어느 나라 제품이든 쓰는 것은 자유이기 때문이다. 그러나 미국 문화의 무조건적인 모방이 주변에 적지 않다는 데에 문제가 있다.

우리 민족의 사대주의적 발상은 강대국과 관련되어 있다. 고금 미국을 비롯한 중국에 대하여 모방 내지 의존해온 성향을 무시할 수 없다. 동아시아의 국제관계 속에서 우리 민족이 유지해왔던 외교 정책으로 중국에 대한 사대주의적 외교는 강대국에 인접하고 있는 지정학적 현실 속에서 우리 민족의 자주성을 유지하기 위한 수단이었다[4]고 할 수도 있을 것이다. 또한 미국 문화에 물든 것은 6 · 25 전쟁을 치룬 후 국방의 측면과 선교사들의 활동에 영향을 받은 것도 사실이다. 여기에 일찍 산업화가 된 일본의 제품 수입 의존도가 높았던 것을 포함하면 우리나라는 주변 강대국에 둘러싸인 지정학적 원인이 적지 않다고 본다.

---

2) 최병철, 『공자가 살아야 나라가 산다』, 시아출판, 1999, p.58.
3) 송천은, 『일원문화산고』, 원불교출판사, 1994, p.169.
4) 금장태, 『유교와 한국사상』, 성균관대학교 출판부, 1993, p.13.

사대주의적 발상의 극치로서 유감스러운 견해를 소개해 보고자 한다. 안정복(1712~1971)의 『동사강목』(東史綱目)을 보면 우리나라의 사대주의적 당위성에 대하여 다음과 같이 말하고 있다. "작은 나라가 큰 나라를 섬기고 약한 나라가 강한 나라에 복속하고 오랑캐가 중국에 의지하는 것은 불변의 법칙이다. 우리나라는 동쪽에 치우쳐 있는 소국이며 중국에 가까우니 마땅히 중국의 도움을 잃지 않아야 나라를 보존할 수 있다."5) 이처럼 조선조 식자층 가운데는 우리의 정서와 다른 사대주의를 당연시하는 경우가 있어왔음을 성찰의 교훈으로 삼아야 할 것이다.

결과적으로 사대주의적 발상은 우리 내면 심리의 열등의식과 직결되며, 그것은 일종의 문화적 열등감으로 이어진다. 찬란한 문화의 한민족이 주변 강대국과 관련한 열등의식으로 인해 사대주의가 형성된 것이다. 남과의 지나친 비교, 그리고 열등감 등은 모두 상대적 빈곤 때문에 생기는 불행의 원인이다.6) 설사 미국, 중국, 일본 문화와 문명이 우리보다 앞섰다고 가정해도 우리는 차분한 마음으로 유구한 한국문화를 발전시켜야 한다. 무조건적인 외국문화의 수용과 외제의 선호는 사대주의의 단면이라 하지 않을 수 없다.

만일 우리나라의 아름다운 문화를 계승하지 못한 채 버터와 치즈에 입맛이 길들여진다면 그것은 우리의 아름다운 전통을 잃게 한다. 초콜릿으로 선물하는 문화에 길들여져 한과를 선물하는 시도조차 하지

---

5) 以小事大 以弱服强 以夷狄歸中國 此不易之定理也 我東地偏國小 昵近中華 唯不失大國之援 然後可以自存矣.
6) 윤종모, 『치유명상』, 정신세계사, 2009, p.16.

않는다면 그것은 우리의 전통을 스스로 부정하는 것이다. 한복과 김치의 뿌리와 현주소, 그리고 그것이 왜 도태당하고 있는가에 대한 자기 해체적 반성과 분석이 없는 한 내던져지고 말 것이다.[7] 오늘의 청소년들은 필자에게 세계화된 현실을 모르고 고리타분한 애국적 발상에 고집한다고 할지 모른다. 그러나 바람직한 한국문화의 계승을 위해 전통가치를 중시하면서 새로운 문화를 수용하는 온고지신(溫故知新)의 지혜를 발휘하자는 취지이다.

조국에 대한 전통적 가치관의 정립이 빈약하면 후손들이 조국에 대하여 긍정적인 사고를 갖기 쉽지 않다. 한국인에게 세대차이가 생기는 이유는 한국인 스스로 한국인의 전통적인 가치관 정립이 빈약하기 때문이며, 실제로 한국인의 전통적인 가치관 정립이 얼마나 빈약한가?[8] 사소한 것이라도 한국문화를 중히 여기고 조상 대대로 내려오는 전통문화를 보존하려는 역사의식의 빈곤은 없는지 성찰해보자는 것이다. 근대화의 과정에서 한국의 전통문화는 홀대받는 경우가 적지 않았다. 소위 유일신적 사고에 물들어 축귀(逐鬼)라는 미명하에 한국 무교의 소중한 무형자산들을 몰아내는 경우는 없었는지 성찰해야 한다. 이 같은 몰지각한 행위는, 미국문화는 선호하고 한국의 전통문화는 부정하는 사유 속에 저질러진 일로서 우리 국민을 슬프게 한 근대사이다.

우리 민족의 고유한 신앙에 대한 긍정적 가치관이 결여되고 축귀의 대상으로 여겨졌다면 그것은 왜곡된 종교관에서 비롯된다. 자기민족의 자긍심을 키워주는 역사교육이 필요함에도 불구하고 일부 대학의

---

7) 김경일, 『공자가 죽어야 나라가 산다』, 바다출판사, 1999, p.23.
8) 현용수, 『IQ는 아버지 EQ는 어머니 몫이다』, 國民日報社, 1997, pp.116-117.

입학시험에서 한국사를 제외한 경우가 적지 않았던 것도 사실이다.
한국인이 사상적인 가치를 잃은 데에는 한국 현대사의 잘못된 교육철
학에서 비롯된다.[9] 2014년도에는 교육환경이 다소 달라졌지만, 이전
까지만 해도 한국사는 일부 일류대학의 입시에서 선택과목으로 전락
하거나 아예 한국사를 제외한 경우가 적지 않았음은 만시지탄으로 삼
아야 한다. 그로 인하여 수험생들의 한국사에 대한 무관심 내지 무지
로 인해 우리 고유의 역사의식이 결여되었으니 한민족의 자긍심 고취
에 대해 부족한 감이 있다.

민족의 문화유산에 대한 자긍심의 결여는 사대주의적 발상, 종교적
편협, 나아가 사소한 열등의식에서 비롯된 것이다. 일례로 부모의 자
녀들에 대한 자긍심의 결여는 자녀들의 사기를 꺾는 일이며, 결과적
으로 자신감 부족으로 나타날 수 있다. 우리나라에서 자기 아이들은
남에게 소개할 때 '우리 못난 자식'이라고 하는 게 예의였는데, 자신이
아무리 노력해도 부모한테는 늘 '못난 사람'으로 보인다는 열등감이
들었던 것[10]을 어떻게 받아들여야 하는가? 못난 자식, 못난 민족이라
는 말을 겸손이라는 미덕으로 넘겨야 할 것인가를 성찰해 보자. 못난
자식이라던 자녀들이 성숙하여 외국 문물에 휘둘려지면 그때 잘난 자
식이 될 수도 없다.

오랜 전통을 비추어 보면 우리 민족에 대한 자부심이 없었던 것이
아니다. 신라의 불교문화, 고려의 청자기, 조선 백자기의 찬란한 문화
는 시공을 초월하여 자랑할 만하다. 우리 고유의 문화는 세계 여러 나

---

9) 현용수, 『IQ는 아버지 EQ는 어머니 몫이다』, 國民日報社, 1997, p.150.
10) 한비야, 『바람의 딸 걸어서 지구 세바퀴 반』 2, 도서출판 金土, 1999, p.183.

라의 문화에 견주어도 결코 손색이 없다는 것은 다 아는 사실이다. 일본말로 '구다라나이'는 형편없다는 뜻인데 이 '구다라'는 바로 '백제(百濟)'를 말하는 바, 구다라나이의 본래 의미는 '백제가 없는' 즉 백제의 정신이 깃들지 않은 물건은 시시하다는 뜻이었다.[11] 삼국시대와 고려시대 나아가 조선시대의 문화유산을 반조해 보면 우리의 전통문화는 결코 다른 나라에 뒤지지 않는다.


## 2. 지역감정의 폐단

다소 지나친 감이 없진 않지만 우리 민족은 속성상 합하는 것보다 나누는 것을 좋아하는 감정을 지닌 것 같다. 무엇이든 나누어 가지고, 나누어 생각하고, 나누어 편을 짜는 성향이 강하기 때문이다. 이를 우리가 살아가고 있는 공간문제와 비교하여 본다. 구체적으로 우리가 살고 있는 지역을 나누어 호·불호의 지역주의가 생긴다는데 문제가 있다. 지역주의는 지역감정으로 이어지며, 지역감정이란 세계 어디에나 존재할법한 일이다. 캐나다 사람들은 해외여행을 할 때 콩알만한 캐나다 국기를 붙이고 다니는데 그 이유는 단 하나. '미국인이 아니라는 것'을 보여주기 위해서라고 한다. 중국도 서로의 험담을 하며 우스개를 즐기는 중국의 베이징과 상하이의 경우를 상기할 수 있으며, 일본의 경우도 도쿄와 나고야 사람들의 라이벌 의식은 나고야의 벌그스름한 된장국수와 도쿄의 맑은 된장국만큼이나 차이가 크다.[12] 논의의

11) 이건희, 『생각좀 하며 세상을 보자』, 동아일보사, 1997, p.108.

여지가 있는 것은 우리가 사는 지역이 타 지역보다 우월하다는 의식을 갖는다는 점이다.

한국의 지역감정에 비해 이웃 국가들은 내가 어디에서 태어났다고 해서 사회적 이슈로 등장하거나 불이익을 받는 것은 아니다. 일본의 경우 출신지역 때문에 불이익이 생긴다는 것은 상상하기 힘들며, 원주민과 지역감정이 있는 타이완 역시 신분증이나 모든 서류 등에서 본적을 삭제하는 등 구체적 조치들로 지역감정을 풀어나가고 있다.[13] 캐나다도 자신이 어디 출신이라고 해서 마음의 상처를 받고 또 상처를 주지 않는 것으로 알고 있다. 미국처럼 큰 나라에서도 지역감정이 사회적 이슈가 되지 않으며, 우리나라는 좁은 땅덩어리임에도 불구하고 사분오열되고 있는 실상이며, 그로 인해 지역주민 간에 상처를 주고 받는 경우가 적지 않다.

허울 좋게 한국인들은 단일민족이라 하면서도 내면에 지역주의로 인해 서로 이질감을 갖고 사는 이중적 행태가 진행되고 있다. 한국인의 장점이 단일민족이라면 단점은 시야가 좁다는 것으로, 좁게는 영남인과 호남인끼리 지방색을 나타내게 되었고, 넓게는 국제무대에서 세계인과 잘 어울리지 못하는 편협한 인간관계의 한계를 드러낸다.[14] 우리나라의 팔도 중에서 일부 지역에 대한 편협한 사고를 갖는 경우가 많은데, 한민족으로서 단일민족이라 자랑하면서 서로 편을 가르고 한다면 그것은 매우 모순적인 일이다. 팔도 지역에 범죄 없는 지역이 어

12) 김경일, 『공자가 죽어야 나라가 산다』, 바다출판사, 1999, p.71.
13) 위의책, p.72.
14) 현용수, 『IQ는 아버지 EQ는 어머니 몫이다』, 國民日報社, 1997, p.114.

디 있으며, 선조로부터 잦은 이사를 하면서 살아온 사람들이 현재 내가 태어난 지역이라 해서 절대적 내 고향이라고 고집한다는 것이 가능한 일인가? 한반도 전체가 모두 내 고향이요 이웃이라는 관념이 필요하다.

한국사회의 지역감정은 병으로 말하면 악성에 가깝다. 그것은 공간국집의 허상에 사로잡혀 자기 지역의 우월감에 도취되기 때문이다. 이것은 또한 대립과 갈등을 가져다주고 서로 불신하는 악성의 국가병인 것이다. 현재 한국사회는 지역, 계층, 연령, 여야, 보혁 간에 극심한 대립과 갈등을 나타내고 있으며 그에 따라 서로의 대립과 갈등도 심화되고 있다.15) 망국의 병리현상을 고치려 하지 않고 오히려 위정자들이 선거악용을 위해 조장한다면 그것은 현시대를 살아가는 우리들의 죄악이며, 한국의 미래는 없다고 본다. 모두가 같은 인류임에도 불구하고 황인종, 백인종, 흑인종이라고 인종차별을 하며, 일본인이 한국인을 '조센징'이라고 폄하하고 한국인이 일본인을 '왜X'이라고 한다면 우리는 만물의 영장으로서 부끄러운 일이다.

인간의 본래 마음은 선량하지만 서로를 미워하고 시기하며 지역감정을 조장하는 한국의 망국병은 미래 세대를 위해서라도 치유되어야 한다. 지역간 대립을 조장하는 일련의 일들은 각종 선거로서 한 지역에 여당과 야당 후보가 자신의 지역표를 더 얻으려는 이기심의 발동으로 지역의 분열을 야기하는 경우가 적지 않다. 한국의 선거에서 후보

---

15) 노길명, 「한국사회에 있어서 원불교의 소명-사회발전을 위한 원불교의 역할과 과제를 중심으로-」, 제23회 원불교사상연구 학술대회 《원불교개교 백주년 기획(Ⅰ)》, 원불교사상연구원, 2004년 2월 5일, p.12.

의 역량이나 경륜보다 지역감정에 호소하는 것이 당락을 좌우한다면 참으로 불합리한 후진국 병이다. 대통령 선거와 국회의원 선거에서의 표심을 얻기 위해 지역감정을 조장하는 당사자들이 주로 위정자라는 면에서 문제는 심각하다.

공무원 승진과 쏠림 현상이 어느 지역출신이냐에 의해 좌우되는 나라가 과연 선진국의 수준인가? 지역편중 인사라는 말이 여기저기에서 들린다. 경기도, 충청도, 전라도, 경상도, 제주도 모두가 단일민족이요 한국인임에도 불구하고 어느 지역출신이 출세가도에 편승한다고 하면 불합리하고 비이성적이어서 유능한 인재의 등장도 어려워진다.

조그마한 국토에서 사분오열의 지역감정으로 인하여 상호 불신이 잠재되어 있는 나라는 국민소득이 몇 만 불이라 해도 선진국의 시민의식으로 나아갈 수 없다. 학연이나 지연에 얽매여 파벌을 조성하면 그 조직은 결국 붕괴되고 말며, 소수의 독선적 의견만 받아들이고 다수의 건전한 의견이 배척되어 현장의 생생한 아이디어가 싹을 틔워 보지도 못하여 죽고 만다.[16] 사색당파와 같은 파벌적 싸움으로 나라가 어수선했던 조선조의 역사가 있었음에도 불구하고 오늘날도 이러한 당파적 소모전과 지역적 차별주의가 단절되지 않고 있다. 지역차별, 성차별, 학력차별 등으로 인해 정당한 대우를 받지 못한다면 경제적 발전에도 불구하고 국민의식은 후진국일 따름이다.

지도를 펼쳐서 우리나라를 찾아본다면 한국이 얼마나 작은 나라인줄 알 것이다. 한국에서도 남·북한이 나뉘어 있으니 남북이 합해도 미국의 큰 주 하나보다도 작은 나라이다. 이렇게 작은 나라에서 남북

---

16) 이건희, 『생각좀 하며 세상을 보자』, 동아일보사, 1997, p.199.

분단에 이어서 동서 갈등이 있다면 그것은 우리 국민들의 민도(民度)를 의심케 한다. 한반도는 1945년 광복 직후 민족과 나라의 통일을 이룩하지 못하고, 냉전의 소용돌이 속에서 미소(美蘇)의 막후 지지 하에 38선을 경계로 남과 북으로 갈라지게 되었다.[17] 남과 북이 한민족임에도 불구하고 서로 원수처럼 살아온 지 수십 년이 흘렀다. 남한에도 동과 서의 갈등이 잔존하여 있다면 좁은 나라에서 편 가르기 식의 놀이를 하고 있는 셈이다.

현재 남·북한 둘로 갈라진 한민족의 쓰라림을 상기시키려는 듯이, 서구의 석학은 한국인의 좁은 공간에 사로잡힌 마음과 갈등에 대하여 쓴 소리를 하고 있다. 피터 드러커의 언급을 보면, 오직 한국에만 해당되는 사실을 말할 수 있는데 북한의 사회와 경제를 재건하고 재창조하는 일이 앞으로 당면하게 될 피할 수 없는 도전이며, 이 도전은 이미 현실로 다가왔다[18]는 것이다. 한국인이 직면한 도전은 남과 북, 동과 서의 갈등을 없애고 창조적 관계를 유지해야 한다.

남북통일과 지역감정의 극복은 이제 한국인으로서 극복해야 할 가장 큰 과제이자 도전으로 등장하고 있다. 영국의 디즈레일리는 "유태인은 결코 총리가 될 수 없다"는 벽을 뛰어넘었고, 로이드 조지는 "웨일스 출신은 결코 총리가 될 수 없다"는 금기를 깨뜨리며 총리가 됐고, 미국의 케네디는 "가톨릭교도는 결코 대통령이 될 수 없다"는 한계를 이겨내고 대통령이 됐으며, 김대중 대통령 역시 호남의 한계를

---

17) 김정호, 「송정산 건국론 계시」, 정산종사 탄생 100주년 기념사업회편 『평화통일과 정산종사 건국론』, 원불교출판사, 1998, p.124.
18) 피터 드러커 著, 이재규 譯, 「한국 독자들에게-한국의 새로운 도전을 위하여」, 『프로페셔널의 조건』, 청림출판, 2001, pp.8-9.

극복하고 집권에 성공했다는 점에서 그들과 공통점이 있다는 전 인천 대 김학준 총장의 언급(1999)을 새겨볼만 하다. 우리는 단일민족으로 어떠한 국난이라도 잘 극복해 왔다는 자부심을 갖고 단합하며 분단을 극복하여야 한다.


## 3. 종교배타주의의 허실

중세로부터 현대에 이르기까지 유일신자의 종교적 독선이 타종교와 의 갈등을 부추기며 평화를 깨트리는 전쟁으로 이어지는 경우가 적지 않았다. 세계의 전쟁 중에서 종교전쟁이 차지하는 비율이 70% 전후라 는 사실을 모를 리 없다. 오랜 역사를 통해 볼 때 비록 증명할 수 없지 만 열렬하게도 주장한 우월감에 대한 확신은 종교전쟁과 인종분쟁을 야기시켰다.[19] 역사상 가장 오랜 기간 전개된 종교전쟁으로서 1096 년 교황 우르반 2세의 성지탈환 선언으로 시작된 십자군 전쟁은 1270 년까지 7차례나 잔인하게 행해졌다. 또 역사상 최대의 종교전쟁은 신 ·구교의 30년 전쟁(1618~1648)이었다.

종교가 다르다는 이유로 박해를 가하고 사형까지 처한 역사를 우리 는 모르는 바가 아니다. 조선 후반에 서교가 우리나라에 들어오자 국 교였던 유교는 위정척사운동을 하였고 서학에 대한 동학운동이 전개 되기도 하였다. 기독교로서 구교와 신교가 한국에 전래되는데 많은

---

19) 라다크리슈난 著, 柳聖泰 外 3인 譯, 『轉換期의 宗敎』, 圓光大學校出版局, 1986, p.47.

박해와 순교라는 희생을 가져왔다. 어떤 종교는 타종교를 죄악시하기도 하는가 하면, 어떤 국가는 그 국교를 버리고 이교(異敎)로 개종하면 사형에 처할 중죄로 되어 있다.[20] 이들은 하나같이 자신들이 믿는 종교와 다르다는 이유로 타종교인에게 박해를 가한 것이다. 조선 후반에 이교라는 이유로 박해와 순교를 받았던 서교의 일부 맹신자들이 이제 한국의 전통종교를 믿는 사람들에게 개종의 압박과 타종교 구원의 불가능을 주장하며, 또 다른 박해를 가하고 있으니 참으로 아이러니한 역사가 아닐 수 없다.

과연 자기 종교의 교리만이 절대적인가. 자신들의 교리나 신념체계만이 유일하다고 주장하면서 그 같은 독선을 마치 돈독한 신앙심인양 하는 특정종교가 있다면, 그런 종교는 다원성을 그 본질로 하는 민주사회에 대한 하나의 도전이 될 것이다.[21] 수많은 희생을 통해서 민주사회를 이룩한 다양성의 21세기에 접어들어 여전히 폐쇄된 사고방식, 곧 독단에 사로잡힌 사람들이 적지 않다. 상식적으로 볼 때 민주사회는 개방을 중시하며, 이러한 개방은 다양성을 중시하는 사회인 바, 각자의 다양한 신념을 존중하지 못한다면 헌법에 보장된 종교자유를 상실케 하는 행위이다.

오늘날 서로 종교가 다르다는 이유로 종교인들끼리 '적대시'하는 행위가 적지 않다. 신앙이 같은 종교인들끼리는 매우 친밀히 지내지마는 신앙이 다른 종교인들과는 거리감을 두고 때로는 적대시하는 경우

---

20) 정유성, 「원불교 과학관」, 『원불교사상시론』 1집, 수위단회사무처, 1982, pp.191-192.
21) 박선영, 「불교적 교육과 종교적 다원주의」, 『한국불교학』 제11집, 한국불교학회, 1986, p.148.

가 적지 않으니, 다른 종교 종파 간에 신도 쟁탈권은 어떤 때는 마치 한 개의 뼈다귀를 놓고 서로 짐승들처럼 다투는 때도 없지 않다.[22] 이처럼 무시무시한 용어가 낯익은 소리로 들린다면 오늘날의 사회는 병든 사회임에 틀림없다. 종교적 포용력에 의한 이웃종교간 대화의 장이 아쉽기만 하다.

자기 종교의 맹신에 사로잡혀 타종교 건물을 부수는 행위가 있다면 그것은 신앙의 자유를 망각한 광분(狂奔)이다. 어느 사찰의 불상을 부순 기독교인을 구속한 사건을 보자. 우상 숭배라는 잘못된 종교관으로, 사찰의 불상이 우상이라며 둔기를 휘둘러 부순 40대 기독교인을 구속한 사건이 있었다. 여수 경찰서는 사찰 불상을 부순 혐의로 여수시 돌산읍 정모(43) 여인을 구속했는데, 정씨는 지난 여수시 돌산읍 향일암 대웅전에 들어가 금속성 인동 불상 20개와 불전함 등을 알루미늄 파이프로 부순 혐의를 받고 있다.[23] 이와 유사한 사건들은 매스컴에서 오르내리고 있다.

이종교인을 적대시하는 행동에 더하여 이와 관련한 문구도 등장하고 있으니, 눈살을 찌푸리게 한다. '예수천당 불신지옥'이라는 말이 이와 관련된다. 과연 이것이 현대사회에 어필할 수 있는 문구인가? 성서 문자주의에 기초한 보수 근본주의자들에게 기독교는 신적 계시에 근

---

거한 절대적 종교인 바, 이들에게는 '예수 천당 붓다 지옥'이라는 흑백 논리가 기독교 원리와 다르지 않게 되었다.[24] 극히 일부이겠지만 맹신자들의 논리에 의하면 기독교를 제외한 다른 종교의 이념은 구원받기는커녕 지옥행으로 보이는 것이다. 지나친 도그마와 유일신에 집착하여 타종교를 불신하는 부작용으로 인해 서교의 신도 증가율이 오히려 감소되고 있다.

자기 종교의 독단론에 집착하여 기일(忌日)에 조상에게 큰 절로 경배 올리는 것을 우상으로 간주, 거부하는 일이 있다면 한국인의 전통 정서에 과연 바람직한 일인가? 장례식에서 고인에게 큰절 올리는 것도 우상으로 보아 이를 거부한다면 한국적 정서에 반하는 행위이다. 이 같은 독선이 횡행하는 사회는 분열이 조장되는 사회로서 이는 이단이라는 시비로 발전하며, 지금도 이단이라는 미명 아래 저지르고 있는 역사적 범죄는 모든 비종교인의 조소의 대상이 되고 있다.[25] 조상의 제례에 있어서 절을 하고 안하는 것은 신도의 종교적 신념에 관련되기 때문에 그 당사자에게 무어라 간섭할 수는 없지만, 자신의 신앙과 관련 없는 사람들이 절하는 것을 우상이라고 우기는 행동은 가정불화를 낳기도 한다.

종교 배타에 대한 위기의식에 대하여 한 불교학자의 견해를 보면, 종교인들은 상호 불신으로 자기 종교만을 강요하는 일은 없었으면 한

---

24) 이정배(감신대교수), 「신앙의 미래, 미래의 신앙-한국 기독교의 시각에서」, 제 26회 원불교사상연구 학술대회《신앙의 미래, 미래의 신앙》, 원불교사상연구 원, 2007.1, p.1.

25) 황필호, 「종교적 독선과 이단시비」, 『한국인·한국병』, 도서출판 一念, 1987, p.106.

다는 것이다. "나 자신은 종교들 상호간에 서로 편협하게 고집하는 자
기 우월성 주장을 흉내 내지 않으려 하고 있다."26) 불교학자 이기영
박사에 의하면 그가 도달한 결론은 원효가 이해하고 실천한 불법에서
진리성을 발견할 수가 있었다고 한다. 즉 원효의 십문화쟁론이 종파
의 갈등을 극복하고 서로 화합하는 종교상을 떠올리는 것으로, 종교
갈등을 부추기는 맹신의 오만함을 극복하자는 것이다.

이제 종교 갈등을 극복해야 하는 현대사회의 특성을 이해할 단계에
이르렀다고 본다. 우리는 현재 종교다원주의 사회에서 살고 있기 때
문이다. 한국사회는 전형적인 종교다원사회인 만큼 충돌의 위험이 될
것인가, 아니면 창조적 협력을 통한 자기변화의 계기가 될 것인가, 한
민족이 당면한 공동과제 앞에서 상호 관용, 대화, 협력의 기운이 점차
로 고조되고 있다.27) 자기종교만 유일하다는 배타주의를 극복하고 타
종교를 인정하는 포용주의, 다종교가 함께 하는 종교다원주의가 종교
집단이기주의 내지 맹신주의를 극복할 수 있는 동력이 되기를 기대해
본다.

자기종교의 신조에 따른 종교 배타주의를 무조건 부정적으로 볼 수
만은 없다. 그러나 분명한 사실은 어떠한 종교 하나만으로 이 세상을
이끌어갈 수 없다는 사실이다. 세계는 바야흐로 지구촌의 다종교 시
대를 향하고 있으며, 기독교든 불교든 어느 하나만 독존해야 한다는
논리는 설득력을 잃어 버렸다.28) 우리가 명심해야 할 것은 오늘날 하

---

26) 이기영, 「현대에 있어서의 종교의 진리성」, 『인류문명과 원불교사상』(下), 원
불교출판사, 1991, p.1409.
27) 김경재, 「기조발표-동서종교사상의 화합과 회통」, 《춘계학술대회 요지-동서
종교사상의 화합과 회통》, 한국동서철학회, 2010.6.4, p.14.

나의 특정 종교만을 인정한다면 그것은 종교전제주의가 될 것이다. 갈수록 복잡한 세계상에서 어느 한 색깔만으로 세상을 덧칠할 수 없는 일이다. 미래사회는 다양한 사고와 다양한 주의주장과 신념이 존중되는 사회요 그것이 참으로 민주주의 사회로서 개방 가치가 중요하다고 본다. 우리나라에서 종교자유는 헌법에 보장된 신념의 자유이다. 민주사회에서 종교자유의 가치가 중요한 것은 누구나 자신의 신념에 따라 자신의 절대자에게 기도할 수 있도록 보장해주기 때문이다.

## 4. 다문화사회의 이중성

어린 시절 타국인들과 함께 살아본 경험이 없는 사람들은 외국인이 옆에 지나가면 신기하게 바라보곤 했다. 그러나 지금은 국제화된 지구촌의 시대이다. 1980년대 말부터 농어촌 총각 장가보내기 운동이 한국인 남성의 결혼 문제를 해결하는 화두로 추진되었고, 조선족 여성과의 국제결혼이 증가하면서 타국인과의 결혼은 2011년 전체 혼인의 10%를 넘어섰다. 한국 농촌에는 이미 다국적의 외국인 규수들이 시집을 와서 잘 살고 있으니 세상은 새롭게 변모한 것이다.

근래 국적이 다른 남녀가 결혼함으로써 한국사회에서 국제결혼이라는 용어가 낯설지 않으며, 그로인해 다문화 가정이 등장하였다. 달리 말하면 혼혈인가족, 국제결혼가족, 다문화가족이라 할 수 있다. 근래

---

28) 김종서, 「전환시대의 성직자상」, 『전환시대의 성직자 교육 현황과 전망』, 영산원불교대학교 출판국, 1997년, pp.13-14.

한국인 남성과 결혼한 이주여성가족, 한국인 여성과 결혼한 이주남성 가족, 이주민가족(이주노동자, 유학생, 탈북자)이 증가하고 있는 추세 이다.

한국의 가족 형태는 이미 다문화 가족으로 변해가고 있음은 부인할 수 없다.[29] 한국의 농촌총각들이 외국인 여자들과 결혼하여 사는 경우가 예상보다 많아진 관계로, 다문화 가정이 겪는 어려움이 점증하고 있다. 이를테면 언어소통이 안 되는 어려움이라든가, 국적이 다른 관계로 문화 차이로 겪는 어려움이 적지 않은 것이다. 또한 경제적으로 낙후된 나라의 여자들이 한국에 시집오는 경향이 적지 않아 한국 남자들은 신부들에게 가난한 나라 출신이라고 무시하기도 한다. 결혼이주민들이 겪는 문제는 다양하게 나타나며 그로 인해 이혼하는 가정이 늘어나는 추세이다.

한국인은 오랫동안 타민족과 섞여 살지 않았던 단일민족인 탓에 오늘날 다문화가족과 섞여 사는데 어려움이 있다. 우리 민족이 미국 등 다른 나라에 이민을 가서 살 때에도 어려움이 있다. 미국에서 살고 있는 한국인들을 보면, 유대인에 비하여 한국이 국제화를 이루는데 어려운 단점 중 하나가 이중문화 경험의 부족이란 점이다.[30] 이처럼 다

---

29) 최근 우리 사회는 매우 빠른 속도로 다문화 다인종 사회로 변화되고 있다. 2008년 6월 현재 통계자료에 의하면 한국사회에 살고있는 외국인의 수가 전체 인구의 약2%에 해당하는 110만명을 넘어서고 있다. 전체인구 50명 가운데 한 명이 외국인이다. 여기에 약 30만 명 정도로 추정되는 불법 체류자를 포함하면 그 수는 더욱 늘어난다. 이 가운데 이주 노동자가 56%, 결혼 이민자가 14%로 절대 다수를 이루고 있다(원진숙, 다문화 가정 자녀 교육 실태와 교육기관 현황, 네이버검색).

30) 현용수, 『IQ는 아버지 EQ는 어머니 몫이다』, 國民日報社, 1997, p.114.

문화 내지 이중문화의 경험이 결여된 탓에 우리는 이방인들에 대하여 괄시하거나, 아부하는 경우가 나타나곤 하는데 그것이 한국사회의 현안으로 등장하기도 한다. 곧 부자나라의 사람들이 한국에 살면 부러워하거나 아첨하고, 가난한 나라의 사람들이 한국에 살면 멸시하는 경우가 종종 발생하는 것이다.

그렇다면 한국인들이 외국에 이민을 가서 살 때 괄시를 당하고 살아도 된다는 것인가? 그곳에서 한국인이라는 이유만으로 차별을 받는다면 상처를 받을 것은 뻔하다. 왜 한국인은 전 세계에서 가장 순수하다는 단일 민족의 혈통을 가장 자랑스러워하면서 아이들을 외국으로 내보내는 것일까?[31] 한국의 미혼모들이 낳은 아이의 해외 입양이 많은 나라임은 누구나 아는 사실이다. 한국이라는 국적을 가진 아이들이 외국에 입양되어 살 경우, 그들이 한국 출신이라는 이유로 무시당한다면 우리 민족의 자존심은 어찌 될 것인가를 고민해 보자는 것이다.

모든 것을 자기중심으로 판단하면서 자신의 취향에 맞으면 좋다하고 싫으면 괄시하는 이중성을 보인다면 바람직한 태도가 아니다. 한국에 와서 괄시받는 외국인 이주민이 많음에도 불구하고 한국인이 외국에 가서 대접받고 살려 하는 것이 바로 이중적 사고방식이다. 자신의 정체성에 대한 이중성은 장점으로 작동하기도 하지만, 그것은 또 자신의 취약점으로도 비추어질 수 있다.[32] 우리 한국인이 외국에서 대접받으려면 한국에 온 외국인을 먼저 대접해 주어야 한다는 뜻이다.

---

31) 김경일, 『공자가 죽어야 나라가 산다』, 바다출판사, 1999, p.46.
32) 이민용, 「원불교와 불교의 근대성 각성」, 제28회 원불교사상연구 학술대회 《개교100년과 원불교문화》, 원불교사상연구원 · 한국원불교학과, 2009.2.3, p.5.

우리는 한국에서 외국인을 무시하면서 우리가 이민 가서 외국인이 될 때 존경받으려는 태도가 이중적인 자세이다.

텃새가 심하다는 말이 있다. 까치는 다른 지역에서 오는 새들을 보면 텃새를 심하게 부린다고 한다. 이를 인간에 적용해 보면 외지에서 다른 사람이 이주해서 살려고 하면 그곳 사람들이 텃새를 부린다는 것으로, 한국인의 경우 텃새가 심하다고 하면 무리일까? 한국인의 가족·친족 중심적 사고가 지나쳐 배타적이고 폐쇄적으로 흐르는 경우가 가끔 보여 안타깝다. 한국 사회를 들여다보면 내가 속한 것에는 관대하고, 반대로 내가 속한 집단이나 조직이 아니면 배타적이며 폐쇄적으로 대하는 경우가 적지 않다. 지금은 사라져가고 있지만 농경사회에서 마을과 마을단위의 패싸움이 빈번하게 벌어진 것도 텃새의 연장선으로 볼 수 있다.

주거환경에 있어서 자국민 친절 대 타국인 홀대라는 이중 잣대를 들이댄다면 국제사회로부터 한국인의 신뢰감에 의심을 살만하다. 우리가 살고 있는 다문화적 세계에서 심오하고 본질적인 믿음과 관련해서 상대방과 진정으로 의사소통을 할 수 있는지에 대해 의구심이 드는 것이다.[33] 대인관계에 있어서 일관된 자세를 지녀야 그것이 이성적 인간으로서의 합리적 처사인 것이며 그로 인해 더욱 깊은 신뢰를 얻는 것이다. 모든 것을 자기중심으로 판단한 나머지 집단이기주의에 빠진다면 이는 비합리적인 처사로서 상호 의사전달에 있어 신뢰감을 잃게 된다.

---

33) Bruce W 外 5人 공편, 김명권 외 7인 공역, 『자아초월심리학과 정신의학』, 학지사, 2008, p.394.

실제 한국인에 있어서 신뢰감 상실의 요인으로, 우리가 강대국 국민에게는 우호감정을 갖고 있는데 반하여 가난한 나라의 국민에게는 멸시감정이 적지 않다는 것이다. 동남아 등에서 취업비자를 받고 한국에 와서 일하는 사람들의 경우 멸시받은 경험이 적지 않다. 밀린 월급도 제대로 받지 못하는 경우가 발생하며, 일을 하면서도 모진 욕을 먹는 등 비인간적인 처사가 있다는 것이다. 동남아 지역의 외국인들은 '외계인'이라는 인종적 고정관념 속에서 인식되는 경우가 없는지 반성할 일이다. 그러나 우리가 선진국에서 온 미국인이나 일본인을 대할 때 동남아 사람 대하듯이 하지 않고 예의를 갖추는 성향이라면 납득하기 쉽지 않을 것이다.

우리는 인종에 대해서도 이중 잣대를 들이대는 성향이 있다. 예를 들면 하인즈 워드는 1976년 3월 8일 서울에서 주한 미군이던 흑인 아버지와 한국인 어머니 김영희씨 사이에서 태어났다. 그의 어머니는 아픈 상처가 있었다며 다음과 같이 말한다. "98년에 어머니 상을 당해 한국에 갔는데 인텔리처럼 보이는 한국 사람들이 뒤에서 침을 뱉기도 하더군요. 한국 사람들은 외모와 나이를 보고 사람을 판단하더군요. 그런 한국 사람들은 얼마나 잘 났는지…"(2006.2.8). 한국여인으로서 김씨는 미국흑인과 결혼하여 하인즈를 낳았으며, 아들 하인즈는 미식축구선수권대회에서 MVP를 수상하였던 인물이다. 그의 어머니는 외모가 다르다는 이유로 동족(同族)의 차별을 받는 것이 가장 힘들었다고 고백한 것이다.

출신 나라가 다르다고 해서, 또는 인종이 다르다고 해서 차별하거나 멸시하는 행위는 선진시민으로서 바람직한 자세가 아니다. 지구촌의 시대에 접어든 상황에서 누구나 다른 나라로 이민을 가서 살 수 있고 또 다른 인종과 결혼하여 살 수도 있다. '멜팅 팟'(Melting Pot)[34]

이라는 말이 있다. 오늘날 미국은 선진국의 하나로서 많은 외지인들이 모여 희망의 나라를 일구어 살고 있다. 서로 다른 지역의 사람들이 이주하여 많은 인종이 섞여 살고 있는 관계로 용광로(Melting Pot)에 하나로 융화되어 사는 대표적 국가라 볼 수 있다. 현재 국제적 경제 활동을 위해서, 또는 한국인과 결혼한 관계로 많은 외국인들이 한국에 이주하여 살고 있다. 이제 다문화 가족이라는 말도 익숙해 있는 상황에서 차별적 이중 잣대를 들이대는 것은 한국인으로서 서글픈 자화상이라 본다. 선진국으로의 국격(國格)을 높일 때가 됐는데도 말이다.

---

34) 인종 문화 등 서로 다른 요소가 융화되는 상태를 말하는 것이며, 이는 '인종의 용광로'라고 풀이할 수 있다.

제3편_

# 한국인의
# 성찰과 원불교

# 제1장

# 공중의식과 원불교

## 1. 공중도덕과 원불교

공중도덕이란 대중들이 선한 양심으로 공중질서를 잘 지킨다는 뜻인데, 원불교적 의미에서 보면 매사 정신의 통제와 양심의 회복이라 할 수 있다. 정산종사는 말하기를, 우리나라에는 종교심이 너무 박약해서 정신통제와 양심배양의 힘이 부족하였으니 범죄율이 높다(건국론, 제2장 정치, 제7절 종교장려)라고 하였다. 따라서 편심에 집착하며 대중을 위한 원만한 도덕을 널리 발휘하지 못했으니 정신통제와 양심을 상벌의 방법에 의해 추구하기를 원했다.[1] 백성들이 자신의 편착심을 극복하고 도덕심을 발휘하도록 정신의 통제를 강조함과 더불어

---

1) 정기래, 「송정산의 건국론과 평화사상」, 『원불교학』 2집, 한국원불교학회, 1997, p.650.

양심의 회복을 주장한 것이다.

또한 공중도덕은 양심에 부끄러움이 없는 행동이며, 공중사를 중시하고 사사로운 욕심을 없애는 것이라 풀이할 수 있다. 소태산은 자신을 포함한 제자들이 양심에 부끄러울 바가 없으며, 또는 본의가 항상 공중을 위하여 활동하기로 한 바2)라고 하였다. 양심(良心)이란 사회생활을 하면서 우리 자신의 행동에 대하여 도덕적인 책임과 의무를 다하는 선량한 마음이다. 양심에 부끄러움이 없는 행위를 하려면 개인의 사사로운 욕심을 극복해야 가능하다고 본다. 원불교적 의미에서 공중도덕의 준수는 자성 곧 양심 회복이며, 이에 반대되는 행위는 사사로운 욕심에 집착된 행위로서 비양심이다.

공중도덕의 개념을 부각시키려는 뜻은 한국인들에 있어서 공중질서를 지키는 자세가 다소 부족하기 때문이다. 다음의 수행일기를 소개하여 본다. "오랜만에 기차 여행이라 가슴이 설렌다. … 갑자기 '와' 하는 아이들의 함성에 화들짝 놀라 잠을 깼다. 다섯 살과 여섯 살쯤 보이는 서너 명의 아이들이 좁은 기차 복도 끝에서 끝으로 뛰어다니는 것이다."3) 여기에 더하여 정작 아이들의 부모는 아이들을 제재하는 한마디의 말도 없었다고 하면서, 그러다 보니 아이들은 버릇이 없어지고 공중도덕의 준수와 공공장소에서의 질서는 말할 것도 없다. 이러한 몰염치의 현상은 공공장소에 가보면 다반사이며 그것은 남녀노소를 불문하고 상대방을 인식하는 자세가 부족하기 때문에 나타난다.

---

2) 『대종경』, 서품 9장.
3) 진선원, 「잘못된 아이들의 교육」, 『마음은 어디서 쉬는가』, 출가교화단, 1997, pp.274-275.

본 성직자의 수행일기는 사회의 공중질서의 결여가 심각함을 일깨우려는 것이라 본다.

선진국에서 공중도덕이 잘 지켜지는 것은 부모의 솔선 및 철저한 자녀교육과 관련이 있다. 그들은 물건을 사려고 하면 반드시 줄을 서고, 공공장소에 사람들이 많으면 시끄럽지 않게 조용히 대화를 나누도록 한다. 그러나 한국의 경우 요즘 부모들은 자녀를 사랑하는 것이 단지 귀여워해 주는 것만이 전부인 것으로 알고, 올바른 교육을 시키지 않아서 멋대로 자란 아이들이 많기 때문에 공중도덕도 잘 모르고 남에게 피해주는 것을 예사로 알고 있다.4) 시민의식을 갖추도록 부모로서 자녀교육에 정성을 다해야 할 것이며, 그것은 원불교 자녀교육에 있어서도 공중도덕이 중요함을 일깨워준다.

공중도덕은 국가 발전에 기초가 된다는 면에서 서로 예절교육의 중요성을 각인하는 것이 필요하다. 정산종사는 『건국론』 제3장 「정치」에서 말하기를, 우리나라 사람은 오랫동안 정신수준이 저열하니 애국심과 공중도덕이 국가의 기초가 된다면 모두가 견고한 힘을 얻게 될 것(제5절 훈련보급 및 실력양성)이며, 그것이 비로소 국가의 완성이라 하였다.5) 국가가 기초를 굳건히 다진다면 독립국가로서 견고한 힘을 갖게 되고 사회와 대중의 안정이 이루어진다는 것이다. 공중도덕이 국가 기초의 형성에 직결되어 있음을 알 수 있다.

국가의 발전과 관련된 공중도덕의 실천 방향은 정치행위의 공중도

---

4) 박장식,『평화의 염원』, 원불교출판사, 2005, p.250.
5) 정기래, 「송정산의 건국론과 평화사상」,『원불교학』2집, 한국원불교학회, 1997, pp.649-650.

덕과 사회생활의 공중도덕이라는 구체적 행위로 나타난다. 공중도덕이 잘 지켜지면 사회적 자유가 향유되는데, 사회적 자유 회복에 있어서 정치적·사회적·문화적 활동이 공중도덕과 통제생활에 위반되지 않고 남의 정당한 권리, 정당한 의견을 침해 구속하지 않아야 한다는 것(건국론 제7장 결어)으로, 질서의 결여는 방종이며 자유가 아니다.[6] 국가와 사회의 공중질서가 지켜져야 하며, 국민들이 갖고 있는 문화의식에도 공중의식이 있어야 한다.

만일 우리에게 공중의식이 없다면 그것은 자행자지의 행동이라고 소태산은 밝힌다. 중생의 자행자지를 벗어나는 길은 무엇인가? 그것은 훈련을 통해 인도정의에 탈선되는 행동을 극복하는 일이다. 소태산은 사람이 이 세상에서 도덕의 훈련이 없이 보는 대로 듣는 대로 생각나는 대로 자행자지하여 인도정의에 탈선되는 행동[7]을 안타깝게 바라본 것이다. 자기 멋대로 하는 행동을 자행자지라 하는 바, 공중도덕 의식이 없다는 것으로 이를 탈선이라 하고 있다. 정산종사도 훈련이란 국민에 대한 전면교육을 통해 주인의식과 공중도덕 의식을 향상시키는 것이라고 『건국론』 3장 정치의 「훈련보급」에서 설명하고 있다.

훈련이라는 과정을 통해 공중도덕을 향상하는 일은 국가적 시각에서 보면 국민의 정신교육과 관련된다. 정산종사는 「정신교육의 향상」에서 애국정신과 공중도덕을 본위로 하는 교육을 초등에서 대학에 이르기까지 일관되게 실시하고, 일반적 예의를 정선하여 초등교과부터

---

6) 김기원, 「원불교 자유관」, 『원불교사상시론』 1집, 수위단회사무처, 1982, pp.161-162.
7) 『대종경』, 수행품 55장.

일제히 교수하여야 한다(건국론 제4장 3~4절)고 하였다.[8] 이는 해방
후 국가기강의 확립에 관련되는 것으로, 공중도덕은 정신교육을 통해
국민의 수준을 향상시키는 실제적 방안이라 본다.

　국민의 의식수준이 향상되는 것은 정신훈련을 담당하는 종교의 중
심기능이기도 하다. 따라서 원불교인은 직장이나 단체를 통해 기초질
서 및 공중도덕을 지키는데 있어서 다른 사람의 모범이 될 수 있도록
윤리와 도덕의 교법정신으로 임해야 한다.[9] 종교인으로서 선도해야
할 것은, 공중도덕이 국가와 사회의 기초질서 확립에 직결된다는 점
에서 이를 심각히 인식하여 종교의 기능 측면에서 접근해야 한다. 종
교의 기능에 대하여 토마스 오데아는 지지 기능, 사제 기능, 성장 기
능 등으로 요약하였는데[10] 여기에서 성장의 기능이란 정신교육을 통
해 공중도덕의 의식을 고취시키는 일이다.

　그리하여 원불교도들은 국가와 사회의 선도자로서, 공중도덕을 위
한 공도의 주인으로서의 역할을 해야 한다. 소태산은 이에 말하기를,
참다운 도덕은 개인 가정으로부터 국가 세계에까지 잘 살게 하는 큰
법(대종경, 실시품 14장)이라며 오직 도덕 높고 공심 많은 사람들이
주관할 세계의 공물(公物)이니, 그대들은 다 이 공도의 주인이 되기에
함께 힘쓰라[11]고 하였다. 공도의 주인이란 도덕의식이 높은 사람이

8) 박상권, 「송정산의 건국론에 대한 의의와 그 현대적 조명」, 『원불교사상』 19
　　집, 원불교사상연구원, 1995.12, p.290.
9) 김도원, 「교단에 대한 사회적 인식재고 방안」, 《월간교화》 77호, 1999년 9월
　　호, 원불교 교정원 교화부, p.38.
10) 송천은, 『열린시대의 종교사상』, 원광대출판국, 1992, p.89.
11) 『대종경』, 교단품 36장.

요, 공심이 많은 사람이라는 것이다. 공중도덕은 이처럼 도덕의식이 향상된 공도의 주인의 양식임에 틀림없다. 한국사회에 만연한 공중도덕의 결핍을 극복하기 위해 공도의 주인으로서 솔선과 교양을 갖춘 교화방법론을 적극 개발할 필요가 있다.


## 2. 진심(瞋心) 극복과 원불교

한국인들은 빨리 흥분하고 쉽게 화를 내곤 한다는 말이 자주 들린다. 자성을 잃고 화내는 것을 불교에서는 진심(瞋心)이라고 한다. 육도세계에서 진심을 잘 내는 사람들은 아수라계에 속하며, 아수라들은 진심을 내며 싸움을 잘하는 것으로 비유되고 있다. 아수라의 세계는 악도로 분리되고 진심이 많아서 다른 사왕천과 재석천 등의 천인들과 싸움을 잘하는 중생의 집단이다.[12] 불교 교리에 의하면 우리가 무심코 화를 잘 낸다면 육도의 아수라 계보를 받는다고 했다. 진심을 잘 내며 상대방과 감정 격화로 이어진다면 아수라장이 되어 악도 중생으로 살아갈 수밖에 없기 때문이다.

불교에서 진심, 탐심과 치심을 합하여 삼독심이라 한다. 이 세 가지는 우리에게 악업을 가져다준다는 면에서 삼독심인 것이다. 삼독심을 경고하는 불교의 가르침에도 불구하고 세상을 살다보면 화가 나서 울화통이 터지는 경우가 허다하다. 불경에서 성을 내는 원인으로는 자신이 모욕당하는 것과 관련된 것으로 보았다. 그래서 진심을 포함하

---

12) 불교신문사 편, 『불교에서 본 인생과 세계』, 도서출판 홍법원, 1988, p.37.

여 탐심과 치심을 삼악도라 한다. 이 삼독심 가운데 진심이란 화를 내는 것으로, 욕함을 듣고 성내지 않기가 어렵다(『사십이장경』12장, 被辱不瞋難)는 것이다. 주로 자신의 자존심에 상처를 받았을 때 화가 나기 마련이다. 화가 나는 상황에서도 본래 품부한 자성을 반조하며 자신을 인내하고 격한 감정을 극복하는 것이 불법 활용의 지혜이다.

마음의 수행에 있어서 가로막는 장애물로는 당연히 진심이 등장한다. 불교 위빠사나 수행 5가지 장애 중 하나가 진심이다. 수행자의 지혜를 약화시키는 것으로 감각적 욕망의 장애, 성냄의 장애, 회한의 장애 등이 있다.[13] 이러한 장애로 인해 자신의 참다운 불성을 보지 못하게 되는 바, 불같이 일어나는 진심이 사라질 때 비로소 지혜의 해탈이라는 결과를 얻는다고 하였으니, 불교의 수행에 있어서 격정을 극복하는 일은 참으로 중요하다. 수행자로서 자성 청정을 유지하는 수행의 과정에서, 순간 방심하여 감정의 기복으로 진심이 잃어날 경우 본래 마음이 사라지므로 주의할 필요가 있다.

원불교에서도 진심을 거론하고 있으며, 그것은 계문으로 「법마상전급」 10계의 9조에서 "진심을 내지 말며"라고 하였다. 수행을 하는데 법과 마가 서로 대립하여 싸우는 공부등급이 법마상전급으로서 진심을 극복해야 법마상전의 법위에 오른다고 하였다. 소태산은 진심과 관련된 탐진지를 동시에 언급하면서 우리는 탐심이나 진심이나 치심에 끌려서 잘못하는 일이 많이 있는데 부처는 탐진치에 끌리는 바가 없다[14]고 하였다. 따라서 중생의 삶은 진심에 끌리게 되며, 수도자는

---

13) 김순금, 「원불교 마음공부 본질에 관한 서설(1)」, 『원불교사상과 종교문화』 44집, 원불교사상연구원, 2010.2, p.18.

고질적인 진심을 부단히 극복함으로써 법위가 향상되는 것이다.

이와 달리 진심을 잘 일으키는 사람은 중생으로 자기 성질대로 사는 사람이다. 만일 우리가 진심을 잘 일으키며 산다면 그것은 심각히 반조해볼 일이다. 상대방이 약속을 여겼다고 화를 내고, 자녀가 말을 잘 안 듣는다고 화를 내며, 직원이 성실하지 못하다고 하여 화를 내고, 부부의 성격이 잘 맞지 않는다는 이유로 화를 내는 경우가 부지기수이다. 이에 소태산은 사람사람이 자기의 성질만 내세우고 저 사람의 특성을 이해하지 못하면 다정한 동지 사이에도 촉이 되고 충돌이 생기기 쉽다[15]고 하였다. 우리가 감정을 조절하지 못하고 자신의 성질대로 산다면 세상사가 고통으로 다가온다. 감정의 노예로 살아가는 중생들로서 기질변화의 중요성이 부각되지 않을 수 없다.

격한 성질을 누그러뜨리지 못하여 고통을 자초하는 중생들로서 기질변화를 하지 못하면 어떻게 되는가? 진심이 무서운 이유는 자기감정의 절제를 못하는 것이며, 그로 인해 악업이 쌓이는 것이다. 한 수행자의 일기를 소개하여 본다. "작은 경계에 진심이 나는 것을 보면 이후 큰 경계를 당하면 어찌 되려는지 죽기까지는 안 하련지 하고, 만일에 이 성질을 고쳐 처리하지 않으면 큰일이 일어날까도 염려가 되며, 또는 이대로 행하면 공부하는 목적을 잃는 것이다."[16] 진심이 일어나는 성질을 그대로 방치한다면 결국 죽음에 이를 수도 있다는 무서운 지적이다. 화를 참지 못하고 격한 성질을 드러내어 집에 불을 지르

---

14) 『대종경』, 서품 17장.
15) 『대종경』, 교단품 4장.
16) 박길선 일기, 己巳年 6월 11일(박길선 종사, 「박길선 일기-일심중 감각건」, 《출가교화단보》 제111호, 원불교수위단 사무처, 2001년 6월 1일, 3면).

고, 상대방의 생명을 상하게 하는 등 비일비재한 사건사고를 외면할수는 없는 일이다.

진심의 경계를 극복하지 못하면 고통의 구렁으로 자신을 몰아가 큰죄업을 짓는다. 경계에 굴복하는 것은 악도에 떨어지는 길이라는 것을 모르기 때문이다. 정산종사는 이에 말하기를, 보통 사람들은 자기스스로 내경(內境)을 만들어 진심을 내서 불안을 만들어 개인으로부터 국가 세계를 혼란하게 하고, 국가 세계를 어지럽게 할 뿐만 아니라무량한 죄악을 짓나니, 결국 악도에 들어가는 첫 길이 된다[17]고 하였다. 이처럼 진심의 경계를 극복하지 못하면 나는 물론 사회와 국가의혼란까지 야기하며, 결국에는 악업의 윤회를 벗어나지 못한다. 홧김에 일어나는 개인의 무자비한 행위로 인해 대중들이 피해 받는 사례가적지 않은 것이다.

대중에게 피해를 주는 것을 고려할 때, 진심이 일어나면 자기 감정에 치우친 나머지 일까지 그르친다. 매사를 바르게 취사하며 살아가는 것이 올바른 인생사라는 점에서, 취사선택에 있어 바른 취사를 하도록 하려면 조촐한 마음을 간직하는 정신수양이 필요하다. 정신수양은 삼학수행의 첫 번째에 해당하는 것으로, 어떠한 일이든 취사선택에 있어서 정신수양이 중요하며, 그것은 본래 요란함이 없는 자성의정(定)을 회복하기 위함이다. 보통 범인들은 수양에 전력은 고사하고오히려 오욕심이 충만하여 육근동작에 악행만 범하게 되고 진심과 치심이 일어나 정의의 방향을 잃게 되니, 이 어찌 한심한 일이 아니겠는가?[18] 맑고 조촐한 마음을 회복하지 못하면 항상 나의 본래 마음은

---

17) 『정산종사법설』, 제7편 불법대해 17장.

사라지고 경계를 따라 일어나는 진심에 구속을 받게 될 것이다.

따라서 우리는 무명에 의해 내면으로부터 일어나는 진심을 제거하는데 부단히 노력해야 한다. 고통의 근원인 진심을 뽑아야 한다고 언급한 조전권 선진은 내 뜻대로 안 되어 화가 많이 나면 밝은 정신을 뒤덮어 아무 것도 안 보이고, 살림도 부수고 자식과 마누라도 죽이게 된다[19]고 했다. 진심의 폭탄이 터져 마음난리가 나면 평생 수양 쌓은 것이 다 흩어져 버리고 자살 행위까지도 일어난다는 것이다. 순간순간 요란한 마음이 일어나면 나의 본래 마음을 회복하는 공부가 필요하며, 그것이 진심을 극복하는 길이다. 쉽게 흥분을 하는 우리 한국인이라면 진심의 결과가 패가망신으로 이어진다는 사실을 숙지해야 한다.

진심의 극복에는 부단한 자성반조가 필요하다. 「일상수행의 요법」 1조를 보면 심지는 원래 요란함이 없건마는 경계를 따라 있어지므로 본래 경계 없는 자성을 반조해 보자는 것이다. 화가 나더라도 본래 선악이 없는 그 마음에 대조하여 좋은 마음을 내면 좋은 결과가 있지만, 일어난 마음 그대로 나쁜 감정으로 일을 처리하게 되면 결과 또한 부정적이다.[20] 수도인의 본연은 자신 주위에 다가오는 선악 경계를 당하여 그 경계에 자신의 마음을 흔들리지 말고 본래 청정한 자성으로 환원시켜 보는 노력을 부단히 해야 한다. 불쑥 불쑥 일어나는 진심을 극복하는 것이 참으로 어려운 일이며, 이를 극복하는 것이 기질변화이자 심성수련기도 하다.

---

18) 구타원종사 법문집 편집위원회 편,『인생과 수양』, 원불교출판사, 2007, p.27.
19) 조전권, 선진문집1『행복자는 누구인가』, 원불교출판사, 1979, p.36.
20) 박종락,『목탁소리』, 원광문화사, 1999, p.13.

## 3. 무표정의 극복과 원불교

우리가 공원을 산책을 하거나 등산을 하면서 우연히 마주치는 사람들의 표정을 유심히 살펴본다면 현재 우리들의 삶이 어떠한지를 짐작할 수 있다. 김수환 추기경은 『바보가 바보들에게』라는 저서에서 "웃는 연습을 생활화하라. 웃음은 만병의 예방약이며, 치료약이며 노인을 젊게 하고 젊은이를 동자로 만든다"[21]라고 하였다. 미소의 밝은 표정은 만병통치약임에도 불구하고 많은 사람들이 미소를 잃고 사는 이유는 무엇일까? 오늘날 생존경쟁의 시대에 살다보면 서로가 경쟁하고 여유가 부족한 탓에 고달픈 삶이 얼굴에 나타나는 것이다. 무표정의 불안을 극복하는 노력이 필요한 이유이다.

잠시 일상의 고통을 뒤로 하고 여가시간을 이용하여 산에 오르면서 산사에 잠시 들러 불상을 바라본다. 부처님의 인자한 모습에 찌든 세속의 번뇌를 씻어낸다면 얼마나 좋을 것인가? 국보 제83호 금동반가사유상의 미소를 바라보면 마음이 편안해지는 이유를 알 법한 일이다. 성자들은 표정이 항상 맑고 밝다. 소태산대종사는 엄한 가운데도 언제나 미소가 번지는, 웃지 않고 꾸중을 하는데도 어딘가 풍겨주는 그런 인자한 자비덕상이었다.[22] 불교의 부처나 소태산대종사는 성자의 미소를 머금은 채 언제나 밝은 자비의 표정으로 우리에게 다가와 영원한 표상이 되고 있다.

---

21) 장혜민 엮음, 김수환 추기경 잠언집 『바보가 바보들에게』, 산호와 진주, pp.48-51.
22) 박용덕, 『금강산의 주인되라』, 원불교출판사, 2003, p.69.

성자의 원만하고 밝은 표정을 우리는 어떻게 접근할 수 있는가? 일례로 정산종사의 아름다운 얼굴을 상기할 필요가 있다. 원불교 교무 강습 때 외래강사 안병욱 교수를 초청한 적이 있었다. 정산종사를 뵙고 나온 안교수는 학생들에게 "여러분은 십년만 공부하면 나 같은 사람이 될 수 있지만, 나는 백년을 공부해도 그 분과 같은 얼굴을 가질 수 없다"고 말했다.[23] 안교수의 진솔한 감상과 같이 정산종사는 얼마나 수양을 오래 했으면 이 세상에서 가장 아름다운 얼굴로 비추어졌을까?

대산종사도 맞이하는 인연들마다 "너 왔냐"라며 항상 미소 짓는 얼굴로 자비방편의 인정교화를 했다. 대산종사를 계승한 좌산종사는 종법사취임(1994.11.5) 표어로 '맑고 밝고 훈훈하게'라고 천명했는데, 본 법어는 어쩌면 우리에게 밝은 표정을 주문하고 있는지 모른다. 좌산종사는 '맑고 밝고 훈훈하게'라는 법어를 상세하게 설명하였다. "표정과 인격을 그렇게 가꾸자는 것이며 사회와 자연환경을 그렇게 가꾸자는 것이다. 표정 상에서 천진무구하면 맑고, 집착 없이 솔직하면 밝고, 인정스러우면 훈훈하다."[24] 이처럼 표정과 인격을 관련시켜 표정 법어를 설한 것이다. 밝은 미소의 인품을 지닌 경우에 맑고 훈훈한 표정이 나오기 때문이라 본다.

우리가 밝은 표정에서 건강하다는 것은 심신 간에 어떠한 고통도 없다는 뜻이다. 「정신건강을 지켜줄 10가지 수칙」을 참조하여 본다.

---

23) 정도윤, 「주인심경으로 모든 것 살피도록」, 『우리회상의 법모』, 원불교신문사, 1994, p.257.
24) 좌산 종법사, 「맑고 · 밝고 · 훈훈하게」 법설 해의(1998년 11월 30일 원음방송 개국법회때 좌산종법사는 본 법설을 나누어 주었다).

"누구라도 칭찬한다." "일부러라도 웃는 표정을 짓는다."[25] 여기에서 후자의 경우를 살펴보자. 일부러라도 우리가 미소를 머금고 웃는 표정을 짓는다면 그것은 정신건강으로 이어진다는 것이다. 정신건강은 또 육신건강으로 이어져 심신건강이 유지되므로 이보다 좋은 일은 없다. 설사 웃음이 나오지 않더라도 일부러 웃으려는 노력을 하다보면 자연스럽게 밝은 생활을 하게 되며, 점차 미소 짓는 삶으로 전개되는 기쁨은 얼마나 좋은 일인가?

무심코 얼굴에 나타는 표정은 그 사람의 현주소이다. 표정은 언제나 자신 현재의 상황을 그대로 드러내주기 때문이다. 표정을 알면 마음이 보이고 마음이 보이면 이해심이 일어날 것이며, 이해심이 생기면 용서가 되고 용서가 되면 화해가 올 것이다.[26] 내 마음이 현재 슬프면 나의 얼굴도 슬픈 표정을 지을 수밖에 없다. 내 마음이 현재 기쁨에 가득 차 있다면 나도 모르게 얼굴은 기쁜 표정으로 상대방을 접할 것이다. "무슨 좋은 일이라도 있는가"라는 질문을 받을 수 있는 자는 내 마음에 충만한 행복감을 가지고 사는 사람들이다.

그러므로 우리는 어두운 얼굴을 두려워할 것이며, 스스로 거울을 보고 웃는 표정을 습관화해야 한다. 이따금 거울을 보면 우리가 얼마나 심각한 표정을 하고 있는가를 보고 놀라는 경우가 있다. 나는 아무렇지도 않은데 다른 사람이 "화났어"라고 반문하는 경우도 적지 않다. 송순봉 교무에 의하면, 지도력이 여유롭고 능한 분들은 꾸중을 해도

---

25) 편집자, 「정신건강을 지켜줄 10가지 수칙」, 《總部例會報》 2제378호, 2000년 5월 21일, 4면.
26) 류경주, 「미루어 생각하면」, 『나는 조각사』, 출가교화단, 2000, p.21.

불편을 느끼지 않고 환한 모습으로 의사전달이 잘 되는 것 같은데, 무엇인가 능하게 돌아갈 줄 모르고 사람을 대하는 아쉬움이 있는 듯해서 일기의 유무념으로 대조키로 하였다[27]는 것이다. 송교무는 부친 겸 스승인 정산종사의 법문 "낙도로 득도하라"는 법문을 받든 후, 모두 환한 모습으로 마음이 거래되기를 바라면서 웃는 모습을 지으며 법열이 가득하기를 유무념 대조로 일관하였다고 회고한다.

사실 누구나 표정관리가 잘 안 되는 것은 진심이나 치심 등이 있기 때문이며, 다른 사람을 원망하는 마음이 있기 때문일 것이다. 이에 소태산은 계문조항을 두어 진심을 내지 말라고 하였으며, 일상수행의 요법에서 원망생활을 감사생활로 돌리라고 하였다. 상대방에게 신경질적으로 보이는 것은 자신의 화내는 마음을 제어하지 못하기 때문이며, 또한 원망을 하면 얼굴에 슬픈 표정이 나올 수밖에 없다. 우리가 대중의 마음을 헤아려 보아서 치밀어 오르는 화병을 극복하도록 감사생활을 유도해야 할 것이다.

감사의 표정과도 같이 웃음은 만복이자 스트레스 해소라는 점을 인지하고, 상황에 따라서 레크리에이션(깔깔회)이라는 방편적 치유가 필요하다. 초기교단에도 깔깔회가 자주 열렸는데 이와 관련한 내용을 소개하여 본다.[28] 시창17년(1932) 총회를 마치고 공회당에서 열린 깔깔회에서, 선진들은 각자의 재주를 자랑하였다. 삼산 김기천 선진의 차례가 되어 사회자가 소개하였다. "다음에는 십장법사님이 나와서 서양 댄스를 추겠습니다." 훤칠한 신장에 이마가 헐렁 벗겨진 삼산이

---

27) 송순봉, 「樂道로 得道」, 『마음은 어디서 쉬는가』, 출가교화단, 1997, p.293.
28) 박용덕, 『금강산의 주인되라』, 원불교출판사, 2003, p.230.

등장하여 그 느릿느릿하고 굼뜬 몸짓으로 흔들흔들 서양 댄스를 선보여 좌중을 웃음의 도가니로 몰아넣었다. 초기교단의 선진들이 공동체의 웃음 프로그램에 동참한 후 나타난 환한 표정이 얼마나 행복해 보였을까를 상상해본다.

한국인들의 무표정한 얼굴에서 요구되는 것은, 윌리암 제임스가 말했듯이 "우리는 행복하기 때문에 웃는 것이 아니고 웃기 때문에 행복하다"는 명언을 새기는 일이다. 또 "일소일소 일노일노(一笑一少 一怒一老)"라는 말이 있다. 한번 웃으면 한번 젊어지고 한번 노하면 한번 늙어진다는 것이다. 화난 얼굴을 무심코 보인다면 이 두 가지의 명언을 가슴에 새겨둘 일이다. 중생교화를 책임지고 살아가는 종교지도자들의 얼굴표정이 밝아야 중생들은 감화를 받을 것이다. 선생이 화나 있으면 학생들은 긴장하듯이, 교역자 얼굴에 냉정하거나 무표정한 얼굴이 비추어진다면 누가 그에게 교화 받으려 할 것인가? 정산종사는 한 제자의 천도법어에서 오직 조촐한 마음과 상생의 대도로써 선도 낙지에 웃음을 머금고 출현할 것[29]을 주문하였다. 모태에서 비록 울면서 태어났지만 웃음을 머금고 일생을 살아간다면 중생을 구제하는 자비보살의 경지에 이를 것이다.

---

29) 『정산종사법어』, 생사편 19장.

## 4. 사치의 절제와 원불교

소태산은 교단을 창립한 후 급격히 도래한 물질문명의 폐해를 심각하게 지적하면서 정신 세력의 확장에 골몰하였다. 물질문명은 19세기 후반에 극대화되었으며, 그것은 자본을 중심으로 한 사회와 국가의 발전을 꾀하는 인간들이 탐욕으로 가득 찼기 때문이다. 이윤의 물질 추구가 최고의 가치로 변해버린 사회는 결국 황금만능주의와 사치 향락 풍조의 만연 등으로, 인간의 자본과 물질의 논리에 종속된 존재가 될 뿐이다.[30] 자본주의 사회가 국가적 부를 가져다주었다면 상대적으로 도덕성의 타락을 부추겼다는 점에서 현대사회의 폐단에 주의하지 않을 수 없다. 한국사회에 만연한 물질만능과 사치풍조의 실상을 소태산은 병든 사회라 하면서 그 치유 방법을 밝힌 것이다.

근래 개방화의 물결을 따라 우리나라에 허례허식의 낭비가 심각하였다는 것은 이미 조선 후반의 역사에서도 드러난다. 그것은 유교의 형식적인 의례행위와도 직결된다. 소태산은 제자들에게 말하기를, 의복을 입는데 비단옷을 입으나 베옷을 입으나 베옷 가운데에도 조금 좋은 옷을 입으나 조금 나쁜 옷을 입는 것이 각자의 몸을 위하여 한서를 방어하는 데에 어떠한 차별이 있는가라고 물었으니, 이러한 질문 속에는 허례허식을 버리고 실질을 숭상하는 예법혁신의 기본정신이 남아있다.[31] 허례허식의 풍조는 소태산으로 하여금 혁신예법으로서 신

30) 신순철, 「원불교 개교의 역사적 성격」, 『원불교사상』 14집, 원불교사상연구원, 1991, p.17.
31) 한정석, 「조축조합과 방언공사」, 『원불교 70년정신사』, 성업봉찬회, 1989,

정의례를 발표하도록 하는 계기를 만들었다(1926). 그는 제자들에게
금주금연, 보은미 저축, 공동출역(대종경, 서품 7장)을 주문하기에 이
른다. 제자들과 더불어 만연해 있던 사치와 낭비를 극복하지 못하면
세상 구제는 요원해지는 것을 인지하였기 때문이다.

사치와 낭비의 풍조를 극복하려는 소태산의 강한 의지는 원불교 계
문에 잘 나타나 있다. 특신급을 보면 사치를 금하는 세 종류의 계문이
있다. "금은보패 구하는데 정신을 뺏기지 말며"(3조) "의복을 빛나게
꾸미지 말며"(4조) "예 아닌 노래 부르고 춤추는 자리에 좇아 놀지 말
라"(10조). 원불교 입문 후 특신급의 법위자는 내 주변에서 일어나는
사치풍조를 극복함은 물론 자신도 이러한 경계를 벗어나자는 것이다.
종교적 계율은 강한 실천의 메시지를 담고 있으므로 사회적 영향력이
크다는 점에서 소태산의 허례폐지의 신념이 특신급 조항에 무려 3가
지 조항으로 나타난다.

성자들의 가르침에 의하면 사치보다는 청빈을 더 소중히 여긴다.
정산종사는 이에 과거에는 도인들이 누더기 옷으로 초야에 묻히어 가
난과 천함을 스스로 달게 받았으나, 미래에는 도가 있을수록 부귀가
스스로 따르게 될 것이라며 다음과 같이 말한다. "도인들은 수도를 명
리보다 귀히 여기므로 돌아오는 지위도 힘써 사양할 것이요, 청빈을
사치보다 자랑스럽게 여기므로 돌아오는 물질도 공사에 쓰나니라."[32]
사치보다 청빈을 강조하는 것은 안빈낙도만을 강조하는 뜻은 아닐 것
이다. 설사 부귀가 나에게 찾아오더라도 청빈 가치를 상기하여 나의

---

p.108.
32) 『정산종사법어』, 도운편 6장.

부귀를 절약, 공중사업에 희사하라는 뜻이다.

부귀영화 속에서 살아가는 교도들에게 거진출진의 자세로 살아가라는 주문은 교법정신에서 새겨볼 필요가 있다. 「거진출진」 규정은 1942년에 간행된 『회규』 제3절의 거진출진자 3개항에 나타나는데 그 것은 다음과 같다. 제156조의 경우, 재가회원으로써 진세의 향락을 끊고 오직 본회의 공부와 사업에 낙을 가진 자를 거진출진자라 칭한다. 158조 1항을 보면 호의호식을 불고하고 험의악식을 한다 할지라도 이 공부 이 사업을 영구히 계속한다는 것이다. 2항의 경우, 재색의 낙을 불고하고 담박한 생활을 할지라도 이 공부 이 사업을 영구히 계속한다 (『회규』, 원기 27년)[33]로 되어 있다. 이처럼 원불교는 직업을 가지고 사는 재가들로 하여금 부귀영화의 경계 속에서 사치와 향락을 극복하라고 언급하였다.

원불교에서 사치를 극복, 돈을 버는 방식이 있다는 것에 주목할 필요가 있다. "내가 오늘은 그대들에게 돈 버는 방식을 일러주려 하노니 잘 들어서 각각 넉넉한 생활들을 하여보라. 그 방식이라 하는 것은 밖으로 무슨 기술을 말하는 것이 아니라 안으로 각자의 마음 쓰는 법을 이름이니, 우리의 교법이 곧 돈을 버는 방식이 되나니라."[34] 소태산은 이어서 말하기를, 세상 사람들의 경우 주색이나 잡기로 소모되는 금전이 얼마이며, 허영이나 외화로 낭비되는 물질이 얼마인가를 상기시키며 주색잡기, 허영심, 물질 탐욕이 사람들을 결국 가난하게 만든

---

33) 장진영, 「원불교 교역자제도 변천사 연구」, 『원불교사상과 종교문화』 46집, 원광대・원불교사상연구원, 2010.12, p.212.
34) 『대종경』, 수행품 8장.

다고 했다. 부자가 되는 길에는 특별한 기술도 필요하지만 교법정신
으로 절약생활을 하자는 것이다.

절약을 하지 못하면 가정이 무너지는 것은 시간문제이다. 소태산은
한 가정의 흥망이 호주의 정신 여하에도 달려 있다(대종경, 인도품 41
장)고 하였다. 호주의 정신이 근실하여 수지를 항상 살핌과 더불어 정
당한 지출은 아끼지 말고 무용한 낭비는 단단히 방지하여야 한다는 것
이다. 교역자가 검소하고 근실해야 교도들이 본받는다. 겉으로 화려
한 허식을 좋아하고 매사에 게으른 사람은 교무의 직책을 성실히 이행
할 수 없을뿐더러 결국 내실을 갖추지 못해 외식과 허영에 흐르기 쉬
울 것이다.[35] 교역자들이 솔선하여 검소해야 교도들도 검소한 생활을
하게 된다는 뜻이다.

검박한 생활을 하지 못하면 세상에서 유행하는 호화 사치에 떨어져
정신이 혼미해진다. 구타원 이공주 선진은 언급하기를, 우리가 진세
(塵世)에 유행하는 난잡한 사치에 빠져서 온전한 정신을 회복하지 못
하면 어찌 우리의 수치가 아니겠는가[36]라고 하였다. 속세의 사치를
의식주라는 세 가지 범주로써 사치의 정도를 점검해 보라는 것이다.
옷을 사치스럽게 입는다면 낭비로 이어지며, 먹는 것을 지나치게 고
급으로 한다면 이 역시 낭비로 이어진다. 그리고 호화궁궐처럼 집을
꾸미며 산다면 정신이 혼미해질 것이다.

그러면 무조건 절약을 위한 절약만이 상책인가? 소태산은 관혼상제

---

35) 이종진, 「원불교 교무론」, 『원불교사상시론』 1집, 수위단회사무처, 1982, p.240.
36) 제출인 이공주 제2회 기성단 角長, 『월말통신』 11호, 1929.1월호, 의견제출
    (구타원종사 법문집 편집위원회 편, 『인생과 수양』, 원불교출판사, 2007,
    p.81).

와 관련하여 절약만을 위한 절약은 바람직하지 않다고 하였다. 공익사업에 헌공하는 바 없이 인색한 마음으로 절약만 하는 것은 혁신예법의 본의가 아니라는 것이다. "같은 절약 가운데도 혼례는 새 생활의 비롯이니 절약을 주로 하여 생활의 근기를 세워줌이 더욱 옳을 것이요, 장례는 일생의 마침이니 열반인의 공덕에 비추어 후인의 도리에 소홀함이 없게 하는 것이 또한 옳으리라."37) 지나치게 인색할 정도의 절약은 바람직하지 않으며, 절약한 금액은 형편에 따라 공익사업에 희사하는 자세가 필요하다. 사치를 절제한 금액으로 공도에 보시하는 아름다운 마음이 성자심법이라 본다.

공도에 보시하라는 가르침에 경제윤리가 나타난다. 소태산이 밝힌 경제윤리를 보면, 일반적으로 재와 부의 축적을 위하여 사치에 흐르지도 않고 빈곤에 빠지지 않도록 근면 검소하고 절약하며, 확대 재생산을 위하여 저축하여 재투자를 한다면 풍요로운 사회가 된다38)는 것이다. 정산종사도 『건국론』 제6장 「건설・경제」에서 과도한 사치, 유흥, 향락과 낭비를 하는 자에게는 법령으로써 징세하고 심한 자는 벌금처분을 부과하며 여러 가지 방법으로 공익재단을 형성하여 공동사업을 활성화시키도록 하였다. 사치는 경제윤리의 차원에서 제재해야 할 것인 바, 한국인의 호화 낭비벽을 이제 경제윤리의 측면에서 법령을 만드는 것이 바람직하다.

---

37) 『대종경』, 인도품 50장.
38) 최경도, 「원불교 경제관」, 『원불교사상시론』 1집, 수위단회사무처, 1982, pp.222-223.

## 5. 주류문화의 극복과 원불교

술은 기호식품으로서 과거로부터 많은 대중들이 즐겨왔던 것이 사실이다. 그러나 술을 좋아하다 보면 폐단도 적지 않아 많은 선지자들이 경계심을 갖도록 하였다. 근대 인도의 정신적 스승인 라마나 마하리쉬는 제자들에게 다음과 같이 말했다. "술 취한 사람이 자기 몸 위에 옷이 걸쳐 있는지 잘 모르듯이, 깨달은 사람은 자신의 육체가 아직 살아 있는지 죽었는지 잘 모르는 법이라오."[39] 라마나 마하리쉬는 열반 전에 생사법문을 제자들에게 언급하면서, 흥청망청 술에 취한 사람은 자신을 망각하여 고통에 휩싸인다고 하였다. 과음을 한 사람은 스스로 술에 취한 사실도 모르고 저지르는 행동이 적지 않은 것이다. 술에 취한 상태에서 운전을 하다가 생명을 살상하기도 하고, 자칫 성추행을 범하여 그야말로 고통의 수렁에 빠지고 만다.

고통의 한 원인으로서 과음을 하다보면 실수를 하게 되고 또 금전 낭비는 물론 건강에 좋지 않다는 점에서 대부분의 종교에서는 음주를 계율조항으로 삼는다. 기독교 역시 이러한 음주의 폐단을 알고 금주를 촉구하고 있다. "포도주는 거만하게 하는 것이요 독주는 떠들게 하는 것이라. 무릇 이에 미혹되는 자에게는 지혜가 없느니라."[40] 우리가 독주를 하게 되면 자신 본연의 정신을 잃어버리게 된다. 정신이 혼미한 상태에서 실수를 범하게 되면 신성한 하나님의 정신에서 벗어나

---

39) 윤종모, 『치유명상』, 정신세계사, 2009, pp.287-288.
40) 잠언 20:1.

기 때문에 금주와 관련한 복음을 새겨볼 필요가 있다.

불교에도 술을 마시지 말라는 계율이 있다. 팔계 가운데 불음주(不飮酒)라는 계율이 있는데, 그것은 속세에 있으면서 불교를 믿는 남자와 여자가 육재일에 지켜야 하는 여덟 가지 계율을 말한다. 불교의 사미・사미니계에도 10계 가운데 음주와 관련한 계율이 있다. 10계 중에서 5계를 보면 "목숨이 다하도록 술을 마시지 말라"는 조항이 있으니 불교 팔계의 불음주계와 유사하다. 불교의 재가신자에게는 삼귀의계와 살, 도, 사음, 망언, 음주로부터 벗어날 것을 맹세하는 5계와 8재계(齋戒)가 있다.41) 특히 불교에서 출가승인 비구・비구니에게 불음주 조항은 보다 엄격히 준수되고 있다.

원불교를 창립한 소태산은 역시 그를 따르던 제자들에게 술과 담배를 금하도록 하여, 금주금연을 통해 절약한 돈을 저축하여 공중사에 사용하도록 하였다. 원기 2년(1917) 8월 교단 설립기금을 마련하면서 저축조합을 만들었던 것이 이와 관련된다. 그를 따르던 제자들에게 장차 시방세계를 위하여 함께 큰 공부와 사업을 하기로 하면, 먼저 공부할 비용과 사업할 자금을 마련해야 한다고 하였다. "이제 회상 기성(期成)의 한 기관으로 저축조합을 실시하여 앞일을 준비하려 하노라." 이에 모든 단원이 술과 담배를 끊어 그 대액(代額)을 저축하며, 또 의식주를 절약하며, 각자 부인도 끼니마다 조금씩 절약하여 저축케 하며 보은미를 마련하라는 것이다.42) 속세에서 오랫동안 도박과 음주문

---

41) 박혜훈, 「원불교 계문의 성립과 현대적 조명」, 『원불교사상과 종교문화』 48집, 원광대 원불교사상연구원, 2011.6, p.110.
42) 『원불교 교사』, 제1편 개벽의 여명, 제4장 회상건설의 정초, 1. 저축조합운동.

화에 길들여진 상황에서 소태산은 창립제자들을 설득하여 금주금연을
통한 공도사업에 합력하도록 하였다.

원불교에서 술에 대한 계문은 변천과정을 거쳐 왔다. "술을 과히 마
시지 말며"가 "술을 마시지 말며"로 바뀌었으며, 현재는 "연고 없이 술
을 마시지 말며"로 변화되어 온 것이다.43) 원기 16년 이전까지만 해
도 술을 과히 마시지 말라 하였으니, 초기 교단에서는 술에 대하여 다
소 관용적이었다. 그러나 원기 17년 『육대요령』 계문에서는 술을 아
예 마시지 말라고 하였던 것이다. 현행본 『교전』에 이르러 연고조항
을 넣음으로써 현대사회의 술과 관련한 사교문화라든가 재가교도들의
자연스런 음주문화에 절제력을 가미한 것으로 본다. 이처럼 술과 관
련한 계문조항은 유연함에서 엄격함으로, 다시 교화방편으로 연고조
항을 부여하였다.

연고조항을 확대 해석하는 것보다는 술의 폐단에 대하여 심각히 인
식해야 한다. 초기교단의 조송광 교무는 이에 말한다. "술은 온전한
사람으로 하여금 병신을 만드는 것이니 취한 사람은 정신이 없고, 잘
앉지도 못하며, 구역질 잘하며, 존장도 몰라보고, 개천에도 잘 빠짐이
다."44) 그에 의하면 술은 좋은 사람을 흉하게 하는 것은 물론 얼굴빛
이 변하여 검붉게 함과 더불어 코에는 주독이 나서 툭 불거지며, 험담
과 하열로 이어져 결국 술병으로 인해 죽게 된다는 것이다. 술의 폐단
을 심각히 인지하지 못하면, 그리하여 주독에서 벗어나지 못하면 중

---

43) 한정석, 「교리형성사」, 『원불교70년정신사』, 원불교출판사, 1989, pp.389-390
참조.

44) 우세관 정리, 「선진감상(조송광)-음주의 피해는 어떠한가」, 《원불교신문》,
2002년 2월 1일, 2면.

독자는 일상적 생활을 할 수 없을 뿐 더러 개인과 가정, 사회의 일원으로서 살아갈 수 없게 된다.

그렇다면 술에 취해 살거나 술 중독에 걸려 사는 사람들을 원불교에서는 어떻게 구제해야 하는가? 무엇보다도 그들은 술에 대한 경각심이 부족하므로 부단한 불공을 통해서 자각심을 갖게 하는 것이 필요하다. 초기교단의 박창기 선진은 말하기를, 개와 고양이 같은 동물들은 본능과 충동만을 가지고 살고 있으며 사람 가운데에도 인생으로서 아무런 자각과 신념이 없이 50년 내지 100년을 두고 동물적 생애에 그쳐서 취생몽사(醉生夢死)하는 사람이 허다하다[45]고 하였다. 취생몽사란 평생 술에 취해 살다가 죽는다는 것으로, 방탕 생활이 자신을 황폐화시키는 것임을 자각하자는 것이다.

술은 즐겨 마시는 사람이 또 마시는 습관으로 중독이 되므로 이의 극복이 요구된다. 조전권 교무는 이에 말한다. "일찍 일어나는 습관을 길들이면 그 시간 되면 꼭 깨고, 길도 많이 다녀본 길은 어둔 밤에도 잘 찾아가고, 악구(惡口)와 술과 담배와 낮잠, 진심과 잡기를 많이 하면 습관이 되어 자꾸 하고싶고 먹고싶고 가고싶은 것이다."[46] 한번 습관이 되면 그것은 알코올 중독으로 갈 수밖에 없다. 습관이란 한번 길들여지면 벗어날 수 없기 때문이다. 누구나 매주 술 마시는 횟수가 서너 차례 이상이라면 그것은 음주 습관이라는 것을 알아야 하며, 그 습관 제거에 공들여야 한다.

무엇보다 술에 취해 살거나 무방비로 술에 노출되어 사는 사람들은

---

45) 청하문총간행회, 『묵산정사문집』, 원불교출판사, 1985, p.22.
46) 조전권, 선진문집1 『행복자는 누구인가』, 원불교출판사, 1979, p.34.

술 담배를 멀리하려는 자신의 부단한 적공이 필요하다. 아무리 주변에서 술을 마시지 말라고 권해도 자신의 적공이 뒤따르지 않으면 허망한 일이다. 담배와 술은 천하 사람이 다 하는 것이니 한 번 아니해 볼 만하고, 끊기 어려운 것이니 한 번 끊어볼만 하고, 참기 어려운 것이니 한 번 작정하고 참아 볼만한 일이다.[47] 금주금연은 결심만으로 되지 않는다. 부단한 적공이 필요하다는 것으로 기질변화의 자기적공이 필요하다. 당사자로서 결연한 자기적공이 이루어질 때 술에 취해 사는 한국인들의 숫자는 줄어들 것이다.

마침내 비장한 각오로 술에 노예가 되는 생활을 벗어나서 삶을 설계하는 자세가 필요하다. 정산종사는 '원각가'라는 깨달음의 가사에서 다음과 같이 말한다. "삼강팔조 좋은 법은 아는 길을 일렀으니 / 어서 어서 알아보세 모든 일을 알아보고 / 아는 일은 행해가서 취중생활 하지 말고 예산 있게 살아보세."[48] 자신의 소중한 삶을 예산 없이 살지 말라는 것이다. 이를 위해서는 취중생활을 벗어나야 한다. 취중생활이란 다름 아니라 술에 취해 사는 취생몽사와 같은 것이라는 점에서 중생제도라는 간절한 염원에서 접근해야 한다.

---

47) 東山文集編纂委員會, 동산문집 Ⅱ 『진리는 하나 세계도 하나』, 원불교출판사, 1994, p.524.
48) 정산종사, 「원각가」, 『월말통신』 38호, 원기 17년 7월호(박정훈 편저, 『한울안 한이치에』, 원불교출판사, 1982, p.295).

# 제2장

# 평등의식과 원불교

## 1. 사대주의의 극복과 원불교

사대주의는 무엇보다 한국인의 올바른 역사의식을 위해서 성찰의 대상이다. 원불교 초기교단의 교정원장을 역임한 인물로서 역사에 조예가 있는 유허일 선진은 사대주의 풍조를 극복하라고 하였다. 그가 저술한 『국사통람』의 서문에서 '본서의 이상적 희망은 동방 고유의 민족성을 지켜서 자주적 문명을 세우고 까닭 없이 해외풍조에만 휩쓸리지 말 것, 사대주의는 독립 국민의 금물이니 강권에 아부하는 악습을 절대 주의할 것'[1]을 말하고 있다. 또한 민족 문화의 건설과 동시에 역사적 민주주의를 적극적으로 추진하도록 하였다. 역사의식을 통해 사

1) 박현자, 「유산 유허일 연구」(1983년도 원광대 원불교학과 논문(원불교사상연구원 編, 『원불교 인물과 사상』(Ⅰ), 원불교사상연구원, 2000, p.198).

대주의적 발상을 벗어나서 찬란한 민족문화를 계승하기 위함이다.

우리 민족의 밝은 정기에 비추어보아 한국의 전통사상이 전승되고 있음에도 불구하고 오늘날 많은 한국인들이 사대사상에 물든 것을 어찌할 것인가? 김지하 시인은 말하기를, 일반 대중이 정신적 주체성에 도달하지 못하면 안 되며, 우리 민족이 어떤 민족인지 알아야 한다고 하였다. "고대부터 내려오던 천부(天符)사상부터 풍류도, 동학, 소태산대종사의 일원상진리까지 … 나는 이 흐름들을 알아야 한국의 민족정신이 산다고 생각한다."[2] 사실 한국의 고대사상에서 근대사상에 이르기까지 한국인의 살아있는 영혼이 스며있음에도 불구하고 사대주의 성향으로 전통사상이 간과되어 왔음을 자성해야 한다. 우리의 소중한 유산은 소홀히 하고 외국문화를 좋아하는 풍조를 뜯어고칠 때 한국인으로서의 자부심이 생기기 때문이다.

한국의 역사를 돌이켜 볼 때 한국인의 주체성과 독립정신만 투철했더라면 일제의 식민지가 되지는 않았을 것이다. 고구려 시대에는 수당의 침입, 고려시대에는 몽고의 침입, 조선 후반에는 일본의 식민지 지배라는 한국인의 굴욕적인 역사를 잊을 수 없다. 원불교의 창립 당시부터 명실상부한 소태산의 수제자자가 된 정산은, 일제의 폭압적 식민통치와 해방이후 좌우 대결과 6·25라는 동족상잔의 비극, 4.19 학생의거 등에 영향을 받아서 현실정치에 대한 자신의 소신과 비전을 제시한 바 있다.[3] 해방을 맞아 정산은 가장 먼저 『건국론』을 저술했

---

2) 오선명 정리, 「특별대담-김지하 詩人」, 《원광》 299호, 1999년 7월, 월간원광사, p.25.
3) 김용욱, 「송정산의 중도주의와 건국·통일론」, 『원불교학』 2집, 한국원불교학회, 1997, p.613.

다. 외세에 짓밟힌 현실을 인지하고 사대사상을 극복해야만 했던 절치부심의 결과이다. 『건국론』은 독립국가의 건설과 사대사상의 경각심으로 새겨진다.

우리 한민족이 주체성도 없이 외국인 앞에서 왜소해지는 성향은 없는가를 성찰해보자는 것이다. 특히 미국인이나 유럽인 앞에서 이러한 현상이 나타나는데, 백인국가와 선진국가라는 선입견 때문은 아닌가를 살펴보아야 할 것이다. 정산종사는 이에 대하여 「건국의 정신」 '대국 관찰'을 밝히고 있다. "개인의 선·불선이 국가의 가치를 오르내리게 하는 이치를 알아서 특히 외국인이 보는 데에서 비루한 행동을 말 것이요."[4] 대국적 견지에서 매사를 살펴야 할 것이니 한국인 자신들이 스스로 한국인임을 왜소하게 여기고 외국인 앞에서 비루하게 하는 행동이 있다면 성찰하라는 것이다. 우리의 행동 하나하나가 국가의 위신과 연결된다는 점을 상기할 때 외국인에 대한 막연한 선호감은 극복될 것이라 본다.

사대주의적 성향은 한국의 전통종교를 배척하고 무시한 일부 서구종교의 성향에서도 모색된다. 한국 천주교의 「쇄신과 화해의 참회」(2000)에 대한 발표는 우리들의 감성을 공유하도록 유도한다. 그 내용의 하나는 "우리 교회는 세계정세에 어둡던 박해 시대에, 외세에 힘입어 신앙의 자유를 얻고 교회를 지키고자 한 적도 있었으며, 서구 문화를 받아들이는 과정에서 문화적 갈등을 빚기도 하였다. 외국의 부당한 압력에 편승하기도 하였다"라는 것이다. 전국 성당에서 본 문건을 받고 미사를 올렸다. 한국교회가 자성의 성찰을 통해서 늦게나마

---

4) 『정산종사법어』, 국운편 9장.

과거 사대주의적 측면을 극복하려는 노력의 흔적이 엿보인다. 개신교 역시 자성해야 할 것으로, 한신대 김성재 교수가 밝힌 「한국교회의 정신적 공황의 치유책」(1997)이라는 내용 일부를 소개하여 본다. "해외 선교의 목적과 방식을 바꾸는 일이다. 해외선교를 교화성장의 방편으로 이용해서는 안 되며, 피선교국의 문화를 무시했던 19세기말 서양 선교사들의 종교제국주의 선교방식을 답습해서는 안 된다." 이처럼 기독교의 서구 선호적 과거의 행적을 냉철히 진단, 성찰하는 것에서 역사 반전의 계기가 된다.

한국인들에게 사대주의가 만연해 있는 것은 우리가 사용하는 문자의 측면에서도 나타난다. 우리 문화의 푸대접이라는 말을 들어보았는가? 좌산종사는 우리나라 문화가 서양의 물결에 밀리다 못해 고리타분한 것으로까지 인식되어 가는 것을 보고 도저히 이래서는 안 된다는 마음에서 우리 푸대접이라는 팸플릿을 만들어 보급한 적이 있다고 했다. "우리나라가 금속활자를 세계최초로 만든 나라인데 다 없애 버렸고, 한글도 얼과 혼이 깃든 우리나라 것인데 상것들이나 사용하는 것이라며 방치하고 외국의 한문만 받아들였으며, 더욱이 거북선 같은 것은 한 척도 남기지 않고 없어졌다. 얼마나 안타까운 일인가."[5] 근래 다행히 대학가에 농악과 탈춤 등을 하는 등 젊은이들이 '우리 것'이 얼마나 좋은 것인가를 조금씩 깨닫기 시작했으니 고무적이라는 것이다. 우리의 문화가 소중함을 일깨우는 노력이 필요하며, 종교지도자로서 문화의 소중성을 제시하고 있다.

---

5) 오선명 정리, 「특별대담-좌산종법사」, 《원광》 299호, 1999년 7월, 월간원광사, p.23.

사대주의적 성향은 일부 학자들의 학설 인용에서도 자주 나타난다. 외국유학파들이 소크라테스가 어떻고, 플라톤이 어떻고 하는 말을 약방의 감초로 사용하며, 서구적 학설을 매사에 적용시키려는 것이다. 물론 합리적이고 분석적인 서양학설의 장점을 모르는 바는 아니나 서구중심의 이론이나 학설이 난무한 근대학풍의 성향을 부인할 수 없다.

일방적인 서양학설 혹은 동양학설의 선호현상에 대하여 소태산은 상징적인 해법을 제시하고 있다. 한 사람이 동양학설에는 하늘은 동하고 땅은 정한다 하고, 서양학설에는 땅은 동하고 하늘이 정한다 하여, 두 말이 서로 분분하다며 해법을 요구했다. 이에 소태산은 답하기를, 이 학설들의 이론이 많으나, 하늘과 땅은 원래 둘이 아니므로 그 동과 정이 서로 다르지 않다6)는 것이다. 천동설은 기독교의 학설이요, 지동설은 과학의 학설인 바, 소태산은 본 학설의 어느 하나를 기정사실화하기에 앞서 그 이론에 접근하는 과정의 방식을 거론한 것으로 동서 이론을 망라하여 접근해보라는 뜻이다.

진리 접근의 방식을 고려한다면 고대 성현의 사상을 소개해볼만 하다. 지눌과 원효는 어느 학파나 종파, 선입견에 얽매이지 않고 폭넓고 자유롭게 섭렵하여 위대한 한국 혼을 유감없이 발휘한 선각자이기 때문이다.7) 근래 미국이나 구라파 유학생들이 학계에서 활발하게 활동하는 것은 바람직한 현상이다. 그러나 국가의 정책 수립, 대학생들의 교육, 한국사상의 정립 등의 측면에서 서구 유학생 지도자들은 한국적 상황을 배려하지 않고, 서구사상을 앞세우려 한다면 그것은 바람

---

6)『대종경』, 변의품 3장.
7) 宋天恩,『열린시대의 종교사상』, 원광대학교 출판국, 1992, p.155.

직하지 않다. 서양의 서양철학과 동양의 동양철학, 한국의 한국철학의 고유성을 상호 인지하여 비교 분석, 참고하는 정도에서 접근하는 것이 바람직하다. 근래 유학을 통해서 서구사상과 서구과학을 배워 취득한 외국 박사학위를 비교우위로 삼아왔던 점이 적지 않았기 때문이다.

따라서 소태산은 서구문명이 발전한 것에 대하여 너무 부러워하지 말라고 한다. 왜냐하면 새 시대에는 서구 문명에 못지않게 동방의 문명이 발전할 것이기 때문이라는 것이다. 그의 시대전망을 보면, 지금 세상의 정도는 어두운 밤이 지나가고 동방에 밝은 해가 솟으려 하는 때라고 하였다. "서양이 먼저 문명함은 동방에 해가 오를 때에 그 광명이 서쪽 하늘에 먼저 비침과 같은 것이며, 태양이 중천에 이르면 그 광명이 시방세계에 고루 비치게 되나니 그 때야말로 큰 덕 세계요 참 문명세계니라."[8] 근래 과학발달의 측면에서 서양이 동양보다 먼저 선진국이 되었던 것은 사실이다. 그러나 지금은 동양의 과학이 대단한 성과를 이루고 있다. 한중일의 과학문명이 세계에서 선진국으로 발돋움하고 있는 것이다.

한국인으로서 더욱 자부심을 가져야 하는 것은 다음의 법어에 나타난다. 소태산이 몇몇 제자를 대동하고 8박 9일간 금강산을 유람하였다. 금강산을 여행하고 돌아와서 "금강이 현세계(金剛現世界)하니 조선이 갱조선(朝鮮更朝鮮)이라"는 글귀를 대중에게 설법으로 전한 것이다. "금강산은 천하의 명산이라, 멀지 않은 장래에 세계의 공원으로 지정되어 각국이 서로 찬란하게 장식할 날이 있을 것이며, 그런 뒤에

---

8) 『대종경』, 전망품 21장.

는 세계 사람들이 서로 다투어 그 산의 주인을 찾을 것이니, 주인될 사람이 미리 준비해 놓은 것이 없으면 무엇으로 오는 손님을 대접하리요?"[9] 한국문화, 한국강산, 한국인에 대한 무조건적인 우월감을 가지라는 것은 아니다. 한국인들이 강대국 선호의 사대주의 사상을 극복함으로써 조국의 문화 보존과 역사의식을 가슴에 새기도록 하는데 있어 한국종교로서 출발한 원불교의 역할은 크기만 하다.

## 2. 관료주의의 극복과 원불교

한국인의 관료주의적 성향은 종교적으로 보면 유교의 성향으로서 정치적 관료제도에 밀접한 영향을 받았다. 조선조 정치가 현실을 중시하는 왕도정치요, 그것은 송대 성리학의 관료제도적 영향을 받았다는 것이다. 유교는 관료제도를 중심으로 정치에 참여하고 교육을 담당하며 역사를 편찬하는 등 현실 문제를 주도적으로 담당하였고, 조선조는 성리학을 통치이념으로 채택했기 때문에 외왕론(外王論)의 경륜을 현실적 정치체제에 접목할 수 있었다.[10] 이처럼 조선조로부터 오늘에 이르기까지 한국은 유교의 영향에 의해 관료주의적 성향에 젖어왔던 것이다.

불교나 도교는 이러한 현실정치에 관심을 갖기 보다는 주로 맑은

---

9) 『대종경』, 전망품 5장.
10) 이성전, 「內聖外王의 도로서의 栗谷의 聖學」, 『원불교사상과 종교문화』 28집, 원불교사상연구원, 2004.8, pp.217-218.

성품의 회복과 무위자연의 수양에 관심을 가졌다. 현실에 대한 해탈과 초탈의 성향이 이러한 불교와 도교의 양상으로 전개된 것이다. 불교 및 도교와 달리 한국유교가 지닌 관료주의적 성향을 무조건 나쁘게 볼 수만은 없으며, 그것은 현실참여라는 장점으로 작용하기 때문이다. 외국인으로서 한국에 와서 승려 활동을 했던 현각스님의 관료에 대한 시각도 이와 관련된다. 그에 의하면 교수나 정부 관료들의 삶이 비도덕적이라는 가치판단을 넘어 그들에게 배우는 지식이란 뭔가 완벽하지 않을지도 모른다[11]고 생각했다는 것이다. 한국 정부의 관료적 성향이 갖는 현실정치론을 비판하기에 앞서 이를 냉철하게 성찰해 보는 지성의 자세가 필요하다는 것이다.

관료의식은 조선조의 직업관에도 영향을 미쳤다. 사농공상에 대한 우열의식이 관료의식과 통하는 면이 있다는 것이다. 조선조 선비 우대의 사조에 따라 사회에서 우대받는 계층이 되기 위해서 과거시험을 통하여 선비가 되기를 누구나 열망하였으니, 쟁이 천시로 사회적 생산성이 낮은데다가 선비 과잉으로 탁상공론의 사회적 낭비가 컸다.[12] 원불교에서도 이러한 직업선호도 내지 우열관념이 잠재되어 있는 '사농공상'이라는 용어를 차별 관념에서가 아니라 직업 전체의 용어 성격에서 부득이 사용하였다. 한국사회가 사농공상의 우열감정에 길들여져 있었으니, 직업에서도 사농공상의 '사'의 계급에 속하는 공무원 선호현상이 그것이며, 직장도 블루칼라보다는 화이트칼라를 선호하는

---

11) 현각, 『萬行-하버드에서 화계사까지』(1), 열림원, 1999, p.96.
12) 조정제(국토개발연구원 연구위원), 「원불교의 경제관에 대한 소고」, 『원불교사상』 4집, 원불교사상연구원, 1980, p.206.

현상이 관료의식의 잔재이다.

이에 소태산대종사는 사농공상이라는 용어 사용에 있어서 직업의 총체적 개념에서 사용하되, 오히려 관료적 발상 극복의 차원에서 그 용어를 사용한 것이다. 그에 의하면 미래의 불법은 재래와 같은 차별제도의 불법이 아니라 사농공상을 여의지 아니하고, 또는 재가출가를 막론하고 일반적으로 공부하는 불법이 될 것[13]이라 했다. 과거의 폐단이 혁신되지 않은 불법, 재가와 출가를 구분하는 불법, 반상을 차별하는 불법을 벗어나라는 것이다. 소태산은 조선조의 영향으로 남아있는 차별제도에서 벗어나 후천시대의 역할론을 강조하고 있다.

교리를 통한 관료의식의 극복은 소태산의 사요정신에 잘 나타나 있다. 소태산은 사요의「지자본위」에서 관료의식의 폐단을 몇 가지로 지적하고 있다. 첫째는 반상의 차별이 있으며, 둘째는 적서의 차별이 있으며, 셋째는 노소의 차별이 있으며, 넷째는 남녀의 차별이 있으며, 다섯째는 종족의 차별이 있다[14]는 것이다. 원불교는 조선 후반의 관료체제가 극에 달하던 때 창립되었다. 이에 소태산은 사회구원의 차원에서 당시 관료제의 폐단을 벗어나라 하였다. 지자본위는 외부적 차별현상이 아니라 능력별 대우방법이므로 반상, 적서, 노소, 남녀, 종족 차별이라는 관료제의 잔재를 극복하는 조항이다. 국가의 관료는 상민이라면 할 수 없었고, 서자라면 할 수 없었고, 여자라면 더욱 할 수 없었던 사회구조를 사요의 지자본위로서 개혁하고자 한 것이다.

---

13)『대종경』, 서품 15장.
14)『정전』제2 교의편, 제3장 사요 제2절 지자본위, 2. 과거 불합리한 차별제도의 조목.

지자본위는 평등개념을 강조하고 종속개념을 극복하는 사요의 한 항목이다. 정산종사는 이에 행정 관료와 민중이라는 양대 관계의 종속개념을 극복하도록 하였다. "관리는 관리에 대한 권리, 민중은 민중에 대한 권리, 자본가 자본가에 대한 권리, 노무자는 노무자에 대한 권리가 서로 공평 정직하여 조금도 강압 착취와 횡포 자행하는 폐단이 없게 한다."[15] 관리가 민중 위에서 군림하며 착취와 권력을 휘두른다면 그것은 위정자의 횡포인 바, 이 관료주의적 발상을 벗어나야 한다는 것이다. 자본주의 사회에서 관료의식이 발생하는 경우 자본의 착취 및 횡포가 자행되므로 그는 사전에 이를 예방하고자 하였다.

한국사회에 남아있는 행정 위주의 탁상공론이나 권력층의 관료의식을 원불교가 어떻게 타파해 나가느냐 하는 교단 역할론이 과제로 등장한다. 다음의 법어에서 그 실마리가 풀릴 수 있다. "관청에서 관리를 뽑는 데에도 같은 학력이면 반드시 유무념 공부인을 선택하게 될 것이니, 이 일기법은 우리 수도인에게 있어서 뿐만 아니라 전 세계 모든 인류에게 없지 못할 필요한 법이 될 것이다."[16] 국사를 이끌어가는 관리층 선발에서부터, 교법정신으로 국사에 임할 수 있는 역량을 키우자는 뜻이다. 유무념 공부를 통하여 관료의식이 발동하면 무념을 한 것으로 하고, 관료의식을 벗어나면 유념을 한 것으로 한다면 원불교의 마음공부 차원에서 바람직한 일이라 본다. 원불교가 관료제에 길들여진 정치단체를 새롭게 교화해 가는 방법은 실제적인 교법 응용과

15) 『건국론』, 제3장 중도주의의 운용.
16) 이공주 법설기록, 일기법의 필요, 『청하문총』 1권, 204쪽(박용덕, 『금강산의 주인되라』, 원불교출판사, 2003, p.150).

실천에서 그 실마리를 풀어보자는 것이다.

교단적 성찰의 측면에서 원불교의 관료의식은 없는가도 새겨 보아야 할 것이다. 이를테면 교단의 봉공회, 청운회, 여성회라는 조직들은 대외적으로는 NGO적 성격을 지니지만 교단 내부적으로는 관변 단체적 특성을 고스란히 갖고 있다는 지적이 있으며, 중앙 또는 교구임원 중심의 활동과 중앙의 필요에 의해 개교당 조직이 이루어지는 하향적 성격이 그렇다.17) 관료의식은 어느 조직이든 그 조직이 비대해지거나 오래된 또는 경직된 상태에서 나타나거나, 중앙·지방 상하 조직으로 움직일 때 나타난다.

이유야 어떻든 원불교가 관료적 폐단을 극복하는 방법을 모색할 필요가 있다. 우선 교단 구성원들의 마인드가 바뀌어야 한다. 교단을 향도하는 간부들의 생각이 새롭게 변화되어야 하며, 보다 성숙된 분권(分權)과 평등의식을 가져야 하는 것이다. 중앙총부의 간부들 중심으로 교단을 이끌어간다거나, 교구장 위주로 교구를 이끌어간다거나, 출가 위주로 교정을 해나가는 사고방식을 벗어나서 구성원 모두가 함께 합력함으로써 교단이 발전한다는 평등의식을 지녀야 한다. 평등의식에 바탕한 교구자치화의 정착이 그것이며, 이제 교화는 중앙에서 하던 시대는 지났으니 교구별, 지구별, 교당별로 책임지고 맞춤교화를 펴야 한다.18) 중앙과 교구, 교당이 상하구조가 아닌 평등구조가 바

---

17) 이러한 성격은 개별교당에 이르러서는 조직 가입에 있어 비자발적인 때론 강제에 이르게 되기 십상이다(김경일, 「단체 조직과 교당교화」, 《원불교신문》, 2002년 3월 15일, 5면).

18) 유용진 외 編(문향허 외 집필), 『원불교 개교 100주년을 연다』, 원불교신문사, 2006, p.18.

람직하다. 중앙총부의 관료조직·관리조직을 경영조직·교화조직으로 바꾸어야 한다.

사실상 관료조직에 길들여진 행동은 종교조직에도 마찬가지로서 그것은 능동적이라기보다는 수동적 성향이며, 지속적이라기보다는 명령시효가 있을 때에 나타난다. 중앙총부의 관료조직과 교구자치제에 의한 교화조직을 상기하여 볼 필요가 있다. 중앙총부가 아닌 교구제라면 교구 자생능력과 자활능력이 배양되고 교구 자체의 능동적인 상황과 대치능력 등이 강화되어야 한다. 그렇게 하면 인재의 총부내 집중현상이 감소되어 총부요원의 잦은 인사교체도 없어지고 특히 총부 근무의 교역자는 전반적인 교단교화 행정에 대하여 전문화되고 정예화될 것이다.[19) 교구자치제가 시행되고 있는 조직 상황에 만족해서는 안 되며, 가능한 중앙총부의 행정이 관리조직이 아니라 교화조직으로서 과감히 변모할 때, 교당교화의 활성화는 앞당겨질 것이다. 개교당제도가 원불교 2세기의 비전이 될 수 있다는 것은 관료제에 의한 중앙집권의 인사배치보다는 능동적 교역자초빙제가 갖는 장점 때문이다.

이에 더하여 출가와 재가의 차별의식도 관료제의 온상이 될 수 있다. 원불교는 출가 중심으로 이끌어가야 한다는 사고방식도 일종의 관료의식이기 때문이다. 재가가 현장교화의 실질적인 역할이 되고 출가는 이를 향도함으로써 전 교도는 교화현장에서 활동하고 교역자는 주 업무로서 교화하는 총력교화 체제로 전환해야 한다.[20) 다만 행정

19) 서경전, 「21세기를 향한 원불교 교단행정 방향」, 『원불교와 21세기』, 원불교 사상연구원, 2002, p.22.
20) 유용진 외 編(문향허 외 집필), 『원불교 개교 100주년을 연다』, 원불교신문사, 2006, pp.18-19.

조직에 있어서 교도를 도구화하거나 교무가 지나치게 주인임을 내세우는 것은 권위의식의 관료주의적 증상이므로 교무와 교도 모두가 총력교화 체제에서 일체가 되는 것이 바람직하다.

## 3. 지방소외의 문제와 원불교

지방소외로 인해 사업이나 문화활동에 있어 서울 집중 현상이 만연해 있음은 부인할 수 없다. 행정이나 문화 교육 교통 등에서 서울의 중요성은 이루 말할 수 없지만 만사가 서울 중심으로 되다보니 자연스럽게 지방소외 현상이 나타난다. 이동 인구가 많아짐으로 인해 교통체증은 극에 달하여 서울의 교통은 예측할 수가 없다. 어느 때는 10분 걸릴 거리가 한 시간 이상 걸리기도 하고, 어느 때는 통상 한 시간 이상 걸리는 거리가 20분 정도 걸려 도착하여 난처한 경우가 있다.[21] 서울의 교통체증은 어제 오늘만의 일은 아니다.

서울이 우리나라의 중심도시이기 때문에 복잡한 실상을 감수해야할 것이나 지방 균형발전의 측면에서 문제점이 적지 않다. 물론 서울을 중시해야 한다는 점에서 소태산도 서울교화를 소홀히 하지 않았다. 원기 9년(1924) 2월에 소태산대종사는 서중안, 정산종사, 전음광을 대동하고 최초로 상경하였다. 이들 제자들은 서울 당주동에 머물 임시출장소를 주선하여 한 달 동안 곁에서 시봉하면서 서울의 박사시화, 성성원, 이동진화, 김삼매화 등 중요 인연을 만나는데 기여하였다.[22]

---

21) 장응철, 「여유시간 처리」, 『마음은 어디서 쉬는가』, 출가교화단, 1997, p.136.

이때 최도화, 박사시화는 대종사를 서울 계동으로 모시었는데 그곳은
성성원 남편(진주현)의 집이었다. 진주현은 박사시화의 쌍둥이 동생
박공명선의 사위였기 때문에 이들의 편의를 제공하였다. 이곳에서 3
일 유숙한 후 자리가 협소해지자 서중안의 주선으로 당주동에 20여간
의 집 한 채를 한 달 정도 임대하였으며 이곳이 경성 임시출장소가 되
었다. 여기에서 소태산은 창립인연들을 만났으니 서울교화가 비로소
점지된 것이다. 서울은 여러 측면에서 원불교 교화의 거점지역이라는
점에서 서울교화의 중요성은 적지 않다.

자연스럽게 원불교 교정원의 서울 이전이라는 말도 흘러나왔다. 주
산종사는 앞으로 종교사업과 아울러 교화·교육을 전개하기 위해서는
익산의 불법연구회가 서울로 진출하여야 된다고 예견하여 총부의 기
관은 서울에 설치할 계획을 세웠던 것이다. 그는 성장하는 청소년들
에게 희망에 찬 어조로 말하였다. "금강산에다는 선방을 설치하고 총
부는 수도로 옮겨야 하며, 크나큰 강원을 설립하여 전국 아니 전 세계
에 파견해야지. 종부주님의 대 법고를 시방세계 골골마다 다 울려야
지. 그러기로 하면 선진인 우리는 앞에서 길을 끌고 후진인 청년들은
뒤를 받쳐 상하 선후가 합심하여 자유로이 전진해야 한다."[23] 오늘날
원불교 중앙총부의 문화사회부가 서울에 설치되어 수도권 중심의 문
화교화 업무를 담당하고 있다. 최근 서울이 전반적으로 포화되어 세
종시로 청사를 옮기는 상황에 있음을 알고, 2014년 중앙총부에서는

---

22) 송인걸, 『대종경속의 사람들』, 월간원광사, 1996, p.351.
23) 박용덕, 선진열전 1-『오, 사은이시여 나에게 힘을 주소서』, 원불교출판사,
    1993, p.114.

세종시에 거점교당을 두고 관련 인사를 파견하였다.

원불교가 인구밀집 지역을 교화거점 지역으로 삼아 교화전략을 짜는 것은 바람직하지만, 지역교화가 서울교화 못지않게 중요하다고 본다. 공기가 맑아서 서울보다 덜 오염된 탓에 지역이 쾌적하며, 산하대지의 수려함과 지역주민들의 순수함으로 지역사회의 장점을 부각시킬수 있다. 북부지방인 함경도와 평안도 사람들은 용감하고 과묵한 남아의 기상이 있어서 대고구려의 시대를 열었고, 황해도와 강원도 사람들은 비교적 온순하며, 경기·충청도 사람들은 지려가 있고 슬기로우며, 전라도 사람들은 총민하고 경상도 사람들은 강직하다.24) 지방인심과 서울 인심을 비유하면 인정이 물씬 풍기는 곳이 바로 지역이다. 원불교의 교화정책에 있어서 이러한 지역사회의 장점을 부각시킬필요가 있다.

우리나라의 지역적 특성을 고려할 때 원불교가 지역사회에 기여할일들이 무엇인가를 모색한다면 지역 소외감의 탈피에 다소의 도움이될 것이다. 각 교구에서는 교구의 특성을 파악하여 그에 맞는 프로그램을 개발하고, 나아가 지구별 활동도 세심하게 준비할 필요가 있다. 전 교구에서는 2012년 여름방학을 맞아 '청소년 희망캠프'를 진행했는데, 부산교구와 전북교구는 완도청소년수련원에서 교구별 청소년 희망캠프를 진행하여 청소년 교화의 관심을 환기시켰다. 또 경남교구는하섬해상훈련원, 경기인천교구는 강원도 김화교당 일원, 대구경북교구는 영산성지, 서울교구는 봉도청소년수련원, 광주전남·영광교구는 완도청소년훈련원, 강원교구는 우인훈련원에서 학생여름훈련을 진

---

24) 김삼룡, 『동방의 등불 한국』, 행림출판, 1994, pp.20-21.

행했다. 원불교가 지역청소년을 교화하는 일이 지역사회 발전에 도움
을 줄 수 있을 것이다.

1995년에 지방자치제가 시작된 이래, 매년 선거철이 되면 지방의회
의원 선거, 지방자치단체장 선거가 있어 지방화시대가 활짝 열리게
되었다. 그에 걸맞게 지자체의 예산 확보와 지역 축제 등을 통해 지역
사회 발전의 계기가 되고 있다. 21세기 사회변동의 특징은 지방화시
대로 지방화란 정치 경제 교육 문화 등이 수도권이나 대도시권에 집중
되어 있는 것을 지방으로 분산함으로써 중앙과 지방의 균형이 유지되
는 현상을 말한다.25) 원불교가 지방화 시대에 적극 대응하여 이에 적
절한 교화방법론의 개발을 통해 중소도시는 물론 농촌교화에도 활력
을 불어넣어야 할 것이다.

교단이 지역사회를 위해 불공하는 것은 오늘날 지방화시대에 살고
있다는 면에서 당연한 일이라 본다. 교무는 지역사회의 정신적인 지
도자이고 교당은 사회 속에 존재하고 있다며 이종진 교무는 다음과 같
이 말하였다. "교당과 사회를 둘로 보지 말고 사회의 병리를 곧 교당의
병리로 보아 주민들의 의식구조나 생활상에 그 병리를 바르게 진단하
여 치료하는데 최선의 성의를 다함으로써 사회정화에 앞장서는 힘 있
는 지도자가 되어야 한다."26) 지역사회의 교화를 위해서 교단과 사회
를 둘로 나누어보지 말라는 것이다. 지역사회의 문제점을 교당에서 치
유할 수 있는 일이라면 적극 나서는 것이 종교의 사회참여 기능이다.

---

25) 간행위원회 編, 담산이성은정사 유작집『개벽시대의 종교지성』, 원불교출판
사, 1999, p.234.
26) 이종진, 「원불교 교무론」, 『원불교사상시론』 1집, 수위단회사무처, 1982,
p.249.

원불교의 실천교학 연구도 지역사회 교화의 방법론 모색에 집중해야 할 것이다. 교당은 지역사회의 현안에 대해 종교적 대안을 제시하여야 하는 바, 지역사회의 복지활동·봉공활동 등이 그것이며, 교단의 사회활동 역시 교당의 지역사회 교화의 연장으로 볼 수 있다.[27] 지역사회 복지활동을 활성화시키는 적극적인 역할을 원불교가 주도한다면 지역주민의 소외감 극복에 다소 도움이 될 것이다. 교단의 봉공활동도 이러한 시각에서 접근한다면 원불교의 지역교화는 활성화되리라 본다. 지역사회가 원하는 바를 세밀하게 진단함으로써 원불교의 실천교학적 접근이 더욱 용이해질 것이다.

지역교화를 활성화하는 측면에서 보면 소태산이 추구하는 낙원세계는 서울에만 있는 것이 아님을 알게 된다. 서울뿐만 아니라 지방의 면면촌촌에 낙원세계가 건설되도록 하는 것이 원불교 교화의 목표이기 때문이다. 그동안 물질문명의 확산으로 인하여 자본주의적 가치질서를 따라 서울과 지방의 격차가 심화된 것은 어쩔 수 없는 일이었다. 하지만 자본주의 또는 물질문명의 발달에 대응하는 새로운 가치와 질서를 제시하는 것이 정신개벽이며, 이는 원불교의 이상세계라 할 수 있는 광대무량한 낙원세계이다.[28] 낙원세계의 범주는 서울과 지방, 소외계층과 부유계층의 차별을 넘어서 있다.

27) 박희종, 「원불교 실천교학의 정립 방향」, 『원불교사상과 종교문화』 31집, 원불교사상연구원, 2005.12, pp.256-257.

28) 신순철, 「원불교 개교의 역사적 성격」, 『원불교사상』 14집, 원불교사상연구원, 1991, pp.18-19.

## 4. 적당주의의 타파와 원불교

21세기는 지식정보화 시대로서 사회나 국가를 평가할 때 지수(指數)가 중시되는 등 평가의 기준이 다양하게 마련되어 있다. 분석 대상에 대한 검증에 의하여 정확성과 신속성이 요구되는 것으로, 이는 적당주의라는 말이 쉽게 용납되지 않음을 말한다. 정보화시대에 접어든 오늘의 시점에서 학술결과물과 인터넷 웹사이트를 통해 지수를 비교 검증하는 것이 용이하기 때문에 과거와 같은 모호한 방식은 통용되지 않는다. 좌산종사도 다음과 같이 언급한다. "인터넷 시대에는 정보매체들이 발달되어 있기 때문에 '적당하게'라는 말은 절대로 통하지 않는다."29) 정확성과 신속성을 드러내는 각종 방법론이 즐비한 상황에서 무슨 일이든 적당히 하거나 얼버무리는 행위는 시대에 뒤처지는 행위이다.

적당주의는 바람직하지 않은 시대가 되었으니, 그것은 위정자의 사욕에 의한 권모술수와 같은 것이다. 권모술수란 사술(邪術)에 의해 적당히 일을 처리하는 것이기 때문이다. 어디든 적당주의가 판을 치는 곳은 크게 어지러운 곳이라 볼 수 있다. 소태산은 이에 말한다. "사람의 정신이 능히 만물을 지배하고 인의의 대도가 세상에 서게 되는 것은 이치의 당연함이어늘, 근래에 그 주체가 위를 잃고 권모술수가 세상에 횡행하여 대도가 크게 어지러운지라."30) 이처럼 권모술수가 판

---

29) 좌산종법사, 「概念교단에서 内包교단으로」, 《출가교화단보》 제64호, 원불교 수위단회사무처, 1997년 6월 1일, p.1.

30) 『대종경』, 서품 5장.

을 치는 관계로 국정원의 선거개입 논란이 벌어져서(2013. 8월 국정
원 국정감사) 양심의 눈을 속이고 적당히 얼버무리려 했다. 대도가 어
지러운 것은 정도(正道)가 사라진 권모술수에 의한 사리사욕의 적당
주의 때문이다.

시대에 뒤떨어진 적당주의는 방심이요 주의심이 없는 기만이다. 기
업인들이 적당주의로 취사를 하고 어물쩍 넘어가는 자세로 사업을 일
삼는다면 그 기업은 성공을 이룰 수가 없을 것이다. 현대그룹의 창시
자 정주영 전 회장은 '적당히, 적당히'라는 적당주의로 각자 자신에게
허락된 시간을 귀중한 줄 모른 채 헛되이 낭비하는 것보다 멍청한 것
은 없다(『이 땅에 태어나서』, 1998)고 하였다. 오늘의 성공이 있기까
지 피나는 노력이 있었기 때문이라 본다.

원불교에서도 사업의 적당주의적 폐단을 지적하고 있다. 정산종사
는 모든 사업의 성공과 파괴의 원인이 사업주들의 존심과 방심에 달려
있다며 시종이 한결같이 꾸준한 정성심과 주의심을 놓지 않는 것이 존
심이며 이것이 성공의 원인[31]이라 했다. 그는 또한 사업의 업무가 고
생이 된다하여 열의가 식어서 함부로 하는 것이 방심이므로 이는 파괴
의 원인이 된다고 하였다. 사업의 전개에 있어서 존심이 아닌 방심이
적당주의임을 알고 이를 극복하는 일이 필요하다.

한국인의 고질병은 매사 정확히 진단하고 정확히 처방하는데 익숙
하지 않다는 것이다. 스포츠의 운동선수가 자신과 타협하면서 적당히
운동하여 금메달을 딸 수 있다고 상상할 수 있을 것인가? 월드컵이나
올림픽에서 메달을 얻기 위해서는 극기의 피나는 노력과 타국 운동선

---

31) 『정산종사법어』, 공도편 8장.

수에 대한 정확한 정보수집이 뒷받침되어야 한다. 한국축구팀이 2002
년 월드컵에서 4강 신화를 이룬 것은 선수들의 피땀으로 이루어진 결
실이었다. 히딩크는 선수 하나 하나에게 체계적인 기본훈련을 중시했
고, 합리적이고 과학적인 팀 관리, 선수의 능력을 극대화하는 용병술
을 구사했으니 무원칙, 연고, 권위, 적당주의라는 우리 사회의 고질병
을 고쳐놓았다.[32] 그는 적당주의라는 한국인의 고질병을 언급하며 철
저한 대비를 통하여 승리의 영광을 안겨주었던 것이다.

　이제 적당주의라는 용어를 종교 수행의 '무애행'과 비교해 본다. 무
애행은 어디에도 걸리는 바가 없는 해탈의 심경에 이른 자로서 무애자
재의 참 수도인 경지에서 거론되는 것이다. 원효의 무애행은 그것이
개인적 자유가 아닌 타자의 삶과 하나된 상태의 자유행이라는 점에서
개인적 욕망의 분출이 아니라 무명의 지멸(止滅)이 전제되고 정화된
성품의 표출이다.[33] 수행인으로서 계율 준수라는 기본 전제를 무시한
채 계문 범과를 적당히 하는 경우가 있다면 원효의 무애행과는 거리가
있는 것이다. 소태산은 30계문을 다 마친 후 계율을 더 주지 않고 자
유에 맡긴다고 하였다. 그러나 이에 미치지 못한 사람은 그대로 방임
할 수 없다며, 세상에는 어리석은 사람이 더 많으니 어찌 한 두 사람
에게 적당한 법으로 천만인을 등한시하겠는가(대종경, 교의품 25장)
라고 경책하였다. 수도인으로서 무애행을 한답시고 적당히 계율을 범
과한다면 자행자지의 행위로 이어지기 쉽다. 불법을 실천하는 수행자

---

32) 박달식, 「사설-월드컵 4강 신화를 배우자」, 《원불교신문》, 2002년 7월 5일, 3면.

33) 안옥선, 「원효사상에 있어서 인권의 기초이념」, 『범한철학』 제26집, 범한철학
　　회, 2001년 가을, pp.130-131.

로서 적당주의의 무애행을 떨쳐내야 할 것이다.

또한 은행이나 기업의 회계에 있어서 적당하게 관리한다면 이는 사업의 실패를 유발하게 된다. 우리가 주의할 것은 고객의 정보보호 및 회계처리에 있어서 적당주의로 임하면 신뢰를 상실하게 된다는 것이다. 조직의 회계를 적당히 하면 그 회사는 제대로 운영될 리 없고, 고객 돈을 적당히 관리하면 신뢰를 잃게 되는 것이다. "회계가 분명하고 시종이 한결같이 명백하게 처사함이니라"[34]는 정산종사의 지적이 이것이다. 회계의 대차 대조가 정확하지 않다는 것은 계산을 적당히 하기 때문이다. 계산을 적당한 선에서 얼버무리면 진실을 가리게 되고 결과적으로 고객의 고통을 야기함과 더불어 개인적으로 가패신망에 이르게 된다.

적당주의로 일을 처리하는 것은 정치인, 사업가, 스포츠계, 종교, 은행 계통 등 어디에도 통하지 않는다. 그것은 정도(正道)를 벗어나 있기 때문이다. 원불교 교리와 관련하여 이를 언급한다면 일원상 진리를 벗어나 있다는 뜻이다. 소태산은 '일원의 진리가 철저하여 언어의 도가 끊어지고 심행처가 없는 자리를 아는 것'[35]이라고 하였다. 다시 말해서 일원상이라는 신앙의 세계에서 세상을 철저히 직시해 보면 진리가 확연히 드러난다는 것이다. 진리에 철저하다는 것은 적당주의와 타협을 하지 않는 것이며, 매사 적당히 넘어갈 수 없는 공명정대한 진리의 세계를 의미한다. 일원상 진리는 철저한 인과보응의 원리에 따라 움직이기 때문에 적당히 하여 많은 성공을 이루려는 심보는 인과

---

34) 『정산종사법어』, 공도편 62장.
35) 『대종경』, 교의품 7장.

의 법칙에도 어긋나는 것이다.

철저하지 못한 적당주의는 결국 일원상 진리를 벗어나는 것으로 공부의 순서를 따르지 않고 월반하듯 적당히 넘어가는 행위이다. 참 도덕에 근거하지 않고 공부의 순서마저 벗어나서 쉽게 공부를 성취하려는 것은 사도(邪道)이다. 소태산은 사도에 떨어지는 것은 정도를 향하는 것과 다른 것으로 사사로이 일에 임하는 것이라고 보았다. "새로 입교한 사람으로서 먼저 도덕을 알고자 하는 것은 배우는 순서에 당연한 일이니, 나의 한 말을 명심하여 항상 도덕의 대의에 철저하고 사사한 도에 흐르지 말기를 바라노라."[36] 우리가 어떠한 일을 성취하려 할 때 정법 정도를 취해야 하는 이치를 모르고 적당히 타협하는 우를 범하게 된다. 2013년 한국사회를 뜨겁게 달궜던 원전비리는 원전의 정품 사용이 아닌 비품을 적당히 사용함으로써 비자금 마련을 도모한 것으로, 여름철 전기사용 경고지점까지 이른 전기 재앙과도 같았다.

따라서 매사를 어물쩍 적당하게 넘기려고 한다면 국가는 물론 개인도 실패로 이어진다. 열심히 노력하면 그에 맞는 성과가 따르지만, 정당히 노력하지 않고 적당주의로 성취하려 한다면 그것은 인과를 거슬리는 것으로서 도둑과 같은 심보이다. 무슨 일이나 자기가 하는 일에 최선을 다하지 않고 자기 위주로 적당하게 살면서, 복을 주는 부처도 확실히 모르며 불공을 잘못하여 실패하는 인생이 있는 것이다.[37] 원불교는 적당주의를 극복하고 철저한 인과주의에 따라 성취하려는 것

---

36) 『대종경』, 인도품 3장.
37) 김명원, 「엿 파는 두 사람」, 『마음은 어디서 쉬는가』, 출가교화단, 1997, p.245.

을 불공의 차원에서 접근한다. 세상사를 안일하게 대하면서 성공 인생을 바랄 수는 없다. 자기가 원하는 분야를 위해 노력하지 않은 채 적당히 하려한다면 실지불공을 통해 그 같은 보신주의의 인생을 극복하도록 가르치는 것이 필요하다.

우리는 인생을 적당주의로 살지 말고 매사 시종일관 불공해야 한다. "사람이 지난 길은 뒤끝이 좋아야 한다. 뒷마무리가 우세스런 사람들을 많이 목격하고 있다"[38]는 법어를 새겨볼 필요가 있다. 마무리를 대충 처리하는 것은 적당주의로 인생을 살아가는 것이다. 한국인의 안일한 고질병을 치유하지 못하고 대충 인생을 살아가는 사람은 적당주의에 물들어 있는 요령꾼임을 알고 철저한 실지불공이 요구된다.

---

38) 정명진, 「원불교 87회 대각개교절-영광영산성지서 만난 이광정 종법사」(중앙일보, 2002. 4.18).

# 제3장

# 종교회통과 원불교

## 1. 지역감정의 극복과 원불교

오늘날 한국사회에 지역적 폐쇄주의가 여전히 국가 발전의 장애로 남아있다. 한국인의 열린 마음과 포용적 신뢰의 결여 때문이라 본다. 이제 지역적 폐쇄주의의 보호 아래 타지역 문화와 담을 쌓고 자신들의 고유문화만을 유지해낼 수 있기에는 한계가 있으며, 타문화와의 만남을 통해서 상보관계의 길을 모색하면서 갈등 해소의 방안과 자기 지역의 고유문화의 승화를 향한 길이 있을 뿐이다.[1] 폐쇄가 아니라 교호적 관계에 앞장서는 일에 한국인들의 개방적 안목이 필요하며, 자기 지역중심의 이기주의 극복이 요구된다. 현대사회는 이미 해외자유여

---

1) 김성관, 「원불교 일원상 상징의 융화 효능성」, 『원불교학』 제2집, 한국원불교
학회, 1997, p.172.

행과 인터넷을 통한 시공의 열린 개방의 시대로 진입했다는 사실을 인지할 필요가 있다.

세계의 개방화 물결에도 불구하고 한국인들은 사분오열의 지역색깔로 인해 국 좁은 생각을 벗어나지 못하고 있다면 안타까운 일이다. 울안에 갇힌 국 좁은 갈등의 현상들은 무엇인가? 한국사회는 지역, 계층, 연령, 여야, 보혁 간에 극심한 대립과 갈등이 있으며, 또한 각 종교들이 종교시장에서 우위와 사회적 영향력의 강화를 위해 무한경쟁을 벌이고 있으며, 그에 따라 종교의 대립과 갈등이 심화되고 있다.[2] 좁혀 말하면 지역 간의 갈등에 더하여 종교 간의 갈등이 한국사회의 어두운 측면이다. 한국사회가 겪고 있는 전국 팔도의 지역감정은 망국병으로 자리하였다는 뜻이다.

이러한 맥락에서 볼 때 지역감정은 한민족이 단일민족이라는 자부심마저 삼켜버린 채 우리가 극복해야 할 현안 중의 현안으로 남아있다. 지역 간의 갈등은 넓게 보면 인종간의 갈등과 다를 것이 없다. 여기에서 각 종교가 인종차별의 극복과 국가 사회의 평등을 어떻게 실천에 옮길 것인가의 과제가 등장한다. 불교 평등의 시각에서 숙고해 보면, 전근대적 인종차별, 빈부 차이, 비좁은 지역감정, 종교 간의 불협화음을 간과할 수 없다[3]는 사실에서 바람직한 소통의 방법론을 모색해야 한다.

지역감정의 극복에는 우리 모두 지혜의 깨달음이 필요하다. 소태산

2) 노길명, 「한국사회에 있어서 원불교의 소명-사회발전을 위한 원불교의 역할과 과제를 중심으로-」, 제23회 원불교사상연구 학술대회《원불교개교 백주년 기획(Ⅰ)》, 원불교사상연구원, 2004년 2월 5일, p.12.
3) 불교신문사 편, 『불교에서 본 인생과 세계』, 도서출판 홍법원, 1988, p.115참조.

은 일원상 진리를 깨닫고 「일원상 법어」를 설하였다. 여기에서 시방
오가 사생일신의 정신이 발견되며, 세상 모두가 나의 가족이요 초목
금수도 한 몸이라는 성자 정신이 발견된다. "이 원상의 진리를 각하면
시방삼계가 다 오가의 소유인 줄을 알며, 또는 만물이 이름은 각각 다
르나 둘이 아닌 줄을 알며, 또는 제불조사 범부중생의 성품인 줄
을 알며…" 깨달음의 정신에서 보면 시방일가의 정신이 지역주의의
폐단을 극복하는 길이다.

실제로 원불교 새삶운동본부, 서울교구 청운회, 청년회, 대학생회
가 참가한 맑고 밝고 훈훈한 세상만들기운동연합이 참 정신을 구현,
맑고 밝고 훈훈한 세상을 만들기 위한 캠페인을 서울역과 명동성당 등
서울 중심가에서 전개했다. "우리는 원래 하나, 세계도 원래 하나, 싸
우지 맙시다. 동서도 원래 하나, 남북도 원래 하나, 싸우지 맙시
다"(2000.4.7)라고 하였다. 원래 우리는 하나이니 고착된 집착과 차
별심을 떨쳐버리고 하나 되는 운동을 해야 한다.

지역감정 극복에는 제도적 뒷받침이 필요하다. 소태산은 『정전』 사
요의 「지자본위」에 나타난 과거 각종 사회의 차별제도 조목을 밝혔다.
① 반상의 차별, ② 적서의 차별, ③ 노소의 차별, ④ 남녀의 차별, ⑤
종족의 차별이 그것이다. 이러한 세목들은 원불교의 교리가 어느 한
곳에 국한되지 않기 위해 추가된 부분인 바, 이에 더하여 빈부의 차별
이나 지역감정 등과 같은 문제가 극복될 수 있는 방인이 모색될 수 있
다.[4] 지역사회에 만연해 있던 반상, 적서, 노소, 남녀, 종족의 차별을

---

4) 김탁, 「원불교 사요교리의 체계화 과정」, 『인류문명과 원불교사상』(上), 원불
교출판사, 1991, p.283.

넘어서는 길은 불합리한 사회제도의 개선이 요구된다는 점에서 이는 국가적 과제이기도 하다. 지역감정을 벗어나지 못한다면 과거사회의 각종 차별제도를 벗어날 수 없다는 점에서 제도 개선이 시급한 것이다.

우선 국가적으로는 민중의 의식개혁이 요구된다. 정산종사는 한민족이 지역적 당파성을 벗어나야 단결할 수 있다고 하였다.『건국론』제2장 정신의 '마음단결'에서는 한민족의 운명을 고려하면서 오직 이념, 계급적 대립, 지역적 당파성을 초월한 심령의 단합이 있어야만 온 민족의 단결이 이룩될 수 있고, 또 온 민족의 단결이 결성될 때만이 국가의 초석이 확립되어 독립적인 민족국가가 건립될 수 있다고 했다.[5] 국 좁은 공간의식을 극복하는 의식개혁이 있어야 전 국민이 일치된 단결로 이어지기 때문이다.

지역감정의 폐단을 지적하고 이를 극복하기 위한 언론의 역할은 무엇보다 크다. 원불교신문에서도 지역감정 문제를 거론하고 있으니 그 시론(2000.4.14.)을 보면,「편 가르기, 이제 그만」이라는 글에서 지역감정에 대한 최선의 상책은 국민 모두가 성숙한 시민의식을 가져서 스스로 감정을 억제하고 타인의 격앙된 감정도 어루만지는 끈질긴 노력이 뒷받침되어야 한다는 것이다. 인종차별, 종교간 갈등에 더하여 최근 우리의 현실에서 치유해야 할 것은 아무래도 지역감정인 것 같다. 교단 언론에서 비판한 시론을 음미해 보면 종교인의 화합을 위한 실천운동이 아쉽다는 것이며, 여기에서 각 종교 언론의 적극적 참여가 기대되는 것이다.

---

5) 김정호,「송정산 건국론 계시」, 정산종사 탄생 100주년 기념사업회편『평화통일과 정산종사 건국론』, 원불교출판사, 1998, p.135.

한국 일간지에서도 지역감정 문제에 대하여 원불교 최고지도자와 인터뷰한 적이 있다. 망국적인 지역감정이 좀처럼 사라지질 않는다며, 원불교는 지역감정 해소에 적극 나서야 한다며 질문을 던진 것이다. 이에 지역간의 갈등은 반드시 멈추어야 한다며 이에 말한다. "원불교는 한때 총부의 재정이 부산·경남교도들 때문에 유지됐고 경남은 지금도 군청소재지에 모두 교당이 있다. … 언론의 경우 지역감정 관련 보도는 금기시해주면 좋겠다"(좌산종법사, 1999). 언론기관의 질문 배경에는 각종 총선과 대선을 치루면서 위정자들이 자신에게 유리한 표를 얻으려는 속셈으로 지역감정을 부추기는 상황에서 인터뷰한 것으로 이해되며, 각 종교들도 이러한 지역감정 문제를 적극 극복하는데 역할을 하라는 것이다.

널리 전파를 타고 있는 종교방송의 역할이 필요한 바, 원불교의 원음방송의 활동이 주목되는 것이다. 종교방송 중에서 원음방송은 제일 먼저 원불교뿐만 아니라 타종교와의 교류를 통해서 종교간 공동방송의 장을 마련한다는 말을 들었다며 국외인은 다음과 같이 말한다. "원음방송이 앞으로 종교와 종교간, 계층과 계층간, 지역과 지역간 모든 사람의 마음을 화합시켜 미증유의 위기를 극복하는데 큰 역할을 해줄 것을 기대한다."[6] 원불교방송 뿐만 아니라 기독교방송, 평화방송 등 이웃종교의 방송매체를 통하여 지역감정을 극복하는 대중매체로서의 역할이 필요한 것이다.

무엇보다도 지역감정의 극복을 위해서는 종교지도자들이 나서야 한

---

6) 김원기(노사정위원장), 「원음방송-국민의 심성을 바로잡는 원음방송」, 《원광》 293호, 도서출판 월간원광사, 1999년 1월, p.44.

다. "뿌리와 가지는 둘이 아니다. 서울과 지방이 둘이 아니며, 여와 야가 둘이 아니며, 호남과 영남이 둘이 아니고, 늙음과 젊음이 둘이 아니다."[7] 지역감정을 극복하자는 어느 교역자의 언급처럼, 자기가 태어난 지역을 선호하다 못해 타 지역을 비방하는 현상도 일종의 집착이라 본다. 종교적 영성에 의하여 영남과 호남, 호남과 충청이라는 차별적 상념을 벗어나는 통시안적 사유를 지닐 필요가 있다. 한민족은 미국의 큰 주(州) 하나보다 크지 않은 좁은 땅덩어리에 산다. 이 좁은 공간에서 상호 불신하고 선민의식을 갖는다는 것은 스스로 열등한 민족임을 시인하는 행위이다. 성직수행에 있어서 시방일가의 정신으로 지역 갈등의 벽을 허무는 일이 무엇보다 시급한 일이다.

## 2. 종교배타주의의 지양과 원불교

종교간 배타주의를 아무런 근거 없이 폄하하려는 것은 종교간 갈등을 부추길 수 있다는 점에서 여간 조심스러운 일이 아니다. 종교적 독단에 대한 비판의 시각을 갖는 것은 나름대로 일리가 있으며, 그것은 자기종교가 좋으면 다른 종교도 신뢰해야 한다는 이유 때문이다. 모든 종교는 나름대로의 절대적인 진리를 제시하므로 자신의 길만을 주장하고 다른 종교인들의 주장을 무조건 백안시하는 것에서 독선이 나오게 된다.[8] 종교의 도그마는 나름대로의 의미를 지닌다고 하지만 그것은

---

7) 이원조, 『마음소 길들이기』, 한국방송출판, 2002, p.109.
8) 황필호, 「종교적 독선과 이단시비」, 『한국인·한국병』, 도서출판 일념, 1987,

지나친 자기 확신으로 인해 오히려 고립을 부르기 쉽고, 이웃종교에 대한 곡해의 태도를 보이는 점에서 지양해야 할 것이라 본다.

중세와 달리 근래에는 문명교차가 빈번해짐으로 인해 이종교인들의 만남 횟수가 잦아지고 대화의 장이 열리면서 종교의 독선이나 배타적 태도를 반성하는 분위기도 감지된다. 인류문명권이 서로 교차하며 이질 문화의 상호 만남을 통한 창조적 자기변화를 경험한 것은 20세기 후반으로, 특히 서구 문명권의 아브라함 종교(유대교, 그리스도교, 이슬람교)가 오랜 배타적 태도를 반성하고 대화와 협력의 시대로 전환한 문명사적 사건은 제2차 바티간 공의회(1962~1965)였다.[9] 서구종교의 냉정한 성찰에 이르기까지 무려 2천년의 세월이 지났다. 천주교의 타종교에 대한 열린 태도의 움직임이 배타 일색의 여타의 서구종교에도 자극제가 된 것도 사실이다.

그럼에도 불구하고 한국의 일부 종교인들은 여전히 자기종교의 우월감 속에서 종교 배타의 감정을 확산시키고 있는 우려스런 상황 속에 있다. 현대사회에 있어서 종교배타성과 관련한 성향은 세 가지, 곧 극단적 종교배타주의, 종교포용주의, 종교다원주의가 병존하고 있다는 사실을 주목해야 할 것이다. 다시 말해서 타종교를 배척하고 자기 종교만 유일하다고 하는 종교배타주의가 있고, 타종교를 관용적으로 인정하면서도 자기종교만이 궁극적인 구원성을 가진다는 종교포용주의가 있고, 종교의 다양성을 충분히 인정하고 타종교의 구원성을 인정

---

p.103.

9) 김경재, 「기조발표-동서종교사상의 화합과 회통」, 《춘계학술대회 요지-동서종교사상의 화합과 회통》, 한국동서철학회, 2010.6.4, p.13.

하지만 자기 종교의 소속성과 가치를 긍정적으로 신앙하고 지지하는 종교다원주의가 있다.[10] 세계의 종교적 흐름에서 볼 때 1980년대부터 종교다원주의가 종교간 대화의 역할을 주도적으로 해왔다는 점에서 종교배타주의 극복에 해법이 되고 있는 것이다.

무엇보다도 종교배타주의를 극복하는 방법으로는 각 종교가 지니는 이념이나 가치관이 서로 다르다는 사실을 인정하는 것이다. 각자 신앙인들이 추구하는 이상향에 따른 종교 자유의 정신에서 볼 때 다양한 종교가 공존하는 이유가 분명하다. 동서 종교가 독특한 교리를 갖는 것은 그 교조가 인간의 본질, 인간이 살고 있는 이 현상계와 그 실재와 관계, 그리고 우주의 궁극적 원리가 어떤 것인가에 대해 각각 다른 관점을 갖고 있기 때문이다.[11] 예수의 이상향, 석가모니의 이상향, 마호메트의 이상향, 소태산의 이상향이 각기 다른 정체성을 지닐 수밖에 없다고 본다.

원불교는 각 종교가 지니고 있는 이상향을 존중하는 것이며, 그것은 일원주의의 회통사상에 기인한다. 일원상은 부처님의 심체를 나타낸 것으로 광대무량하여 천지만물의 본원이라면서, 유가에서는 이를 일러 태극 혹은 무극이라 하고, 선가에서는 이를 일러 자연 혹은 도라 하며, 불가에서는 이를 일러 청정법신불이라 하였으나, 그 원리에 있어서는 모두 같다[12]고 하였다. 원불교의 일원상 진리가 지니는 함의

---

10) 송천은, 「숭산종사의 종교관-일원상을 중심으로」, 숭산종사추모기념대회 『아, 숭산종사』, 원불교사상연구원, 2004.12.3, pp.96-97.
11) 정유성, 「원불교 과학관」, 『원불교사상시론』 1집, 수위단회사무처, 1982, pp.191-192.
12) 『대종경』, 교의품 3장.

는 원불교만의 독단적 이념이나 신앙세계가 아니라 유교나 불교나 도교의 근본 진리와 상통한다는 3교 회통의 진리에서 모색된다. 유불도 회통의 진리에는 기독교나 여타의 종교와도 회통할 수 있는 공감대가 있는 것으로 볼 수 있다. 기독교신앙에 길들여진 한 사람이 제자 되고자 하자 소태산은 "예수교에서도 예수의 심통 제자만 되면 나의 하는 일을 알게 될 것이요, 내게서도 나의 심통 제자만 되면 예수의 한 일을 알게 되리라"(대종경, 전망품 14장)고 하였으니, 유불도는 물론 기독교와의 회통을 강조한 것은 원불교의 일원주의 사상이 지니는 통합 활용성에 직결된다.

원불교가 포용의 종교라는 면에서 소태산의 일원주의는 정산의 삼동윤리에서 계승된다. 정산종사는 일원주의 사상을 실천하는 것으로 삼동윤리를 설하며 종교회통의 정신에서 동원도리(同源道理)를 설하고 있다. 동원도리는 모든 종교와 교회가 그 근본은 다 같은 한 근원의 도리인 것을 알아서, 서로 대동 화합하는 것이다. 불교와 기독교와 회교가 있고, 유교와 도교 등 수많은 기성종교가 있으며 신흥종교도 적지 않은 이상 서로 조화를 이루자는 뜻이다. "이 모든 종교들이 서로 문호를 따로 세우고, 각자의 주장과 방편을 따라 교화를 펴고 있으며, 그 종지에 있어서도 이름과 형식은 각각 달리 표현되고 있으나, 그 근본을 추구해 본다면 근원된 도리는 다 같이 일원의 진리에 벗어남이 없나니라."[13] 삼동윤리의 동원도리는 종교간 회통을 주장하는 첫째 항목이며, 정산종사는 이를 일원의 진리에 귀의함이라 하였다.

정산종사가 밝힌 삼동윤리는 대산종사에 이르러 종교연합운동으로

---

13) 『정산종사법어』, 도운편 35장.

이어진다. 종교간 배타주의를 극복하기 위하여 대산종사는 일원주의
와 삼동윤리를 계승하는 종교연합(UR) 운동을 전개하였다. 그는 원기
50년대부터 종교연합기구의 각종 회의는 물론 전국 각처에서 개최된
합동법회 등에 참석하여 종교연합기구의 창설을 주장하였다. 대산종
법사는 원기 50년 3월의 취임법설에서 '하나의 세계건설'을 강조하였
고(원광 제48호, 1965.6), 원기 51년 3월에는 「종교인으로서 갖추어
야 할 세 가지」(원광 제51호, 1966.4)라는 법설에서 종교 상호간의 융
화와 종교인의 대화를 강조하면서 종교연합기구의 창설을 구상하였
다.14) 그의 주장은 원불교 반백년기념대회의 주제와 직결되고 있으니
'진리는 하나, 세계도 하나, 인류는 한 가족, 세상은 한 일터, 개척하
자 일원세계'라 하였다. 일원의 진리는 하나이므로 모든 종교가 간격
을 털어내고 회통함으로써 세계평화 건설에 합력하지 않을 수 없다.

원불교의 종교회통 정신을 새겨보면서 종교배타성을 극복하는 구체
적 방법으로는 우선 종교 본연의 기능을 상기할 필요가 있다. 이를테
면 인격성숙의 기능이나 사회통합의 기능에서 살펴볼 필요가 있다는
것이다. 인격성숙의 측면에서 보면, 종교인들은 자기종교 우월성에
집착하는 것보다는 자신에 적합한 종교를 통해 보다 인격함양에 진력
하는 것이 중요하다고 본다. 또한 종교의 주요 기능의 하나가 사회통
합이라는 점에서 사회갈등보다는 통합을 위해 종교가 합력해야 하는
것이다. 종교가 특정한 신념만을 가지고 우리의 현실 문제를 수렴하
지 못할 때는 그 통합의 기능을 상실하게 된다.15) 모든 종교는 사회발

---

14) 손정윤, 「개교반백년 기념사업」, 『원불교 70년정신사』, 성업봉찬회, 1989,
    p.337.

전에 기여해야 하며, 사회가 겪는 갈등과 대립을 해소하는 일에 적극 나서야 한다.

한국사회에 만연한 종교배타주의는 자기종교의 건실한 발전보다는 오히려 자기종교의 집단이기주의로 변모할 수 있다는 것이다. 현대종교의 구제력과 공헌을 높이기 위해서는 자유 시장경제와 같은 체제에 있다고 하더라도 자기종교의 번영을 위한 지나친 교단주의나 집단적 이기주의, 배타주의를 벗어날 수 있는 높은 이상을 각 종교는 지녀야 한다.16) 종교의 집단이기주의라는 것은 일종의 종교배타주의가 낳은 사회병리 현상이라는 사실에 주의하자는 뜻이다. 여기에서 종교 집단 이기주의의 폐단에 경각심을 갖고, 교세확장의 이기주의를 극복함으로써 상호 이타주의를 지향하는 박애와 자비정신을 발휘하는데 진력할 필요가 있다.

그동안 원불교에서는 기회가 있을 때마다 종교간 대화를 역설해 왔으며, 종교대화에 매우 적극적인 자세로 임해 왔다. 원불교는 다른 교단들에 비해 교단 내의 분쟁도 적었고, 이웃종교들과 적극적인 교류 활동 및 여러 이유로 인해 사회적인 인식이 비교적 좋다고 본다.17) 원불교는 KCRP를 통해서 국내 종교간 대화에 적극 동참하고 있다. 또한 국제종교간 대화에 있어서 WFB, ACRP, IARF 등에 동참하고 있

---

15) 김도종, 「종교는 21세기 문화통합의 주체일 수 있는가」, 제17회 국제불교문화 학술회의 『21세기 불교의 전망과 과제』, 원광대 원불교사상연구원, 2001.5, pp.43-44.
16) 송천은, 『열린시대의 종교사상』, 원광대출판국, 1992, p.90.
17) 강돈구, 「원불교의 일원상과 교화단」, 『한국종교교단연구』 5집, 한국학중앙연구원 문화종교연구소, 2009, pp.16-17.

으며, 여타 종교간 대화의 모임에 참여하고 있다는 점에서 원불교는 종교간 대화에 있어서 이웃종교의 전범(典範)이 되고 있다. 원광대 원불교학과 예비교역자들도 타종교 탐방을 중시하여 한국의 천주교, 개신교 등을 방문하여[18) 종교회통의 정신을 성직자 교육의 차원에서 접근하고 있는 것이다.

앞으로 일반 종교학자들이나 원불교 교역자들은 각종 종교학회에 적극 참여하는 것[19)은 물론 종교배타주의 극복을 위해 종교 해석학의 새 패러다임을 제시해야 한다. 이를테면 신중심의 해석학에서 제종교가 지닌 보편으로서의 구원 중심의 해석학적 접근이 요구된다. 원광대 원불교사상연구원에서는 각 종교를 대변하는 다양한 종교학자들을 초청하여 종교간 대화의 필요성과 새로운 패러다임을 역설하는 자리를 제공해 왔다. 다양한 학자들이 원불교학술회의에 참여함으로써 종교 다원주의자들은 그리스도 중심 또는 신 중심의 해석학적 입장에서

---

18) 일례를 들면, 원광대 원불교학과 학생들 전체는 2000년 10월 21~22일 양일간 서울로 '문화기행'을 하였다. 첫째 날 문화 기행지로는 서울 사직단, 단군사당, 황학정, 국사당, 선바위, 서대문형무소 역사관, 독립문 등을 방문하였다. 둘째 날 오전에는 3개조로 나누어 영락교회, 소망교회, 대한성공회대성당을 방문하여 일요 예배를 보았다. 상당수의 학생들이 이 세 기독교를 방문하여 신선한 자극을 받았으며, 예배시의 성가대의 화음과 사회자의 능숙한 의례집행 등에 배울 점이 많았다.

19) 종교학을 공부하는 대학생들이 모여 학술과 문화를 교류하는 「2000 종교학도 학술·문화 한마당」이 2000년 11월 10~11일 원광대서 열렸다. 한국대학 종교학도 연합 주최, 원광대 교학대학 주관, 「共感-너를 통해 바라보는 나」란 주제 아래 열린 이번 행사는 올해로 9회째. 가톨릭대 종교학과, 서울대 종교학과, 원광대 동양종교학과, 한신대 종교문화학과, 감리교신학대 종교철학과, 영산원불교대 원불교학과, 원광대 원불교학과 등 6개대학 7개학과에서 2백여 명이 참가했다(원불교신문, 2000.11.17).

벗어나 구원 중심적 해석학을 펼치고 있다.[20] 이들은 종교 다원주의
를 통한 종교대화의 표준, 진리의 표준을 세워 종교의 정체성을 중심
으로 종교간 대화의 해석학을 제시한다. 한국의 종교배타주의 극복에
는 이러한 종교간 대화의 노력과 종교 지도자의 학회활동이 요구된다.

## 4. 국수주의 극복과 원불교

자기가 태어난 국가에 대한 애정이 있는 것은 당연하며, 한국인의
애국심 발현도 바람직한 일이다. 그러나 애국심이 자칫 국수주의에 치
우친다면 이는 다른 나라에 대한 배타주의로 다가서기 쉽다. 국수주의
적 성향이 있다면 이는 한국인으로서 극복해야 할 과제이면서 원불교
에서도 과제로 삼아야 할 것이다. 원불교의 교법정신에 의하면 편협한
국가주의(Nationalism)를 극복하고 세계주의(Cosmopolitianism)를
지향하는 것이기 때문이다. 류병덕 박사는 원불교 교단과 학계에 다
음과 같은 당면과제를 지적하고 있다. ① 사회변혁에 따른 선도적 역
할문제, ② Nationalism과 Cosmopolitianism의 문제, ③ 종교간의
윤리문제[21] 등이 그것이며, 여기에서 두 번째가 바로 교단의 국가주

---

20) 김명희, 「원효 화쟁론의 해석학적 접근-종교대화 원리를 중심으로」, 제27회
   원불교사상연구 학술대회《현대사회와 원불교해석학》, 원광대 원불교사상연
   구원, 2008년 1월 29일, p.28.
21) 류병덕, 「한국종교 연구의 회고와 전망」, 『전환기의 한국종교』, 집문당, 1986
   (양은용, 「원불교 학술활동의 현황과 과제-원불교사상연구원의 학술·연구활
   동을 중심으로」, 『원불교사상과 종교문화』 47집, 원광대·원불교사상연구원,
   2011.2, p.149).

의를 경계하고 있다.

원불교의 일원주의는 세계주의로서 어느 한편에 편협한 사상이나 치우친 행동을 지양하고 원융회통을 추구하도록 한다. 원융회통의 정신은 다음의 법어에서 발견된다. 소태산은 어느 날 제자들과 익산 남중리에 산책하였는데, 길가의 큰 소나무 몇 주가 아름다웠다. 한 제자가 참으로 아름다운 솔이라 하여 이를 교당으로 옮기면 좋겠다고 하였다. 소태산은 이에 말한다. "그대는 어찌 좁은 생각과 작은 자리를 뛰어나지 못하였는가. 교당이 이 노송을 떠나지 아니하고 이 노송이 교당을 떠나지 아니하여 노송과 교당이 모두 우리 울안에 있거늘 기어이 옮겨놓고 보아야만 할 것이 무엇이리요."[22] 소태산은 제자가 아직 차별과 간격을 초월하여 큰 우주의 본가를 발견하지 못하였음을 말한다. 그 제자는 큰 우주의 본가는 어떠한 곳이냐고 여쭈자, 소태산은 땅에 일원상을 그려 보이며 이것이 곧 큰 우주의 본가라고 하였다. 내가 사는 곳과 여타의 지역 모두를 있는 그대로 소통함으로써 우주를 한 집안 삼는 것이 원융회통의 일원주의이다.

소태산대종사의 각증(覺證)에 의한 일원주의는 정산종사의 삼동윤리로 이어진다. 삼동윤리는 인간들만의 울타리를 벗어나자는 것으로, 우주에 생존하고 있는 모든 생명체의 기운에 함께 하자는 '동기연계'에서 이러한 사유가 발견된다. 소태산의 계승자인 정산이 제시한 삼동윤리는 3교통합의 정신(대종경, 교의품 1장)을 확충한 것으로 파악되는 바, 그는 이를 통해 정치적 이념이나 종족간 대립, 종교간 갈등을 극복하는 보편윤리를 제시하였다.[23] 국가의 서로 다른 정치이념을

---

22) 『대종경』, 불지품 20장.

포용함으로써 인종간의 간극도 넘어서고 종교간의 차이도 극복하자는
것으로 이는 우리가 국수주의를 벗어나야 하는 것과 직결된다.

원불교가 한국에서 탄생하였다고 해서 한국이라는 공간개념 곧 국
수주의적 성향에 치우치면 개교동기의 본의를 벗어난다. 만일 국가라
는 공간개념에 사로잡히면 한국에 치우치는 종교로 전락하며, 그것은
소태산이 밝힌 일원주의 정신과도 배치되는 것이다. 한국불교에 이식
된 대중사상의 극치는 화엄사상에 의한 원융회통의 실천이었으니, 승
랑 원효 의천 보조 보우 서산 사명 등은 원융사상을 한국에 심은 위대
한 지도자였다고 한승조 교수는 말한다. 그에 의하면 조선 말기부터
일제 36년에 이르는 암담한 시기에 이러한 맥락이 끊어지는 듯했으나
1916년 소태산의 일원주의 표방에서 원융사상의 실천을 재현하려는
운동을 찾아볼 수가 있다[24]는 것이다. 원불교는 소태산의 원융회통
정신에서 볼 때 한국이라는 공간에 사로잡히면 세계의 보편종교의 대
열에 설 수 없다는 것을 알아야 한다. 원불교가 한국종교라는 울타리
에 갇히어 더 이상 세계의 종교로 나아갈 수 없기 때문이다.

무엇보다도 각 종교의 역할은 어떠한 이유에도 불구하고 시공에 국
집되어서는 안 되며, 특히 그 종교가 탄생한 국가라는 공간에 갇혀서
도 안 된다. 자기 영역의 공간에 사로잡히지 않고 보편가치를 추구하
는 대승적 판단과 실천을 도모하자는 것이다. 한국적 가치만을 고집
하지 않고 수많은 선진국 주도의 정보들 속에서 가능한 보편적인 가치

---

23) 김낙필, 「한국 근대종교의 삼교융합과 생명・영성」, 『원불교사상과 종교문화』
39집, 원불교사상연구원, 2008.8, p.46.
24) 한승조, 「한국정신사의 맥락에서 본 원불교」, 『원불교사상』 4집, 원불교사상
연구원, 1980, pp.52-53.

들을 창조해 내느냐 하는 것이 종교의 역할이기 때문이다.[25) 종교의 보편성이 곧 세계화의 길이요, 그것은 종교의 국한 없는 교리정신에 기인한다. 한국 태생의 민중종교들이 국가라는 공간에 사로잡혀 한국인 중심으로 포교활동을 한다면 그것은 세계종교로의 보폭을 넓히는데 한계가 따를 것이다.

이제 21세기는 국 좁은 시공 개념만으로 세상을 교화할 수는 없다. '지구촌'이라는 용어와 달리 자기 나라에 고집한다면 그것은 스스로 고립을 자초하게 된다. 소태산은 인지가 발달되고 생활이 향상되는 이 시대에 어찌 좁은 법만으로 교화를 할 수 있겠느냐며 다음과 같이 말한다. "마땅히 원융한 불법으로 개인·가정·사회·국가·세계에 두루 활용되게 하여야 할 것이니 이것이 내 법의 주체이니라."[26) 시간과 공간에 국한된 주의주장은 새 시대의 교법이 아니라는 뜻이다. 중생들이 자칫 자기가 사는 지역, 자신의 출생 지역만이 최고라는 우월감정에 의해 오로지 한국만이 축복받는 곳이라는 선민의식을 갖는다면 한국을 고립시키는 일이다.

따라서 원불교 교화의 방향은 편협된 '주의'를 극복하는 것에 초점이 맞추어져야 한다. 개인주의, 단체주의, 국가주의, 민족주의, 종족주의에 근거한 편협하고 이기적인 가치관을 대세계관, 대윤리관, 대세계관에 바탕한 대세계주의의 가치관으로 전환시키는 교화를 하여야 한다.[27) 주변에 여러 주의가 등장하는 것은 개인의 이기주의가 발동

25) 한내창, 「정보화 사회에 있어서 종교의 역할」, 1997년도 추계학술회의《정보사회와 종교교육》, 한국종교교육학회, 1997년 12월 12일, p.46참조.
26) 『대종경』, 교의품 33장.
27) 최영돈, 「결복기 교운을 열어갈 교무상」,《원불교교무상의 다각적인 모색》,

하기 때문이다. 종교의 이타주의적 이념으로서 이기주의를 극복하고 이타주의를 갖도록 하는 것이 원불교 교화의 바람직한 방향이다. 소아주의에 떨어지는 것은 중생심이요 만유를 포용하는 대아주의의가 부처의 마음이기 때문이다.

대아주의의 입장에서 정산종사는 민족주의나 국가주의를 넘어서도록 하였다. 그는 단순한 민족주의·국가주의를 넘어서는 세계주의를 통한 구국운동을 전개한 것으로 대동사회 실현의 전통을 지켰다.[28] 대동사회란『예기』「예운편」에서 처음 거론된 것으로 큰 도가 행해지면 모든 사람들은 자기 부모만을 부모로 생각하지 않고 남의 부모도 내 부모와 똑같이 생각하며, 자기 자식만을 자식으로 생각하지 않고 남의 자식도 내 자식과 똑같이 생각한다는 것이다. 나를 낳게 한 부모를 효도하는 심경에서 이 세상 모든 부모에게 효도하는 것이 대동사회의 본 면목이며, 그것은 지역 개념을 벗어난 우주의식으로 통한다. 원불교 사은 중에서 '부모은'의 본의를 새겨보면 모든 부모가 생명의 은혜임을 알게 된다.

지역이나 국가 개념을 넘어선다면 원불교는 한국의 민중종교에서 세계의 보편종교로 발전할 것이다. 이는 원불교가 국수주의에 사로잡힌 사람들을 교화해야 하는 이유이다. 원기 50년대에 활기를 띠었던 '한국종교협의회' 또는 '종교인협의회'에 능동적이고 주도적인 자세로 참여함으로써 원불교는 한국의 대표적 민족종교로 평가받게 되었다.

---

원광대 원불교사상연구원, 2003.2.7, pp.4-5.

28) 천인석, 「유교의 혁신운동과 송정산」, 정산종사탄생100주년기념 추계학술회의《傳統思想의 現代化의 鼎山宗師》, 한국원불교학회, 1999.12, p.54.

그러나 이에 만족하지 않고 세계종교로 나아가야 한다. 원기 69년
(1984) 5월 우리나라를 방문한 로마교황 요한 바오로 2세에게 대산종
법사는 한국 전통종교의 대표자 자격으로 환영인사를 하였으니 세계
종교로 뻗어갈 터전을 닦기 시작한 것이다.[29] 원불교는 한국의 민족
종교, 나아가 민중종교로 역할을 하면서 오늘날 세계종교로 발돋움을
하고 있는 바, 교서의 외국어 번역 등 해외교화를 통해 보편종교를 지
향하고 있다.

　종족과 이념의 벽을 넘어 보편성을 추구하는 것이 평화를 지향하는
종교 본연의 역할이다. 일찍이 정산종사와 대산종사는 소태산대종사
의 일원주의를 계승하여 신앙과 종족과 이념의 벽을 넘어서는 작업에
착수하였다. 법계의 기운을 돌리어 세계는 지금 그 방향으로 돌아가
고 있으나 아직도 벽의 울안에서 깊은 잠에 빠져 있는 모습들이 있어
평화를 위협하는 불씨가 되고 있다.[30] 내지역, 내나라, 내종교만이
최고로 아는 사람들이 주변에 있다면 이들을 교화해야하는 일은 현대
지성종교들의 급선무라 본다.

---

29) 손정윤, 「개교반백년 기념사업」, 『원불교 70년정신사』, 성업봉찬회, 1989,
　　pp.336-337.
30) 원기 86년(2001) 새해 벽두에 발표한 좌산종법사의 「하나로 만들어가자」라는
　　주제의 신년법문이다.

## 4. 다문화사회와 원불교

현대사회는 인터넷시대에 진입하여 시공이 급격히 좁혀짐으로 인해
국가간 장벽이 트이고 있다. 이미 우리는 지구촌에서 살고 있으며, 시
공을 초월하여 새로운 뉴스를 시시각각으로 접하며 살고 있다. 21세
기는 점차 국가 개념이 깨지는 시기로서 기업들도 다국적화되고 국가
개념에 얽매이지 않으려 하고 있다.31) 이처럼 나의 민족만을 위하며
살아가는 시대는 지난 것이다. 우리나라에 수많은 외국인들이 들어와
서 활동하고 있으며, 이미 농촌총각들의 부인들로서 외국인들이 상당
수를 차지하고 있다.

다문화사회에 접어든 현 시점에서 우리는 이제 단일민족이라는 자
부심으로 사는 것을 자랑할 시대는 아니라 본다. 원불교적 입장에서는
한국의 현 세태를 반영하면서 다문화 가정이 화합하도록 맞춤교화를
하여야 한다. 단일민족끼리 오순도순 살면 된다는 것은 이미 시대에
뒤진 사고이다. 단일민족이라고 반드시 단일국가를 가져야 하는가를
고려하면, 하나의 민족마다 한 개의 독립 국가를 가져야 한다는 주장
은 현실적으로도 지구상의 많은 다국적 민족들 사이에 혼란을 불러일
으키기 알맞은 주장이다.32) 원불교는 오늘날 다민족의 다양성에 접어
든 현실을 직시하고 그에 적합한 교화정책을 수립해야 한다는 것이다.

---

31) 김종서, 「광복이후 한국종교의 정체성과 역할」, 제32회 원불교사상연구원 학
술대회《광복이후 한국사회와 종교의 정체성 모색》, 원광대학교 원불교사상
연구원, 2013.2.1, p.20.
32) 백낙청, 「통일사상으로서의 건국론」, 『원불교학』 2집, 한국원불교학회, 1997,
p.588.

이미 소태산은 우리가 한 민족 한 국가만을 위하는 일을 해서는 안
된다고 하였다. 사업에는 한 민족 한 국가를 위하는 사업이 있고, 온
세계를 위하는 사업도 있다[33]고 하였기 때문이다. 그리하여 무궁한
세월에 민족과 사업의 국 트인 사유방식으로 길이 유전할 일에 매진하
도록 하였다. 지난 세기는 자기민족만을 위해 많은 국가들이 노력을
경주하였다. 이제는 국제 무역이 일상화된 상황이며 한국의 주식시장
도 외국인들에게 개방되어 있다. 세계 경제가 흔들리면 모든 나라의
주식시장도 흔들릴 정도로 서로 영향을 주고받는다는 사실을 인지하
고 한 민족 한 국가만을 위한 좁은 사유방식을 넘어서라는 것이다. 우
리나라는 이미 세계에 영향을 줄만한 국가가 되었으며, 다문화로 급
속히 이동하는 추세이다.

따라서 소태산은 세계의 다양한 나라의 자녀들은 그 근원을 보면
모두 한 형제들이라 하였다. 한국의 혈통만 가진, 한국에 거주하는 사
람들만이 한국인으로 알고 사는 것은 바람직하지 않다는 것이다. 한
사람이 질문하기를, 동양이나 서양에 기성교회도 상당한 수가 있어서
여러 천년 동안 서로 문호를 달리하여 시비가 분분하다며 장차 종교에
서는 이를 어떻게 접근해야 할 것인가라고 하였다. 소태산은 어떤 사
람[34]이 세계를 유람하면서 몇몇 나라에서 여러 해를 지내는 동안 그
여자와 동거하여 자녀를 낳고 돌아왔을 경우를 예로 든다. 자녀들이
자라난 다음 각기 제 아버지를 찾아 한 자리에 모였다면, 얼굴이나 언

---

33) 『대종경』, 교단품 6장.
34) 물론 본 예화는 자칫 가족윤리로 비화될 수 있으므로, 다만 예화로 들었음을
참고할 것이다. 따라서 여기에 거론된 남성은 생활상의 '난봉꾼'으로 이해하
면 좋을 것이다.

어·행동이 각각 다른 그 사람들이 서로 화해질 수 있겠는가를 상기시킨 것이다. 이들은 곧 골육지친임을 알고 한 집안을 이루어 서로 융통하고 화합할 것(대종경, 전망품 13장)이라 하였다. 인류는 본래 한 가족 한 문화라는 사실을 인지하자는 뜻이다.

한 동포요 한 집안을 이루는 것이 곧 사은으로 말하면 동포은인 바, 정산종사는 이를 삼동윤리로 새기었다. 그는 삼동윤리의 둘째 조항으로 '동기연계'를 밝히어 인종과 생령이 한 가족 한 생명체라고 하였다. 인종과 생령이 그 근본은 다 같은 한 기운으로 연계된 동포인 것을 알아서 서로 대동 화합해야 한다는 것이다. 이 세상에는 여러 인종이 여러 지역에 살고 있으며, 같은 인종 중에도 여러 민족이 있고, 같은 민족 중에도 여러 씨족이 각 지역에 살고 있으나, 그 근본을 추구해 본다면 기운은 다 한 기운으로 연하여 있다.[35] 동기연계의 본의는 인종뿐만 아니라 금수초목도 한 기운으로 되어 있으므로 우리는 다른 인종, 다른 지역에서 산다고 해도 한 기운 한 가족으로 상생 관계를 유지하는 것이 필요하다.

인류가 상생의 인연으로 맺어질 수밖에 없는 이유는 세계가 하나이기 때문으로, 설사 다인종들이 모여 산다고 해도 상부상조하여야 한다. 대산종사도 언급하기를, 모든 인종과 민족과 씨족들이 친선 교류하여 어려움을 극복하고 일원의 세계 건설에 일심 합력하도록 하였다. 세계의 모든 사업이나 모든 사상이 대동 화합해야 함에도 불구하고 세계가 한 집안을 이룩하지 못하고 보면 현대의 위기는 모면할 길이 없어서 장차 인류는 큰 불행에 부딪치게 될 것이다.[36] 우리가 다문화 다

---

35) 『정산종사법어』, 도운편 36장.

민족과 합력하지 못한다면 인류는 불행해질 수밖에 없다. 오늘날 다국적 여자들이 한국남성과 결혼하는 숫자가 많아짐으로 인해 다민족이 되어가고 있는 상황에서 그들을 따뜻한 감성으로 포용해야 할 것이다.

한국의 다문화 가족이 서로 화합을 이루지 못하고 한국사회에서 정착하지 못한다면 이보다 불행한 일이 없다고 본다. 정산종사는 인류가 한 권속임을 알아서 한 기운으로 살아가지 못하면 불행해진다는 것을 밝히었다. 만일 우리가 서로 화합하는 때에 세계의 모든 인종과 민족들이 다 한 권속을 이루어 서로 친선하고 화목하게 되고, 모든 생령들에게도 그 덕화가 두루 미친다.[37] 이에 우리는 모든 인류가 한 기운으로 연결된 원리를 체득하지 않을 수 없는 것이다.

앞으로 한국사회는 다문화의 물결이 빨라질 것으로 본다. 원불교는 다국적인들에게 따뜻한 감성으로 불공하는 일이 필요하다. 박청수 교무는 '원불교청수나눔실천회'를 구성하여 종교와 인종의 벽을 넘는 자비의 실천으로 세계 44개국 이상을 도아 왔으며 다양한 영역에서 활발하게 사회봉사 및 시민운동을 전개하였고, 김혜심 교무는 소록도에서 봉사활동을 펼친 후 남아프리카공화국, 스와질랜드, 에디오피아 등의 국가에서 아프리카 어린이 돕는 모임을 구성하여 빈민구호사업, 장애인재활사업 지원 등을 전개해 왔다.[38] 세계의 가난한 나라 모두가 우리의 동포임을 알아서 불공하는 운동은 원불교가 세계종교로 나아가는 가교인 셈이다.

---

36) 대산종사,『대산종사법문』제2집, 제3부 종법사취임법설,「하나의 세계 건설」.
37)『정산종사법어』, 도운편 36장.
38) 박광수,「원불교 사회참여운동의 전개양상과 과제」,『원불교사상과 종교문화』
   30집, 원광대・원불교사상연구원, 2005.8, pp.251-252.

세계종교임을 자처하는 한국의 각 종교들은 다종교사회로 접어들었음을 파악하고 서로 협력하는 일이 필요하다. 한국종교가 세계 종교문화 속에 합류하여 종교간 영향을 주고받을 수 있는 위치에 있기도 하다. 한국에서 시작된 새벽기도회 같은 독특한 의례가 다른 나라에서 업그레이드되어, 오히려 한국에 재도입되는 날을 기대할 수 있을지 모른다.[39] 한국사회의 다문화 물결을 상기하여 본다면 동서종교의 접근도 활발해질 것이다. 자기종교만이 구원할 수 있다는 우월감에 사로잡힌다면 종교분쟁으로 이어지는 만큼, 다문화가족과 종교다원주의는 21세기의 큰 흐름임을 거부할 수 없다.

종교다원주의·다문화가족의 시대에 접어든 만큼 원불교는 이를 깊이 인지하고, 다원주의·다문화 사회를 향도할 대안을 제시해야 한다. 원불교 교정원 국제부의 역할이 기대되며, 교립학교의 다문화가족 교화프로그램 개발이 시급하다. 원광대학교에서 개설 운영하고 있는 종교 교과목을 보면, 다종교 문화현상에 대한 이해와 아울러 종교현상의 문제점들을 파악하고 그 대안 제시를 시도하고 있다.[40] 다문화가정의 교화 프로그램에는 회교의 나라, 불교의 나라, 기독교의 나라에서 온 많은 외국인들이 있음을 알아서 그에 맞는 콘텐츠 개발이 요구된다. 많은 외국인들이 한국에 와서 살면서 그들이 오랫동안 믿어온 종교문화를 포용하는 것은 실지불공이나 해외교화의 차원에서 적극 권장할 일이다.

---

39) 김종서, 「광복이후 한국종교의 정체성과 역할」, 제32회 원불교사상연구원 학술대회《광복이후 한국사회와 종교의 정체성 모색》, 원광대학교 원불교사상연구원, 2013.2.1, p.20.
40) 현대사회와 종교, 2000교육과정 26쪽 참조(김귀성, 『학교에서 종교교육의 이해』, 문음사, 2010, p.241).

제4편_

# 한국사상과
# 최치원

# 제1장

# 최치원의 한민족관

## 1. 애국과 문필력

최치원(857~?)의 자는 해운(海雲) 또는 고운(孤雲), 해부 홍운(海夫 弘雲)이라고 하며 호는 유선이요 치원은 그의 이름이다. 시호(諡號)는 문창후이며[1] 벼슬은 시독 겸 한림학사를 지냈다. 그의 출생지는 묘량부 혹은 호남 옥구, 본피부나 고군산열도의 어느 섬이라고 하는 등 여러 설이 있으나 대체로 묘량부설이 정설로 여겨지고 있다. 그는 서기 857년에 출생하였다.

그의 생애는 크게 당나라 유학기와 환국한 후의 본국 활동기라는 것으로 구분할 수 있다. 이를 보다 세분해 보면 탄생 후 12세에 유학

---

1)『三國史記』, 卷第46, 列傳 第6, 崔致遠 條 참조.

하여 당에 머무른 시기, 환국 후 벼슬과 국정에 참여한 활동기, 마지막 벼슬을 버리고 자연 속에서 유유자적한 은둔기라는 세 가지로[2] 구분할 수도 있다. 서기로 환산하면 유년기(857~868)와 당나라 채류기(868~884), 귀국 활동기(885~896) 및 탈속기(896~?)로 구분된다.

고운은 12세(경문왕 8년, A.D 868)에 일찍이 상선을 타고 서쪽 당나라로 유학했는데, 그때 아버지의 간곡한 훈계를 마음속에 새겨 수학하면서도 심신 수련의 계기로 삼았다. 그의 유학 활동은 적극적이었으므로 종남산에서 『내단비결(內丹秘訣)』을 얻어 선술을 배우기도 했다. 그가 12세 유시에 고국산천을 떠나 이역만리에서 유학하던 결심이라든지, 또 당나라에서 그대로 벼슬하였다면 고관현작에 올라 일시의 영화를 마음껏 누릴 것이로되, 그 귀한 자리를 헌신짝같이 내버리고 수학한 것과 품은 큰 뜻을 계림에 돌아와서 단연 보시 역행코자 하던 충성과 애국의 지성이었다.[3] 계림에서 고운의 활동은 그다지 두드러지지 않았을망정 애국심의 표출은 만인의 귀감이 되었다.

저술활동에 있어서 대단하였던 고운은 특히 한학에 해박한 지식인이도 했다. 그의 손끝이 가는 곳은 화려한 문장으로 명성을 떨쳤다. 그러나 성리학자들이 말할 바와 같이 고운이 단순히 화려한 문장가만이 아니요 경학에도 능숙한 이학문조(理學文祖)였다.[4] 혹자는 그를 문장만 숭상한 사람이라고 비난하기도 하지만, 신라 말 최고의 지성으로서 그는 사회를 평정하고자 여러 시책을 내놓았다.

---

2) 『한국종교』 제10집, 원광대학교 종교문제연구소, 1985, p.131.
3) 徐首生, 「東國文宗 崔孤雲의 文學」(下), 『語文學』2, 語文學會, 1958, p.64.
4) 앞의책, p.93.

고운의 사상적 핵심은 동방민족으로서의 풍류도, 나아가 동인의식
으로서 한민족의 자긍심을 드러낸데 있다고 볼 수 있다. 그러므로 고
운의 사상을 이해하려면 우선 동인의식을 이해해야 한다. 고운은 본
래 우리의 사상, 우리 민족의 자긍심이 무엇인가에 대하여 관심을 불
러일으켰으며, 민족의 사상적 뿌리가 무엇인가에 대하여 관심을 가져
본 최초의 인물이라고 할 수 있다.[5] 지금까지 수많은 지성이 우리 한
민족의 애정을 문필로 혹은 행적으로 드러내었으며, 고운은 여기에서
한국사상의 뿌리를 확인해준 효시였다.

## 2. 동국문종으로서의 역할

### 1) 중화인의 감동

과거로부터 심오한 학문에 뜻을 둔 학자들은 그 목표를 달성하기
위하여 자기의 고향을 떠나 타국으로 유학을 가곤 했다. 오늘날의 경
우 미국이나 유럽 등으로 유학을 가는 편이지만 고대에는 유학의 대상
지가 주로 중국이었다. 한민족으로서 고운이 중국에 유학하여 처음으
로 필력을 떨친 역사적 사실은 주목할 만하다. 왜냐하면 한국의 사상
적 혼을 전한 이가 바로 그에게서 비롯되기 때문이다. 그는 초등학교
5학년 정도의 나이에 중국 당나라에 유학을 하여 호학정신을 통해 자
신의 포부를 천하에 떨치고자 하였다. 어린 12세에 바다를 건너서 유

---

5) 송항룡, 「최치원사상연구」, 『연구논총』 82-2, 한국정신문화연구원, 1982, p.320.

학하여 수려한 문장으로 중국을 뒤흔들었다[6]고 이규보(1168~1241)
는 찬미한 바 있다.

그가 중원의 광활한 땅에서 명성을 떨친 배경을 살펴본다.

첫째, 부친의 간절한 훈계가 큰 도움이 되었다는 사실이다.『계원필
경』에서 밝힌 바처럼 부친의 독려로서 "10년간 공부하여 과거에 급제
하지 못하면 나의 자식이 아니다"라며 아버지의 기원하는 바를 잊지
말고 공을 이루라는 간곡한 부탁을 환기해보자는 것이다. 부친의 이
와 같은 당부가 없었다면 고운은 낯선 곳에서 유학의 난관들을 극복하
기 어려웠을지도 모른다.

둘째, 고운 자신이 부단히 노력한 산물이다. 그는 머나먼 이국땅에
서 쉬지 않고 공부하여 중국인들에게도 감동할만한 실력을 쌓았다.
이국에서 외롭게 공부하던 심정을 그는 다음과 같이 토로하고 있다.
"가을바람 쓸쓸한데 애써 시를 지으니 바깥 세상길 외국이라 아는 이
적도다. 창밖 삼경의 빗소리 외로운데 등(燈) 앞에 앉아 마음만 달리
느니 만리의 고향이라."[7] 그는 이국에서 비명(碑銘)이나 시 등을 통해
고향으로 향하는 애틋한 심경을 드러내고 있다. 외국에서 겪는 고통
을 인내하며 끊임없이 노력한 결과 중화인들을 감동시켰던 것이다.

셋째, 고운 자신이 타고난 재능에서 비롯된다. 그의 재능에 대해 언
급한 후손 국현(國鉉)에 의하면, 고운 선생은 어려서 중국에 유학해서
일찍 과거에 급제하여 천하의 선비들이 감히 앞을 다투지 못하였으니

---

6) 李奎報,『李相國集』卷第22 雜文, 唐書不立 崔致遠列傳議.
7) 崔文昌候全集, 성균관대학교 대동문화연구원, 1972, p.24(秋風惟苦吟 擧世少
   知音 窓外三更雨 燈前萬里心).

그의 재덕은 실로 세간에 한 사람뿐이었다[8]라고 한다. 그의 저서에 수록된 글들은 한국인으로서 당시 유일하게 문학적 재능을 유감없이 발휘한 것이다.

지칠 줄 모르는 노력과 뛰어난 재능으로 인하여 고운은 당나라에 거주했던 16년 동안 그의 문장이 천하를 진동하였다. 후세사람들이 동국 문종 최고운 선생이라 하였음은 지당하다 했으니, 몸은 동국에 나서 문장은 중국에 떨치니 이 아니 장한가[9]라고 말한 백강 서수생의 칭송은 지나치지 않다고 본다. 고운의 문장은 타의 추종을 불허할 정도로 독보적 귀재로서 당시의 거목과도 같았다. 문장에만 능하였을 뿐만 아니라 시와 글씨에 있어서도 당대의 독보였다.[10] 문장과 시, 비명 등에 탁월한 재능과 솜씨를 지녔기 때문에 자존심 강한 중국인에게도 감동을 주지 않을 수 없었던 것이다.

중국인들은 이방인 고운의 명성에 시기를 한 것은 당연할지도 모른다. 자기나라 사람도 그러한 명성을 얻기가 힘든데 타국인이 와서 자기나라를 감동시킨 관계로 시기의 대상[11]이 되었다. 그의 문학적 명성은 나은(羅隱)의 칭호를 받은 것으로도 짐작이 된다. 그러나 중화(中華)를 자랑하는 저들의 고장에서 약관의 명성이 영화로움만은 아니었다.[12] 질시의 표적이었기 때문만은 아니었으나, 어떻든 고운은

---

8) 한글번역 孤雲 崔致遠先生文集, 제일문화사, 1982, p.885.

9) 徐首生, 앞의책, p.66.

10) 위의책, p.68.

11) 李奎報의 「唐書不立 崔致遠列傳議」에서는 崔孤雲을 위하여 傳을 세우지 않은 이유는 옛사람들이 문장에 있어서 서로 시기가 있었는데 하물며 致遠이 외국 사람으로서 중국에 들어가서 당시 名人을 짓밟았으니 이것은 중국 사람이 꺼리는 일이라 했다.

중국에 오래 머물지 않고 귀국하게 된다. 그가 어린 나이에 중원 고관에 임명되어 문장 또한 당나라에 전해졌다는 것은 신라에 있어서 전무후무한 일인 동시에 동국의 자랑13)으로서 그곳에서 많은 역할을 했으면 하는 아쉬움도 있다.

알려진 바처럼 고운의 문(文)에 대한 평가를 을지문덕의 무(武)와 비교하는 경향이 있는 관계로 그에 대한 평가는 문장의 최고봉으로 꼽히었다. 위만, 신라, 삼한 초 1천여년이 지나는 동안에 인재를 낳은 것이 을지문덕 같은 무관이 있었으나, 문장에 있어서는 대가라고 이를 사람이 없으니 오직 고운 최선생이 분연히 일어나 중국에 유학하여 이름을 천하에 진동했다.14) 역사의 흐름 속에서 고운에 대한 평가는 긍정과 부정의 양면이 있다. 즉 고려에서는 그를 추종하였지만 조선에 있어서 고운의 명성은 반드시 고려처럼 숭배적이 아니었다.15) 고려 대문호인 이규보나 정조 때 실학자 서유구 등은 다소 긍정의 입장에서 고운을 평하였으나 퇴계는 고운을 부정적으로 보기도 했다.

그러면 고운이 당나라에서 활약하면서 동인(東人)의식을 지닐 만큼 한민족의 자긍심을 갖게 된 배경을 살펴본다.

첫째, 당나라 사람도 급제하기 어려운데 한국인으로서 급제하여 관리를 했다는 것은 자부심을 가질만하다. 얼마나 노력했으면 현지인도 급제하기 어려운 중원 과거에 합격했다는 것은 고운의 실력을 감히 상

---

12) 尹光鳳, 『崔致遠의 鄕樂雜詠五首論-演戱史的 측면에서』, 碩士學位論文, 동국대학교 대학원 국어국문학과, 1980, p.12.
13) 徐首生, 앞의책, p.66.
14) 『한글번역 孤雲 崔致遠先生文集』, 제일문화사, 1982, p.885.
15) 徐首生, 앞의책, p.66.

상하기 어려운 일이라 본다.

둘째, 당시 어려운 사회를 평정하고자 문력을 다함으로써 적을 물리친 평화정신이다. 「토황소격문」(討黃巢檄文)이 그것이다. 그가 고병의 종사관이 되어서 본 격문을 지어 격서 한 장으로 난적을 항복하게 하였는데 그 명문은 중국 천하에 떨쳤다.16) 한시의 명문으로 난적 황소의 간담을 서늘케 하여 사회를 바로잡도록 한 점은 고운이 이국에서 평천하를 시도한 일례로 보인다.

셋째, 중국이라는 대륙에서 한국의 찬란한 문화를 알린 점이다. 당시 중국을 세계로 본 우리나라는 찬란한 문화의 꽃을 피우러 중국에 건너가 그곳에서 문장으로 이름을 떨친다는 것은 생각 이상의 것이며, 이는 개인의 영광이기 이전에 국가의 영광이다.17) 비좁은 한국을 중국 대륙에 널리 알린 것은 한민족으로서의 자랑이 아닐 수 없다. 더구나 우리 국가가 궁벽하였지만 그 문장의 재주는 실로 중국인보다 못지않았다.

### 2) 개산비조

신라 말기는 고운이 살다간 시대이며, 뒤이어 등장한 것은 신라 멸후 고려로서 서기 918년의 일이다. 왕건이 개성에 도읍을 건설한 것은 신라 말기 궁예를 내쫓음에서 비롯됐다. 그가 살았던 통일신라는 정치적으로 나말(羅末)이라 시국의 어수선함이 뒤따랐지만, 사회문화적

---

16) 柳承國, 『崔致遠의 東人意識에 關한 研究』, 제4회 國際佛教學術會議 大韓傳統佛教研究院, 1981, p.154.
17) 李九義, 앞의책, p.7.

차원에서 볼 때에는 문인들이 시나 문장을 짓는 등 한문학이 번창하였다. 고운의 한문 실력이 조종(祖宗)의 위에 올랐음은 놀랄 일이 아니다. 신라 하대에 한문학이 번성하여 당나라의 빈공과(賓貢科)에 들어가는 이가 나타나고, 그중 고운에 이르러 4·6 문체가 갖추어져 마침내 동방 한문학의 조종이 되었으니18) 그의 역량은 가히 놀랄만한 일이다.

고운의 저술은『계원필경』,『향악잡영(鄕樂雜詠)』, 비명(碑銘),『잡록』등이 있다.『계원필경』은 그의 대표작으로서 우리나라 시문집으로 알려져 지금까지 전해오고 있으니 개산의 비조로 삼지 않을 수 없으며, 이것이 또한 동방예원의 근본19)이라고 서거정(1420~1448)은 말하였다. 본『계원필경』은 문장이 수려하며 총 20수로 이루어졌으며, 이 작품의 문체는 4·6체, 시는 당시금체(唐詩今體)로서 동국문단의 샛별이었다.20) 고운은『계원필경』을 지음으로써 동국 문종의 입지를 굳혔던 것이며, 이에 버금가는 것은『사산비문(四山碑文)』에 새겨진 비문이다. 여기에는 한국과 관련한 언급들이 발견되며, 불교에 관련된 내용도 적지 않다.『사산비문』은 4·6 병려체로서 모두 내력이 있고 심원한 뜻을 지닌 관계로 해동비문(海東碑文)의 조종이 되었고 선종사(禪宗史)가 되었다.21) 이처럼『사산비문』을 통해서 그는 해동 비문의 조종이 되었음을 알 수 있다.

한국 고전소설로는 여러 가지가 있는데 후기에 고운을 모델로 하여

---

18) 韓國의 名著『桂苑筆耕集』, 현암사, 1969, p.83.
19) 『한글번역 孤雲 崔致遠先生文集』, 제일문화사, 1982, p.883.
20) 韓國의 名著『桂苑筆耕』, 현암사, 1969, p.59.
21) 徐首生, 앞의책, p.75.

고전소설의 지침이 되었다는 사실을 아는 사람은 많지 않다. 실제 『최치원전』은 내용과 형식에 있어 한국 고대소설의 규범임을 보여주며, 『최치원전』으로부터 우리 고전소설이 발달하기 시작하였다고 볼 수 있다.22) 이로부터 순수한 한국의 고전소설이 틀과 형식이 갖추어졌던 것으로, 이러한 공로에서 그는 개산비조가 되었던 것이다.

다만 아쉽게도 고운이 살다간 신라 때에는 한글이 없었기 때문에 중국의 한자를 빌려서 한민족의 사상과 감정을 전달하는 처지였다. 당시로서는 한자로나마 우리 고유의 사상 감정을 전달하려는 노력이 있었는데, 고운이 그 대표적인 인물인 셈이다. 비록 한문을 외국어로 차용했지만 고운은 국문학의 명맥을 유지해 왔으니, 남의 글로나마 우리문학을 나타낼 수 있는 터전을 이룩한 것이다.23) 한문학은 순수한 국문학은 아니라 해도 동양문화권에서 볼 때 넓은 의미의 국문학에 포함된다는 점을 고려해봄직 하다.

신라 말에 고운과 같은 많은 문인들이 있어 활동을 하였으나 고운처럼 한학의 비조 역할은 하지 못했다. 신라 말 빈공(賓貢) 제자가 김운경을 위시하여 무려 58명에 달하였건마는 그중에도 괄목할만한 동방 한문학의 비조는 고운이었기 때문이다.24) 58명이라는 수많은 인재들이 있었다 해도 고운의 뛰어난 업적을 뒤따르지 못했던 것이다. 많은 사람들은 우리나라 한문학을 거론할 때 고운을 개산조 또는 비조로 추앙하는 이유이다.

---

22) 정준민, 『최치원전의 전기소설성 연구』, 석사학위논문, 성신여자대학교 대학원, 국어국문학과, 1985, p.42.
23) 韓國人物大系1, 古代의 人物 「崔致遠」, 박우사, 1972, p.404.
24) 韓國의 名著 『桂苑筆耕集』, 현암사, 1969, p.47.

이처럼 고운은 한국 한문학의 개산조로서 높이 평가받고 있다는 점에서 커다란 자취를 남긴 인물이다. 고운과 같은 대문호가 나타나 중국에 문단을 울리고 시와 문장을 배워와 계림문단의 한 달마 초조가 된 것은 기쁜 일이다.25) 달마와 같은 칭송을 받은 고운은 우리나라에서 낳은 대문장가며 사상가며 철학가며 종교인이라고도 볼 수 있다. 김중열은 이에 말하기를, 고운은 한국이 낳은 가장 위대한 문인으로 예로부터 동국문종이니 개산시조니 하는 칭호로 불려왔다26)고 했다. 고운의 뛰어난 실력과 한문학에 눈을 뜨게 해준 공로가 크다는 사실이다. 그의 문장은 신비하고 식견이나 소행이 참으로 백세의 스승이라 할 만하며, 좁은 이 나라에 태어나서 문학을 창건한 공이 크다27)는 것이다.

고운의 업적에 대한 평가가 더욱 높아져 그 후손들에게 국가의 후의(厚意)가 따르기도 했다. 조선 명종 7년(1552)에는 문창후 고운을 동방이학의 조종으로 삼고 그 후손들에게 군역과 노역을 면제해 주었다.28) 그 뒤 21년 후에도 그의 후손에 대한 후의가 내려졌으며, 선조 6년(1573)에 문창후는 도덕과 문장이 우리 동방에서 제1인이니 그 자손은 비록 미천한 서손까지라도 군역에 침범하지 마라29)고 했던 것이다.

오늘날 우리는 개산비조로서 고운의 공훈을 깊이 새겨야 한다. 살

---

25) 위의책, p.56.
26) 金重烈, 孤雲文學에 대한 諸家의 評價攷(Ⅰ), 論文集 9輯, 군산대학, 1984.12, p.2.
27) 한글번역 孤雲 崔致遠先生文集, 第一文化社, 1982, p.848.
28) 李九義, 앞의책, p.10.
29) 한글번역 孤雲 崔致遠先生文集, 제일문화사, 1982, p.852.

아있는 고전, 생동하는 문집으로 여기고 여기에 담겨 있는 천년 전 고
운의 얼을 찾아 맥맥히 이어가는 한국인의 머리와 심장과 눈과 손발을
재발견해야 할 것이다.[30] 고운의 업적을 재음미하면서 그의 문필력이
시공을 초월하여 오늘날 한민족의 감성을 더욱 심화시켜가는 계기가
될 수 있으리라 본다.


## 3. 동인의식의 고취

### 1) 태평승지의 동토

우리나라는 지리적으로 동쪽에 위치하고 있기 때문에 동방의 나라,
곧 동토(東土)라고 한다. 이러한 동토를 과거 통일신라 때 태평하고
살기 좋은 나라라고 외친 자가 있었으니 그가 바로 고운이다. 그는
'동'(東)에 대하여 해석하기를, 뿌리라고 하여 어질고 살기 좋은 땅이
라고 하였다. 왕제(王制)에 동쪽을 이(夷)라 한다 하였고, 범엽은 이
(夷)는 뿌리라는 뜻으로서 어질고 살리기를 좋아하는데 모든 물건은
땅에 뿌리를 박고 나오기 때문[31]이라는 것이다. 살기 좋은 태평의 땅
이라고 하면서 고운은 다음과 같이 말한다. "아(雅)에 보면 동쪽으로
해 뜨는 곳에 이르면 그곳이 태평이다. 태평의 사람은 어질다."[32] 세
계의 여러 나라 중에서도 해 뜨는 동방이 곧 태평하다는 의미로서 한

---

30) 韓國의 名著,『桂苑筆耕集』, 현암사, 1969, p.59.

31) 崔致遠,『海印寺善安住院壁記』參照.

32) 위의책, 按爾雅云 東日所出爲大平, 大平之人仁.

국의 산하대지를 수려하고 길한 곳으로 파악했다.

고운은 수려한 한국강산을 찬양하면서 애국 애민의 정신을 강하게 드러내고 있다. 「해인사묘길상탑」에 그의 애국충정이 드러나 있으니, 이러한 사실에서 고운의 호국적 애민정신을 알 수 있다.[33] 그가 한국의 땅을 사랑하여 길한 곳으로 천명함은 애국하고 애민하는 것이라 보았던 것이다.

아울러 고운의 예언자적 지혜가 발견되고 있으니, 한국의 미래상을 감지하게 해준다. 고운을 소재로 한 「강산곡」에서 한국의 정치적 흐름을 예언하고 있다. 특히 한국 역사의 흥망성쇠를 말한 내용을 보면, 사면강산의 모습이 천사만사조공(千事萬事朝貢)할 기상이라 하였고, 삼국시대를 이어 신라통일, 고려조 정권교체를 상징적으로 표현했으며 왜적 침입을 슬퍼하였고 충청도의 계룡 도읍과 경상도에서의 조씨 집권을 예언하고 있다.[34] 고운 사상을 소재로 하여 한민족의 미래상을 예언함은 통찰의 산물이라고 할 수 있다.

또한 고운은 과거로부터 믿어온 풍수지리설에 상당한 관심을 보였다. 풍수지리란 예언자적 입장에서 음양오행설로 길한 곳을 찾는데 집중을 하는 것이라 정의할 수 있다. 그는 어떻게 보면 한국의 전 국토를 길한 곳이라고 예언한 풍수지리학자와도 같았다. "절은 지방의 터를 변화시켜 복된 장소를 만들어서 백억겁 동안 험난한 세속을 제도하는 것이며, 묘는 지맥을 택하고 하늘의 마음에 맞추어 사상(四象)을

---

33) 崔根泳, 『新羅末 崔致遠의 思想的 性格』, 碩士學位論文, 단국대학교 대학원, 1977, pp.19-20.

34) 林憲道, 崔孤雲江山曲硏究, 가람 이병기박사 頌壽論文集, 삼화출판사, 1996, pp.304-305.

묘지에 포괄하여 천백대 동안 그 끼친 복을 보전한 것이다.")35) 동토를 자긍심으로 삼았던 고운의 입장에서 보면 한국의 전 국토가 태평하고 길한 장소라고 이해해도 좋다.

사실 고운은 한국 전체의 땅을 동방의 군자국이라 하였으니, 군자국의 바다 물결은 조용하고 천지가 화평하고 사시가 고르고 지재(地財)가 풍부하다36)고 극찬하였다. 물결도 고요하며 천지기운도 평화롭고 사계절의 아름다움도 고르다고 했으며, 특히 지재라는 용어로써 동토의 태평승지를 나타내고 있다. 그는 동방이 호생(好生)의 원초적 터전 하에서 풍속과 함께 양보 속에 잘 지켜지고 있음을 근거삼아 동토를 태평한 곳이라 언급하였다.

아울러 고운은 지령(地靈)은 호생(好生)하다고 했으니 더욱 동토에 대한 애정이 나타난다. 지령의 호생을 근본삼고 풍속 또한 서로 양보함을 우선순위로 삼아 화락한 태평의 봄이요 은은한 고대의 교화37)라고 고운은 말한다. 서로 양보하는 풍속이 없다는 것은 항상 불안할 따름으로 태평승지하지 못하다. 하지만 동방의 한국은 길한 국토이기 때문에 상생하며 풍속도 겸양과 미덕으로서 베풀어지는 아름다운 곳이라는 것이다. 서로 살리는 풍속의 미덕이 동토에 있음으로 인하여 인효(仁孝)가 이 나라를 태평승지하게 만들기 때문이다. 태평승지는 인(仁)에 있다고 한 것을 보면 유교의 인과 효의 사상을 중시했다38)고

---

35) 『新羅國 初月山 大崇福寺 碑銘』, 梵廟也者 所居必化 無往不諧 故能轉禍基 爲福場 百億劫濟其危俗 靈隊也者.
36) 위의책, 遂使海波晏 塞塵淸 天吏均 地財羡.
37) 『智證和尙碑銘』, 地靈旣好生爲本 風俗亦交讓爲先 熙熙 大平之春 隱隱上古 之化.

본다.

동토의 길한 풍수설을 심화시킨 흔적은 고운의 저술에 나타나 있는데, 특히 동방을 호칭한 여러 예에 드러난다. 그는 동방을 가리켜 인향(仁鄕), 혹은 군자지향(君子之鄕), 동방세계라 하였다.[39] 동토가 해박하여 민심이 어질지 못하면 인향이 되지 못할 것이요, 군자국도 되지 못할 것이므로 그가 밝힌 동토는 모든 부정적 요소가 배제되어 활력으로 가득 차 있는 것이다. 호생적 동토이므로 오늘아침 지혜의 태양이 동방에 떴으니 문수께서 동묘에 강림했음을 알겠다[40]고 고운은 말하였다.

흥미롭게도 고운이 유교와 도교보다는 불교의 입장에서 동토의 태평승지를 밝히고 있다. 주로 『사산비명(四山碑銘)』에서 태평승지한 동토가 언급되고 있다. 불교 차원에서 태평승지한 동토를 밝힌 내용을 살펴본다.

첫째, 불교가 일찍이 동토에 비쳤기 때문에 태평승지라고 하였다. 서방이니 남방이니 북방이니 하는 등 여러 방소가 있지만 동방의 불교와의 깊은 인연을 밝혀 동방 불국토에 대한 자부심을 가졌다. 이와 같은 자부심의 발로로서 불법이 동방에 먼저 비쳤으니 그곳은 다름 아닌 우리에게 태평승지하다[41]는 것이다.

둘째, 불법의 법인(法印)이 동방에 내려졌으므로 태평승지라고 했다. 고운은 말하기를, 진실로 하늘이 불법을 나타내어 서역을 돌아보

38) 崔根泳, 앞의책, p.50.
39) 柳承國, 앞의책, p.159.
40) 『贈希朗和尚 六首』중 二首, 今朝慧日出扶桑 認得文殊降東廟.
41) 宋恒龍, 앞의책, p.320.

고 해인(海印) 동방에 유포되니 군자의 나라에서 법왕(法王)의 도가
나날이 깊어졌다42)는 것이다. 불가에서는 법계의 증득을 매우 성스럽
게 여기고 있다. 이러한 맥락에서 볼 때 법인(法印)이 동방에서 내려
졌다고 언급한 것은 이 나라가 길하다는 동토관을 드러내는 것이다.

셋째, 모든 선근(善根)이 동토에 심어졌으므로 태평승지라고 했다.
불가에서는 업의 종자가 있는데 선업을 짓는 것이 극락으로 가는 길이
라고 가르친다. 그래서 선근의 업종자가 동토에 심어졌음은 곧 동토
의 태평승지한 극락을 암시하는 것으로 보인다. 고운은 경전의 법어
를 인용하며 말한다. "세상에서 나서 세상에서 나간 뒤라도 모든 선근
은 모두 가장 좋은 신라의 땅에 의지하라 하였다. 그런즉 땅의 이름이
서로 들어맞아야 하늘의 말씀도 찾을 수 있다. … 산을 가야라 한 것은
석가가 도를 이룬 곳과 같다."43) 선근종자가 동토에 뿌려졌음을 밝히
고 있으며, 석가모니의 득도지가 동방의 한 지명인 가야와 같음을 드
러내고 있다.

그리하여 고운은 선근의 종자를 뿌림에 대해서 미륵불을 예로 들며
좋은 지방을 택한 다행스러움을 말한다. 그는 말하기를, 5백만의 어진
사람이 좋은 지방을 선택하였으며 계족산(鷄足山) 봉우리에서 미륵
불을 기다리듯 길이길이 계림의 나라에 있어 달라44)고 하였다. 계림
의 나라에 있어 달라는 부탁은 백성들이 좋은 지방을 선택했기 때문이
며, 이는 곧 불가의 업보 중에서 선근을 파종한 결과이다.

---

42) 『智證大師 寂照之塔碑銘』, 寔迺天彰西顧 海印東流 宜君子之鄕 染法王之道.
43) 『伽倻山海印寺結界場記』, 世及出世諸善根 皆依最勝尸羅地 然則地名相協 天
　　語可尋 … 山稱迦耶 同釋迦文成道之所.
44) 『無染和尙碑銘』, 五百年擇地 鷄峰待彌勒長在東鷄林.

하여튼 동방의 태평승지란 만물이 번성하는 곳이라 하는데, 번성을 이루는 곳은 봄바람의 위업을 동방에서 토해낸 것으로 본다. 고운은 이와 관련하여 말한다. "빛나고 성대하고 또한 실다워 팔현(八紘)의 누리를 비춰주는 것은 새벽 태양처럼 고른 것이 없고, 기운이 화평하고 또한 포근하여 만물의 성공을 이루게 함은 봄바람처럼 넓은 것이 없다."45) 고운이 『해인사선안주원벽기』(海印寺善安住院壁記)」에서 밝힌 바처럼, 동방의 한반도는 태양처럼 상승하고 달처럼 왕성하여 물은 순조롭고 바람은 온화하다(日昇月盛)고 했다. 또 새싹이 무성히 뻗어나서 생기고 변화하는 것이 동쪽(震)을 터전으로 하여 출발하는 것(生生化化 出震爲基)이라고 했다. 동방은 만물이 번성하고 새싹이 돋아나는 곳으로서 한민족의 무궁한 발전을 기약하는 터전임을 알게 된다.

### 2) 유순인애의 동인

한국인으로서 애국심 곧 동인(東人)의식을 가져다 준 사람은 고운 이다. 그의 마음에는 동방의 나라 군자국에 대해 대해 자랑하고 싶었 을 것이다. 군자국은 우리나라를 음미하는데 한국인으로서 고운은 뿌 듯한 군자국의 아들임을 자부하였다.46) 군자국에서 태어난 자손임을 밝힌 고운은 한국인으로서의 자기 주체성을 분명히 한 것이다.

자기 주체적 동인의식은 긍정적인 측면에서 보면 선민의식과도 같

---

45) 위의책, 光盛且實 而有暉八紘之質者 莫均乎曉日 氣和且融而有孚萬物之功者 莫溥乎春風.
46) 『한국종교』 제10집, 원광대학교 종교문제연구소, 1985, p.161.

다. 고운은 동방이라는 공간 개념에 대한 자연성에서 의미를 찾음으로 동방에 위치한 고국이 군자국임을 밝히고 이를 바탕으로 하여 선민의식을 부여하였다.[47] 그의 선민의식은 타국을 무시하는 것이 아니라 타국민들과 조화하면서 주장된다. 그는 이미 사상적으로 타국에서 유래한 유불도 3교와 조화하여 우리 고유의 사상으로 흡수하였다. 따라서 그의 선민의식은 서방에 대응한 동방의 종족적 선민의식이나 이스라엘의 유태교적 선민의식이 아니다. 그들의 배타적 색체가 농후한 선민의식을 벗어나 동방의 나라가 공유한 유불도 3교의 회통을 추구하고 있기 때문이다.

고운이 밝힌 동방의 자긍심은 그가 종교적 수련을 게을리 하지 않은 결과로 평가된다. 그는 수련에 더하여 재계(齋戒)를 중시하였으므로 타국을 무시하는 교만함도 없었고 도의를 추구하려는 청초한 사람이었다. 인격적으로 숭앙을 받을 수 있었던 조화적 자세에서 고운의 유순인효(柔順仁孝)한 동인의식을 확인할 수 있다.

유순인효의 동인의식은 고운의 자국에 대한 군자론에서 언급되고 있다. "신(臣)의 본국은 비록 울루(鬱壘)의 반도와 접경이오나 위력으로 대하는 것을 숭상하지 않고 또 백이와 숙제의 고죽국과 이웃되어 본래 청렴하고 겸양함을 바탕으로 하였으며, 하물며 구주(九疇)의 남긴 규범을 빌리고 진작 인조(人條)의 교훈을 계승하여 말만 하면 반드시 하늘이 경외하고, 다닐 적에는 모두 길을 양보하니 대개 인현(仁賢)의 교화를 받아 군자란 이름에 부합된 것이외다."[48] 즉 한반도의

---

47) 송항룡, 앞의책, p.20.
48) 『讓位表』, 臣以當國 雖鬱壘之蟠桃接境 不尙威臨 且夷齊之孤竹連疆 本資廉

군자들은 청렴한 성품을 지닌 까닭에 권력을 싫어하고 순수 겸손하다
는 것이다. 그래서 모두가 그에게 경외심을 갖고 군자의 가르침을 받
는다고 하였다.

또 고운은 군자의 자격을 갖춘 사람의 본보기로서 대랑혜화상(大朗
慧和尙)을 언급하고 있다. 『사산비명』에서 이와 관련하여 언급한다.
오직 준풍(俊風)이나 욱일(旭日)은 모두 동방에서 나온 것이며, 하늘
이 이 두 가지 남은 경사를 모아서 특수하게 일개의 영성을 내리어 그
로 하여금 군자국에 태어나게 하여 특히 범왕가(梵王家)를 수립하게
한 것은 대사 바로 대랑혜화상[49]이라는 것이다. 대랑혜화상이 곧 군
자로서 품격을 갖추어 모든 것에 순리대로 응하였으니 동방의 군자국
에 태어나도록 하늘이 위력을 내려주었다고 한다.

군자국 동방의 나라를 오상(五常)이라는 방위로 언급한다면 인의예
지신 중 어디에 속하여 있는가? 이에 대한 의문은 풍수지리 차원에서
진지한 질문이라 본다. 왜냐하면 길한 동방의 방위를 윤리와 부합시
킨 고운의 의도가 드러나 있기 때문이다. "오상으로 방위를 나눔에 동
방에 배치되는 것을 인(仁)이라 하고 3교에 명칭을 세움에 정역(淨域)
에 나타난 것을 불(佛)이라 한다."[50] 그의 언급에서 알 수 있듯이 동
방이 인위(仁位)에 배열되어 있고 불교의 나라로 간주되고 있다. 풍수
지리의 차원에서 한반도를 오상과 결부시킴으로써 고운은 동방의 동

---

退 矧假九疇之餘範 早襲八條之敎源 言必畏天 行皆讓路 蓋禀仁賢之化 得符
君子之名.

49) 『大朗慧和尙碑銘』, 惟俊風與旭日 俱東方自出也 則天鍾斯二餘慶 岳降于一靈
性 俾挺生君子國 特立梵王家者 大師其人也.

50) 『智證大師碑銘』, 五常分位配動方者曰仁 三敎立名 現淨域者曰佛.

인을 불심의 인자한 사람들이라 보았다.

이에 더하여 고운은 동방의 풍속에도 관심을 갖는다. 동방의 풍속은 군자국답게 예의와 여유가 풍족하다고 했다. "군자국의 풍속은 예의가 바르고 작작하게 여유가 있었다."[51] 여기에서 동방인의 예의를 언급함과 동시에 동인의식을 고취시킴으로써 어질고 여유 있는 삶을 유도한 것이다. 동인의식에 바탕하여 한민족의 품격을 논한 것은 유순인효(柔順仁孝)의 인품론을 부각시키려는 의도에서 접근한 것으로 본다.

그러면 고운이 밝힌 동인의 인품론에 대하여 네 가지 측면에서 밝혀보고자 한다.

첫째, 동인은 인자한 성격을 품부한 인인(仁人)이다. 유승국은 이에 말하기를, 동인의 성품을 가리켜 성자유순(性玆柔順) 또는 종선지류(從善知流)라 했으며, 도가 사람에게 있고 사람 중에도 동인은 인인(仁人)[52]이라 하였다. 고운이 동인을 자비롭고 어진 사람으로 관련지은 것에서 동인이 선한 성품을 지니고 있음을 확인해주는 것이라 본다.

둘째, 동인은 효와 충을 하나의 생활이념으로 살아가는 충효인이다. 고운은 어린 12세의 나이로 당나라 유학을 떠나는 날 상선을 타기에 앞서, 그의 부친은 아들로 하여금 성공을 하여 동방의 자랑스러운 인물이 되어달라고 당부하였다. 고운은 자식의 도리로서 부친의 당부를 유학 중 한 번도 잊은 적이 없는 효자였다. 나태하고 힘들 때 이를 극복하는 금언으로 삼아 성공할 수 있는 계기를 만든 것이다.

---

51) 『大崇福寺碑銘』, 禮義鄕風 綽有餘裕.
52) 柳承國, 앞의책, p.159.

부친을 향한 지극한 효성에 의해 그는 약관의 18세 나이에 과거 급
제를 하였다. 그는 효에 대해 언급하기를, 유교는 가정에 들어오면 효
도하고 나가가서는 나라에 충성하는데 이것이 공자의 가르침[53]이라
하여 충효를 실천윤리의 덕목으로 삼았다. 또한 그는 대랑혜화상(大
朗慧和尙)의 효에 대하여 언급하였다. 화상은 유년시절 앉아 있을 때
반드시 가부좌를 하였고 아이들과 놀 때에 불상과 불탑모양을 그리고
쌓았으며, 하루도 부모님 슬하에서 떠나지 않았다[54]는 것이다. 화상
의 부모에 대한 지극한 효성을 드러내고 있다.

셋째, 동인은 예의를 잘 지키는 예인(禮人)이다. 그는 다음과 같이
말한다. "옥황께서 선조에게 시를 내려 이르기를 '예의는 너의 나라가
으뜸이요, 시서(詩書)를 집집마다 마련해 두었다'라고 하였다."[55] 이
처럼 고운은 한민족이 동방예의지국임을 밝히며 예절바른 동인의 인
격을 강조하고 있는 것이다.

넷째, 동인은 유순하여 강직함을 드러내지 않는 유순인(柔順人)이
다. 고운에 의하면, 동방국 사람은 성질이 유순하고 또 지기(地氣)는
선물(善物)을 발생시키는 곳이라, 산림에는 수행하는 사람들이 도로
서 벗을 모으고 강하가 바다로 흐르듯이 백성들이 불법을 따랐다[56]고
한다. 고운은 이처럼 도락을 즐기며 온전한 수행을 통해 길러진 동인

---

53) 『鸞郞碑序』, 且如入則孝於家 出則忠於國 魯可冠之旨也.
54) 『無染和尙碑銘』, 大師阿孩時 行坐必合掌趺對 至與羣兒戱 畵墁聚沙 必模樣
    像塔 而不忍一日離膝下.
55) 『謝嗣位表』, 故昔玉皇賜詩先祖曰 禮義國爲最 時書家所藏.
56) 『大崇福寺碑銘』, 性玆柔順 氣合發生 山林多靜黙之徒 仁會友 江海協朝宗之
    勢 從善如流.

의 유순 온유한 인품을 드러내고 있다.

우리에게 자긍심을 가져다주기에 충분한 고운의 동인의식을 새겨본다면, 한민족의 품성에는 유불도 3교의 가르침이 몸에 체질화되었다는 것이다. 이에 각 종교와 관련하여 동인의 선한 성품을 살펴보도록 한다.

먼저 유교적인 측면에서 동인의 성품을 거론해 본다. 동방인은 천성이 유순하여 삼방(서, 남, 북)의 여러 나라들과 비교하여 특이하므로 공자가 중국에서 도가 행해지지 않음을 개탄하여 뗏목타고 바다건너 동쪽으로 가고 싶다57)고 하였다. 이는 고운이 유교의 교조인 공자의 성품을 드러냄과 동시에 동인으로서의 긍지를 드러낸 것이다.

이어서 불교적 측면에서 동인의 성품을 언급해 보도록 한다. 고운은 말하기를, 석가모니는 처음 동쪽으로 걸어갔다고 하였으니 마땅히 동방의 종족이 노력하여 불법에 귀의할 것이며, 이것은 지역이 그렇게 되어있고 하늘이 마련해준 것58)이라고 하여 동인의 불성을 드러내고 있다. 동인들이 불교와의 필연적 인연이 있음을 밝힘으로써 불교의 자비론을 거론한 것이다.

다음으로 도교적 측면에서 동인의 성품을 살펴본다. 고운은 도교의 도에 관심을 갖고서 동방의 사람은 현묘지도를 가지고 있다59)고 했다. 또한 그는 노장(老莊)을 언급하여 노장사상에 심취되기도 하면서

---

57) 『漢書地理志』, 東夷天性柔順 異於三方之外 故孔子悼道不行 設桴於海 欲居九夷有以也.
58) 『海印寺善安住院壁記』, 釋祖始東行之步 宜乎九種 勉以三歸 地之使然 天所假也.
59) 柳承國, 앞의책, p.159.

깊은 관심을 표명했다.

이처럼 고운은 동인을 유교의 공자, 불교의 석가, 도교의 노자와 장자 사상을 고루 섭렵한 민족으로서 유불도 3교에 두루 회통한 인품으로 묘사하고 있다. 곧 동인을 유불도가 용해된 종교적 심성을 갖춘 민족이라는 자부심을 갖게 한 것이다. 여기에서 한국고유 사상의 근거가 무엇인가의 궁금증을 더하게 된다.

## 4. 한국 고유사상의 연원

### 1) 유불도 3교의 수용

한민족으로 하여금 자부심을 지니도록 동인의식을 심어준 점에서 고운은 스스로 얼마나 애국심을 갖고 살았던가를 짐작할 수 있다. 그가 살았던 신라 하대의 사상적 흐름은 불교가 주류이면서도 유교와 도교사상이 혼재한 시대였다. 유교적인 기반과 함께 시작된 신라의 사상은 법흥왕이 불교를 공인(527년)한 뒤부터 불교의 발전을 가져왔고 그 뒤 도교사상이 유입되면서 3교가 융합되었다. 신라시대에는 불교를 국교로 하면서도 3교가 혼용되었는데, 신라하대의 사상적 흐름을 보면[60] ① 유교사상에 대한 이해의 증가가 있었으며, ② 불교계에 있어 선종 및 화엄종에 대하여 깊은 관심이 있었고, ③ 도교의 신선사상

---

60) 崔柄憲, 新羅史에서 본 崔致遠, 第 4회 국제 佛敎學術會議, 大韓傳統佛敎研究院, 1981, pp.129-131參照.

과 노장사상이 유행하였으며, ④ 풍수지리설의 관심 고조와 그 유행이 있었다.

고운 당시에는 특히 유불도 3교사상이 조화되어 마치 하나의 사상으로서 큰 흐름을 이루었는데, 외국에서 전래된 3교가 어떻게 한국의 고유사상으로 전환될 수 있었는가? 고래로 한국이라는 나라는 외국에서 전래된 사상을 크게 저항 없이 수용하는 특질을 지녀왔다. 곧 유교를 받아들여서 우리의 고유사상과 융합시켜 한국적 유교를 만들었고, 불교를 받아들여서 우리의 고유사상과 조화시켜서 한국적 불교로 만들었다.[61] 비록 유불도 3교가 외국에서 전래되었지만, 한민족은 이를 외래사상으로 가두지 않고 우리 고유의 사상으로 동화시킨 슬기와 지혜가 있었던 것이다. 그러한 지혜를 발휘한 고운은 유불도 사상이 전래하기 이전의 원형을 밝혀 역사적으로 외래사상이 수용 가능한 소지를 밝혔던 인물[62]임은 다 아는 사실이다.

그러면 3교 회통의 분위기는 고운에게만 나타나는가? 고대로부터 근대에 이르기까지 동양적 사고의 흐름은 대체적으로 3교 합일적이었다. 유불도가 서로 상이한 사상으로 배척되지 않고 융합적으로 받아들여지고 있음은, 고운만이 가질 수 있었던 사상이라기보다는 당시 신라 전체가 공유한 사상이었다.[63] 신라 때에는 어떤 사상가나 종교가든 유불도 3교사상을 이해하고 있었으며, 그로인해 외래의 3교를 잘 융합함으로써 한국 고유의 사상으로 섭렵하였던 것이 시대적 특징

---

61) 李恒寧, 韓國思想의 源流, 弘益論叢 Ⅴ, 弘益大學校, 1973, p.15.
62) 柳承國, 앞의책, p.162.
63) 宋恒龍, 앞의책, p.312.

이다.

이제 고운이 한국 고유사상을 천명함에 있어서 그 기반이 된 유불
도 3교의 회통적 측면들을 살펴보고자 한다.

먼저 유교와 불교의 회통에 대하여 언급해 본다. 고운은 말하기를,
여래와 주공과 공자가 출발한 것은 비록 다르나 돌아가는 바는 한 가
지[64]라고 하였다. 불가의 교조인 석가여래와 유가의 교조인 공자 사
상의 출발점은 서로 다르나 진리의 회귀점은 서로 통한다는 것이다.
성자의 심법은 세계평화는 물론 인류 구원과 국가 안정에 직결되기 때
문이다.

이어서 고운은 유교와 도교의 처세적 측면을 어떻게 보고 있는가를
접근해 본다. "저 '제 몸이 영화롭거나 욕되는 데에 깜짝 놀라듯 하라'
는 노자의 말이 아무런 저의가 없는 것이 아니요, '세상에 나가거나 물
러가는 데에 스스로 보존하라'는 공자의 말이 틀림없다"[65]라고 인용
한 고운은 노자와 공자의 처세훈을 아울러 새김으로써 이들 성자의 종
교가 유교 내지 도교라는 경계선에 대하여 전혀 구분하여 접근하지 않
는다. 인간의 바람직한 생활의 지침이라면 공자와 노자의 사상 모두
를 처세훈으로 새기고 있기 때문이다.

다음으로 유불도 3교회통의 측면을 살펴본다. 고운은 다음과 같이
말한다. "공자는 발단(發端)을 하였고 석가는 극치(極致)가 된다고 했
으니 참으로 그 큰 것을 아는 이로서 비로소 더불어 지극한 도를 말할

---

64) 『眞鑑禪師碑銘』, 如來之與周孔 發致雖殊 所歸一揆.
65) 『桂苑筆耕集』 集八卷, 「龍州裹峴尚書」, 寵辱若驚 周桂史非無意也 行藏自保
　　魯司寇有是言乎.

수 있다 하겠다. 불타가 말한 심법은 현(玄)하고 또 현하여 이름으로
일컬을 수 없다."[66] 고운은 공자와 석가 그리고 노자의 현묘 사상을 두
루 섭렵하여 3교회통에 대한 혼일적 견해를 피력한 것이다. 이와 같이
3교 포용적 정신은 한국 고유사상으로서 풍류도와 관련된다. 한국사상
은 외래의 3교를 섭렵하여 한국 고유사상으로 정착시켰기 때문이다.

　유불도 사상을 한국 고유의 사상으로 정착시킨 고운의 3교회통 사
상을 세 가지 측면에서 모색해 보고자 한다.

　첫째, 종교를 보는 시각에 있어서 유교를 삶의 실천단계로 보았다
면, 불교를 마음의 수행단계로 본 것이다. 이는 유교가 현실적 삶에서
구체적 행동강령을 유도하는 성향이 있기 때문이며, 불교는 탈세속의
측면이 적지 않기 때문이다. 곧 고운의 시각은 유학이 실천적이고 현
실적이며, 불교는 직관의 진리를 주로 밝히는 것으로 본다. 이를테면
초학자가 유교를 통해 현실의 치세와 마음의 평이함을 습득한다면,
불교에서는 다소 초탈적인 차원에서 심오한 진리를 탐구하는 성향이
적지 않다고 보는 것이다.

　둘째, 고운은 유교에 입문하여 도교와 불교의 교리를 섭렵하였다.
고운은 12세에 입당하여 유학 공부를 하였으므로 그는 어디까지나 유
가를 바탕하여 그의 인생을 시작하였다고 본다. 유가사상을 현실에
응용하면서 불교와 도교사상을 수양의 측면을 섭렵하였다. 곧 고운의
3교관은 유교를 처음 학습한 후 도교와 불교를 조화시킨 3교조화론
내지 3교동일론을 완성시킨 자[67]라고 볼 수 있다.

---

66) 『眞監和尙碑銘』, 孔發其端　釋窮其致　眞可謂識其大者　始可與言至道矣　至若
　　佛語心法　玄之又玄　名不可名.

셋째, 3교를 통종교적인 입장에서 접근하였다. 통종교적인 성향은 각 종교에 대한 갈등보다는 상호 공통점을 발견함으로써 본질에 다가서는 것으로, 이것은 신라불교에서도 찾아볼 수 있다. 그는 불교와 유교, 도교 등 당시의 사상 전반에 대하여 능통할 뿐 아니라 각 종파의 이질적 교리와 윤리를 자신에게 종합하여 종횡무진하게 융합하였다.68) 각 종파의 갈등을 초월한 그는 당시에 있어 통종교의 융통성을 추구한 인물이었다.

그러면 고운은 각 종교 중에서 어떤 종교에 더 다가서 있는가에 대하여 궁금증을 가질만한 일이다. 무엇보다도 그는 한 종교의 신자에 얽매이지 않고 일생을 보냈으므로 그를 어떤 한 종교인으로 단정 짓기는 어렵다고 본다. 고운은 유불도 어디에도 구애됨이 없었으니, 유교인이 되기도 했고 혹은 불교인 내지 도교인이 되기도 했다. 그래서 많은 후래 사람들은 고운을 서로 다르게 각 종교인이라고 분분히 주장하고 나섰다.69) 그의 종교적 성격을 보면 유교, 불교, 도교, 풍수사상과 깊은 관계를 맺고 있어 고운의 종교적 본령이 무엇인가를 단정하기가 쉽지 않다.70) 신라의 종교는 불교가 국교였음에도 불구하고 당시의 사상가들은 3교 통섭적 성향으로 한 종교에 구속된 종교인이기를 싫어하는 경향이 없지 않았기 때문이다.

이러한 맥락에서 고운은 한국사상의 정립과 외래사상의 수용이라는 두 가지 문제를 자연스럽게 풀어나간 인물이라고 할 수 있다. 하늘이

---

67)『東方思想論考』, 柳承國博士華甲論文集, 종로서적, 1983, p.315.
68) 柳承國, 앞의책, p.154.
69)『韓國宗教』10輯, 원광대 종교문제연구소, 1985, p.152.
70) 崔根泳, 앞의책, p.46.

고운 선생을 보내어 3교를 통틀어 관통하였으니 더할 수 없이 위대하며, 전기(傳記)에 금방울은 무(武)를 떨치고 나무방울은 문(文)을 떨친다 하였으니 선생은 바로 3교의 목탁이다.[71] 유불도 3교가 합일된 풍류도를 천명한 고운의 공로는 종교사상계에서 적지 않은 이유이다.

## 2) 풍류도의 천명

한국의 고유사상이란 무엇인가를 파악해 보는 것은 우리 민족의 정체성 확인에 도움이 된다. 고운은 한국사상의 뿌리가 무엇인가를 밝혀냈는데 그것은 풍류와 관련을 지었다. 그는 한국사상의 정체에 관심을 가짐으로써 민족사상의 밑뿌리를 현묘지도라는 풍류에서 찾았다고 볼 수 있다.[72] 이항녕이 말한 바처럼, 우리는 가장 전형적인 신라인 고운에게서 풍류도의 모습을 볼 수 있다. 한국의 정체성에 관심을 갖고 '풍류'라 언급한 자가 고운이었기 때문이다.

이에 풍류사상과 종교가 연계된 것에 대하여 살펴보고자 한다. 고운은 유불도 3교를 통로로 해서 그 정의를 내리고 있다. 다시 말하면 우리민족의 뿌리를 찾아 3교와 관련시킴으로써 풍류에 대한 의미를 부여하였다.[73] 그리하여 풍류사상은 고운에게서 3교와 연계하여 파악되고 문자화되었다. 과거로부터 한국 고유의 사상이라는 풍류도가 있어 왔다고 해도 3교와 관련시켜 천명한 것이다.

따라서 풍류에 대한 해석과 그 정의를 내리기 위해서는 유불도 3교

---

71) 한글번역 孤雲崔致遠先生文集, 제일문화사, 1982, p.899.
72) 宋恒龍, 앞의책, p.338.
73) 위의책, p.320.

사상과의 관계가 필수적이다. 고운의 3교관은 풍류를 이해하는 관건이며, 우리는 고운의 사상을 통해서 한국의 고대사상의 원형에 접근하려는 한국사상사적 차원도 생각해야 할 것74)이다. 그는 풍류사상의 해석에 있어서 3교를 끌어다 하였고 정의는 현묘지도로서 내렸다. 그러므로 3교사상은 곧 풍류의 내용이 되는 것이요, 현묘지도라고 할 수 있다.

하지만 유불도 3교는 원래 중국에서 들어왔기 때문에 외래사상인 3교사상과 한국 고유사상인 풍류사상의 연결고리가 쉽지 않다. 외래의 3교사상 속에 풍류사상이 포함된 범주인가, 아니면 고유의 풍류사상 속에 3교사상이 포함된 범주인가를 궁구해 보자는 것이다. 주체적으로 볼 때 한국 본래의 풍류사상 속에 3교사상이 수용됨으로써 3교가 고유사상으로 정착됐다고 해야 할 것이다. 즉 고운은 신라의 고유사상과 외래 사상의 관계를 말하는데 있어 풍류도라는 고유사상에는 유교·불교·도교라는 외래사상이 포함되어 있다75)고 하였다.

풍류라는 정의는 생명력과 관련되어 있다. 고운은 『난랑비서』에서 다음과 같이 밝혔다. "나라에 현묘한 도가 있으니 풍류라 한다. 그 교를 창설한 내역은 선사(仙史)에 자세히 실려 있으니 실은 3교를 포함하여 군생(羣生)을 접화(接化)하는 것이다."76) 한국고유의 사상에 관한 근거를 밝힐 때 인용되는 것이 이것이다. 이처럼 고운이 밝힌 풍류도야말로 접화군생의 생명력이 뒷받침되어 있다. 『난랑비서』의 풍류

---

74) 『東方思想論考』, 柳承國博士華甲論文集, 종로서적, 1983, p.315.

75) 李恒寧, 앞의책, p.8.

76) 崔致遠, 『鸞郎碑序』, 國有玄妙之道 曰風流 說敎之源 備詳仙史 實內包含三敎 接化羣生.

에 대한 고운의 언급은 한국사상의 정체성을 밝힌 기록으로서 그 효시가 된다.

정체성을 거론할 때 우리 한민족은 단일민족으로서 단군의 자손인바, 단군 존재를 단순한 신화로 폄하시키는 일은 금해야 할 것이다. 단군 자손으로서 한민족 고유의 풍류사상은 우리의 정체성을 확인시켜주기 때문이다. 한국의 고유사상은 현묘한 풍류도란 것인데 이것을 모르고는 화랑을 모르는 것이고 신라문화를 모르는 것이다.[77] 풍류는 화랑도와 크게 다르지 않다고 보는 바, 진흥왕 317년에 시작된 화랑도는 그 자체가 신라사상이라는 것이다. 이처럼 화랑도를 함유한 풍류정신에는 한국의 혼이 스며있다.

심연의 혼을 찾아 풍류에서 호흡하고 활동하면서 한민족은 나름대로 민족의 이념과 행동강령을 설정해 왔다. 그리하여 그는 풍류를 즐기고 산하대지에서 마음의 자적을 느끼며 세속의 번다함을 떠나 구름처럼 돌아다니는 멋있는 인생을 즐겼다.[78] 풍류사상은 이처럼 고운처럼 산하대지에서 마음의 여유를 찾도록 한민족의 정서를 제시해주고 있는 것이다.

---

77) 韓國思想硏究會編著, 韓國思想史(古代篇), 法文社, 1974, p.261.
78) 宋恒龍, 앞의책, p.303.

## 5. 살아있는 계원필경

고운사상에 있어서 두드러진 점은, 그가 동방에서 당나라로 유학한 후 한문학을 수려하게 섭렵한 개산비조였으며, 한국사상의 정체성을 밝힌 점이다. 고운은 실로 동방에서 맨 처음으로 두드러지게 뛰어난 문학이요, 삼천리 내에 예의의 풍속이 된 것도 고운이 창발시킨 것79) 임은 의심의 여지가 없다고 본다.

고운이 남기고 간 저서는 적지 않아서 세월이 흘렀음에도 불구하고 비교적 많은 기록이 남아있음은 다행이다. 특히『계원필경』은 한자로 기록된 천년 전의 단순한 화석이 아니라 오늘을 있게 한 고전이요, 오늘과 내일의 한국사상 연구에 있어서 보고이기도 하다. 그 속에 살아있는 관심마다 한국인의 영혼이 어려 있고 한국인의 심장이 활기차게 뛰고 있다.80) 그의 한민족에 대한 애정이 돋보이며, 자기가 태어난 곳의 뿌리를 찾는데 열정이 발견되고 있기 때문이다.

우리 민족을 소중히 여긴 고운과 그의 사상적 의의는 민족의식의 고취와 국가 평화를 견지하려는 것에 있다. 난세일수록 전대의 충신 열사나 애국 명사의 정신을 선양시켜 민족의식과 애국정신을 고취시켜 사회 안정을 위한 시대적 요청에서 고운의 가치가 나타난 것81)이라 할 수 있다. 고운사상의 핵심은 수려한 한문의 문장력에서 민족의

---

79) 한글번역 孤雲崔致遠先生文集, 第一文化社, 1982, p.890.
80) 韓國의 名著『桂苑筆耕集』, 현암사, 1969, p.59.
81) 崔根泳, 新羅末 崔致遠의 思想的 性格, 碩士論文, 檀國大學校 大學院, 史學科, 1977, p.45.

근원을 찾는 일을 중시했다는 점에서 통일된 사상을 찾아볼 수 있다.

많은 지식인들이 고운의 사상을 심도 있게 연구하여 왔다는 점에서 고운의 사상은 민족의 정체성을 보다 구체화하는데 도움이 되리라 본다. 불교학자 김지견에 의하면, 『사산비명』을 주해하면서 많은 지식인이 연구한 것은 고운의 문장이나 사적 가치도 중요하지만, 더 중요한 것은 우리 지식인들의 의식 저변에 민족주체 사상이 강하게 흐르고 있다[82]고 했다. 한문을 숭상한 점에서 중화주의에 동화된 점이 발견된다고 해도 한걸음 나와서 고운이 천명한 동인의식을 통하여 애국심을 강조한 점을 염두에 두자는 것이다.

---

[82] 金知見, 新羅 崔致遠撰 四山碑考, 第4回 國際佛敎學術會議, 大韓傳統佛敎研究院, 1981, p.123.

# 제2장

# 최치원의 정치사회관

## 1. 정치사회적 배경

### 1) 정치적 배경

고운이 당나라에 유학을 했던 당시의 중국의 시대상을 보면 정치적으로는 안사의 난(755~763)이 일어난 후 조정의 권위가 상실되었다. 아울러 과거제도의 실시로 인하여 기존의 상층귀족은 몰락되었고, 중간층과 하류층의 선비들이 정계에 활약하게 됨에 따라 정계에 전환기적 혼란이 초래되었으니 당나라 문화는 퇴폐적 분위기가 만연하였다.

고운의 당나라 수학기(868~884)의 정치 풍조를 보면, 이미 만당기(晚唐期)에 접어들어 세계주의의 성향은 편협하고 배타적인 중국 중심의 국수주의로 변모하였다. 그곳의 지도층은 출신이 어떠하든 간에 인물 본위에 따라야 한다는 유교적 관념이 팽배하여 권력 질서의 유지수단이 변화하던 때였다.[1] 이미 현종(A.D. 712~756) 이후부터 환관들의 득세는 물론 절도사의 득세로 인해 당나라 조정의 율령은 그 권위가 떨어졌다.

이러한 상황에서 우리나라의 상황도 살펴볼 필요가 있다. 그가 귀국한 당시 신라의 시대적 상황은 그의 경륜과 포부를 피력하기에는 여러 모로 정치·사회의 여건이 용납되지 못했다.[2] 귀국 1년 후에는 헌강왕(875~886)이 승하하고 왕의 누이인 진성여왕(887~897)이 즉위하기에 이른다. 왕권이 이미 미약해져 지방호족들이 중앙의 지배력을 약화시키면서 토지 겸병과 아울러 농민을 수탈하는 상황이었다. 농민들은 중앙과 지방호족들의 이중적인 수탈에 못 이겨 유랑하거나 군도(群盜)의 무리가 되었고, 호족들의 사병(私兵) 내지는 노예로 전락되었다.[3] 설상가상으로 지방은 농민 반란군이 봉기하여 국가에 위협적 존재로 부각되기도 하였다.

시대적으로 불운한 시기에 생애를 보낸 고운에 있어 그의 유학지였던 당나라는 물론이고 탄생지였던 통일신라까지도 중앙귀족의 권위가 실추되었다. 또한 과거제 실시에 따른 지방 세력의 등장과 함께 왕권의 하락이 몰고 온 정치적 혼란이 더욱 가중되던 상황이었다고 볼 수 있다. 왕권의 잦은 교체기가 이를 대변하고 있다.

이처럼 고운이 귀국의 길에 접어든 당시 신라의 정계와 사회는 그

---

1) 崔根泳, 「新羅末 崔致遠의 思想的 性格」, 단국대학교 대학원 사학과 석사논문, 1977, p.11.
2) 崔根泳, 「孤雲 崔致遠의 社會改革思想」, 『韓國思想』 제18輯, 韓國思想研究會, p.256.
3) 위의책, p.256.

에게 불운한 시련을 예고하였다. 그가 내면에 바라던 이상적 사회는
질서 있고 인륜을 높이는 도덕사회였다.[4] 당시의 사회는 그가 내면에
갈망했던 것과는 정반대의 사회가 펼쳐지고 말았던 것이다. 사회의
혼란기에 나타나는 것처럼 뇌물이 성행하여 기강이 문란하고 국기가
흔들릴 정도였다. 고운은 자기가 속한 사회의 구조적 모순을 속속들
이 깨달아버렸다.[5] 더구나 육두품의 신분이라는 사회구조적 제한으
로 인하여 그는 깊은 고뇌와 투쟁 속에서 살아갈 수밖에 없었다.

과도기적으로 볼 때 당시의 시대상황은 신라말기에서 고려초기에
진입하기 직전이었다. 신라 지식계급의 대표자로서 고운이 살았던 시
기는 신라 하대의 사회가 해체되고 고려 중세사회의 성립을 눈앞에 둔
사회적 전환기였기다.[6] 그가 시대적으로 불우한 여건에 처한 상황이
었음에도 불구하고 오늘날까지 그의 역사적 공헌과 명성이 알려져 왔
음은 다소 위안이 될 것이다. 다행히 그의 많은 저술이 산실되지 않고
보존되어 왔음은 물론 오늘날 고운 전집이 한글로 쉽게 번역되어 독자
는 물론 학자들에게 읽히게 되었다.

## 2) 정치적 관직활동

고운이 정계에 입문한 관직활동은 크게 두 가지로 나누어진다. 그
하나는 당나라 중원에서의 관직활동이요, 다른 하나는 신라에서의 관

4) 宋恒龍, 「崔致遠思想研究」, 『研究論叢』82-2, 韓國精神文化研究院, 1982, p.337.
5) 李慶善, 「東方最初의 文賢 崔致遠」, 『韓國人物大系』 1, 博友社, 1972, p.400.
6) 崔柄憲, 「新羅史에서 본 崔致遠」, 제4회 國際學術會議, 大韓傳統佛教研究院, 1981, p.125.

직활동이다. 그는 소년기로부터 청년기에 이르기까지 당나라에서 보냈으므로 거의 당나라 사람일 정도로 당나라 문화에 심취되어 있었다. 그의 소박한 포부에 의하면, 만리 밖의 집을 떠나 10년 동안 중국에 유학한 것은 본래 소망이 다만 급제함과 지방의 한 현령이 되고자 했을 뿐이다.[7] 정치 입문에 대한 그의 소박한 포부와 결연한 의지가 고운이 당나라에 유학한 목적의 하나였던 것이다.

다른 육두품 출신과 다름없이 고운은 당나라 유학을 통하여 각고의 노력 끝에 18세(874)에 당나라의 빈공과에 급제하였다.[8] 이는 예부시랑 배찬의 학문적 조력 아래 이루어진 것이었다. 그리하여 고운은 20세에 당나라 지방의 행정관직을 지냈다. 그가 급제한 후 약 2년간은 주요 직책을 맡지 않고 그의 저술활동을 위한 실력 쌓는 공부에만 몰두하였다.

벼슬에 임한 이후 고운은 지방관리로서 관직활동에 안주하지 않고, 그보다 더 높은 직위를 위해 시험에 응시하기로 결심하였다. 인간이면 지닐 수 있는 자기 성취라는 상향적 욕구가 고운에게도 있었던 것이다. 그가 응시를 결심한 때는 그의 나이 21세이며, 그로인해 그는 표현수위(漂水縣尉)의 직을 사임하기에 이르렀다.

고운의 노력은 헛되지 않아 당나라 조정에서는 그를 승무랑 시어사 내공봉의 직위에 승천하는 한편 당의 희종은 그에게 자금어대(紫金魚袋)를 하사하였다.[9] 고운이 하사받은 자금어대라는 것은 당나라 고위

---

7) 『崔文昌候全集』(이하생략), 『桂苑筆耕集』 卷18, 「謝職狀啓」 第二, 頃者萬里辭家 十年觀國 本望止於滂尾科第 江淮一縣令耳.
8) 위의책, 孤雲先生事蹟, 「三國史本傳」, 公至唐尋師力學 以唐僖宗乾符元年 甲午 禮部侍郎裵瓚下 一擧及第 時年十八.

고관에게 수여하는 것인데, 이는 금은(金銀) 장식을 한 주머니로서 그 속에 자신의 성명을 새겨 대궐의 출입을 자유롭게 할 수 있는 것이다. 그는 당나라 벼슬을 통한 정치활동에 있어서 왕의 신임을 받고 소박한 포부를 전개해 나갔다.

희종 재임시(875~884) 당나라에서 발생했던 대표적 난은 잘 알려진 황소의 난이다. 황소가 반란을 일으키자 고병이 병마도총(兵馬都統)이 되었으니 황소를 토벌할 때 고운을 불러 종사순관(從事巡官)으로 삼아 서기(書記)의 책임을 맡겼다.[10] 고운이 서기로 활동할 당시 그의 정치적 소견과 경륜은 그의 저술인 표(表) · 장(狀) · 서(書) · 계(啓) 등의 기록에 상세히 밝혀져 있다.

이러한 관직활동에도 불구하고 고운은 당나라에서 정치적 활동에 한계가 있음을 느낀 탓인지 귀국을 결심하게 된다. 28세의 나이에 그가 고국으로 돌아가려 하자 당의 희종은 그의 뜻을 짐작하고 특별히 사신의 자격을 부여하였다. 이역에서 다소 아쉬운 활동이었지만 여기까지가 그의 공식적 정치 활동이라 할 수 있다.

만 17년간 당에서 채류한 후 고운은 29세의 나이로 귀국하였는데, 이때가 신라 헌강왕 11년(885)이다. 헌강왕은 당나라 중원에서 고운이 끼친 활동상을 알고 있었기 때문에 곧 중요한 직책에 임명하였다.[11] 그는 한림학사(翰林學士)의 직위를 받았는데, 이는 신라에서 국자감 학습을 마치고 돌아온 견당(遣唐) 유학생들에게 부여하는 직위

---

 9) 『三國史記』 卷 46, 列傳, 崔致遠 條.
10) 위의책.
11) 위의책.

였던 것이다.

고운은 당나라에서 학업을 마치고 활동할 당시에 지었던 저술을 왕에게 올렸다. 그 후 그는 35세 때인 891년(진성여왕 5년)에 태산군(현 태인) 태수직을 맡았고, 36세 때인 892년(진성여왕 6년) 태산군에서 천령군(현 함양) 태수로 전임되었다. 그의 나이 37세 때인 893년(眞聖女王 7년)에 부성군(현 서산) 태수[12]로 전임되기에 이르렀다.

무엇보다도 주목되는 바, 고운의 정치적 경륜이 담겨져 있으리라 추측되는 「시무십여조」(時務十餘條)라는 개혁정책을 진성여왕에게 올렸다. 이때가 그의 나이 38세(894)였으며, 이를 통해 그는 나라의 난국을 타개하기 위한 방향을 제시하였다. 원문이 전해지지 않으므로 내용을 알 수 없지만, 추측컨대 진골의 좁은 테두리를 벗어나 육두품을 두루 등용하는 폭넓은 정치를 촉구하는 상소를 올렸을 것으로 보인다.

고운으로서 차별화된 인재등용 정책에 아쉬움을 갖고 있는 터였기 때문에 이미 정해진 골품의 신분보다 학문에 바탕한 능력 위주의 인재등용을 주장하였을 것이다. 기울어져 가는 신라 하대를 바로잡아 보고자 하는 그의 충정이 그의 유학시절에 쌓은 실력으로 인한 박학다식과 더불어 잘 나타나 있었으리라 본다. 이에 진성여왕은 고운에게 아찬의 벼슬[13]을 내려주어 그의 정치활동을 지속하게 하였다.

그러나 그는 진성여왕 즉위 11년(897)에 정치활동의 한계 대한 스스로의 책임을 느꼈던 바, 육두품이 오를 수 있는 최고의 벼슬 아찬의

---

12) 『三國史記』 卷46, 列傳, 崔致遠 條.
13) 『三國史記』 卷11, 眞聖王 8年條, 「崔致遠進時務一十餘條 王嘉納之拜致遠爲阿飡.

직책을 사임함으로써 정계에서 물러나게 되었다. 아찬이라는 직책이
갖는 신분상의 한계가 그로 하여금 정치활동을 더 이상 하지 못하게
한 것으로 보인다. 고운의 은거 시기는 나이 42세경인데, 고운은 은거
직전인 40~41세 때 진성여왕에서 효공왕(헌강왕의 서자, 진성여왕의
조카)으로 전위되던 시기에 중앙에서 중대 책임을 맡고 왕명 아래 네
편의 표(表)[14]를 지었음은 주목할 필요가 있다. 중앙에서의 중대 책임
을 맡았음에도 불구하고 은거를 하게 된 그의 심중은 매우 착잡했으리
라 본다.


## 2. 고운의 이상적 사회관

### 1) 심학과 구학을 병행하는 교육사회

교육을 통해서 인간의 지혜가 발휘되며, 문화생활의 혜택과 더불어
사회의 발전이 지속되고 안정된다. 교육은 사회의 지도자가 주로 담
당하여 젊은이들을 인도하는 것이다. 그래서 사회 지도자로서 지혜로
운 인격을 함양한 후 그 지혜를 교육이라는 방법을 통해 베풀면 이상
적 사회가 전개될 수 있다. 그렇다면 고운이 바라다본 이상사회의 조
건이 무엇인가를 살펴보고자 한다.

우선 심학과 구학이 조화를 이루는 교육사회이다. 고운에 있어서
심학과 구학의 문제는 불교 선종과의 관련에서 나온 말이지만 심학은

---

14) 네 편의 表는 「讓位表」(40세, 896年), 「謝嗣位表」(41세, 6月 1日 직후, 897年),
「謝恩表」(41세, 7月 5日 後, 897年), 「謝不許北國居上表」(41세, 7月 後, 897年).

종교적 교육, 구학은 학문적 교육과 연결되어 있다. 현실사회를 살아
가는 데는 바람직한 사회를 위해서 균형 잡힌 교육이 필요하다. 이러
한 사실은 동서고금을 통하여 상식으로 되어 왔으니, 신라의 고운도
당시 사회에서 바른 도를 실천하기 위해서 균형 교육의 필요성을 주장
했다.

이처럼 고운은 수학(修學)의 길에 관해서 크게 두 가지로 나누고 있
는데, 그것은 구학과 심학이다. 구학은 언어·문자를 통해 추구해 나
가는 학이요, 심학은 심덕을 쌓아 덕행으로 옮기는 학을 말한다.[15] 심
덕을 쌓는 심학은 내적 공부와 관련되는 것이라면, 언어·문자를 공
부하는 구학은 외적 공부라고 볼 수 있다. 그는 내외겸수, 즉 종교적
수행과 학문 탐구의 병행을 제시했던 것[16]으로 보인다.

수학 방법의 하나로 거론되는 심학을 여러 측면에서 조명해 볼 수
있다. 마음을 닦는다는 수심(修心)[17]이 한 측면이다. 문자 그대로 마
음의 티끌을 잠재워서 고요함을 보전하는 것이 수심이다. 다음으로
마음을 삼가면서 간직하는 조심(操心)[18]이라는 측면이다. 즉 외경에
흘러가는 마음을 부추겨 바로잡는 것이 조심 공부법이다. 또한 마음
이 왜곡됨을 지양하고 곧은 마음을 유지하는 공부법이 직심(直心)인
것이다.

고운은 수심, 조심, 직심 등 심학을 강조하였지만 구학의 필요성도

---

15) 宋恒龍, 「崔致遠思想硏究」, 앞의책, p.315.
16) 拙稿, 「崔致遠의 宗敎觀」, 『韓國宗敎』 제10輯, 원광대학교 종교문제연구소,
    1985, p.136.
17) 『崔文昌候全集』-桂苑筆耕集 卷15-, 「上元黃籙齋詞」, 是以紫府 乃修心可到.
18) 위의책, 詩, 「古意」, 變化尙非艱 操心良獨難.

소홀히 하지 않았다. 이것은 그가 박학한 한문 실력을 통해 많은 저작을 남겼다는 역사적 사실에 의해서 입증되는 것이다. 그는 구학의 필요성에 대해서 말한다. "썩지 않는다면 구학도 옛날 사람에게 부끄러움이 없을 것이다. 해야할만한 것을 가히 할 때에 하니 다시 어찌 전각(篆刻)을 사양만 하겠는가."[19] 구학이 인생에 있어서 필요한 공부로서 부끄러운 것만은 아니라는 뜻이다.

당나라에 머물던 시절에 고운은 고병의 종사관으로서 『계원필경』 20권이라는 방대한 저작을 남겼던 것은 구학의 필요성을 증명한 것이다. 그리고 그가 귀국하여 신라에서 옛 성현의 업적을 기리는 비명 등을 지었으니 역사적 사료로 높이 평가받는 「사산비명」을 남긴 것은 구학의 업적을 남기게 된 셈이다. 만약 고운이 구학이라는 학문 연마에 등한히 하였다면 한국고유사상의 천명과 관련된 「난랑비서」나 그의 한학 실력을 드러낸 「계원필경』과 같은 소중한 저술을 남기기 어려웠을 것이다.

시대사적으로 유가는 사장학 중심으로 흘렀고 불가는 선종의 불립문자로 흘렀던 것이 당시의 분위기였다고 볼 수 있다. 그는 어느 한편에 쏠리는 것을 극복하여 사장학의 구학과 불립문자의 심학을 겸수하고자 하였다. 그가 심학을 일방적으로 주장함도 아니요, 구학에만 고집한 것도 아닌 심학·구학을 병행하도록 한 것이다. 고운은 당시 학풍과 관련하여 심학론과 구학론을 말하고 궁극적으로 심학(사상)과 구학(문학)의 중용론을 제시하고 있다.[20] 구학을 말하여 언어·문자

---

19) 『四山碑銘』, 「無染和尚碑銘」, 不朽則口亦無慚乎昔人 爲可爲於可爲之時 復焉敢謬讓乎篆刻.

의 전개를 현시하였으며, 그 자신도 구학자라고 했을 정도이다.

여기에서 고운은 단지 학문적 이론에만 매달린 것이 아니라 수행으로 인품을 함양하도록 주문한 것에 주목할 필요가 있다. 그는 심학의 노력을 경주하여 종교적 실천자의 덕행도 보여 주었다. 고운사상에 있어서 구학은 심학이 존립함으로써 성립되며, 심학도 구학이 존립하기 때문에 성립하는 중용적 학풍이 강조되었다.

이러한 맥락에서 고운은 심학과 구학의 관계를 다음과 같이 말한다. "심학한 사람은 높고 구학한 사람은 수고스럽단 말인가? 그러므로 예로부터 군자는 학문을 배워나가는데 조심했다. 그러나 심학한 사람은 덕을 세웠을 것이요, 구학한 사람은 말을 세웠을 것이다."[21] 심학과 구학이 필요불가결한 관계로서 서로 균형을 이룬다면 바람직한 사회가 형성되어 옛 사람에게 부끄러움이 없으리라 보았다.

## 2) 골품제도 비판을 통한 평등사회

신라의 하대에 있어서 사회의 골품제는 백성들의 신분 질서를 규정하는 제도였다. 이에 자신의 출신 성분에 따라 성골·진골, 기타 육두품·오두품·사두품 등 신분구조 상의 여러 제약이 있었던 것이다. 신라는 골품제도에 의해 철저한 신분계급의 사회였으며 폐쇄적인 농본중심의 사회였다[22]는 사실을 우리는 역사적 사실들을 통해 알 수

---

20) 崔一凡, 「孤雲崔致遠의 思想研究」, 『東方思想論攷』, 道原柳承國博士 華甲紀念論文刊行委員會, 1983, p.305.
21) 『四山碑銘』, 「無染和尙碑銘」, 豈心學者高 口學者勞耶 故古之君子愼所學 抑心學者立德 口學者立言.

있다.

당시 골품제도 아래에서 고운은 어느 계층에 속하였는가를 보면, 육두품 출신에 속한 지식계급이었다. 육두품은 진골에 직속되어 있는 차등의 신분인데, 왕이라든가 왕비가 될 수 없도록 한 등급이었다. 벼슬에 있어서도 아찬 이상으로 승진할 수 없는 불리한 등급으로서 그는 사회적으로 한정된 관직 활동을 할 수밖에 없었다.

고운으로서는 자연스럽게 육두품이라는 신분상의 이유로 기존사회 제도에 대한 반발의식이 생겨났다. 이러한 반발의식이 심화됨에 따라서 귀국 후의 삶은 실의와 좌절로 가득 찼을 가능성이 있다. 고운이 당나라에서 배운 교육의 내용과 사회 분위기는 반 골품적이었으므로[23] 그가 폐쇄적 골품제도에 대한 비판과 진골 위주의 정치체제에 대하여 반발했던 점은 쉽게 이해할 수가 있다. 신라 하대는 골품제도의 강화로 인해서 차별대우와 권력투쟁을 일삼게 되었으며, 육두품 출신인 고운을 단지 준수한 문사로 여길 뿐 그 이상 높여 예우하지 않았던 점도 그로 하여금 고통을 가중시켰다.

태어날 때부터 부여받은 사회 차별제도의 문제점을 직시한 고운은 도(道)에는 차별이 없다는 사실을 알리고 싶었을 것이다. 도는 사람에게서 멀리 떨어져 있지 않으므로 누구에게나 도가 있으며, 따라서 이방인이 따로 없다[24]는 평등원리를 배웠기 때문이다. 이는 당나라 사람과 신라인의 평등을 강조하여 민족적 자존심을 지키기 위한 사상이

22) 『韓國史大系』 3卷, 王珍社, 1976, p.51.
23) 金重烈, 「崔致遠文學硏究」, 高麗大學校 博士學位 論文, 1982, p.18.
24) 『四山碑銘』, 「眞鑑和尙碑銘」, 夫道不遠人 人無異國.

었지만, 여기에 내재된 평등의식을 확대하면 신라의 골품제도에 대한 그의 반발의식도 이해할 수 있다. 어디에나 도가 있다는 고운의 견해는 골품제도로 인한 특권층 옹호에 반발하는 것으로 해석되기 때문이다. 누구에게나 도가 내재하므로 이방인이 따로 없다고 하는, 논리적으로 보편타당한 것[25]을 고운은 절실히 강조하고 싶었을 것이다.

중국에서 수학하고 귀국한 후, 고운은 신라에서 잠시 국가의 혜택을 입게 되어 벼슬을 하게 되었다. 당에서 그의 문명(文名)이 드러났지만 그 혜택은 순간에 불과하였다. 부패한 권신들의 족벌정치는 한층 악화되어 민생은 도탄에 빠지고 사회는 혼란해짐과 동시에 국가 기강이 흔들렸다. 당시 신라의 사회상황은 중앙 진골귀족이 분열하여 항쟁하고 지방에 반란이 일어났는데, 이 사회의 모순을 가장 민감하게 인식하여 그 극복 방향을 모색한 계층은 육두품 세력이었다[26]는 사실에 주목할 필요가 있다.

육두품 세력에 의한 신분제 타파의 노력은 크게 부각되지 못하였다. 이들 세력에게는 개혁을 추진할 수 있는 역량이 부족하여 진골귀족의 독점적 지배체제를 무너뜨리지 못한 것이다. 오히려 이들은 모순을 비난하다가 탄압당하는 형편이었다. 그리하여 육두품 출신 자체의 역량 부족으로 개혁을 추진할 수 있는 세력을 지방호족의 세력이라 생각하여 그 호족들에게 눈을 돌리는 상황으로 이어졌다.

신라의 하대에는 골품제도의 불평등으로 인해 야기된 중앙 진골귀족 간의 내분이 한층 격화되는 가운데 진골 귀족은 전반적으로 몰락하

---

25) 柳承國, 「崔致遠의 東人意識에 관한 研究」, 『東方思想論攷』, 1983, p.156.
26) 崔柄憲, 「新羅史에서 본 崔致遠」, 앞의책, p.125.

기 시작했다. 그 교체세력으로서 중앙의 육두품 세력과 지방의 호족
세력이 신진세력으로 대두하고 있었다.[27] 육두품과 지방의 호족세력
중 지방의 호족세력이 그 개혁을 주로 담당하였지만, 두 세력은 당시
신라 하대에 나타난 기존 사회제도의 비판을 통한 평등사회를 촉구하
였던 것이다. 이는 고운의 사상에서 발견되는 사상적 특징이라고 볼
수 있다.

### 3) 전통정신을 계승하는 풍류사회

신라시대는 유교와 불교, 그리고 도교가 정립(鼎立)되어 교호 관계
를 맺으면서 사상적 분위기를 형성해 왔다. 외국에서 우리나라에 전
래된 3교는 이미 폐쇄된 유불도 3교가 아니라 상호간의 사상적 교섭
을 충분히 거친 3교였으므로 서로 공존할 가능성이 많았다.[28] 어느
한 종교가 자기 도그마만을 고집하기 보다는 3교가 혼용되어 복합적
인 경향을 띠어 온 것은 당대의 일반적인 특징이었다. 이러한 사상적
경향에는 우리나라 고유의 풍류도라는 폭넓은 사상이 작용하였다[29]
고 본다.

3교 병존의 분위기는 3교가 회통한다는 사상으로 전개되었다. 3교
는 풍류도라는 한국 고유사상으로 동화되고 귀일되니 3교의 이질감
극복과 동질성 확인에 기여하였다. 즉 우리는 풍류도를 통하여 고유
사상을 전개하면서도 유교와 불교와 도교를 잘 소화해 왔다.[30] 외래

---

27) 위의책, p.125.
28) 金洛必, 「道敎思想과 韓國哲學」 季刊『京鄕』가을호, 京鄕新聞社, 1987, p.143.
29) 金重烈, 「崔致遠文學硏究」, 앞의책, p.17.

사상의 유불도 3교를 한국사상에 회통시켜 우리의 고유사상으로 정착시킨 것이다.

회통이라 해서 3교가 같다는 것은 아니며, 상호 동질성을 견지하면서도 각각 나름대로의 독자성을 확보해나갔다. 풍류 속에 3교가 구비되고 있다는 것은 3교가 자기 동일성[31]을 지니면서도 각기 정체성을 띠고 있다는 것을 시사해 준다. 만약 3교가 각기 정체성이 없다면 어느 한 종교도 존재할 근거가 없다는 것으로, 이는 3교 병존에 어떠한 구실도 제공해주지 못한다. 주목할 것은 자기 동일성의 확인에만 그친 것이 아니라 이미 3교가 서로 혼재해 왔다는 것이다. 유·불·도가 각각 달리 배타성을 띤 채 그 독자성만을 강조하였다면 전통 풍류사상으로의 정착은 어려웠으리라 본다.

풍류에 대한 언급을 보면, 「난랑비서」에서 널리 알려진 바와 같이 나라에 현묘한 도가 있으니 풍류라, 실은 유불선 3교를 포함하여 군생(群生)을 접화(接化)하는 것[32]이라 했다. 여기에서 '풍류'라는 언급이 최초로 문자화되었음이 확인되고 있다. 본 내용은 풍류사상에 대한 해석과 정의를 내린 것이다. 「난랑비서」는 풍류도를 현묘지도라 정의하면서 이를 유불도 3교를 혼융해서 해석하는 방법을 택하고 있다.

풍류도는 고운에 의해서 천명되었지만, 풍류사상은 그보다 훨씬 이전에 우리나라의 고대로부터 자연스럽게 형성되어 왔다. 풍류도는 우리 민족이 자연과 동화되는 풍토 속에서 살아오며 무위이화로 형성되

---

30) 李恒寧, 「韓國思想의 原流」, 『弘大論叢』 Ⅴ, 弘益大學校, 1973, p.14.
31) 崔一凡, 「孤雲崔致遠의 思想研究」, 앞의책, p.304.
32) 『鸞郞碑序』, 國有玄妙之道 曰風流…實乃含三敎 接化群生.

어 온 것이다. 그러므로 이 풍류도는 우리 민족의 저변에 심어진 뿌리 사상이다.[33] 본 풍류사상은 한국의 풍수설이나 신명론에 영향을 미치기도 했다.

주목되는 것은 고운이 풍류도의 본질을 사상적으로 해명하는 한편 이 풍류도를 체인함으로써 풍류의 삶이 무엇인가를 현실생활에서 보여주고자 하였다. 여유 자적하는 풍류적 삶의 자세는 그의 생애 후반기 경에 두드러진다. 인생의 후반에 접어들면서 그는 세속에 대한 여운이라든가 애착을 벗어나고자 하였다. 생활 속에서 마음의 여유와 자적을 느끼며, 온갖 번다함을 멀리하고 바람 따라 구름처럼 떠돌아 소요하는 풍류적 삶을 즐겼기 때문이다. 그의 풍류적 삶의 태도는 그가 지은 여러 저술과 시[34]에서 풍류를 소재로 한 내용에 자세히 나타난다.

### 4) 풍속순화를 권면하는 농경사회

과거로부터 한국은 민족의 고유한 풍속을 소중히 여기며 지켜가는 은자의 나라이자 동방예의지국이라고 불리어 왔다. 고운은 우리나라를 풍속을 존중하는 군자국이라고 밝히고 있으며 이는 그의 동인의식에 잘 나타나 있다. 동방이 풍속을 순화하는 나라가 되기를 바랐으니 고운에 의하면 우리나라의 풍속은 예의가 바르고 작작하게 여유가 있으며, 고요한 풍경과 평화로운 풍속을 따르는 나라라고 하였다.

---

33) 『韓國哲學史』 上卷, 韓國哲學會 編, 1987, p.148.
34) 孤雲이 지은 詩는 風流的 素材를 담고 있는 「題雲峰寺」를 비롯해서 모두 40 여수가 넘는다.

한 나라가 지방의 풍속을 바르게 이어가느냐 그렇지 않느냐의 관건
은 그 지역에서 지도자가 추구하는 정신이 무엇인가에 달려 있다. 이
에 고운이 신라사회의 풍속순화를 위해 어떠한 노력을 했는가를 살피
는 일은 중요하다고 본다. 그는 말하기를, 풍속을 순화시키는 데 먼저
할 것은 권농(勸農)이 제일35)이라고 하였다. 정서적·경제적 안정을
위한 권농정책을 중시했다고 볼 수 있다.

이러한 권농정책을 고운만이 독창적으로 주장했는가. 아니면 과거
로부터 전해져 온 것을 고운이 밝혔는가가 관심사이다. 먼저 농사와
관련된 사항을 살펴본다. 농가의 흐름은 원래 농관(農官)에서 출발했
다. 이들은 백곡(百穀)을 보급하고 농경을 전개시켜서 백성의 안정을
도모키 위해 식량을 마련하는 목적을 가지고 있었다. 그러나 후에 농
관이 아닌 민간 농가가 나오자 관료적 농관을 원하지 않기도 했다.

농업의 조종으로는 후직의 아들인 주·신농·전조·우 등이 열거된
다. 이에는 크게 후직파와 신농파의 두 갈래로 나누어진다. 후직파는
농관의 출신으로서 농사에 뛰어난 지식을 소유하여 농가를 지도한 사
람들36)을 말한다. 이와 관련하여 구전법(區田法)을 주장한 지도자로
는 전한의 범승지이다.

신농파는 전국시대의 전란과 중세(重稅)에 고통을 겪는 농민의 실
태를 배경으로 한 민간출신으로서 관료적 농사정치를 부인하고, 옛날
의 소박한 세상을 이상으로 하여 군신병경(君臣竝耕)을 주장했다. 그
대표적인 것이 허행의 예이다. 진상이 맹자를 보고 허행의 일을 일러

---

35) 『桂苑筆耕集』 卷13, 「許權攝觀察衙推充洪澤巡官」, 撫俗所先 勸農爲最.
36) 『孟子』 「滕文公」 上, 后稷 敎民稼穡樹藝五穀 五穀熟而民人育.

말하기를, 어진 자는 백성과 더불어 밭을 갈고, 조석(朝夕)을 손수 해
먹고 다스린다37)고 하였다. 군자와 야인을 분별하지 않고 군신병경과
같은 성격의 현민병경(賢民竝耕)을 강조한 것이다.

이처럼 상공정책보다 농본적 권농정책이 중국 상고로부터 한·당에
이르러서도 지속되었다. 고운이 유학했던 당나라의 분위기도 권농정
책이 펼쳐졌다. 고운은 권농을 위한 구체적 방법을 제시했는데, 그것
은 병기를 개조하여 유익한 농기로 만들자는 것이다. 당시는 전쟁 등
으로 인한 무기생산에 국력을 소모했는데, 이러한 무력사용을 위한
병기 대신에 농기구를 생산하자고 하였다. 그는 영원히 병기를 녹여
농구를 주조할 것38)을 강조하였다. 또한 수렵용의 병기까지도 사용을
금하고 대신 농구의 효율화를 기하고자 하였다. 옛날에 정혼(鄭渾)은
사냥하는 기구를 빼앗았으며, 온교(溫嶠)는 밭 관리자를 두라고 하였
다.39) 이는 평화롭고 목가적인 건설을 확실히 하고자 하는 의도인 것
으로 평가할 수 있다.

농가의 흐름은 앞서 말한 바처럼 관료적 농관(農官)의 필요성을 부
인한 바도 있으나, 고운은 특히 권농정책의 일환으로 관리의 재능이
필요함을 역설하고 있다. "우러러는 천시(天時)에 따르고 구부려서는
일력(日力)에 징험하여 농부의 직업을 독려하려면 반드시 능간(能幹)
한 관리의 재주에 의지해야 한다."40) 그러한 관리의 예로서 허권이란

---

37) 위의책, 賢者 與民竝耕而食 饗飱而治.
38) 『桂苑筆耕集』 卷1, 「賀殺黃巢表」, 永當銷干戈之鋒 便可鑄來耜之器.
39) 『桂苑筆耕集』 卷13, 「許權攝觀察衙推充洪澤巡官」, 鄭渾則奪其獵具 溫嶠則
請置田曹.
40) 위의책, 仰順天時, 俯徵日力 俾督耕夫之業 順憑幹吏之才.

자를 언급하고 있다. 백성들로 하여금 전답에 김을 매어 잘 가꾸게 한
다면 반드시 공이 있을 것이므로 농시(農時)를 맡기고 벼슬을 주니 길
이 정사(政事)를 좇으려면 반드시 그 권도를 주어야 할 것이라 한 것
이 이와 관련된다.

　이처럼 권농을 하면 사회는 풍년이 들게 되어 풍속순화가 이루어지
게 마련이라는 것이 고운의 지론이다. 그가 말하는 풍속 순화는 농경
사회의 풍요로운 모습이 절절한 것으로, 사방의 이웃은 제환공처럼
받들어 믿고 팔군(八郡)은 감사하여서, 농부가 들을 덮고 노래와 풍악
소리가 하늘에 들끓게 되었다[41]는 것이다. 풍족하고 여유로운 농경사
회의 이상적 삶이 드러나 보인다. 이와 같이 농부의 경작을 통한 기쁨
은 온 벌판에 퍼지는 노래와 풍악을 통해 나타나며, 이는 사회의 풍속
을 순화시켜준다. 이상적 농경사회는 고운이 말하는 '광비중생'(廣庇
衆生)(桂苑筆耕 卷16)의 사회임에 틀림없다.


## 3. 고운의 정치관

### 1) 치국의 도

#### (1) 군왕의 도

　국가를 바르게 다스리는데 있어서 국가 구성원으로서 군왕과 관리
의 역할이 중요하다. 치국의 도는 나라의 전체를 대표해서 통치하는

---

41) 『桂苑筆耕集』 卷16, 「求化修諸道觀疏」, 四隣戴信於桓公  八郡感恩於召父 覩
　　耕農之蔽野 聽歌吹之沸天.

군왕의 도와 군왕을 대신해서 현장에서 다스리는 관리의 도가 있는데[42] 두 가지의 도는 치국을 위한 근본원리인 것이다.

중국 고대로부터 군왕들은 나름대로 치국의 도를 밝혀 왔다. 요임금과 순임금 사이에 오고간 대화에서 치국의 도가 밝혀지고 있다. 천명이 각자의 몸에 정해져 있다고 하여, 순에게 중용을 취하라고 한 요임금의 말은 사해(四海)의 곤궁을 벗어나려는 기대감 때문이었다. 치국의 길을 전수한 것으로 순임금은 이러한 말을 우임금에게 전했다.[43] 군왕으로서 위를 양위한 요임금, 순임금, 우왕 등은 정치의 이념이자 치국의 도를 중용(中庸)이라 말하고 있다.

신라와 당나라의 시공간 무대에서 활동한 군왕, 그리고 고운이 관심을 가진 군왕의 도가 무엇인가를 조명해 볼 필요가 있다. 고운이 탄생한 해인 857년은 신라의 사직이 기울어 가고, 제16대 문성왕이 퇴위함과 동시에 헌안왕이 즉위한 해였다. 그의 나이 5세 때에는 헌안왕이 퇴위하고 경문왕이 즉위하였다. 7년이 지나면서 그는 12세에 당나라에 유학을 하게 되었는데 당나라 임금은 의종이었다. 그가 당에 있을 때인 18세(874)에는 왕이 희종으로 전위되었으며, 19세 때 신라에서는 헌강왕이 퇴위하였다.

고운이 귀국한 후 30세(886)에는 신라 정강왕이 즉위했고, 1년 후 31세 때는 진성여왕이 즉위하였다. 그의 나이 41세(897)에는 효공왕이 퇴위하였는데, 그 뒤 그는 입산을 하게 된다. 입산할 때 그의 나이는 40세, 혹은 42세, 44세[44]로 되어 있다. 그의 전 생애는 여러 군왕이 차례로 뒤바뀐 관계로 신라 하대는 정치적 격동기였던 것이다.

정치적 격동기의 군왕은 국가의 원수로서 난세를 평정하기 위해 권좌에서 고뇌하게 된다. 그만큼 군왕의 역할은 여러 면에서 막중하다는 것이다. 고운은 이에 군왕 역할의 중요성을 모를 리 없었다. 그가 주장하는 군왕의 도를 살펴보자. 「선흡배건여상서(宣歙裵虔餘尙書)」 3수를 보면 백성들의 기대나 국왕이 할 일은 평화가 가장 중요함을 역설하고 있다. 즉 고운은 군왕이 평화주의를 제창해야 함을 밝힌다.

평화주의 실현을 위해 군왕은 덕화를 베풀면서도 정의롭게 방편을 활용함으로써 예의가 편만한 사회를 향도해야 한다. 고운은 이에 대해서 말한다. "성왕께서 정벌을 획책하심에, 첫째 평화를 중하게 여기심으로 먼 곳 사람들이 모두 귀화하며, 불의를 행하는 것이 상서롭지 못한 줄을 알았사온 즉, 일은 방편(權) 쓰는 것을 위주로 하시고, 덕은 치욕 참는 것을 기본으로 하시어 그 말씀이 모두 향응함 즉 하옵는데, 이는 예절이 원칙을 어기지 않으신 때문입니다."[45] 군왕의 절제 있는 덕화가 평화로 이어지는 세상을 태평성세로 보았다. 불의의 극복을 통해서 평화가 이루어진다는 것이다.

치국에는 불의의 극복을 통한 평화가 근간이라는 대원칙 하에서 고운은 군왕으로서의 평화 실현에 관련된 몇 가지 방법을 제시한다.

첫째, 백성을 자식처럼 여길 수 있는 자애로움이 군왕의 자세이다.

---

44) 한글번역, 『孤雲崔致遠先生文集』, p.927.
45) 『桂苑筆耕集』 卷1, 「賀通和南蠻表」, 聖王卜征 旣以用化爲貴 遠人從化 自知犯義不祥 是得事尙從權 德資含垢 言皆答響 禮不遠經.

고운의 사상에 의하면 국왕이 백성을 대함에는 자식처럼 여겨야 하므로[46] 어떠한 상황에서도 백성을 함부로 대할 때 존경받는 군왕이 되지 못할 것이다. 군왕으로서 존경받는 자세를 '성군여부'(聖君如父)라 하였다. 임금을 어버이로 보는 것은 가정과 국가 다스림을 동질적으로 파악하는 것이다.

둘째, 상벌을 내림에 있어서 상을 무겁게 주고 벌을 가볍게 내리는 태도이다. 고운은 조장에게 귀순하라는 다음의 글을 밝히고 있다. "상(賞) 주기를 중히 하고 벌주기를 가볍게 하는 것은 임금으로서 행해야 할 은혜이므로 나의 한 폭 글을 보내어 너의 심중에 있는 것을 물어본다."[47] 군왕이 만약 상주기를 가벼이 하고 벌주기를 무겁게 하면 이것은 곧 관자에 의해 태어난 법가의 폐단처럼 백성에 대한 엄벌 방향으로 치달을 것이다. 그렇게 되면 공적을 치하하는 일은 인색해지고 위축된 정사(政事)로 전락하고 만다. 이는 군왕의 정치 수완이 무능하고 경직되는 결과를 초래한다.

셋째, 백성들에게 편벽됨이 없도록 정사를 베푸는 일이 군왕의 자세이다. 그가 말하는 바람직한 군왕을 보면, 은혜는 편벽됨이 없도록 만족케 하고 의리는 허물을 용서하는데 깊다[48]라고 말한 데서 발견된다. 그리하여 임금의 덕화는 어디에도 치우침이 없고 편벽됨도 없어서 총애는 반드시 선하고 아름다울 것(化旣無偏無頗, 寵章必書善盡美)이라고 『계원필경』 12권에서 언급하였다. 이처럼 편벽됨이 없는

---

46) 崔根泳, 「新羅末 崔致遠의 思想的 性格」, 위의책, p.29.
47) 『桂苑筆耕集』 卷11, 「招趙璋書」, 重賞而輕罰者君王之恩 遂乃馳吾咫尺之書 問爾方寸之事.
48) 『桂苑筆經集』 卷3, 「謝就加侍中兼實封狀」, 豈期階下 恩洽無偏 義深宥過.

군왕의 자세로 인하여 나타난 결과는 치국 덕화의 발현이다.

넷째, 충성스럽고 능력 있는 신하를 잘 알아볼 수 있는 능력이 군왕으로서 요망된다. 신하를 알아보기는 어진 임금밖에 없고 나를 키워주기는 좋은 친구밖에 없다[49]라고 고운은 밝힌 바 있다. 임금이 신하를 잘못 선택하면 정치를 하는데 커다란 오류를 범할 우려가 있기 때문에 신하 거느리는 일이 군왕의 기본자세인 것이다. 과거로부터 임금과 신하 사이의 관계가 불미스러운 사건으로 전개된 부정적 사례가 적지 않았다는 역사적 사실에서 귀감을 삼아야 한다.

### (2) 관리의 도

나라를 다스리는데 있어서 관리는 군왕의 책임을 구체적으로 분담하는 임무를 지니고 있다. 관리는 군왕이 명령한 내용을 전달받아서 국민들과 보다 가까이 접촉하면서 실제로 통치하는 역할을 하기 때문이다. 관리의 역할을 충분히 수행할 수 있는 인재 등용의 필요성을 고운은 다음과 같이 말한다. "이른바 비상한 인재가 있어야 비상한 일이 있고, 비상한 일이 있어야 비상한 공이 있다."[50] 모든 훌륭한 일들은 인재들이 수행하는 것이며, 그들은 더욱 군왕의 분신으로서 역할을 하는 자들이다.

관리로서 백성들을 통어하는 일은 쉽지 않다고 본다. 아무리 어려운 상황이 발생하더라도 관리는 책임을 갖고 지도력을 발휘해야 한다.

---

49) 『桂苑筆經集』 卷9, 「浙西周寶司空」, 所謂知臣者莫若聖君 成我者固順良友.
50) 『桂苑筆經集』 卷16, 「西州羅城圖記」, 所謂有非常之人 然後有非常之事 有非常之事 然後有非常之功.

관리는 백성들을 바람직하게 유도하기 위해서 행동 하나하나 조심해야 한다. 지도의 책무를 원활히 수행함에 따라서 관리는 승급의 기회가 주어지고 백성들로부터 신망을 받게 된다. 이처럼 관리의 신망이 확보되기까지 관리로서 직무에 솔선하는 자세가 중요하다. 아당의 처사나 인기에만 영합하면 관리로서 임무를 충실히 수행할 수 없다. 이에 고운은 높은 데에 오르려면 낮은 곳에서 시작하는 것이 군자의 뜻으로 여겼다.[51] 군자의 심법을 지닌 관리로서의 역할이 심대함을 일깨워주는 언급이다.

또한 관리의 근면하고 맑은 정신자세가 중요하다. 고운은 다음과 같이 말한다. "어진 지방관이란 옛날에도 드문데 우리의 관할에 속해 있는 고을에서 두루 시험해 본 결과 부지런히 닦고 고요히 다스리는 사람을 지금 얻게 되었다."[52] 만약 관리가 임무에 태만하거나 산란하여 책무에 소홀히 할 경우에 일을 그르치게 된다. 그러므로 근면하고 침착한 태도로서 정사를 다스리는 것이 관리의 바람직한 정신자세라고 고운은 강조한 것이다.

관리의 정신자세를 거론함에 있어서 중요한 것은 관리가 임금의 분신으로서 정사를 행하라는 것이다. 고운은 백성 교화론에 대하여 다음과 같이 말한다. "관리가 진실로 임금을 보좌하는 공을 베풀고 저절로 다스리는 교화를 이루려면 마음을 격려할 것인즉 이는 고금의 성스런 일이요, 원근(遠近)의 우러를 바이다."[53] 그는 바람직한 관리를 청

---

51) 『桂苑筆耕集』 卷14, 「張雄充白沙鎭將」, 昇高自卑 君子所以勵素忠.
52) 『桂苑筆耕集』 卷14, 「許勅授廬州勅史」, 古難其人 屬郡之中吾有所試 勤修靜理 今得人焉.
53) 『桂苑筆耕集』 卷7, 「史館蕭遘相公」, 能施補袞之公 備載垂衣之化 … 激濁揚

(淸)이라 하고, 좋지 못한 관리를 탁(濁)으로 규정함으로써 관리의 구별 기준이 심성의 바름을 근거로 한 것임을 밝히었다. 청렴한 관리로서 백성의 존경을 받으려면 임금의 분신임을 명심하여 일할 분위기를 북돋워주어야 한다는 것이다.

관리의 승급에 대한 관심도 주목할 일이다. 이에 대하여 고운은 인색함보다 관리의 공적을 드러내는 정책을 수행해야 한다고 하였으며, 엄벌보다는 덕망이 치국에 더 낫다고 하였다. "엎드려 생각하옵건대 말을 받아들이고 계급을 승진시키며, 고을을 나누어 공을 표창하는 것은 진실로 덕망이 시국을 안정시키고 공로가 백성을 제도할 만한 사람에게 해당되는 것입니다."[54] 고운은 관리의 사기를 진작시켜야 하며, 관리의 승급과 관련한 사기 진작은 백성을 선도하는 계기가 되며, 그것은 임금의 덕망이 중요한 역할을 한다고 하였다.

그렇다고 엄정한 기강을 놓아버리라는 뜻은 아니다. 백성을 포용하는 정신에 바탕하여 신상필벌의 정신이 필요하다는 것이다. 백성의 상벌에 관한 엄정성을 잃게 되면 관리로서 심각할 정도로 통치 능력을 상실하기 때문이다. 그래서 고운은 관리들이 공을 쌓아 교화를 이루려면 반드시 공로에는 상을 주고 거짓에는 벌을 주어야 한다고 하였다.

구체적으로 고운이 말하는 관리의 도에는 세 가지가 있다.

첫째, 관리는 인의(仁義)를 행해야 한다는 것이다. 고운이 유가의 이상적 인격의 덕목으로서 인의를 강조한 것은 과거 요순시대로부터

---

淸 勵事君之心無二 古今盛美 遐邇欽依.
54) 『桂苑筆耕集』卷3,「謝就加侍中兼實封狀」, 伏以納言進秩頒邑賞功 固須德望
鎭時 仍有勳勞濟物.

내려오는 전통정신과도 통한다. 그가 밝힌 관리의 행할 바를 보면 3년
동안 민정을 살필 적에 인(仁)과 의(義)를 앞세웠고 온 사방이 은혜를
사모함에 도적들이 저절로 멈추게 되었다[55]는 것이다. 유교의 핵심
이념으로서 인의의 실천이 관리로서 취해야 할 평천하의 길인 셈이다.

둘째, 관리는 온전한 덕을 실천해야 한다. 고운은 「소의성린」(昭義
成璘)(계원필경 권12)에서도 말한 바와 같이, 아랫사람들이 이탈하는
마음이 있는 것(下有離心)은 대개 윗사람들이 온전한 덕이 없다는 것
을 알게 되는 것(上無全德)이라 하고 있다. 고운은 관리가 백성을 포
용할 수 있는 온전한 덕이 없기 때문에 그 부하들을 통솔하지 못하고
오히려 잃게 된다고 하였다. 고운의 언급은 관리의 덕으로 백성을 다
스리되 사악함을 버리고 정의를 취하게 한다[56]는 것이다.

셋째, 관리는 봉공을 우선해야 한다. 고운은 관리로 하여금 의(義)
로써 공을 취할 것이며 사를 취하지 말라고 한다. 그는 「사사위표(謝
嗣位表)」에서 군자는 순공멸사(殉公滅私)해야 한다고 하면서 각자가
말로 떠드는 자는 심히 많은데 공을 위하여 몸소 궁행하는 자는 적
다[57]고 하였다. 고운은 관리야말로 인의와 덕망과 봉공의 자세를 견
지해야 한다고 한 것이니, 이러한 자세를 관리의 표준으로 삼고 있다.

---

55) 『桂苑筆經』 卷 7, 「宣歙裵虔餘尙書 二首」, 三年察俗 以仁義爲先 四境懷恩
  俾寇戎自戢.
56) 崔根泳, 「孤雲崔致遠의 社會改革思想」, 앞의책, p.263.
57) 『謝嗣位表』, 殉公滅私 實古人之陳力 口誇者甚衆躬行者稀.

## 2) 이상적 정치관

### (1) 민본정치

한 나라가 평화롭기 위해서는 그 나라의 정치가 안정되어 있어야 한다. 정치를 관장하는 위정자들이 선정을 하느냐, 아니면 폭정을 하느냐에 따라 그 나라의 장래가 결정된다. 위정자인 군왕과 관리의 백성에 대한 태도가 그 나라의 정치를 좌우하는 관건이기 때문이다. 군왕과 관리가 정치를 하는데 있어서 백성을 얼마만큼 중요하게 배려하는가에 따라서 나라의 평화 아니면 불행이 뒤따른다. 고운이 백성을 교화함에 있어서 자주 인용하는 고전은 『맹자』이다. 『맹자』「진심」장에서는 백성이 귀한 존재이며, 사직은 그 다음으로 귀하며 임금은 그 다음58)이라고 하였다. 맹자는 정치를 하는데 있어서 관리나 임금보다 백성을 우선으로 하는 위민의 민본 정치를 강조하고 있다는 점을 고운은 주목했다.

민본정치를 추구함에 있어서 백성을 어떠한 존재로 파악하고 있는가를 알아본다. 고운은 백성이 스스로 국가의 주체가 되지 못한 존재로 보았다. 신라 하대의 백성들은 고운의 입장에서 보면 구제의 대상으로 취급됨과 동시에 사회의 구조적 모순으로 고통 받는 존재로 파악되고 있다. 당시 폐쇄적 골품제도가 존립하고 있었음으로 인하여 상층의 귀족과 관료에 의한 대(大) 토지소유제가 실시되고 문벌 중심의 관직 독점이 횡행했다. 그리하여 백성들은 기아에 빠지게 될 수밖에 없는 여러 요인을 배태하고 있었다59)는 것을 고운은 직시할 수밖에

---

58) 『孟子』「盡心」下, 民爲貴 社稷次之 君爲輕.

없었다.

신분상으로나 생활상으로 볼 때 백성들은 매우 불리한 상황에 있었으므로 그들을 우선 깨우쳐야 한다고 고운은 보고 있다. 백성을 고통과 무지에서 벗어나게 하려는 것이다. 그는 높은 계품에 올려서 미련한 백성을 깨우쳐야 한다[60]는 입장이었다. 백성을 깨우치기 위해서는 무엇보다도 관리의 힘이 필요하다고 본다. "지금 구강(九江)이 목(牧)이 없으므로 온 고을이 봄을 기다리니, 장차 곤궁에 빠진 백성을 살리려면 진실로 능란한 관리들에게 의존해야 한다."[61] 무기력한 관리는 백성을 고통으로 빠뜨리기 때문에 오직 능력을 충분히 발휘할 수 있는 인재의 등용이 필요하다는 것이다.

진실로 능력 있는 관리는 민심에 귀를 기울일 줄을 아는 관리여야 하는 것은 고금을 통하여 다 아는 사실이다. 민심이 천심이라고 하는 말처럼 고운은 민심의 소재가 곧 하늘의 뜻이라 보았다. "나는 쓰이고 안 쓰임과 나타나고 숨는 것을 오직 임금의 명령에 따를 뿐이고, 시작하고 끝마침과 나아가고 물러가는 것을 민심에 맞도록 하기를 바랐다."[62] 인재의 등용은 민심과 하늘의 뜻에 따른다는 것이다.

민심에 따르는 일은 민심의 향배가 무엇인가를 파악하고, 민심이 억울해 하는 것이 무엇인가[63]를 알아서 이에 대해 적절한 조처를 해

---

59) 丁浚民, 「崔致遠傳의 傳記小說性 硏究」, 碩士學位論文, 誠信女大大學院, 國語國文學科, 1985, p.20.
60) 『桂苑筆耕集』 卷14, 「朱郞補討擊使」, 俾昇峻級 以諷頑旽.
61) 『桂苑筆耕集』 卷13, 「授高覇權知江州軍州事」, 今以九江闕牧一郡思春 將活波旽 固憑幹吏.
62) 『桂苑筆耕集』 卷9, 「護軍郞公甫將軍三首」, 某用舍行藏 惟遵帝命 始終去就 冀洽羣情.

주는 일이다. 백성이 원하는 바를 들어주지 못하고, 고통스러워하는
바를 해결해 주지 못하는 것은 곧 민심을 모르는 처사이다.

민심을 향한 민본정치를 통해 실현되는 이상세계는 태평성세일 것
이다. 고운은 다음의 예를 들어 말한다. "바람이 불어오는 도로에 길
이 수향(水鄕)의 복을 짓게 하시어 백성은 직업을 즐기고 … 장수하는
곳에 살고 신선의 나라를 바라게 하소서."[64] 백성들이 장수하는 사회
에서 즐겁게 생활하며 신선처럼 자연을 벗 삼아 노니는 세상이 이상향
이었다. 그가 묘사한 이상적인 정치는 민본에 바탕하는 것이다. 백성
들로 하여금 농사짓는 생활을 즐겁게 해주고, 어질고 오래토록 풍류의
신선 같은 삶을 누리게 하는 것이 고운에게는 이상향으로 설정된다.

### (2) 인의정치

인의(仁義)는 공맹의 중심 사상으로서 공자의 인(仁)에 맹자의 의
(義) 사상이 첨가된 유교의 핵심 이념이다. 맹자가 인의를 주장하게
된 동기는 양주의 위아설(爲我說)과 묵자의 겸애설을 타파하기 위해
서였다. 즉 양주의 위아설은 타인을 생각하지 않은 이기적 발상이라
보며, 묵자의 겸애설은 무차별의 평등을 주장하여 사회 질서와 가정
도덕을 파괴하는 것이라고 보아 이에 비판을 가한 것이다.

공맹이 주장하는 인의의 윤리관에 바탕하여 정치적 이념으로서 인

---

63) 『桂苑筆耕集』 卷7, 「滑州都統王令公」 第二, 詎勞有之人 欠練不祥之器 群情
既鬱 帝命斯行.

64) 『桂苑筆耕集』 卷15, 「禳火齋詞」, 道路生風 永作水鄕之福 烝黎樂業 … 齊登
壽域仙鄕.

의를 수용한 정치가 이른바 인의정치라고 본다. 과거로부터 내성외왕의 정신에 바탕하여, 안으로 성인됨을 이루고 밖으로 국왕의 위엄을 갖추어 내성(內聖)·외왕(外王)이 겸해진 정치가 인의정치인 것이다. 이와 같은 내성외왕의 이상적 정치는 고대로부터 유교가 지향하는 평천하이다.

유가의 정치이념에는 인과 의가 그 핵심인 만큼 치민(治民)에 있어서 주요 교의이기도 하다. 고운 역시 백성을 인도하고 국가를 다스리는 치민의 도에는 인(仁)과 의(義)가 우선함을 지적하고 있다.[65] 그는 치민의 근본책으로서 인술(仁術)을 언급한다. 왕은 선왕의 덕에 근본삼아 자손의 법을 높임에 정치는 인(仁)을 가지고 근본을 삼고, 그 인으로 백성을 건져주는 성의를 다한다[66]는 것이다. 그러나 공맹의 인정(仁政)을 유위의 행위라 하여 노자와 장자는 무위의 정치를 주장하였으며, 고운도 노장의 무위정치를 거론한 바 있다.

다음으로 법가가 등장하는데, 이는 유가의 인의 정치보다는 법으로 국가를 통치해야 한다는 것이다. 정나라 자산과 관자로부터 시작된 법가의 사상은 신불해·상앙·신도가 대표이며, 후기에 한비자가 법가의 축을 잇는다. 이들은 술(術)과 법(法), 세(勢)의 정책으로서 법치를 주장한다. 법치정치·무위정치·인의정치 중에서 고운은 당시의 정황을 고려하면서도 유가적 입장에서 인의정치를 주장한다.

---

65) 崔成哲, 「先秦儒家의 政治思想硏究」, 『韓國學論集』 11輯, 漢陽大學校 韓國學硏究所, 1982, p.336.
　　崔根泳, 「孤雲崔致遠의 社會改革思想」, 앞의책, p.263.
66) 『四山碑銘』, 「大崇福寺碑銘」, 王者之基祖德 而峻孫謨也 政以仁爲本 … 仁以推濟衆之誠.

이러한 사상은 고운이 언급한 동인의식에도 나타나는 바, 우리나라
를 인향(仁鄕)이라고 하면서 그는 자부심에 찬 애국의식으로 가득 차
있었다. 그는 동방을 가리켜 인향이라 하고 동인(東人)을 인인(仁人)
이라 하여 자부심을 가졌던 것이다. 인의와 자애를 강조하며 고운은
다음과 같이 말한다. "본국이 집집마다 땅의 의(義)를 숭상하고 온 나
라가 하늘의 인자함을 앙모하나이다."67) 일찍부터 당나라에 유학한
고운은 그곳에서 공부하면서 조국에 대한 애국심이 남달랐다.

애국심과 관련된 동인의식에 있어서 고운은 유교의 인효(仁孝)를
언급하면서, 성품이 유순한 동방의 태평 인인(仁人)에게는 인효가 물
흐르듯이 융합되어 있다68)고 하였는데, 이는 「사산비명」 중에서 「숭
복사비문」을 통해 나타나 있다. 고운이 말하는 인효는 마음이 유순하
고 자애로움이 고양된 세계이다. 인효를 베풀며 사는 사람들은 어진
성품에 효성까지 구유한 사람들로서 누가 억지로 조장한 것도 아니며
강제로 요구한 것도 아니다. 이러한 성품을 간직한 사람들에게 인의
정치는 백성들에게 덕망의 정치가 될 것이다.

고대사회에는 인의를 통해 치민을 성실히 수행한 성현들이 적지 않
다. 고운에 의하면 직(稷) · 계(契)라는 요 · 순 신하의 정책으로서 3년
동안 민정을 살필 적에 인의를 앞세웠고, 온 사방이 은혜를 사모함에
도적이 절로 멎게 되었다69)고 하였다. 당시의 백성들은 도둑에게 시
달리고 또한 가뭄과 국가에 바치는 조세에 더하여 관료의 부패 등 여

---

67) 『表』, 家崇地義 國仰天慈.
68) 柳承國, 「崔致遠의 東人意識에 관한 硏究」, 위의책, p.157.
69) 『桂苑筆耕集』 卷7, 「宣歙裵虔餘尙書 二首」, 政成稷契三年察俗 以仁義爲先
四境懷恩 俾寇戎自戢.

러 부정적 요인에 의해 고통을 겪고 있었다. 고통에 처한 백성을 구제하여 다스리는 길은 인의정치 외에 다른 방법이 없다고 고운은 보았다. 피곤에 지친 백성을 강제적 정책으로 끌고 나가기보다는, 오히려 포용과 관용을 베푸는 유화정책의 일환으로 인정(仁政)을 행하는 것이었다. 피곤한 백성을 법치가 아닌 인정으로 위로하여 선정을 베푸는 유가 성현들의 예를 언급하면서 고운은 인의정치의 실현을 갈망하였을 것이다.

인의정치를 구체적으로 실행하는 방법은 여러 가지가 있으며, 그 내면에는 충효사상이 근간을 이루고 있다. 즉 군왕이 인의정치를 하면 관리와 백성들은 그 군왕에게 충과 효를 다한다는 것이다. 한 국가에 있어서 인의정치가 수행되는데 백성들에게 충효정신이 필요한 것도 사실이다. 충효는 유교에 있어서 주요 덕목이며, 이는 가족주의의 종법제(宗法制)를 배경으로 한 실천덕목이다. 군신의 관계에 있어서 충효는 신하로서 이행해야 하는 당위적 규범이라는 것이다.

그 당위성으로서 충효의 실천에 대하여 고운은 많은 관심을 드러내었다. 『계원필경』전 20권에 나타난 내용이나 「기(記)」·「사산비명」등 저작에 충절과 효행의 정신이 드러나 있다. 그 일례로 진성여왕 9년(895)에 고운이 지은 「묘길상탑기(妙吉祥塔記)」를 보면 국태민안과 애국충정의 정신이 강하게 나타나 있으며, 특히 호국위선(護國爲先)이라고 하여 충효정신을 강조하기도 했다. 충효의 정신은 당시 호국정신과 밀접한 관련을 맺고 있다.

따라서 군자로서 국가에 입신하는 길에는 충효의 실천이 요구된다. 고운은 충효의 필요성에 대하여 다음과 같이 언급한다. "엎드려 아뢰옵건대 신(臣)으로서 입신하는 것은 효도와 충성이요, 죽은 이 섬기기를 산 사람처럼 하는 것이오니, 만일 부모가 영광스럽기를 바란다면 반드시 임금 섬기는 성의를 부지런히 할 것이옵니다."[70] 그는 충성과 효도를 치국의 도로 삼음과 동시에 임금과 신하의 상하윤리로 삼았다.

사실 고운이 활약했던 통일신라는 유가적 정치이념에 입각하여 충효를 통한 선정(善政)의 실현을 주장하는 분위기로 이어졌다.[71] 그 당시에는 종교적 수행의 차원에서는 불교가 주를 이루었지만, 현실 치국의 차원에서는 유교의 정치 이념이 통용되었기 때문이다. 따라서 그는 유교의 현실정치에 따라 충효의 정신을 강조한 것이다.

치국에 있어서 충과 효가 강조되는 이유는 국민들이 국가와 가정의 온전함을 위해서이다. 고운은 충과 효를 국가와 가정이 지향할 바 귀감으로 삼고 있으며, 이를 인생 좌표로 여기고 있다. 충성의 귀감이 된 당시 인물로서는 충성스럽고 용맹스런 행민(行敏) 등의 신하를 예로 들고 있다. "대범 나라에 충성하는 이는 집안을 생각하지 않는다. 그러므로 한나라의 미천한 신하도 자기의 재산을 털어서 변방의 군량을 공급하겠다고 청하였고, 위나라 열사도 거족적으로 나라에 힘을 바쳤다는 말이 있다."[72] 이처럼 한대의 미신(微臣), 위조(魏朝)의 열사 등의 예를 들어 충성을 강조하였다.

또한 고운은 효도의 귀감이 될만한 인물로서 송현(宋絢)을 임금에게

---

70) 『桂苑筆耕集』卷4, 「奏請從事官狀」, 伏以臣子之所以立身者 以孝以忠 愼終如始 若遂榮親之望 必勤事主之誠.

71) 韓國哲學會 編, 『韓國哲學史』上卷, 1987, pp.293—298(李楠永 교수는 여기에서 「壬申誓記石」을 통한 충효정신을 언급했고, 또한 金后稷의 眞諫, 欽春 장군의 아들 盤屈 그리고 盤屈의 아들 金今胤, 品日 장군의 아들 화랑 官昌 등의 충효적 護國思想을 언급하였다).

72) 『桂苑筆耕集』卷11, 「告報諸道徵促綱運書」, 夫忠於國者 無以家爲 是故漢代 微臣 有傾産助邊之請 魏朝烈士 有擧宗陳力之言.

천거하였다. "엎드려 생각하옵건대 황제 폐하께서 은혜가 온 누리에
흐르게 하고 효도로 천하를 다스리오니 특별히 표창하고 벼슬을 주어
몸을 닦아 지식 있는 이를 따르며 공경하고 근본을 힘쓰게 하소서."[73]
그는 효행을 잘 하는 인물을 등용하도록 황제에게 상소하고 있다.

그렇다면 국가의 정치에 가정을 관련시키는데 있어서 합당한 이유
라도 있는가? 보편적으로 볼 때 정치는 충, 가정은 효에 관련되는 사
항이며, 유가적 사유에서는 이를 나누어 이해하는 것보다는 하나로
이해한다. 충이라는 정치의 질서와 효라는 가정의 질서를 동일한 행
동규범으로 삼은 것이다. 다시 말해서 제가와 치국은 서로 분리될 수
없어서 밀접한 관계라는 뜻이다. 인간이란 국가(忠)와 가정(孝) 안에
서의 사람(人)이요, 국가와 가정은 인(人)과 처음부터 분리하지 않는
것이 고금의 유가적 전통이다.[74] 사적인 가족질서와 공적인 국가질서
를 연결하는 유가의 목적은 기본적으로 상대적 군신의 관계를 강화시
키기 위해 절대적 친자 관계로 연결 짓는데 있다. 곧 유가는 충신(忠
臣)·효자(孝子)의 결속을 강화한 것이다.

이러한 유교사상의 수제치평 구조를 모를 리가 없는 고운도 충과
효를 하나로 보았다. 힘을 다하여 임금의 명을 따르는 것이 효도의 결
과[75]라고 한 것이 그것이며, 이미 부모에게 하는 것처럼 임금을 효로
섬겼으니 그로 인해 제가와 치국이 가능할 것이라고 보았다. 그는 유

---

73) 『桂苑筆經集』 卷4, 「奏請從事官狀」, 惟皇帝陛下 恩流域中 孝理天下 特廻睿
   獎 許假賓銜 冀令修己從知 盡以敬親務本.
74) 裵宗鎬, 「韓國性理學의 人間觀」, 學術會議 「東洋人間觀의 哲學的 照明」, 韓
   國東洋哲學會, 成均館大學校, 1987.10, p.51.
75) 『桂苑筆耕集』 卷14, 「朱祝大夫起復」, 竭力從命 孝之終也.

교의 전통윤리에 따라 국(國)과 가(家), 곧 국가의 충과 효를 하나의
실천윤리로 보아 정치의 경륜을 전개토록 촉구한 것이다.

### (3) 공도정치

공도정치의 수행을 위해 통치자는 개인적 명예나 이익에 눈을 돌리
지 않고 청렴한 자세로 공도(公道)에 근거하여 정치를 해야 한다. 나
라의 정사를 관장하는 위정자의 인격은 개인의 사적인 이익 추구가 아
닌, 공도의 공익 실현을 위해서 난세를 극복하는 지혜를 갖추어야 하
는 것이다. 고운은 부귀나 명리를 추구하기보다는 위태로운 시기일수
록 사사로움을 버리고 이를 잘 극복해 나가는 공도정신을 강조하였
다[76]고 본다.

공도의 인물이 되기 위한 방법으로는 사사로운 이익을 멀리하고,
과다한 욕망을 줄이며 고요하고 담담한 심경을 기르는 것이 필요하다.
즉 고운은 공인으로서 수양의 덕목까지 거론하고 있다. 수양으로는
유가적 가르침만이 아니라 도교적 가르침도 포함하고 있다. 고운은
대장부란 후한데 처하고 박한데 처하지 않으며, 실(實)한데 살고 화
(華)한데 살지 않는다[77]고 하여 『도덕경』 38장의 내용을 인용하였다.
만약 통치자가 후덕을 멀리하고 화려한 공로를 탐내면 나라의 기강은
무너지며, 그로 인하여 국왕과 관리는 부패하게 되며 망국의 고통을
겪게 된다는 것이다.

---

76) 崔根泳, 「新羅末 崔致遠의 思想的 性格」, 앞의책, p.27.
77) 『桂苑筆耕集』 卷15, 「下元齋詞 2首」, 大丈夫 處其厚而不處其薄 居其實而不
     居其華者也.

이처럼 고운이 공도정치의 실현을 주장하게 된 사상적 배경을 보면 유불도 3교의 폭넓은 식견을 들지 않을 수 없다. 그가 제 몸이 영화롭거나 욕되는 데에 깜짝 놀라듯 하라[78]는 노자의 말을 인용하였고, 벼슬을 받고 사양하지 않다가 끝내는 망하고야 만다[79]는『시경』을 인용함으로써 유교 도교간 회통적 사유를 드러낸다. 그가 속세의 공명심에 대하여 과감히 초탈할 수 있는 용기가 생긴 것도 불교와 도교의 사상을 배경으로 삼았기 때문이다.

동양의 유불도 3교의 원만한 이해는 고운이 자신을 풍류적 기질로 순화하는 가운데 더욱 심화되었다. "시와 술로 벗을 삼고 흥을 누린 도연명을 나도 일찍 알았더라면 얼마나 좋았으리. 이 세상의 모든 명리(名利)를 잊을 것이 아닌가."[80] 그는 이처럼 자연과 더불어 시상(詩想)을 즐기고 술과 벗을 삼는 풍류를 만끽한 데서 개인의 명리욕과 같은 애착을 극복하였다.

모든 욕심을 극복하여 자연과 함께 하는 풍류생활은 필연적으로 안빈낙도의 생활을 내포하고 있다. 그것은 안분의 삶으로서 권세와 명리를 초월하는 생활이기 때문이다. 이에 대해서 고운은 말한다. "그 권세에 아부하는 영광을 버리고 도를 지키고 가난함을 편안히 여겨 한가로움을 사랑하는 즐거움을 넉넉히 얻겠다."[81] 그는 권력에 대한 아첨이라든가 부귀의 유혹을 물리치고 한가로이 편안한 삶을 추구하고

---

78) 『桂苑筆耕集』卷8,「龍州裴峴尙書」, 寵辱若驚 周柱史非無意也.
79) 위의책, 詩云受爵不讓 至于己斯亡.
80) 『崔文昌候全集』「詩」,「和李展長官冬日遊山寺」, 曾接陶公詩酒興 世途名利己忘機.
81) 『桂苑筆耕集』卷19,「謝宋絢侍御書」, 輸他附勢之榮 而守道安貧 贏得愛閒之樂.

있다.

나아가 공도정치는 구체적으로 관리를 등용할 때에 공정하게 취사하는 일이 요구된다. 고운이 인사정책을 강조한 것은 「사사위표」(謝嗣位表)에 잘 나타나 있으며, 여기에서 멸사봉공의 정신으로 정치를 하는 군자들이 없다고 탄식하면서 구과자(口誇者)는 많고 궁행자는 적다[82]고 하여 당시 관리들의 언행불일치로 인한 부패상을 지적함과 동시에 훌륭한 관리를 등용치 못함을 개탄해 하고 있다.

인재를 등용할 때 주의할 사항은 공도(公道)를 벗어난 편당적 등용을 금하라는 것이다. 붕당의 정치는 망국의 길이기 때문이다. 이에 관해 고운은 말하기를, 『서경』에 "편(偏)이 없고 당(黨)이 없어야 임금의 교화가 일어난다"고 하였고, 임금은 재사(才士)를 뽑아서 중요한 책임을 맡기었다[83]고 하였다. 이처럼 그는 고전 『서경』을 인용하여 인재를 등용할 때 주의해야 할 자세에 대하여 말하고 있다.

그리하여 고운은 군왕의 후덕을 예로 들면서 편당을 금하라고 한다. 좋은 인재는 삿됨이 없어야 하기 때문이다. "다행히 황제께서 신(臣)의 사곡(私曲) 없음을 굽어 살피어 엄한 벌을 내리지 않으시고 따로 좋은 인재를 선용(選用)하여 중한 직책을 옮겨 맡기었다."[84] 이처럼 당파적 인재 선발을 금하도록 유도한 것은 「숭복사비명」에도 나타

---

82) 위의책, 「表」, 「謝嗣位表」, 臣聞難進易退 乃君子之用心 循公滅私 實古人之陳力 口誇者甚衆 躬行者稀.
83) 『桂苑筆耕集』 卷3, 謝詔示權令鄭相充都統狀」, 伏以書曰無偏無儻 王化乃興 … 陛下妙選群才 近分重寄.
84) 『桂苑筆耕集』 卷2, 「謝就加侍中表」, 伏蒙皇帝陛下 俯詳直道 不寘嚴誅 選用良才 改移重務.

난다. 여기에서 편당을 금하라고 했는데, 왕도가 평탄하려면 치우침
이 없고 편당이 없어야 한다는 공도의 정신자세가 강조되고 있다.

공도의 정신자세로서 공도정치가 실현되면 누구나 정당한 노력을
통해 원하는 바의 목적을 실현하게 된다. 부정당한 출세는 정의를 축
으로 한 공도정치에 모순되기 때문이다. 고운은 이에 관해 현군(賢君)
이 천하를 다스리는 데는 먼저 부정출세를 막아야 하고 오직 어진 선
비의 진출 길을 방해해서는 안 된다[85]고 말한다. 어진 선비가 자유로
이 진출할 수 있는 아름다운 동방의 나라를 고운은 구상하고 있다.


## 4. 한국정치사의 공헌

### 1) 나말 세파수습의 노력

고운은 당나라에 유학한 후 귀환을 결심하게 되어 나이 29세(885)
에 귀국했는데, 당시의 신라는 붕괴하기 일보직전이었다. 지방의 호
족 세력이 대두하면서 정권이 난립되었고, 국가 정부는 지방의 세금
도 거두기 어려워 재정 궁핍의 상황에 봉착했다. 그가 귀국한 후 4년
만인 889년(진성여왕 3년)에 주군(州郡)의 공부(貢賦)를 강제로 수납
하니 사방의 도적들이 봉기하여 국가는 큰 혼란에 빠지게 되었다. 이
처럼 혼란한 때에 고운은 상당한 의욕과 경륜을 가지고 문란해진 정치

---

85) 『桂苑筆耕集』卷2, 「讓官請致仕表」, 聖君御宇 必先寒彼倖門 良士省躬 唯慮
妨其賢路.

를 바로잡고자86) 노력하였다.

고운이 귀국한 후에 지녔던 꿈은 당나라에서 수학한 경험을 자본삼아 관직활동에서 치국에 공헌코자 하는 것이었다. 이 시기는 그가 벼슬에 올라 시무십조(時務十條)를 진헌하여 정치 경륜을 밝힘과 동시에 쓰러져 가는 신라 왕국을 바로잡아보려는 포부를 가졌던 때였다.87) 이러한 그의 포부가 실현되기에는 많은 어려움이 봉착해 있음을 그는 귀국 직전까지 파악하지 못하였다.

귀국 후 소박한 꿈의 전개, 곧 난세의 치국을 염원한 것이 고운의 시무십조였으며, 이는 바로 진성여왕에게 올렸다. 쓰러져 가는 신라 난국을 수습코자 하는 노력의 산물이었을 것이다. 고운이 진성여왕 8년(894)에 시무십여조를 올리자 임금이 이를 기특하게 받아들이고 아찬의 벼슬을 주었다.88) 후래의 학자들은 고운의 시무십조의 내용에서 그의 정치적 경륜을 추출해 낼 수 있으리라는 사실만 언급할 뿐, 자료의 산실로 인해 그의 정치관의 실체를 파악할 수는 없다.

정치적 경륜을 펴보기에는 이미 때늦은 감과 고운 자신 정치수완능력의 한계 때문에 시무십조의 실현은 불가능해졌다. 고운은 당에서 환국하여 조국을 위해 정치 및 사회활동에 참여함으로써 정치적 개혁을 실현해 보려는 의지에 차 있었지만 그의 뜻과 포부를 실현하지 못하고 끝내는 은둔을 자청하고 말았다. 그가 세속을 떠나 은둔하게 된 배경은 여러 가지가 있겠으나 당시의 사회현실과 자신의 정치적 이상

---

86) 崔柄憲, 「新羅史에서 본 崔致遠」, 앞의책, p.126.
87) 宋恒龍, 「崔致遠思想研究」, 앞의책, p.337.
88) 『崔文昌候全集』, 孤雲先生事蹟, 「三國史本傳」, 眞聖女王八年 公進時務十餘條 王嘉納之 以爲阿飡.

과는 간격이 생겨, 그의 의지를 펴기에는 자신의 무력감만 표출될 뿐
이었기 때문이다.

신라 난국에 대한 수습의 노력에도 불구하고 고운은 신라가 멸망하
리라 예견했는지도 모른다. 왜냐하면 당나라가 무너지는 과정을 몸소
체험한 고운으로서 시국을 바라볼 때 신라의 정황이 멸망을 자초하는
상황으로 치달았기 때문이다. 이 난국을 수습해 보려고 온갖 노력을
다하였으나 끝내 용납되지 않아 마침내 그는 정계에서 은퇴하였다.[89]
그에게 은퇴라는 배경이 난세의 시운 탓으로 돌렸는지, 아니면 능력
부족 탓으로 돌렸는지 그로서는 불운한 운명이었다.

당시의 시대적 분위기가 골품제도의 차별이 없고, 공도와 인정(仁
政) 등의 바람직한 정치로 이어졌다면 고운은 그의 일생을 걸고 끝까
지 신라를 구원하기 위해 노력하였을 것이다. 그가 정치 의지를 실현
하고자 했던 갖가지 노력이 불운한 시대 때문이라고 해야 할지, 결국
그의 포부가 실현되지 못했음은 안타까운 일이다.

## 2) 고려시대의 전망

효공왕이 897년에 퇴위하자 신라의 정세는 쇠퇴의 길로 치닫게 되
었다. 견훤의 후백제와 궁예의 봉건세력이 강해짐에 비해서 신라의
국토는 경상도의 원신라(原新羅) 지방으로 축소되었고, 지역적 축소
와 함께 잔존세력의 권력투쟁 문제가 대두되었다. 난세의 소용돌이
속에서 견훤 아니면 궁예 혹은 왕건 중에서 새로운 지도자가 결정될

---

89) 金重烈, 「崔致遠文學思想研究」, 앞의책, pp.15-16.

운명에 처한 것이다.

신라의 멸망과 고려의 건국이라는 급변의 상황에서 새로운 국왕이 탄생하게 되는데 고운은 과연 그에게 관심을 가졌을까가 궁금하다. 『삼국사기』「최치원전」의 기록에는 고운이 왕건에게 편지를 보냈는데, "계림황엽(鷄林黃葉), 곡령청송(鵠嶺靑松)"이란 문구가 있어 계림 신라가 망하고 곡령(개성) 고려가 새로 일어날 것을 내다보고 있었던 것 같다.[90] 이때 해인사에서 안거하고 있었던 고운은 지방 세력에 관심을 가졌고, 특히 왕건세력에 대하여 주목하고 있었다. 그가 실제 왕건에게 서신을 보냈는지 확실하지 않지만 왕건의 활동상황을 알고 있었다는 견해도 있다. 고운이 지은 「호국성팔각등루기」(護國城八角燈樓記)에 의하면 그가 효공왕 12년(908) 말까지 생존하였던 것은 분명하므로, 왕건의 활동 소식을 직접 듣고 있었음에 틀림없다[91]고 본다.

신라 붕괴의 혼란 속에서도 고운을 비롯한 육두품 유학생들의 활동과 사상적 동향은 국가 성쇠에 영향을 미쳤다. 당시 육두품 출신들은 신라 하대의 신분제한에 불만을 품고 귀족계급의 붕괴를 내심으로 은근히 바랐을지도 모르기 때문이다. 육두품 상당수가 신라 말에 이르러 정신적으로 고려 왕조의 성립을 오히려 지지하여 새롭게 사회를 개편해 보겠다는 의욕을 보였다.[92] 급변하는 시대적 흐름으로 보아 고운은 간접적인 면에서 고려 건국에 어느 정도 기여했으리라 본다.

하지만 육두품 출신들은 지식인으로서 그 학적 이론의 무기를 지녔

---

90) 崔柄憲, 앞의책, p.128.
91) 위의책.
92) 『韓國人物大系』 1, 「古代의 人物」, 博友社, 1972, p.399.

음에도 불구하고 항시 중앙세력에 의해 견제를 받았다. 학적 기반을
단단히 다진 그들은 당나라에서 인정받는 지식인이었으나, 신라에서
는 중앙권력 구조에 합류되지 못하고 외직과 기술직에 머물게 되었다.
그리하여 육두품은 고려 건국에 정신적 기반을 제공하는 반신라 지식
인으로서 고려에 편승하게 된다.[93] 새로 등극할 고려에 호의적인 고
운 중심의 육두품 지식인들은 고려가 추구하고자 하는 정책에 지침을
마련해 주었을 것이다. 이는 나말의 육두품이 오히려 중앙세력의 견
제를 받는 것에 대한 반발적 성향에 기인한다.

엄밀히 말해서 고려 건국에 고운이 직접 공헌했는가 하는 문제는
재론의 여지가 있다고 본다. 고운이 직접 왕건의 고려 건설에 협조했
다고『삼국사기』의「동국통감」에 기록되어 있다. 이에 반해서 고운이
고려 건국에 직접 기여하지 않았다는 주장도 있다. 즉 고운과 왕건의
나이 차이가 20년이나 되어, 고운이 42세에 입산할 때에 왕건은 22세
의 청년으로 궁예의 부장(副將)에 불과했다. 그리고 왕건이 고려를 세
운 연대는 20여년 후인 918년[94]이기 때문에 고운의 기여는 불가능했
다는 것이다.

다만 고운이 새 왕조에 영향을 주었든지 주지 않았든지 간에, 그의
계통에 속하는 문인들이 고려 건국에 기여하였으므로, 적어도 간접적
영향을 준 것만은 사실이다. 그들의 유교적 정치이념과 종교적 생활
철학은 여초(麗初)의 이념형성에 기여하여 국가의 기반을 다지는 초
석이 되었다. 이것은 태조 왕건이 골품제도 초월정책, 조세제도 감면

---

93) 丁浚民,「崔致遠의 傳奇小說性研究」, 앞의책, pp.20-21.
94) 金重烈,「崔致遠文學研究」, 앞의책, p.36.

책, 대민정책이나 광종의 과거제도, 성종의 유학 장려책에서 크게 반
영되었다.

결국 고운이 고려의 건국과 관련이 있음을 알게 되자 현종 때 고운
에게 고려의 건국을 밀찬조업(密贊祖業)했다는 공으로 내사공에 추봉
하고 문창후의 시호를 부여하였다.[95] 이러한 사실은 고운이 신라의
멸망을 도왔다기보다는 바람직하고 새롭게 변화될 이상적인 대동사회
를 건설하려고 한 정치의지로 해석해야 할 것이다.


## 5. 정치 · 사회관의 한계

고운이 밝힌 정치 · 사회관의 문제점은 없는가를 살펴보고자 한다.
이와 관련한 문제 제기는 몇 가지 측면에서 접근하려는 것이다.

첫째, 고운의 정치 · 사회관에 관련해서 인용된 자료는 주로 중국에
서 저술한 『계원필경』으로 한국적 상황과의 관련성 여부이다. 이 『계
원필경』은 고운이 중국 당나라 고병의 종사관으로 4년간 활동하면서
지은 작품이다. 여기에 바탕해서 추출해 낸 고운의 정치 · 사회관은
중국의 정치 · 사회관에 초점이 맞추어진 관계로 한국의 정치 · 사회관
이라 보기에는 무리가 있을 수 있다는 것이다.

하지만 중국과 한국의 정치상황을 별리해서 볼 필요가 없는 것은,
고운으로서 중국은 물론 한국의 난세 상황이 빈번하게 벌어졌다는 사
실을 인지하고 있었기 때문이다. 알다시피 양국의 불안정한 정황이

---

95) 『三國史記』 卷46, 列傳, 「崔致遠條」.

투영되어 있을 『계원필경』 전집은 총 20권이며, 여기에는 그의 문명 (名文)을 유감없이 드러내고 있으므로 동방의 최고문집이라고 한다. 이 문집은 고운이 귀국하여 이듬해 중화(中和) 6년 정월(헌강왕 12년 즉 당의 광계 2년) 30세 되던 해, 그가 당에 있을 때 지어 신라 임금에 게 진헌한 문집이다.

둘째, 고운의 정치·사회관이라고 할 만큼 고운 자신은 체계적으로 정치와 사회 이론을 전개했는가? 그는 주의 주장을 체계적으로 전개 하지는 않았다. 사상가나 철학가들의 논변과는 달리 문장가나 문학가 들과 유사한 수필전개 방식으로 전개한 면이 없지 않기 때문이다.

실제 고운은 그의 사상을 철학자처럼 논리적 방식으로 주장하지 않 았다. 하지만 그는 많은 사유와 고뇌를 통해서 자기의 사상과 감정을 토로하였다. 그가 무엇을 사유하고자 했으며, 어떠한 것에 고뇌를 하 였는가라는 문제의식이 그의 여러 저서 속에 나타난다. 『계원필경집』 특히 「격황소서」(檄黃巢書)에서 평화 의지나 사회 안정을 추구하는 내용이라든가, 「사산비명」에서 불교 자체의 심오한 교리를 음미한 사 실과, 「난랑비서」와 시 등에서 한국적 혼과 풍류적 삶을 추구한 사실 등에서 그의 사상성을 유추해 낼 수 있다.

셋째, 고운의 이상적 사회관 중의 하나가 골품제도의 비판을 통한 평등사회라고 했다. 그의 주장을 볼 때 백성들까지 포함하는 진정한 평등사회를 갈망했는가, 아니면 그 자신의 신분이 육두품이라는 제약 때문에 신라의 진골·성골이라는 골품제도에 대한 반발의식에서 나온 주장인가를 판단할 필요가 있다.

주지하듯이 신라의 하대는 성골·진골·육두품·오두품 등 신분의 계급적 구조가 합법화되던 시대였다. 이러한 골품제도는 왕족을 중심 한 폐쇄적 제도라고 보는 것이 타당하며, 육두품 이하의 신분은 관직

활동을 하는데 상당한 제약이 따랐다. 신분상의 이유로 고운이 속한 육두품은 아찬 이상으로 승진할 수 없었기 때문에 많은 어려움이 따랐으리라는 것은 의심할 여지가 없다. 골품제도에 대한 고운의 반발심은 더 이상 정치생활을 하도록 허용하지 못하고 운둔의 길로 걷게 하고 말았던 것이다.

기정사실화된 골품제도에 대해 고운이 노골적인 비판을 하도록 당시의 사회는 개방적이지 못했다. 이에 그의 의중에는 골품제도의 폐단을 시정코자 하는 의지가 적지 않았으며, 그로 인해 그는 골품제도의 신분제약을 타파함과 더불어 일반 백성들도 같이 평등한 대우받기를 원했던 것이다. 고운은 「진감화상비명」에서 도는 누구에게 나 있으며 이방인이 따로 없다고 했다. 도가 사람에게 차별적으로 분포되어 있거나, 그로 인해 이 사람 저 사람이라는 배타적인 이방인이 있다면 그가 밝힌 평등사상은 찾아볼 수 없을 것이다.

넷째, 고운의 정치관에 나타난 여러 정책조항은 유교 전통의 정치관과 크게 다른 점이 없다고 보는데, 그렇다면 고운은 유교적 정치관을 답습한 것에 불과한가, 아니면 고운의 독자적 정치관이 있다는 것인가? 고운이 주장한 정치관을 크게 네 가지로 나눠볼 수 있다. ① 인본정치, ② 충효정치, ③ 인의정치, ④ 공도정치이다. 즉 윤리의 덕목으로써 인본과 충효, 인의와 공도라는 덕목은 물론 유교의 중심이 되는 덕목이다. 따라서 고운의 유교적 시각이 투영된 만큼 고운의 시각과 유교사상을 구분해 볼 필요는 없다.

다섯째, 한국 정치사상의 공헌에 있어서 나말(羅末) 세파수습의 노력이라는 것과, 고려 건국에의 공헌이라는 조항이 서로 논리상 모순이 있다는 문제 제기가 가능하다. 고운은 29세의 나이로 귀국하여 쓰러져 가는 신라사회를 바로잡아 보려고 노력하였다. 그 노력의 증거가 「시무십조」인데, 그는 이를 진성여왕에게 올려(894) 신라를 바로 잡고자 했던 것이다. 그러나 신라의 국운이 이미 기울어지게 됨을 알자 신라 말엽 고운을 비롯한 육두품 출신의 지식인들은 부득이하게 사상적으로 고려 건국에 기여하게 되었다.

고운의 나말 세파수습의 노력과 고려건국의 공헌이라는 두 조항은 논리적으로 모순이 되기도 한다. 그는 심중에 나말의 혼란을 수습하는데 노력했음에도 불구하고 이미 국운이 기운 이상, 난국 수습에 한계를 느꼈을 것이다. 이에 새로운 국가의 탄생을 은근히 바라면서, 신라의 폐단을 극복하고자 하는 의도에서 새로운 고려 건국에 간접적으로 기여했던 것 같다. 그러한 의미에서 두 조항의 개념적 논리의 모순이라는 문제보다는 당시의 국운과 시운에 순응한 고운의 어쩔 수 없는 판단이 아니었는가라고 추측된다.

# 제3장

# 최치원의 종교관

## 1. 유학과 호학

최치원은 어릴 때부터 성품이 명민하며 학문을 좋아하는 재능으로
서 12세인 경문왕 8년(868)에 상선을 타고 입당하여[1] 당나라 희종 원
년 경문왕 14년(874), 18세에 금방우에 이름을 걸고 탁월한 문장을 중
원에 날리기도 했다.

우선 고운의 종교관에 주목한 동기는 그의 전 생애를 통하여 유불
도 3교를 회통하였다는 점에 있다. 풍류도를 한국 고유의 사상으로 기
록한 효시였다는 점도 고운의 종교관에 관심을 가진 계기이다. 그가
한국사상에 미친 영향과 아울러 종교회통의 심법을 드러냄으로써 한
국사회에 있어서 종교간 화합을 도모하려는 것도 그의 종교관에 주목

---

1) 韓國의 名著, 「桂苑筆耕集」, 玄岩社, 1969, p.45.

한 이유이다.

고운의 3교관에 접근하는데 있어서 관심을 끄는 것은 그의 진리 인식과 수학 방법이다. 또한 3교회통의 큰 범주 내에서 유교와 불교의 만남, 유교와 도교의 만남도 조명하고자 한다. 고운사상은 어느 일면에서 파악하려고 할 때 오류에 빠지기 쉬운 위험성을 내포하고 있다[2]는 점을 고려할 때 유교, 불교, 도교에 대하여 회통적으로 모색하려는 것이다.


## 2. 진리인식과 수학방법

### 1) 진리인식

#### (1) 도의 인식

한국 전통의 종교로 알려진 유교와 불교, 도교는 각자의 진리관에 따라 수행방법도 다르게 나타난다. 진리라는 것은 다른 말로 도(道)라고 하는데 고운의 입장에서 진리파악은 도에 대한 이해라고 할 수 있다. 그가 말하는 도는 유불도 3교를 나누어 도를 설명한 것이 아니라 전체적 입장에서 접근하고 있다. 유교와 불교, 도교에 있어 3교의 국한된 인식이 아니라 3교 회통적 시각이라는 것이다. 고운의 진리에 대한 관점은 한국인이 공유한 전통적 가치관에 직결돼 있다.

---

2) 崔一凡, 孤雲 崔致遠의 思想-三敎觀을 中心으로, 東方思想論攷, 道原 柳承國 博士華甲記念論文集 刊行委員會, 1983, p.304.

고운은 도의 문을 여는데 있어서, 우선 노자사상과 결부시키고 있
다. 그에 의하면 진리 접근에 있어서 희(希)와 이(夷)로서 연구하여 도
문을 연다[3]고 했다. 이·희·미(夷希微)는 노자『도덕경』에 나오는
말인데 고운은 도를 본체론적 차원에서 접근하고 있는 것이다. 이러
한 진리 인식에 있어서 주목되는 바, 고운의 도 체험에 대하여 구체적
으로 파악해 보고자 한다.

첫째, 도는 언어문자로 표현할 수 없다고 했다. 고운은 말하기를,
도를 가히 문자로 표현하는 것은 풀 위에 이슬을 꿰는 것과 같고, 불
(佛)에 나가야 진불(眞佛)이 된다는 것도 물속의 달을 잡으려는 것과
같다[4]고 하였다. 여기에서 도를 가히 뭐라 표현하는 것은 참 도가 아
님을 밝힌 것인데『도덕경』1장의 도는 불교의 불립문자로 이해되기
도 한다.

둘째, 도는 시비판단을 초월한다. 고운은 말한다. "도란 것은 억지
로 이름한 것이니 어느 것이 옳고 어느 것이 그른가."[5] 그에 있어서
질문의 의도는 참 도란 시비를 초월한다는 것에 있다. 만약 도가 시비
를 초월하지 못하면 시비에 가려 참 도가 드러나지 않기 때문이다.

셋째, 도는 현실 속에서도 발견된다는 것이다. 도의 본체적 측면과
현상적 측면이 아울러진다는 사실을 알고 있기 때문이다. 고운에 의
하면, 도는 사람에게 멀리 있지 않다[6]는 것이다. 도는 사람들이 사는

---

3)『桂苑筆耕集』十七卷,「性箴」, 理究希夷陀道門.
4)『崔致遠文集』,「四山碑銘」,「大朗慧和尙碑銘」, 可道爲常道 如穿艸上露 卽佛
  爲眞佛 如攬水中月.
5)『四山碑銘』,「眞攬禪師碑銘」, 而道强明也 何是何非.
6)『四山碑銘』,「眞監和尙碑銘」, 夫道不遠人.

일상에서 발견되기에 우리의 현실을 벗어나 있지 않다. 도는 부지런히 행하는 데에 있다(道在勤行)고 『계원필경집』 15권의 「하원제사이수」(下元齊詞二首)에서 밝힌다. 도는 우리 주변에 있기 때문에 부지런히 힘써 매사에 노력하면 도는 실현된다는 것이다. 이처럼 고운은 도의 본체적 측면에서 언어와 시비 초월을 말하면서도 인간의 삶에 도가 현전함을 직시하고 있다.

따라서 도는 없는 것 같고 막연하여 쉽게 볼 수 없지만 이를 실제에서 직시해야 한다. 고운에 있어서 도는 담담하여 맛이 없는 것이지만 힘써 도를 맛봐야 한다[7]고 했다. 비록 도는 무색무취하다 할지라도 이를 우리의 삶으로 끌어들여 체험해야 한다는 고운의 주장에서 도의 양면성을 발견하게 된다. 도의 양면적 시각에 더하여 그의 진리인식은 유불도 3교회통과 직결되어 있다.

### (2) 도의 실천

참 도의 경지에 진입하기 위해서는 도를 인식하는 것에 그치지 않고 실천하는 과제가 따른다. 실천 없는 인식은 무미건조한 지식에 불과하기 때문이다. 고운은 도를 실천하지 않음에 대하여 안타까움을 전하면서 말하기를, 지도(至道)를 부지런히 수행하는 자가 적다[8]고 하였다. 진리의 인식만 중시하고 이를 실천하지 않음은 진리의 바른 이해가 아니며 그러한 도는 무의미하다는 것이다. 고운은 말하기를, 그대들이 도를 생각하지 않는 것이 걱정이요, 도가 어찌 그대들을 멀

---

7) 『四山碑銘』, 「大朗慧和尚碑銘」, 是道澹無味 然須强飮食.
8) 『桂苑筆經集』 16卷, 「求化修諸道觀疏」, 而乃至道少 勤行者.

리 하겠는가9)라고 한다. 당시의 사람들이 도를 실천하지 않는 것을
매우 안타깝게 여기고 있다.

많은 사람들이 도를 실천하지 않음을 환기하면서 고운은 도 실천의
적공이 얼마나 중요한지를 환기시킨다. "나는 일찍이 바른 도에 정진
하여 힘껏 성조(聖朝)를 도우려 했다."10) 적공의 중요성을 밝히면서
도의 실천을 유도하고 있다. 그에 의하면, 권세에 아부하는 영광을 버
리고 도를 지키며 가난함을 편히 하여 한가로움을 사랑하는 즐거움을
넉넉히 얻겠다(계원필경 9권)며 안빈낙도의 도락을 언급하였다.

고운은 또한 도를 실천하여 얻는 즐거움으로서 잡념과 허물을 없애
는 것이라 하였다. 도는 오직 잡념을 씻고 덕은 몸을 윤택하게 한다11)
는 사실 때문이다. 사심잡념을 세척함 속에서 진리의 실천자가 되라
는 것이다. 고운은 도를 지킴으로써 허물을 없애고자 하였으니, 도를
실천에 옮기는 것은 인간으로서 범하기 쉬운 허물을 벗어나기 위함이
라고 보았다.

도를 실천에 옮기면 그만큼 도량도 넓어진다. 고운은 능히 도를 넓
힐 수 있다며 말하기를, 사람이 능히 도를 넓히는 것이므로 어진 신하
는 그 임금이 요순처럼 되기를 먼저 한다12)고 하였다. 성자가 되는 것
은 적공을 하는 것에 있으며, 그것은 능히 도를 넓히는 일이다. 도를
넓히는 일은 요순과 같이 성자의 심법을 닮아가는 것으로 누구나 노력
하면 이러한 성자의 경지에 오를 수 있다는 것이다.

---

9) 『四山碑銘』, 「大朗慧和尙碑銘」, 患不爾思 道豈遠而.
10) 『桂苑筆經集』 9卷, 「前左省衛增常侍」, 某也早以勤行至道 惟希翊贊聖朝.
11) 『桂苑筆耕集』 19卷, 「上座主尙書別紙」, 道惟滌慮 德以潤身.
12) 『桂苑筆經集』 19卷, 「與金部郞中別紙 第二」, 能弘道 賢臣以致堯舜先.

성자가 될 수 있는 길로서 도의 실천을 어렵게 생각하지 않는 것이 고운의 시각이다. 악인이 변하여 선인이 된 사람이 골짜기에 꽉 차게 되었으니, 도라는 것은 폐하여질 수 없는 것이어서 때가 되면 저절로 행해지는 것이다.[13] 그는 적공을 한다면 성현들이 많이 나타날 것을 낙관하고 있으며, 밝은 시대의 도래와 더불어 도를 실천하는 사람들이 많아지기를 기대하였다. 악인은 선인이 되도록 도의 실천을 강조한 고운은 도의 용이성을 거론한다. 그것은 「지증대사비명」에 나타나 있듯이 도의 무소부재성이다. 곧 도는 밖이 없는 곳까지 모두 융합하였다(道咸融乎無外)는 것이다. 종교 회통의 시각에서 도의 편재(遍在)를 드러내고 있다.

도가 천지팔방에 두루 포함되어 있어서 어느 누구든지 도와 융화하여 도를 실행하려고 한다면 도가 그곳에서 작용한다. 단지 인간이 이러한 도를 인식을 하지 못하고 실천을 하지 못한다면 인간다운 품격은 형성되지 못할 것이다. 그래서 고운은 진리인식과 더불어 이의 실천이 따라야 하며, 식견과 덕행이 아울러야 원만한 인격이 된다고 하였다.

## 2) 수학방법

### (1) 심학

고운은 인격의 함양을 위해서는 수학(修學)이 중요하다고 하였다. 수학이란 심신의 수행과 같은 용어이다. "나는 감히 학(學)을 일으키는 것을 으뜸으로 삼고, 어진 이를 구하는 것을 임무로 여기므로 책을

---

13) 『四山碑銘』, 「智證大師碑銘」 참조.

살 돈은 이미 적지만 고루 나눴다."[14] 상당한 독서가로도 알려진 그는 수학과 독서를 매우 중요시하고 있다. 수학 방법으로는 종교적 수행과 같은 심학(心學)이 있고, 학문탐구와 같은 구학(口學)이 있다. 그에 의하면 심학을 하는 자는 어찌 높고 구학을 하는 자는 수고스런 것일까에 대하여 고민하면서 옛날 군자는 배우는 것에 조심하였다[15]고 하였다. 구학과 심학의 병행 속에서도 심학의 중요성을 밝힌다.

심학이란 심덕을 쌓아서 행동하는 것을 말한다. 그리고 심덕을 쌓는다는 것은 마음을 수양하여서 덕을 행하는 것이다. "심학을 하는 자는 덕을 세웠을 것이요. … 저 덕이란 것도 혹 말을 빌어(口學)서 일컬을 것이요, 이 말이란 것도 혹 덕에 등대어 썩지 않을 것이니 가히 알맞게 되었다면 심(心)이 오늘날 능히 보여줄 것이다."[16] 이처럼 구학만큼이나 심학의 중요성을 강조한다. 학문과 수행이 아울러져야 한다는 구도자의 균형 감각이 드러나 있다.

심학의 한 방법으로 고운은 출심(黜心)을 말한다. 그는 출심이란 명리를 겨와 쭉쟁이 곧 강비(糠秕)로 여겨야 한다[17]고 했다. 심학에 있어서 명리는 장애물이므로 이를 축출해야 한다는 것이다. 출심은 물론이고 수심(修心)이나 조심(操心), 직심(直心) 등은 고운에 있어 심학의 다양성[18]을 보여준다.

---

14) 『狀』, 「遣宿衛學生首領等入朝狀」, 臣敢以興學爲先 求賢是務 買書金則已均薄貺.
15) 『四山碑銘』, 「大朗慧和尙碑銘」 豈心學者高 口學者勞耶 故古之君子愼所學.
16) 『四山碑銘』, 「大朗慧和尙碑銘」 抑心學者入德 … 彼德也或憑言而可稱 是言也或倚德而不朽 可稱則心能遠示乎來者.
17) 『四山碑銘』, 「大朗慧和尙碑銘」, 誡衆點心何 糠名復粃利.
18) 崔一凡, 孤雲 崔致遠의 思想硏究, 앞의책, p.307.

심학을 부지런히 수행할 경우 덕이 쌓여 더욱 밝은 인격이 형성됨을 고운은 밝히고 있다. "아무는 엎드려 생각컨데 몸이 덕문에 의탁하였으니 광채가 이역에 빛난다."[19] 그의 언급처럼 광채가 이역에서 빛나게 하는 것은 덕성 함양과 관련된 심학이다. 덕을 쌓게 되면 명망이 하늘을 찌른다는 사실을 알고 있었던 것이다.

유학당시 구도에 간절했던 심경은, 그가 고향을 떠나 타국에 있다 할지라도 심학을 하여서, 부족한 몸이 덕문에 깃들어 있으매 타향이 서글프지 않다[20]고 언급한 것에 잘 나타난다. 마음을 닦는 심학을 통해서 지혜광명을 두루 비춰서 훌륭한 인격자가 되는 것을 고운은 강조하고 있다. 마음을 수양하는 심학은 종교에 있어서 인격함양의 길로 간주된다. 유불도 3교의 수행이 모두 심학과 관련된다는 사실을 알고 있었기 때문이다. 심학을 통해서 원만한 인품을 함양하는 것이므로 고운은 종교 회통의 시각에서 구학에 앞서 심학을 중시한 것이다.

(2) 구학

구학(口學)이란 문장수사나 언어표현 등을 통하여 보다 수려한 문장과 언어를 구사하게 되는 학문을 말한다. 언어와 문자를 대상으로 하여 연마하는 것은 고운이 당에 유학하여 한문학의 대가가 되었음을 시사하는 것이기도 하다. 구학의 대상, 곧 언어 문자에 대하여 고운은 어떻게 보았는가? "법은 문자를 떠나있어 말을 붙일 곳이 없으니 억지로 말하려 한다면 수래 채를 북으로 두고 남으로 가려는 것과 같다."[21] 언

---

19) 『桂苑筆經集』 18卷, 「與恩門裴秀才求事啓」, 某伏念身托德門 光生異域.
20) 『桂遠筆經集』 18卷, 「謝冬至節料狀」, 伏以某 忝捿德宇 不愧異鄕.

어로는 법(진리)의 실체를 표현할 수 없다는 것으로 언어의 한계를 지적한 것이다.

언어의 한계를 언급하면서도 고운이 구학을 주장하고 있는 것은 언어가 일상의 삶에서 부득이 필요하다는 것을 밝히고 있는 것이다. 심학보다 오히려 구학을 더 중시한 것 같은 고운의 의도는 반드시 까닭이 있었을 것이다.[22] 그는 언어의 한계를 지적하면서 이율배반적으로 언어의 필요성을 말한 것은 구도의 두 방법을 열어놓고 이에 근거하여 구학과 심학을 병진할 수 있게 하기 위함이다.

학문과 심학의 병진 속에서도 고운은 구학의 주의 사항들을 열거한다. 남은 힘으로 문장을 공부하고 바른 소리로 언어를 바로 잡아서 문장은 표장(表章)을 지어 해외의 신절(臣節)을 아뢰게 하고, 언어는 정(情)과 예(禮)를 통하여 천상의 사행(使行)을 받들게 한다[23]는 것이다. 이러한 고운의 주장에서 언어 문장을 사용하는 자세가 피력되고 구학이 필요한 이유가 드러난다. 고운은 국가를 다스림에 있어서 진중한 언어 사용이 요구되며, 민중의 감성을 움직이는 언어가 요구된다는 것이다.

또한 고운은 수려한 한문 실력을 통해 구학이 필요한 이유를 밝히고 있다. 구학의 섬세함을 마음껏 드러낸『사산비명』등에서 그가 남긴 명문들이 이와 관련된다. "썩지 않는다면 구(口)도 옛날 사람에게 부끄럼이 없을 것이다. 할 만한 것을 가히 할 만한 때에 하니 다시 어

---

21)『四山碑銘』,「眞鑑 禪師碑銘」, 況法離文字 無地措言 苟或言之 兆朕適郢.

22) 宋恒龍,「崔致遠思想研究」,『研究論叢』82-2, 韓國精神文化研究院, 1982, p.340.

23)『狀』,「遣宿衛學生首領等入朝狀」 참조.

찌 전각(篆刻)을 사양만 하겠는가."[24] 그가 말한 뜻은 구학은 필요에
따라 시의 적절하게 접근해야 한다는 것이다. 부득이함과 시의성 없
이 언어놀이에 불과한 구학만 한다면 구술(口術)만 늘어놓고 문장만
화려하게 하는 실없는 행위에 불과하기 때문이다. 그는 명성을 떨친
문장가이면서도 심학을 강조한 종교가로서 자리매김하고 있다.

따라서 언어 유희적인 것에 치우친 구학은 고운에 있어서 배제되고
있다. 언어만 숭상하고 서제(書題)만 즐긴다면 그것이 온전한 덕을 베
푸는데 하등 필요가 없기 때문이다. 그는 이에 말한다. "요즈음 일반
인이 서제를 숭상하고 말은 찬축(贊祝)을 자랑하니 진실로 온전한 덕
을 가진 사람이 아니면 거의가 부끄러워해야 할 말들이다."[25] 이는 구
학에만 치우친 사람들에 대하여 안타까움을 드러낸 것으로서 심학을
아울러 행해야 함을 지적한 내용이다.

물론 구학이 심학 못지않게 중요한 것은 사회와 국가의 지도자로서
구학의 필요성이 적지 않았기 때문이다. 고운은 구학의 중요성을 다음
과 같이 언급했다. "말 한마디가 이제부터 나라를 일으킬 것이다."[26]
이는 구학이 사회 국가의 통치에 있어서 절대 필요하다는 사실을 밝히
는 내용이다. 구학이 왜 필요한가를 그의 언급에서 알 수 있으며, 「토
황소격문」에 나타나듯이 구학을 잘하면 위태로운 나라도 건질 수 있
다는 취지에서 구학의 필요성이 노정되고 있다.

만약 고운이 구학을 소홀히 하고 언어·문자의 사용에 등한히 했더

---

24) 『四山碑銘』, 「大朗慧和尚碑銘」, 不朽則口亦無慚乎昔人　爲可爲於可爲之時
　　復焉敢膠讓乎篆刻.
25) 桂苑筆經集 十九卷, 「與假牧書」 近日, 俗尙書題 言矜贊祝 苟非全德 多是愧辭.
26) 桂苑筆經集 十九卷, 「謝高秘書示長歌書」, 一言自此興危邦.

라면 어떻게 한문을 능통했을 것이며, 그의 수려한 저술을 할 수 있었을 것인가? 구학을 옛사람에 부끄러움 없이 하였고, 가히 할 만한 때에 구학을 하였다는 그의 심경 또한 설득력을 가져다주기에 충분하다. 고운의 종교관을 살펴보는데 있어 심학과 구학의 병진을 음미해 보는 것은 그의 진리 체득방법에 균형 감각이 돋보이기 때문이다.

## 3. 최치원의 3교관

### 1) 고운의 유교관

고금을 통하여 한중일 3국이 속해있는 동북아시아는 유교문화권 속에 있다. 고운 역시 중국에서 유학한 점을 보면 유교와 필연적 관계 속에 있음을 알게 해준다. 유교는 중국에서 국가 통치에 막강한 영향력을 행사하고 있었기 때문이며, 그가 과거에 급제한 점에서 볼 때 유교는 현실치세라는 점에서 심도 있게 접근했으리라 본다. 그는 유교 자체에 대하여 윤리적이고 체계적인 언설은 늘어놓지 않았다. 다만 유학시절 일상 속에서 유교사상을 깊이 있게 배움과 동시에 실천하였을 것이다. 여기에서 고운이 사용한 유교적 용어 및 견해를 통해 그의 유교관을 밝혀 보고자 한다.

고운이 유교 사상을 섭렵하여 유교 풍토에 깊이 젖어든 직접적 계기는, 그가 12세의 어린 나이에 당에 유학한 것에 있다. 헌강왕 11년(885)에 이르러 유도(儒道)를 매개로 황제의 나라에 들어가서 수학, 급제하여 계하사(桂下史) 관직에 등용된 사람이 있어 이름을 고운이라 한다[27]고 자기 자신을 기록에 남기고 있다. 그가 입당한 이후부터 더욱 유교와 관련이 깊어진 셈이다.

유교에 대한 고운의 주요 관점을 모색하려면, 그가 인용한 유교적 용어라든가 특히 유교적 서적을 근거 삼을 수밖에 없다. 그는 주로 사서삼경 등을 예로 들어 유교를 섭렵하고 있다. "모(某)는 『논어』를 읽다가 공자께서 칠조개로 하여금 벼슬하게 하니 대답하기를 '벼슬에 나가는 길은 능히 그 깊은 뜻을 잘 익히지 않았으므로 할 수 없다'고 하여 천자는 그 깊은 뜻을 기뻐하였다."28) 이처럼 그는 사서 중에서 공자사상과 관련한 『논어』를 인용하였다. 공자의 가르침을 새기며 벼슬 진퇴의 도를 언급하고 있는 것이다.

또한 고운은 유교 삼경 『시경』과 『주역』을 거론하고 있다. 현자가 되는 길에 대하여 관심을 불러일으키는 것이 이와 관련된다. "이미 밝고 현철하면 『시경』에 현인이라고 추앙하였고, 장수의 복을 받으면 『주역』에 군자라고 칭하였다."29) 이처럼 그는 군자와 현인의 인품을 삼경의 『시경』과 『주역』에 근거하여 거론하고 있다. 유교의 중심 교서로서 『논어』, 『시경』, 『주역』을 인용하고, 『서경』, 『예기』는 물론 공자와 맹자를 수시로 거론한데서 고운의 유교관이 나타난다.

고운이 자주 거론한 유교의 이념들을 언급하고자 한다. 인의예지, 중정, 충효 등이 그것이다. 고운은 이러한 유교의 이념들을 새기면서

---

27) 『四山碑銘』, 「智證大師碑銘」, 至乙巳歲 有國民媒儒道 嫁帝鄉而名掛輪中 職攀桂下者 曰 崔致遠.
28) 『桂苑筆耕集』 18卷, 「第二長啓」, 某嘗讀魯論 見仲尼使雕開仕 對曰仕進之道 未能究習 善其深志 夫子致悅.
29) 『桂苑筆耕集』 19卷, 「與金部郞中別紙二首」, 旣明且哲則詩美賢人 視履考祥 則易稱君子.

그의 행동강령을 실천에 옮겼던 것이다. 그는 이에 말한다. "인(仁)으로는 대중을 건져주는 정성을 다하고, 효로는 어버이를 높이는 법전을 세운다."[30] 인과 효의 실천을 강조하고 있음은 물론 유교에서 강조하는 공경과 덕행에 관심을 가졌다. 『서경』에서 밝힌 바, 작은 일에 공경하지 않으면 큰 덕을 해롭게 한다[31]는 점을 새기면서 그는 유교적 가치관에 따라 행동할 것을 주문한다.

유교적 가치를 일상의 삶에서 실천하는데 있어 주목되는 점이 있다. 그것은 고운이 유교적 교훈을 타인에 적용하기보다는 자기 스스로 실천하려는 점이 주목된다. 『서경』이나 『시경』 그리고 맹자의 가르침을 인용하여 이를 자기화하려는 노력들이 적지 않기 때문이다. 유교의 가르침을 스스로 새기며 자신이 먼저 모범이 되어야 타인에게 영향이 미칠 수 있음을 알았던 것이다.

유교적 가르침을 일상에서 자신 성찰의 길로 삼은 고운의 유교관에 대하여 몇 가지 측면에서 접근해 보고자 한다.

첫째, 유교를 생활의 철칙으로 삼고 있다는 점이다. 그는 유학시절 특히 절도 있는 삶을 위해서 유교적인 가르침을 새기고 있다. 이를테면 배고파서 굶주림에 시달리는 상황에 처할 경우, 고운은 공자와 맹자의 가르침을 새긴다. "공자께서 양식이 떨어지자 '과하다'라는 기록이 나왔고, 맹자도 먹을 때에 일찍이 '과하지 않느냐'는 질문을 받았다."[32] 의식주의 검박한 생활을 중시하면서 그는 특히 식생활의 절제

---

30) 『四山碑銘』, 「大崇福寺碑銘」, 仁以推濟衆之誠 孝以擧尊親之典.
31) 『記』, 「海印寺善安住院壁記」, 書曰不矜細行 終累大德.
32) 『啓』, 「上襄陽李相公讓館給啓」, 孔聖絶糧 乃興譏於濫矣 孟軻傳食 嘗致問於泰乎.

력을 통해 어려운 상황에 대처하고자 하였다.

둘째, 유교의 가르침을 대인관계의 신뢰로 받아들이고 있다. 고운은 공자의 가르침을 새기며 마음이 너그러우면 대중을 얻고, 믿음성이 있으면 사람이 신뢰한다[33]는 것을 깊이 새긴 것이다. 이처럼 유교적 교훈으로서 공자가 중시하는 바는 상호 신뢰로서, 그것은 대인관계에 있어서 중요하다고 보았다.

셋째, 유교를 인재 등용의 방편으로 삼고 있다. 유교의 수제치평의 역량을 통하여 정치적 수완을 삼다는 뜻이다. 고운은 큰 벼슬은 하지 않았으나 18세에 과거에 급제하였으며, 관리에 여러 번 등용된 관계로 정치적 수완을 위해 유교적 방편을 이용하였다. 그는 이에 말한다. "삼가 생각해 보건대『예기』에는 선비 뽑는 것을 말하였으니 수재(秀才)와 효렴(孝廉)의 과목이 바로 그것이다."[34] 국가를 다스리는 관리를 등용하는데 있어서 그 덕목을『예기』에서 찾고 있다. 국가 통치에 있어서 훌륭한 선비의 등용이 중요시되고 있다.

위의 세 가지 관점에서 고운의 대체적인 유교관이 드러난다. 그가 유시부터 유교 학문을 닦았고 청년기까지 유교 생활에 젖어 들어섰으며, 귀국하여서도 유교 가르침을 새기려 했으니, 신라시대에 유학한 인물로서 고운이야말로 유학의 최고봉[35]이라고 자부할 수 있다.

33)『論語』,「陽貨」, 恭寬信敏惠 恭則不侮 寬則得衆 信則人任焉 敏則有功 惠則足以使人.
34)『桂苑筆耕集』 7集,「吏部裴瓚尙書第二」, 伏以禮稱選士 實資秀孝之科.
35) 金知見, 新羅 崔致遠의 四山碑銘考, 제4회 國際佛敎學術會議, 大韓傳統佛敎院, 1981, p.120.

## 2) 고운의 불교관

신라 말기에 고운이 쉽게 접할 수 있었던 종교는 불교였다. 신라는 불교가 국교로 되어 있어서 그는 불교에 대하여 익숙해 있었으며, 불교문화의 찬란함을 느끼고 있었을 것이다. 원래 불교는 인도에서 비롯되어 중국을 거쳐 우리나라에 들어왔다. 고운이 살았던 신라 당시, 법흥왕 14년(A.D. 528)에 이차돈의 순교로 불교가 전래되었다. 그러니까 불교 전래된 후 329년 만에 고운이 탄생한 것이다. 고운은 이에 말한다. "옛적에 우리 선덕여왕은 완연히 길상(吉祥)의 화신인 듯하여 동방의 임금으로 계시면서 서방(불교)을 크게 사모하였다."36) 불교가 흥성하기 시작한 것이 옛날 선덕여왕 때였음을 고운은 밝히고 있다.

어려서 고운이 당나라에 유학한 관계로 유교를 깊이 인식하였고, 유학 이전 고국의 불교문화에 익숙하였으므로 유불도 회통의 분위기에서 그의 불교관은 자연스럽게 형성되었으리라 본다. 이러한 시대적 환경 속에서 성장한 고운의 불교관의 성향은 구체적으로 무엇인가를 모색해 본다.

먼저 그의 불교관은 『사산비명(四山碑銘)』에서 불교에 공로가 큰 선사들을 찬양하는 글에서 주로 드러난다. 『사산비명』이란 고운이 지은 「삼사일사비(三師一寺碑)」를 말한다.37) 『사산비명』을 쓰도록 왕으로부터 의뢰를 받았을 때 그는 겸손해 하면서 다음과 같이 말한다. "소신은 한정된 적은 재주로 한량없는 큰 행실을 기록하려 하니 약한

---

36) 『記』, 「海印寺善安住院壁記」, 昔我善德女君 苑若吉祥聖化 誕膺東后 景仰西方.
37) 四山碑銘으로 다음 4個가 있다. ① 智異山 雙溪寺 眞鑑禪師碑, ② 聖住寺 大朗慧國師碑, ③ 鳳岩寺 智證大師碑, ④ 初月山 崇福寺碑.

수레에 무거운 짐을 싣고 짧은 줄의 두레박으로 깊은 우물을 퍼내기입
니다."38) 이처럼 그는 겸손한 마음으로 글쓰기를 사양하였으며, 다시
임금이 그에게 부탁하자 그때서야 붓을 드는 겸양을 보였다.

불교의 장점은 수행인데, 고운은 불교의 수행 곧 선정(禪定) 등에
심취하였다. 그는 진감선사의 선정을 찬양하는 글을 남긴다. "선정으
로 입 다물고 불타에 귀심(歸心)했네, 근숙(根熟)한 보살이 도를 넓혔
도다. 담 크게 호랑이 굴을 더듬었고 멀리 경파(鯨波)를 넘었구나."39)
뿐만 아니라 대랑혜화상 등 고승석덕들의 불심귀의와 선정세계를 드
러냄으로써 자신이 불교에 심취한 면모를 비명(碑銘)을 통해서 드러
내고 있다.

고운의 불교관에서 또 주목되는 것은 유교나 도교보다 불교역사를
자세히 기록하고 있다는 점이다. 이는 비명을 쓰는 과정에서 고심한
흔적으로, 불교에 대한 지식의 정도와 관심의 폭이 깊다는 것을 의미
한다. 그는 고구려의 아도와 신라의 법흥왕 등을 기록하면서 삼국불
교사를 상세히 거론하고 있다.40) 그리고 당시 선종사에 대해서도 기
록하였으니, 그의 화려한 문필력으로 국교였던 신라불교사를 열거해
가면서 불교에 대한 깊은 관심을 가졌다.

고운이 바라본 신라불교를 다음 세 가지로 살펴본다.

첫째, 고운은 불교를 동방의 나라 한국에서 꽃피운 종교로 보고 있

---

38) 『四山碑銘』, 「大朗慧和尙碑銘」 小臣 以有限麽才 紀無限景行 弱轅載重 短綆
汲深.
39) 『四山碑銘』, 「眞鑑禪師碑銘」, 杜口禪那 歸心佛陀 根熟菩薩 弘之靡他 猛探虛
窟 遠沒鯨波.
40) 『四山碑銘』, 「智證大師碑銘」, 全般 參照要.

다. "카빌라국의 자비하신 왕은 우리나라의 거룩한 태양처럼 인도에 나타나니 동방에서 돋았구나."[41] 불교는 인도에서 출발했지만 동방에 서 빛났다는 그의 견해는 한국에서 불교가 찬란히 꽃피운 종교라는 것이다. 그는 말하기를, 오늘 아침 지혜의 해가 동방에 떴으니 문수께서 동방에 강림했음을 알겠다[42]고 하였다. 문수를 예로 들어 동방의 한국에 불교가 크게 빛을 발하였다고 본 것이다.

둘째, 불교를 간절히 염원하는 기원불교로 보았다. 고금을 통하여 많은 불자들은 불교를 통하여 소원성취를 바라는 기복성을 견지하고 있다. "삼가 원하옵건데 사리불과 대자대비 관세음보살이시여. … 지혜의 등불은 천제(天帝)의 마음을 비추고 법의 북은 마왕파순의 간담을 서늘케 하시며 모든 악을 없애어 방편의 문을 열어주시고 중생을 돌보시어 자비한 집을 아끼지 마소서, 삼가 올립니다."[43] 이처럼 고운은 국가발전과 중생구원을 위한 간절한 소원을 빌고 있다. 고운은 지성으로 신앙하면 반드시 메아리처럼 감응한다고 하면서 말하기를, 법운사에서 300명의 승을 청하여 재를 올리고 아울러『금광명경』다섯 부와『법화경』한 부를 써서 길이 공양한다(계원필경 15권)라고 하면서 기원재를 올렸다. 소원 성취의 글은 불교를 자신의 신앙심과 연결시킨 15차례의 재의식(齋儀式)을 통해 더욱 빛을 발하고 있다.

셋째, 불교를 생사해탈 및 선업을 쌓는 종교로 보고 있다. 이는 불

---

41) 『四山碑銘』, 「大崇福寺碑銘」, 迦衛慈王 嵎夷大陽 現于西土 出自東方.
42) 『詩』, 「贈布朗和尙三首」, 今朝慧日出扶桑 認得文殊降東廟.
43) 桂苑筆耕集 十五卷, 「天王院齋詞」, 伏願舍利佛大慈大悲觀世音菩薩 … 慧燈照天帝之心 法鼓破波旬之膽 靜銷諸惡暫開方便之門 廣庇衆生 無惜慈悲之室 謹疏.

교의 신앙과 수행의 목표인 바, 그는 법운사에서 선사의 재를 올리며
다음과 같이 말한다. "죽음을 생각함에 슬퍼 통곡함을 이길 수 없다.
다만 불교의 진리로 미루어 본다면 마땅히 속정을 억눌러야 하며, 모
두가 전생의 인연인 것인즉 지금의 원통함이 풀린다."44) 이처럼 고운
은 불교를 생사해탈에 도움을 주는 해탈종교로 보았다. 그는 대일산
(大一山) 석씨(釋氏)의 금언을 인용하면서 말하기를, 세상에서나 세상
에서 나간 뒤에라도 모든 선근은 모두 가장 좋은 곳인 시라(尸羅)의
땅에 의지하라45)고 하여 선업을 권면한다.

불교에 대한 그의 언급을 보면 고운을 불교인이라고 할만하다. 유
학자들은 고운이 불교에 치우쳤음을 지적하기도 한다. 퇴계에 의하면
우리나라의 종사하는 법에는 이해할 수 없는 것이 많이 있으니, 저 고
운 같은 이들은 문장만 숭상하고 더욱 부처에게 아첨했다46)고 하면서
고운을 불교인으로 폄하하기도 했다.

하여튼 고운을 어느 한 종교에 국한하여 볼 수 있을지 모르지만 그
의 자유로운 사유는 어느 종교에도 치우치지 않았다고 본다. 유불도
3교의 회통적 시각을 지녔기 때문이다. 고운은 그가 입산할 때 지은
시에서 다음과 같이 말했다. "저 스님이시여, 산이 좋다고 말하지 마
오, 좋다면서 왜 다시 산을 나가오, 저 뒷날 내 자취 두고 보게나, 한
번 들면 다시 돌아오지 않으리."47) 이 시를 근거로 하여 많은 학자들

---

44) 『桂苑筆耕集』 15卷, 「爲故昭義僕射齋詞 第一」, 言念凋零 莫勝悲慟 但以推尋
佛理 抑割俗情 旣知前世因緣 粗解此時寃痛.
45) 『記』, 「新羅伽倻山海印寺結界場記」, 世及出世諸善根 皆依最勝尸羅也.
46) 李滉, 「退溪集」, 言行錄五 崇正學 我朝從祀之典 多有未嗋者 如崔孤雲從尙文
章而諂佛又甚.

은 고운을 불교신자라고 보는 경향이 있다. 이 시를 읊고 나서 고운은
종적을 감췄는데, 혹 해인사에 입산하였다는 것은 고운이 인생 후반
에 생사해탈과 선업을 위해 불교와 깊은 인연을 맺었을 것이라는 추단
을 가능케 한다.

### 3) 고운의 도교관

도교란 무엇이며, 또 도가와의 구분을 알아둘 필요가 있다. 도가와
도교는 엄밀히 구분되기 때문이다. 도가사상은 유가사상과 중국문화
를 이끌어온 사상인데 공맹이 유가라면 노장은 도가이다. 철학으로서
도가와 종교 형태의 도교는 대체로 구분된다는 것이다. 도가는 하나
의 철학 형식으로 이뤄졌고 도교는 종교 형식으로 이뤄졌기 때문이다.
도교는 고대 신선도에서 발달한 것으로서 노자를 그 교조로 삼은 후한
말기의 장도릉이 창립하였다.[48] 미국 등 서구에서는 도교와 도가를
타오이즘(Taoism)이라는 한 단어로 통용하고 있다.

그러나 고운의 도교관은 도가와 도교의 구분 없이 접근할 수밖에
없다. 다만 그 경향성에서 볼 때 고운의 도교관은『계원필경』과 시 등
에서 밝힌 노장사상이 주 근거가 된다.

먼저 그는 노자를 추앙하고 있는데서 그의 도교에 대한 관심의 정
도를 알 수 있다. "삼가 상고하건대 노자가 고현(苦縣)에서 탄생하여

---

47) 『詩』, 「贈山僧」, 僧乎莫道靑山好 山好何事更出山 試看他日吾踪跡 一入靑山
    更不還.
48) 李鍾殷, 韓國詩歌上의 道敎思想硏究, 博士學位論文, 東國大學校 大學院,
    1977, p.34.

도를 중국에 강연하였으니, 근원은 성조(聖朝)의 조(祖)요, 이름은 지도(至道)의 종(宗)이다."[49] 이처럼 그는 도교의 교조인 노자를 도의 조종이라 찬양하였다.

또한 고운은 도가의 인물로서 노자와 쌍벽을 이룬 장자에 대하여 언급하고 있다. "아마 남화 늙은이(莊子)의 나비 꿈도 응당 내가 그대를 상대로 조는 것 같다."[50] 장자의 유명한 호접몽 우화를 고운은 인상 깊게 받아들이고 있다. 그는 또한 장자의 풍자적 가르침을 새기고 있다. 자신의 지혜가 겨우 남의 과실은 알지만 그 과실을 하게 된 원인은 알지 못한다(계원필경 11권)는 장자의 가르침을 새기면서 허물을 꾸미거나 허위에 빙자하지 말라는 것이다. 이처럼 고운은 장자의 금언을 인거한 것에서 도교의 시각을 알 수 있다.

장자의 호접몽에 이어 붕새에 대한 우화는 고운에게 깊이 각인되었다. "메추라기가 제 날개를 자랑하여 붕새가 남쪽 바다로 떠나려는 대망(大望)을 비난하였다."[51] 장자는 붕새를 절대 자유의 세계에서 소요자적하는 상징적인 새(장자, 소요유편)로 간주하고 있는데, 고운 역시 장자의 절대 자유를 그리워하고 있는지 모를 일이다.

이처럼 고운이 노자와 장자 사상에 대하여 여유롭게 수용한 점을 참작하면서 그의 도교관을 알아보고자 한다.

첫째, 도교를 통하여 연명장수를 기원하는 의지가 드러나 있다. 무한한 수(壽)를 누릴 수 있는 종교로서 도교를 인지한 것이다. 고운은

---

49) 『桂苑筆耕集』 16卷, 「求化修諸道觀疏」, 伏以苦縣誕靈 神州演法 眞性乃聖朝
之祖 强名爲至道之宗.
50) 『桂苑筆耕集』 20卷, 「海鷗」, 想得 園蝴蝶夢 只應如我對君眠.
51) 『四山碑銘』 「智證大師碑銘」, 矜鷃翼誚圖南之高.

선계에서 진인이 내려왔으니 뭇 사람의 정성을 통해서 장수를 축원한다[52]고 했다. 불로장생의 염원은 고운이 도교를 장생불사의 종교로 이해하였기 때문이다.

둘째, 일을 수행함에 있어서 인위가 아니라 무위(無爲)로서 행하는 종교가 도교라는 것이다. "대사는 유위로 나가는 속세에서 무위로 된 비밀 선종을 말하였으니, 소신(小臣)은 한정된 재주로 한량없는 큰 행실을 기록하려 하니 약한 수레에 무거운 짐을 싣고 짧은 줄의 두레박으로 깊은 우물을 퍼내기이다."[53] 고운의 언급에 나타나듯이 도교 처세의 원리가 무위이다. 불교선사를 찬양하는 글에서 도교의 무위 개념을 도입함으로써 고운은 무위를 도교의 핵심 원리로 보고 있다.

셋째, 도교를 신선이 되어 소요 자재하는 종교로 보았다. 그는 신선의 술잔을 날리고 신선노래를 부르며 신선들 시주(詩酒)의 흥취를 얻어서 풍월을 읊으며 봉래산을 생각한다(계원필경 17권)라고 하면서, 도교의 신선에 대한 이미지를 한껏 드러내고 있다. 신선에 대한 갈망은 다음에 나타나고 있다. "신도 제세(齊世)하는 공을 이룬 뒤에 몸을 가져 은퇴하여 충령(冲靈)한 도를 달성하고 배를 두드려 노닐면서 신선이 먹는 양식을 배불리 먹고 신선이 있는 곳의 계곡에 나갈지이다."[54] 이처럼 그는 신선이 되어 마음껏 소요유하고 싶은 심경을 드러내며 도교사상에 심취되고 있다.

---

52) 『桂苑筆耕集』 18卷, 「獻生日物狀第四」 참조.
53) 『四山碑銘』 「大朗慧和尙碑銘」, 大師 於有爲澆世 演無爲秘宗 小臣 以有限麼才 紀無限景行 弱轅載重 短綆汲深.
54) 『桂苑筆耕集』 15卷, 「上元齋詞」, 然後俾臣 援溺攻成 奉身以退 冲靈道隊 鼓腹而遊 飽瓊蘂之糇粮 就瑤帶之蹊徑.

위의 언급처럼 도교를 은둔적이고 소극적이라고 볼 수 있지만, 고운은 이를 불식시키는 면도 있다. 그는 다음과 같이 말한다. "마음 제계를 개을리 않고 상제를 받드는 것은 어찌 신선의 도를 닦는 것이랴, 사람을 건지기 위함이다."[55] 사람을 구제하는 것을 우선순위로 삼는 것이 더 중요하다는 것으로, 도교를 소극적 은둔의 종교가 아닌 적극적 활동의 종교로도 본 것이다. 도교 수련에 있어서 자신의 은둔이나 안일만을 위한다면 그것은 바람직하지 않기 때문이다. 그는 선산(仙山)에서 자취가 내려온 것은 속세에 은혜를 베풀기 위함(降跡仙山, 爲行恩於俗界)이라며, 도교는 속계에서도 은혜를 베푸는 종교(『계원필경』18권에서)임을 밝힌다.

도교의 접근에 있어서 고운은 재례(齋禮)의 수행과 관련짓는다. 그가 밝힌 도교의 재례 15수 속에는 도교사상이 곳곳에 깃들어 있다. 도교 사원인 도관을 중수하면서 밝힌 내용을 보자. "드디어 재초(齋醮)가 잇달고 의식을 소홀함이 없었으니 신궁(神宮)과 영우(靈宇)는 제천(諸天)을 모방했고 비전(秘殿)과 정단(精壇)은 엄숙히 승지(勝地)에 수축되었다."[56] 이처럼 도교 의례를 중시하면서 이를 집행하는 도교 사원과 그 중수에 깊은 관심을 보이고 있다.

아무튼 고운은 도교사상에 심취한 흔적이 적지 않다. 그를 도교 사상의 소유자로 보아 선인으로 보기에는 조금도 무리가 없다.[57] 고운이 도교 선인이라 할 수 있는 것은 그가 인생 말기에 입산 신선이 되어

---

55) 『桂苑筆耕集』17卷, 「朝上淸」, 齊心不倦自朝眞 豈爲修仙齊人.
56) 『桂苑筆耕集』16卷, 「求化修諸道觀疏」, 隊得齋醮有歸 科儀無墜 神宮靈宇 苑寫諸天 秘殿精壇嚴 修勝地.
57) 李鍾殷, 韓國詩歌上의 道敎思想硏究, 앞의책, p.142.

종적을 감췄다는데 있다. 후학들은 고운이 도교 신봉자 내지 신선으로 화했다고 하는 것이다. 이를 감안하면 유교에 입문하고, 불교문화를 수렴하여 도교 신선으로서 생으로 마친 그의 일생은 유불도 모두에 관련되어 있다고 보아도 무방하리라 본다.

## 4. 유불도 3교회통

### 1) 3교포월

고운은 3교관의 전개에 있어서 각 종교에 대하여 체계적인 서술을 한 것이 아니라 비문 등을 작성하면서, 시를 지으면서 그의 견해를 단편적으로 자유롭게 언급하였다. 고운의 각 종교에 대한 언급들은 전체성에서 하나로 꿰어지는 것으로, 유불도 3교가 서로 상이한 사상으로 파악되지 않다[58]는 사실을 주목해야 하리라 본다.

주지하듯이 고운은 유불도 3교 어디에도 구애됨이 없었다. 어느 때는 그가 유교인이 되고, 혹은 불교인이 되거나 도교인이 되기도 했다. 그래서 많은 학자들은 고운을 서로 다르게 유교인, 불교인, 도교인이라고 주장하고 나섰던 것이다. 이종은에 의하면, 옥황상제를 비롯 산신, 풍신, 우신이나 선인과 황제, 우왕 등의 성천자(聖天子), 주문왕, 제환공, 진시황, 한고조, 후한 광무제 등을 신으로 모시고, 더욱이 공자와 안회를 도교신으로 모시고 있으니 고운을 유선(儒仙)이라 칭함

---

58) 宋恒龍, 崔致遠思想硏究, 앞의책, p.310.

이 어색할 것은 없다[59]고 했다.

같은 맥락에서 이항녕은 언급하기를[60] 고운은 두말할 것도 없이 유학자라는 것이다. 그는 신라인으로 설총과 같이 유교의 최고전당인 문묘에 배향된 두 사람 중의 한 사람이기 때문이다. 게다가 고운을 불교의 대가라 했던 바, 신라 때 고승들의 비문을 많이 썼고 하동 쌍계사와 합천 해인사 등의 절에 자주 출입을 했기 때문이라는 것이다. 동시에 고운은 도교의 신자로서 표연히 산중에 들어가서 신선이 되었다. 이처럼 그는 유불도 3교에 모두 관련되면서도 3교를 포월(包越)한 인물이라는 것이다.

여기에서 고운의 종교관을 보면, 그가 유불도 3교를 어떻게 자유롭게 포월하고 있는가에 대하여 살펴보고자 한다.

먼저 고운이 인용한 성현들로서 유교인, 도교인, 불교인, 심지어 제자백가 법가(法家) 인물이라 해서 꺼리지 않고 모두 포월한 것이다. 고운이 인용하는 인물들이 어느 종교에 속하느냐가 문제로 되지 않았다. "내가 그전 『사기』를 보고서 일찍 옛 어진이를 사모하니 '남에게 지극한 말을 해주라'한 것은 노자가 설한 교훈이요, '나를 성공시키는 이가 좋은 벗이다'라고 한 것은 관중이 은혜를 받은 것이다."[61] 이처럼 상황에 따라 그는 도교의 노자 입장이 되거나 법가의 관중 입장이 되기도 하였다.

유불도 3교 어디에도 구애됨이 없는 고운의 심법은 자신의 수행에

---

59) 李鍾殷, 韓國詩歌上의 道教思想研究, 앞의책, p.142.

60) 李恒寧, 「韓國思想의 源流」, 『弘大論叢』Ⅴ, 弘益大學校, 1973, p.10.

61) 『桂苑筆耕集』 11卷, 「答襄陽郢將軍書」, 某側窺前史 嘗慕古賢 贈人以 至言則 老聃誠 成我者良友則管仲知恩.

도움이 된다면 유불도 어디에도 가리지 않았다. 자신의 성찰을 위해서는 유교 공자나 도교 노자의 가르침을 새기곤 하였다. 제 몸이 영화롭거나 욕되는 데에 깜짝 놀라듯 하라는 노자의 말씀을 새겼으며, 세상에 나아가거나 물러가는 데에 스스로 보존하라는 공자의 말씀도 새겼다.[62] 욕심이 생길 때에는 노자를 부르고 공명심에 가득 찼을 때에는 공자를 불렀던 고운은 오로지 성자의 가르침이라면 유불도 어느 종교든 관여치 않고 자신의 가르침으로 삼았던 것이다.

자신의 성찰을 위해서 고운은 끊임없이 유교와 도교의 고전을 살펴보았다. "엎드려 생각컨데 『상서』(尙書)는 처신을 경솔히 아니하니 『예경』을 길이 지킨 것이요, 복은 길상(考祥)을 받았으니 역도(易道)에 정히 부합되었습니다. 염담(恬澹)한 것은 노자가 아름다움을 양보할 것입니다."[63] 사서삼경은 물론 노자와 장자의 고전까지도 자신의 삶에 자양분으로 삼았던 고운은 유교와 도교 어느 하나에 자신을 몰아넣지 않고 자유롭게 포월한 넉넉한 심법을 드러냈다.

인생의 운명에 대해서 언급할 때에 고운은 유교의 맹자 심경이 되거나 도교의 장자 심경이 되었다. 그에 의하면 태위(太尉)는 500년 운명에 응하고 8000세로 한 봄을 삼는다[64]고 하였다. 이는 500년이 되면 왕자가 흥기한다는 맹자의 말과, 『장자』「소요유」편에 나오는

---

62) 『桂苑筆耕集』 8卷, 「龍州裴峴尙書」, 寵辱若驚 周桂史非無意也 行藏自保 魯司寇有是言乎.

63) 『桂苑筆耕集』 19卷, 「五月一日別紙」, 伏惟尙書 處身無躁 深守禮經 視履考祥 邪符易道 恬澹則老聃美.

64) 『桂苑筆耕集』 14卷, 「端午節獻物狀 第一」, 伏惟太尉 應五百年之運 用八十歲爲春.

8000세의 대춘나무를 상기한 것이다. 고운은 유교의 사명(俟命)을 거론하고 도교의 복명(復命)을 거론하는 등 자신의 삶을 유교와 도교의 운명론에 자유로이 드나들었다.

인륜에 대한 견해에 있어서도 고운은 유불도 3교를 포괄하며 어느 하나에 매달리는 것을 초월한다. 그가 3교사상에 자유로이 드나들며 무애자재로써 공자의 입장이 되거나 노자와 석가의 입장이 되었기 때문이다. 집에 들어와서 효도하고 밖에 나가서 나라에 충성하는 것은 공자의 가르침으로 새기고, 무위로 일을 처리하고 말없이 가르침을 행함은 노자의 가르침으로 새기며, 악한 일은 하지 말고 선한 일은 받들어 행하는 것은 석가의 가르침으로 새긴 것이다.65) 이처럼 그는 공자, 노자, 석가의 경지에 함께 하면서 유불도를 포함하면서도 걸림 없이 드나든다. 이에 배종호 교수는 말하기를, 고운의 이른바 단군의 현묘지도는 유불도 3교의 실(實)을 포함한 것으로 유교의 충효, 도교의 무위와 불언(不言), 불교의 권선징악 등의 사상을 통일적으로 내포하고 있다66)고 하였다.

그러면 고운이 유불도 3교를 회통하면서도 거기에 구속되지 않는 포월(包越)의 심경을 몇 가지 측면에서 알아본다.

첫째, 근본원리는 하나라는 진리의 속성이다. 고운은 말하기를, 여래와 주공과 공자가 출발한 것은 비록 다르나 돌아가는 바는 한 가지라67)고 했다. 비록 진리 혹은 도를 여러 방면에서 표현하더라도 귀착

---

65) 『序』, 「鸞郎碑序」, 且如入則孝於家 出則忠於國 魯司寇之旨也 處無爲之事 行不言之教 周桂史之宗也 諸惡莫作 諸善奉行 竺巾太子之化也.

66) 裴宗鎬, 「弘益人間과 民族哲學」, 《週刊宗教》 634號, 1984.12.19, 4면.

67) 『四山碑銘』, 「眞鑑禪師碑銘」, 如來之與周孔 發致雖殊 所歸一揆.

하는 바는 하나라는 것이다. 하나의 진리임을 각득할 때에 어느 한 교파에 국한될 필요가 없다는 것으로 이해할 수 있다.

둘째, 유불도 3교가 자신의 생활철학으로 다가선다. 고운이 살았던 당대에서는 유교나 불교에 대한 명확한 의식보다는 막연하나마 하나의 생활의 이념으로서 숭상되었던 것이 아닌가 생각된다.[68] 고운 자신의 생활강령으로 다가오는 종교라면 무엇이든 구속 없이 3교의 울타리를 넘어서기도 하고 안에 포용하기도 하였기 때문이다.

셋째, 고운 생존 당시에 많은 지성들이 3교를 자유롭게 넘나들었다는 사실을 주목할 필요가 있다. 고운을 비롯한 일반 문인이나 학자, 승려들도 유교나 노장사상 풍수지리설 등을 복합하여 이해하고 있었던 것이 일반적 풍토였다.[69] 고운은 이처럼 시대적 성향과 맞물려 3교의 어느 하나에도 걸림 없이 회통을 한 것이다.

## 2) 3교의 조화

고금을 통하여 유불도 3교는 나름대로의 특성을 지니고 민중들에게 접근되었는데, 각 종교의 성향을 어느 각도에서 보느냐에 따라 종교관도 다양할 것이다. 고운은 3교의 특성을 나름대로 인지하고 자신의 성찰에 도움이 되는 측면에서 자유롭게 조화시켰다. 현실치세적인 면은 유가적 교양을 갖췄고, 속세를 등지고 담연한 심법을 간직하려는 모습은 불교적 교양을 갖췄으며, 신선이 되고 무위적 행위를 추구하

---

68) 『韓國人物大系』1, 「古代의 人物」, 서울, 博友社, 1972, p.409.
69) 崔柄憲, 新羅史에서 본 崔致遠, 제4回 國際佛敎學術會議, 華嚴思想과 禪門 形成-崔致遠과 聯關하여-, 大韓 傳統佛敎研究院, 1981, p.132.

려는 것은 도교적 교양을 갖췄다. 다시 말해서 유교는 평천하의 인륜
을 강조하고, 불교는 중생 구원의 자비를 강조하고, 도교는 양생의 선
경을 강조하는 바, 고운은 이러한 3교의 특성을 자신의 취향에 맞춰
치세와 선업과 수련의 도움으로 다가섰던 것이다.

우선 고운은 유교와 불교의 주요 교리를 접근함에 있어서 조화적
입장을 취한다. 그는 말하기를, 삼회(三畏)는 삼귀(三歸)에 비교할만
하고 오상(五常)은 오계(五戒)와 같으니 능히 왕도를 실천하는 것, 이
것이 불심에 부합된다[70]고 했다. 불교의 삼귀의(三歸依)와 유교의 오
상(五常)을 서로 조화시키고 있는 고운의 종교관이 그대로 드러난다.
자기가 믿는 종교가 아니면 타교를 배척하는 현대 종교계의 성향에서
보면 고운의 3교 조화적 접근은 종교 편향의 시각을 가진 사람들에게
귀감이 되기에 충분하다.

따라서 고운의 3교 교리의 실천이념으로 접근함에 있어서 유교의
경우 인(仁)과 덕이며, 도교의 경우 자연이고, 불교의 경우 보시로 나
타난다. 이에 고운은 말하기를, 공자는 인에 의지하였고 덕에 의거하
였으며, 노자는 백(白)은 알고 흑(黑)을 지키었다[71]고 했다. 고운은
또 말한다. "불교에서는 희사하기 어려운 것을 능히 희사한다고 하였
으니 이를 후원하여 주고, 도교에서는 자연에 의하여 그런 것이라고
하였으니 경솔히 무리한 승낙만은 말아주시오."[72] 이 두 예문을 통해

---

70) 『四山碑銘』「大朗慧和尙碑銘」 三畏比三歸 五常均五戒 能踐王道 是符佛心
   (三畏는 儒敎의 孟子 말인데 天命・大人・聖人을 두렵게 여긴 다는 뜻, 三歸
   는 佛敎의 말인데 歸佛・歸法・歸僧이다. 五常은 儒敎의 水火木金土, 五戒
   는 佛敎의 5戒).
71) 『四山碑銘』「智證大師碑銘」, 麟聖依仁乃據德 龐仙知白能守.

볼 때 유교의 인과 덕, 불교의 보시, 도교의 자연이란 실천이념을 고
운은 각 종교의 행동강령으로 파악한다.

그리하여 유교와 불교가 길이 다른 것 같지만 조화되어 하나로 만
나는 것이 고운 종교관의 특징이다. 그는 말하기를, 유교로서 불교에
비유한다면 가까운 곳으로부터 먼 곳으로 가는 것과 같은 것[73]이라고
했다. 이는 곧 유교를 통하여 현실치세가 수월함을 말하는 것이다. 아
울러 불교는 탈세속적인 측면이 있음을 인정하고 있으니, 목적하는
바의 길을 상호 보완적 측면에서 조화시키고 있다.

이에 더하여 고운은 유교와 불교 계율의 상호 유사한 측면을 드러
내고자 하였다. "또한 마음을 깨끗이 하는 것을 재(齋)라 하며 걱정을
방지하는 것을 계(戒)라 한다. 유교에서도 이렇게 말하는데 불교에선
들 어찌 쓸데없이 넘기리요."[74] 고운의 폭넓은 종교적 시각에 의하
면, 유교에서는 심신 재계를 강조하며, 불교에서도 심신수양을 강조
한다는 면에서 서로 조화적 측면을 노정하고자 하였다.

이러한 심신성찰의 시각은 유교와 도교의 경우에도 마찬가지이다.
고운은 증자와 노자의 말을 수행의 면에서 조화시키고 있다. "날로 세
번씩 내 몸을 살펴서 몸을 닦는 것은 증자의 규모를 힘써 따르고, 한
마디 말을 마음으로 공경하는 것은 영원히 노자의 끼친 교훈을 이행하
겠다."[75] 그의 심중에는 유교의 증자와 도교의 노자가 둘 아닌 하나로

---

72) 『桂苑筆耕集』16卷, 「求化修諸道觀疏」, 迦譚之難捨能捨 猶見樂輪 道敎之自
　　然而然 幸無輕諾.
73) 『四山碑銘』, 「智證大師碑銘」, 以儒譬釋 自邇陟遠.
74) 『記』, 「新羅伽倻山海印寺結界場記」, 且洗心日齋 防患日戒 儒猶若此 釋豈徒然.
75) 『桂苑筆耕集』11卷, 「答江西王尙書書」, 身修三省 勉尋曾子之規 心敬一言 永

접근된다. 자신의 성찰을 위해서는 유가적 인물과 도교적 인물을 굳이 구별할 필요를 느끼지 않았던 것이다. 그는 3교의 가르침을 삶의 도락으로 삼고 있기 때문이다.

종교의례에 있어서도 고운은 유불도 3교를 상보적으로 보고 있다. 재례(齋禮)에 있어서 마음을 깨끗이 하는 것을 재(齋)라고 했는데 재는 종교의례에 있어서 큰 비중을 차지하는 의식이다. 고운의 저서에는 『계원필경』15권 「응천절재사(應天節齋詞)」를 비롯하여 많은 재사의 글이 있다. 이 재사의 내용을 보면 대체로 유불도 3교의 어느 한 종교용어만 사용한 것이 아니다. 3교의 사상이 자유롭게 거론되고 있으며, 특히 불교와 도교 두 종교의 용어가 주류를 이룬다. 이러한 종교의례에 비추어 보면 고운은 재사(齋詞)에서도 3교의 가르침을 상보적으로 섭렵하고 있는 셈이다.

누구든 위기를 대처함에 있어서 상보적 입장에 서야 한다고 고운은 말한다. 그에 의하면, 지금 불법은 장차 쇠퇴하려 하며 마군이 다투어 일어나고 있으며, 도가의 교훈에 그 편안하여야 유지하기 쉽다고 하였고, 유가의 글에 조심하지 않는 것을 사나운 것이라 이른다고 했다[76]고 하였다. 유교나 불교, 도교에 회통하면서도 거기에 안주하는 것에 그치지 않고 어떤 위기상황에서든 그에 맞는 교법을 적극 활용하도록 하였다.

---

荷伯陽之惠.

76) 『記』, 「新羅伽倻山海印寺結界場記」, 今象法將衰 魔軍競起 … 道訓曰其安易持 儒書云不戒謂暴.

### 3) 풍류도와 한국고유사상

5천년의 유구한 역사를 지닌 한국인의 뿌리는 단군사상에서 비롯되고 있다. 단군의 홍익인간 정신이 흐르는 한국 고유의 사상은 '한' 사상에서 모색된다. 오늘날 한국이라는 국명이 '한'으로 된 것은 물론이거니와 옛날 마한, 진한, 변한 등 삼한의 국명이 모두 '한'으로 된 것도 우리 민족의 고유사상인 '한'의 원리에 근거한 것이다.[77] 우리 고유의 '한' 사상은 동양 문화권에서 흡수된 외래 유불도 사상의 영향을 받으면서 그 흐름을 이어왔다. 유불도 3교의 회통으로 인한 현묘지도 곧 풍류도가 곧 한국 고유사상으로 정착된 것이다.

3교가 비록 중국이라는 외래사상에서 한국에 유입되었으나 거부감 없이 한국인의 생활 속에 뿌리박게 되었다. 우리의 고대사상 속에 3교사상의 요소가 뚜렷할 수 있었던 것은 단순한 경향에서라기보다는 한국 고유사상 속에 아무런 영향 없이 우리의 생활, 우리의 사고 바탕 위에서 자생하여 원초적으로 가지고 있었던 것[78]임을 알 수 있다.

우리 민족 고유의 사상이 성장하고 발전을 거듭하는데 있어서 외부 세계와 단절될 수는 없다. 본래 우리의 것이 어디에 있다는 것인가? 이웃국가들, 이웃종교들과의 상호 교류 속에서 우리 고유사상이 서로 영향을 주고받으며 정착되기 때문이다. 우리의 것만 가지고 거기에 고수한다는 것은 배타적 성향을 띠어 사상적 교류가 힘들게 된다. 그

77) 韓國思想硏究會, 『韓國思想叢書』 Ⅰ-古代人의 文化와 思想-, 경인문화사, 1973, p.41.
78) 宋恒龍, 「民族固有思想의 形成基底와 道家思想」, 『論文集』 第 20輯, 成均館 大學校 人文社會系列, 1975, p.248.

래서 고대에 있어서 우리나라보다 선진적인 중국으로부터 문화를 수입하는 가운데 그 뚜렷한 것으로는 유불도의 3교사상이 우리 민족생활에 끼친바 영향이 적지 않았다[79]고 본다.

신라시대에 유불도 3교의 풍류사상이 고유사상으로 정착되었을 때 화랑도 정신을 낳게 하였다. 진흥왕 317년 봄에 처음으로 시작된 화랑도 정신은 당시 인재들의 정신훈(精神訓)이 되었으며, 『삼국사기』에 나온 것처럼 화랑이 원광법사로부터 전해 받은 화랑오계는 오늘날도 알려진 계율조항들이다. 화랑도 자체가 한 개의 풍류사상이었다는 것과 우리의 고유사상이 유불도의 외래사상을 충분히 흡수 소화한 결정체였다[80]는 것이다. 이에 고운의 3교관은 풍류를 이해하는 관건이다.

당연히 신라사회의 종교적 환경이 3교 회통적이었던 관계로 고운은 유교인과 불교인의 간극을 넘어설 수 있었다. 그것은 그에 있어서 풍류의 현묘(玄妙)라는 용어를 거론함으로써 실마리가 풀린다. 나라에 현묘한 도가 있으니 풍류라 하며, 그 교(敎)를 창설한 내력은 선사에 자세히 실려 있으니 실은 3교를 포함하여 군생을 접화한다.[81] 현묘라는 말은 원래 노자『도덕경』에 등장하는 바, 3교가 포함된 풍류를 무어라 하나로 분명히 말할 수 없는 도의 경지가 현묘하기 때문이다. 고운에 있어서 불교인 내지 유교인, 도교인이라고 분명히 말할 수 없는 회통의 입장이라는 점에서 이러한 현묘라는 용어를 사용한 것 같다.

---

79) 韓國思想研究會, 『韓國思想叢書』 Ⅰ-古代人의 文化와 思想-, 경인문화사, 1973, p.46.
80) 위의책, p.51.
81) 『序』, 「鸞郞碑序」, 國有玄妙之道 曰風流 設敎之源 備祥仙史 實乃包含三敎 接化羣生.

또한 고운은 풍류사상을 설하면서 그의 심중에는 은연히 동방의 나라 군자국에 대하여 자부심을 가졌다. 여기에서 군자국은 우리나라를 의미하는데 고운은 뿌듯한 군자국의 아들임을 자부하고 있었다. 동방의 나라 군자국에는 외래의 3교사상 어느 하나도 거부감 없이 받아들여져 한국의 풍류사상으로 정착된 것이다.

이와 같이 동방의 풍류사상에 대하여 강한 자부심을 가진 고운은 외국에서 전래된 유불도 3교를 풍류 속에 주체적으로 용해시켰다. 한국사상에 대한 관심과 동방사상, 군자국 그리고 풍류의 이해는 고운에게서 비로소 새롭게 드러나는 이상적 존재양상이요, 내용이 아닐 수 없다.[82] 오늘날 동서종교 간의 대립과 갈등이 팽배하고 있는 상황에서 고운의 3교회통과 풍류정신은 현대 종교인들에게 지남(指南)일 것이며, 앞으로 종교간 대화의 귀감이 되리라 본다.

## 5. 불연과 한학자

고운의 종교관을 요약해 보면 자신이 이해하는 관점에 따라 각 종교의 진리 인식이 다양하다는 것이다. 이러한 고운의 사상 전반에 유불도 3교의 정신이 용해되어 있다. 유교적 교훈이 담겨 있는 사서삼경을 인거하여 삶의 귀감으로 삼았으며, 환국하여 불교와도 깊은 관련을 맺게 되었다. 고운의 불교에 대한 깊은 이해와 관심은 독실한 불교 신앙인과도 같았다. 그는 말년이 되면서 도교사상에도 심취하였으니

---

82) 宋恒龍, 崔致遠 思想硏究, 앞의책, p.340.

자연에 소요하고 세상에 방랑을 하며 도교적 선경을 그리워하였던 것
이다.

고운이 3교를 원용하게 섭렵한 이유는 당시 신라 하대의 종교적 분
위기 때문이다. 그 당시는 유교사상에 대한 이해의 증가, 불교계에 있
어 선종의 대두, 도교의 신선사상이나 노장사상의 유행이 있었고, 또
한 신라말기 풍수지리설이 전국적으로 유행되었다.[83] 그로서는 신라
의 통종교적 흐름에 영향을 받지 않을 수 없었던 것이다.

이제 우리는 고운의 3교관을 통해서 3교를 회통할 수 있는 새로운
철학을 기대할 수 있게 되었다.[84] 그는 또 한문 실력만이 아니라 스스
로 구도자가 되어 일생을 보내고자 노력하였다. 유교의 치세론, 불교
적 해탈론, 도교적 수련론에 대한 심취로 인해 그의 일생은 종교적 구
도자라 할 수 있다.

주목할 바, 고운은 고려 현종 때 내사령에 추증, 문묘에 배향, 문창후
에 추봉되었으며, 조선왕조 때에는 태인의 무성서원, 경주의 서악서원,
함양의 백연서원 등에 제향되었던 것이다.[85] 현존하는 고운의 저서『최
치원 선생문집』이 한글번역으로 나왔다. 일반 독자에게도 읽기 쉬운 한
글번역서가 나온 이상 그에 대한 관심은 지대할 것이다. 고운의 자료가
비교적 충실히 보존되어 온 관계로 꾸준히 연구될 것이라 본다. 이는 고
운의 한국사상에 대한 깊이 있는 천착에 도움이 될 것이라는 뜻이다.

---

83) 崔柄憲, 新羅史에서 본 崔致遠, 앞의책, p.129-131參照.
84) 崔一凡, 孤雲 崔致遠의 思想研究-三敎觀을 中心으로-, 앞의책, p.316.
85) 崔致遠著, 金喆熙譯, 經學隊仗, 乙酉文化社, 1976, p.4

제5편_

# 원불교와
# 한국사상

# 제1장

## 소태산의 한민족관

### 1. 고난극복과 국가 진화

#### 1) 한국의 스승상

19~20세기를 전후하여 국내외적으로 어려운 상황이 전개되었다. 특히 지난 20세기의 한국 역사는 지구상 그 어느 나라보다도 대립과 변화의 과정을 가장 압축적으로 겪어왔으니 식민지로부터의 해방, 한국전쟁과 남북분단, 빈곤에서 탈출하려는 담론들이 그 생생한 증거라고 할 수 있다.[1] 시대적 위기상황의 한 가운데인 1891년, 소태산은 한국 남방지역인 영광 일우에서 탄생하였다. 오늘의 성장과 과거의 고

---

1) 노권용, 「21세기 불교계 대학의 전망과 과제-현대 한국불교 두 가지 흐름과 관련하여-」, 제18회 국제불교문화학술회의 『불교와 대학-21세기에 있어서 전망과 과제』, 일본 불교대학, 2003.10.28.~29, p.123.

난이라는 역사의 전환점에서 모든 고통을 온몸으로 견디며 소태산은 인류 구원의 포부와 경륜을 펼치고자 하였다.

내외의 난국 상황에도 굴하지 않고 26세의 청년으로서 갖은 구도를 통한 깨달음을 얻은 후, 소태산은 중생 제도의 성자로서 자리매김하는 큰 자취를 남기게 된다. 그는 어려웠던 시기에 한국에서 태어나 구도 끝에 대각을 이룸과 동시에 개척정신으로 새 교단을 창설함으로써 인류 구원의 횃불을 밝혀준 것이다.[2] 소태산은 종교적 성자로서 시대적 난제를 자신의 모든 책임으로 알고 불법을 새롭게 혁신함으로써 문명의 시대를 선도할 한국의 스승으로 출발을 하였다.

한국이라는 역사적 시각에서 조망해 보면, 소태산은 한민족이 선후천 전환기적 상황에서 겪고 있는 고통을 치유하려 새 종교를 창건, 인류 구원의 성자로 출현한 것이다. 『원불교 교사』에서 밝힌 바처럼, 대대로 신령한 인물들이 나왔지마는, 시대의 대운이 하나의 세계로 향하여 크게 열리는 새 세상 개벽의 여명에 도덕으로 천하를 한집안 삼을 큰 주세성자가 한민족 가운데서 출현하게 된 것은 무엇보다 복된 일이 아닐 수 없다.[3] 하나라는 뜻과 크다는 뜻을 겸한 '한'의 나라에 스승으로서 소태산 여래가 출현하였기 때문이다.

물론 소태산대종사를 한국의 스승으로 한정하자는 것은 아니다. 시공을 넓혀보면 동양과 세계의 성자로도 불릴 수 있으리라 본다. 오늘의 원불교가 한국만이 아니라 세계적으로 그 영역을 넓혀가고 있고, 세상에 정신개벽을 선도하는 상황에서 소태산은 한국에서 출현한 성

---

2) 박장식, 『평화의 염원』, 원불교출판사, 2005, p.107.
3) 『원불교 교사』, 원불교 교화부, 1975, p.13.

자이면서도 세계의 성자로 발돋움한 것이다. 그는 동양과 서양, 또는 한국의 성자로서 만생(萬生)을 가르치기 위해서 이 교법을 만들었으니 그 공덕을 알아야 한다.[4] 중생 구원이라는 그의 포부와 경륜을 고려하면 인류의 성자로 받들어 마땅하다고 본다.

한국의 스승상에 대하여 객관적인 입장에서 주목을 끌었던 학자가 있다. 곧 최준식은 『한국인에게 문화가 없다고?』(사계절, 2000)라는 저술에서 우리나라와 민족이 세계에 자랑할 수 있는 정신적 문화유산을 소개하면서 한국인의 영원한 스승으로 수운, 해월, 증산, 소태산, 정산을 들고 있다.[5] 이들은 한국의 신종교를 창건하고 계승한 성자들이다. 한국 전통의 얼을 계승하면서도 새롭게 혁신한 새 시대의 성자들로서, 구한말 전환기에 개벽을 선도한 성자들로서 조명 받고 있다는 점을 주목할 필요가 있다.

특히 정산종사는 소태산대종사와 첫 조우 후 맺었던 형제지의를 훗날 스승관계로 바꾸어 스승으로 받든 심법을 보면 불불계세 성성상전의 소식을 전해주고 있다. 소태산대종사와 정산종사가 한국의 스승으로 거론되고 있는 점을 상기하면, 두 성자는 한국 땅에서 영원히 지울 수 없는 큰 인연으로 출현하여 세상을 새롭게 구제하고자 하였다.[6] 한국의 스승으로 우뚝 솟은 두 성자, 그리고 대종사를 큰 스승으로 받든 정산종사의 스승상에서 이 나라는 복된 나라인 것이다.

---

4) 誠山宗師文集刊行委員會, 『誠山宗師文集』, 圓佛教出版社, 1992, pp.175-176.

5) 고시용, 「원불교 연구의 최근동향과 과제」, 한국원불교학회보 제10호 《원불교학 연구의 당면과제》, 한국원불교학회, 2002.12.6, p.27.

6) 한기두, 「소태산 대종사와 정산종사」, 『원불교사상』 24집, 원불교사상연구원, 2000, pp.27-28.

## 2) 강약진화의 국가관

우리나라는 역사적으로 주변 강대국들의 침탈 속에서 많은 수난을 겪어왔다. 한국이 약소국가였기 때문이며 국토방위에 소홀한 탓도 있었을 것이다. 윤태림의 『한국인』에 의하면, 우리나라는 반만 년의 역사를 지내오는 동안 무려 931회의 침략을 당하였다고 하며, 최남선이 감수하고 김종권이 쓴 『국난사개관』에서는 국가간 대규모 전쟁만도 281회나 겪었다[7]고 기록하고 있다. 이처럼 한민족은 약소국가로서 주변 강대국들에 의하여 수많은 침략을 받음으로써 고통을 겪을 수밖에 없었다.

지정학적으로도 한국은 열강의 틈바구니에 끼어 있는 관계로 대륙세력 내지 해양세력과의 긴장관계 속에 있다. 대륙세력은 중국과 관련되고 해양세력은 일본과 관련된다. 후자의 경우 1910년 8월 19일 강제적 한일합방에 의해 일제 식민지로 전락을 면치 못하였으니 삼천리 금수강산은 일제의 말발굽 아래서 유린당해 몸부림쳤고, 많은 애국지사들은 민족의 운명과 나라의 독립을 위해 일제와 필사의 싸움을 벌였다.[8] 근대까지 국난을 겪었던 경험으로 인해 한민족은 약소국가의 서러움이라 체념한 적도 있었다. 하지만 불행한 역사 속에서 성자가 출현하는 법이다. 한일합방이 시작된 지 6년만인 1916년 4월, 소태산대종사는 대각을 이룬 후 마침내 구국과 인류 구원의 목적으로 원불교를 창립하였다.

---

7) 金三龍, 『동방의 등불 한국』, 행림출판, 1994, p.122.
8) 김정호, 「송정산 건국론 계시」, 정산종사 탄생 100주년 기념사업회편 『평화통일과 정산종사 건국론』, 원불교출판사, 1998, p.124

난국의 시대를 구원할 성자로 출현한 소태산은 일제의 식민지적 고통스런 상황을 겪게 된다. 그의 민족관은 한국과 일본을 약자와 강자로 비유하여 설한 「최초법어」의 「강자 약자의 진화상 요법」에 극명하게 나타난다.9) 원기 13년(1928)에 설해진 소태산의 「약자로 강자되는 법문」을 보면 갑동리(강대국)와 을동리(약소국)를 설정하여 당시 한민족이 처한 약소국의 실상을 인지하도록 하였다.10) 이는 강대국에 대한 무력적 반발이 아니라 약자로서 강자되는 도를 실천하도록 하여 강자가 되도록 한 것(월말통신 1호)이다.

근세 한민족이 처했던 약자의 위치에서 강자되는 도를 실천하기 위해서는 무엇보다 약자와 강자의 개념을 파악할 필요가 있다. 소태산은 강약의 의미에 대하여 말하기를, 무슨 일을 물론하고 이기는 것은 강이며 지는 것은 약이라11) 했다. 강자의 개념에는 어떠한 일이든 앞서야 한다는 것이 포함된다. 이를테면 경제적으로 앞서는 것은 경제의 강자일 것이며, 국방력으로 앞서는 것은 국방의 강자일 것이다. 그러나 강약의 개념에는 원래부터 강자와 약자가 구분되어 있는 것은 아니다. 그는 강자는 약자로 인하여 강의 목적을 달성하고 약자는 강자로 인하여 강을 얻는다고 했다. 강자와 약자 사이에 상생적 관계라면

9) 梁銀容,「정산종사의 韓國觀」, 제17회 원불교사상연구 학술대회보《鼎山思想의 현대적 조명》, 원불교사상연구원, 1998년 2월 5일, p.114.
10) 「약자로 강자되는 법문」(불법연구회, 『월말통신』 1호, 1928.5.30, 원불교 자료총서 제1권, pp.41-49)에 나타난 갑동리와 을동리의 비유는 조선과 일본의 관계를 비유한 내용으로 보인다(신순철,「불법연구회 창건사 있성격」, 김삼룡박사 화갑기념 『한국문화四要원불교사상』, 원광대학교출판국, 1985, pp.905-906).
11) 『정전』, 제3 수행편, 제13장 최초법어, 3. 강자 약자의 진화상요법.

강자는 지속적으로 강자가 될 수 있고, 약자도 강자가 될 수 있음을 소태산은 제시한다.

여기에서 강자와 약자 사이의 상생적 도는 진급(進級)이라는 호혜의 차원에서 접근해야 한다. 소태산은 이를 자리이타로 언급하고 있다. 그에 의하면, 강자는 약자에게 강을 베풀 때 자리이타 법을 써서 약자를 강자로 진화시키는 것이 영원한 강자가 되는 길이며, 약자는 강자를 선도자로 삼고 천신만고가 있어도 약자의 자리에서 강자의 자리에 이르기까지 진보하여 가는 것이 강자가 되는 길12)임을 분명히 하고 있다. 만일 양자가 자리타해의 길로 나간다면 그것은 약자는 약자의 길에서 고통 받는 것은 물론 강자 역시 약자의 길로 떨어진다고 하였다. 강약이 서로 반목을 하게 되면 상생적 진화의 길은 요원하기 때문이다.

강자되는 노력을 기울인 결과, 한국은 지정학적으로 약소국가적 위치에 있어왔다 할지라도 오늘날 강대국의 대열에 설 수 있게 되었다. 대다수 국민들의 교육수준 향상은 물론 인터넷 강국으로서 IT산업대국으로 부상하였다. 그것은 소태산대종사가 밝힌 바처럼 약자가 강자되는 길을 실천한 결과이기도 하다. 한국의 미래, 특히 21세기에 처하여 한국인은 강자의 대열에 들어설 것이라는 희망 속에 분발하고 있다. 환태평양권의 부상과 그에 따른 한국의 적응 문제, 국제화에 따른 한국적인 주체의식과 정통성의 문제 등과 관련된다.13) 이 모두가 강

---

12) 위의책.
13) 송천은, 21세기의 한국사회와 원불교, 신룡교학회 22차 학술발표회요지 참조 (서경전, 「21세기를 향한 원불교 교단행정 방향」, 『원불교와 21세기』, 원불교 사상연구원, 2002, pp.12—13).

약진화의 도를 실천하도록 당부한 소태산의 포부와 직결되어 있다.

### 3) 정교동심의 국가협력

현대사회에서 종교와 국가의 관계는 긴장관계 속에 있는 경우가 적지 않지만, 발전적인 면에서 상호 우호적인 측면이 있어야 한다. 고대에는 종교와 국가 관계가 종교 우위적 상황에 놓인 경우가 많았다. 그것은 국왕보다 성왕이나 교황이 존경받고 상위의 위치에 있었기 때문이다. 인도 당시 출세간을 다스렸던 불타는 세간을 다스리는 왕보다 상위에 있었던 관계로, 세간을 다스리는 왕은 출세간을 다스리는 불타의 가르침을 배우고 실천하면서 현실의 통치 이념으로 삼았다.[14] 고대국가의 체제가 불비한 경우가 적지 않았으므로 국왕의 위상은 위협받는 경우가 있었으며, 상대적으로 각 종교의 교조는 존경받는 경우가 많았다. 유교의 경우 공자와 맹자의 가르침을 받든 당시의 제왕들이 이와 관련되며, 천주교의 경우 중세 교황이 이와 관련된다.

이에 종교와 국가의 관계에서 극단의 비합리적인 것은 바람직하지 않다고 본다. 국가가 종교 위에서 군림하거나 그 반대인 경우는 서로를 극단으로 몰아가기 때문이다. 종교로서 불교와 정치의 관계는 두 가지 극단적 정교일치나 정교대결을 지양하고 정치와 일정한 거리를 유지하면서 시대적 상황에 따라 여러 가지 방편으로 정치를 교화하고 선도해 나가는 것이 필요하다.[15] 종교의 역할과 정치의 역할이 다르

---

14) 고영섭, 「국가불교의 호법과 참여불교의 호국」, 『불교학보』 제64집, 동국대학교 불교문화연구원, 2013, p.92.
15) 불교신문사 편, 『불교에서 본 인생과 세계』, 도서출판 홍법원, 1988, p.159.

기 때문이다. 문명의 시대는 정치와 경제, 문화, 종교가 각자의 역할을 충실히 행하는 자율성을 견지하는 시대이다.

종교와 정치 양측의 극단적 관계를 극복하기 위해 소태산은 상생의 호혜 관계를 주문하고 있다. 그에 의하면, 종교와 정치는 한 가정에 자모와 엄부 같으므로 종교는 도덕에 근원하여 사람의 마음을 가르쳐 죄를 짓기 전에 미리 방지하고 복을 짓게 하는 법이라면, 정치는 법률에 근원하여 일의 결과를 보아서 상과 벌을 베푸는 법16)이라는 것이다. 여기에서 자모가 자모의 도를 다하고 엄부가 엄부의 도를 다해야 자녀가 불행하지 않는다며, 종교와 정치 역시 상호 역할을 다함으로써 호혜적 관계로 나아간다고 하였다.

이처럼 종교와 정치는 각자의 역할이 있음과 동시에 상생의 협조적 관계 설정이 중요하다. 소태산은 종교와 정치가 세상을 운전하는 것은 수레의 두 바퀴와 같다(대종경, 교의품 37장)고 언급한 것도 같은 맥락이다. 정산종사는 이에 종교는 정치의 체, 정치는 종교의 용이라는 관계로 설정하고 있다(정산종사법어, 국운편 27장). 양자의 체용논리 가운데에 원불교의 정치관이 잘 드러나 있으며, 종교는 정치의 체이며 정치는 종교의 용이라는 논리에서 원불교의 정치와 종교의 불가분성과 그 참여 지향성을 엿볼 수 있다.17) 소태산대종사가 밝힌 정치와 종교의 관계를 '정교동심'으로 보고 좌우의 두 수레바퀴라고 한 것을 정산종사는 체용 논리로 계승한 것이다.

---

16) 『대종경』, 교의품 36장.
17) 김용욱, 「송정산의 중도주의와 건국·통일론」, 『원불교학』 2집, 한국원불교학회, 1997, p.616.

정치와 종교의 호혜적 관계는 이념적으로 보면 소태산대종사의 일
원주의, 정산종사의 삼동윤리, 대산종사의 종교연합운동과 관련되어
있다. 특히 실천운동으로 전개된 대산종사의 정교동심론은 종교연합
기구를 설치하도록 한 것이다. 대산종법사는 원기 50년대부터 종교연
합기구의 각종 회의 때, 전국 각처에서 개최된 합동법회 때 직접 참석
하여 기회 있을 때마다 종교연합기구의 창설을 제의하면서 말하기를,
정치와 종교가 합심 합력하여 참으로 잘사는 문명국을 만들어야 할
것18)이라 했다. 국가의 발전을 위해서는 정치와 종교가 호혜적으로
역할을 해야 하며, 보다 구체적 실천방법으로 종교연합(UR) 창설을
제안한 것이다.

하지만 엄밀한 의미에서 볼 때, 정교동심론에 더하여 정교분리론의
입장도 고려할 필요가 있다. 서구종교는 종교가 정치에 간섭함으로써
갈등을 야기한 경우가 적지 않았기 때문이다. 종교가 국가의 지배이
데올로기를 지지하거나 묵인할 때에는 종교와 정치권력 간에 유착관
계가 형성되기 쉬우며, 종교의 기능은 기존질서 유지에 기여하는 보
수적 기능으로 나타난다. 그리고 종교가 지배이데올로기에 대해 비판
적 입장을 나타낼 때 종교집단과 정치권력 간에 긴장과 갈등을 나타나
며, 그로 인해 종교는 기존 사회질서의 개혁과 변화를 촉진하는 기능
을 수행하게 된다.19) 따라서 종교와 정치의 극단적 관계로 이어질 수

---

18) 손정윤, 「개교반백년 기념사업」, 『원불교 70년정신사』, 성업봉찬회, 1989,
    pp.337~338.
19) 노길명, 「한국사회에 있어서 원불교의 소명-사회발전을 위한 원불교의 역할
    과 과제를 중심으로-」, 제23회 원불교사상연구 학술대회《원불교개교 백주년
    기획(Ⅰ)》, 원불교사상연구원, 2004년 2월 5일, p.4.

있는 바, 권력의 아첨을 염두에 둔 정교일치나 권력 견제를 위한 정교
분리의 극단성을 배제하자는 것이다. 원불교의 경우는 상호 비타협적
극단의 관계보다는 엄부와 자모의 각기 다른 영역에서 호혜적 관계 설
정을 유도한 것으로 볼 수 있다.


## 2. 3교회통과 개벽사상

### 1) 민중종교로서의 원불교

근대 민중불교 및 민중교회가 민주화와 산업화의 물결을 타고 탄력
을 받으며 활동하고 있다. 산업화와 도시화 과정에서 소외받은 사람
들과 민중을 위한 종교운동이 일어난 것이다. 이를테면 민주화, 인권,
노동자, 농민, 통일 등의 문제에 정의구현사제단과 기독교장로회를
비롯한 진보종교 세력들이 앞장을 섰고, 1980년대 법난을 거치면서
자각의 기회를 맞이한 불교도 단순 호국불교 일변도의 성향을 벗어나
국가 사회문제에 훨씬 성숙한 입장을 표출하게 된다.[20] 한국의 기성
종교들은 민중을 위한 위로의 역할을 충실히 하면서 민중으로부터 많
은 사랑을 받아온 것도 사실이다.

어떤 종교든 민중에 대한 관심이 결여되어 있으면 종교는 설 자리
를 잃는다. 앞으로 불교의 발전 여부는 민중불교의 역할을 충실히 하

---

20) 김종서, 「광복이후 한국종교의 정체성과 역할」, 제32회 원불교사상연구원 학
   술대회 《광복이후 한국사회와 종교의 정체성 모색》, 원광대학교 원불교사상
   연구원, 2013.2.1, p.14.

느냐의 여부에 달려 있다는 것이다. 역사적으로 고대 부파불교의 예를 들면 설일체유부가 몰락한 원인 중의 하나가 민중의 호응을 얻지 못했다는 것은 알려진 사실이다. 한국불교는 한국사에서 조선조 500년을 제외하고는 정신적 지주로서 한국 민중을 지배해 왔으며 사회윤리에도 미치는 바의 영향이 적지 않았다.21) 오늘날 한국의 불교는 민중에게 다가서는 노력을 하고 있지만, 탈세속적 성향에서 기세간과 함께하는 민중불교의 역할이 더 필요할 것이다. 이는 불교의 사회참여를 통한 보살심의 발현으로 민중에게 다가서는 불교가 되어야 한다는 뜻이다.

그렇다면 민중종교의 공통점은 무엇인가? 동학, 증산교, 원불교가 민중종교임을 자인하고 있으므로 그 공통점을 말한다면 한민족의 토속신앙을 바탕으로 한 민중신앙운동이었다는 것이며, 근대 외세의 탄압에 대한 민족의 정신적인 주권회복 운동이었으며, 또 민주적인 정치 사회개혁운동이었다.22) 원불교는 이러한 민중종교의 성향 속에서 한국 민중의 정신을 계승함과 더불어 새 시대의 소명의식을 가지고 민중에게 다가서는 종교로서 노력을 해온 것이다.

원불교가 한국에서 탄생한 종교임을 고려하면 한국의 민중을 교화하기 위해서 민중종교를 표방하는 것은 당연한 일이다. 구한말 개화기에 나타난 원불교는 민족 민중종교를 표방한 한국 근대종교로서 활동을 했으며, 혁신불교와 민중불교를 지향해 왔다. 즉 원불교는 동학

21) 송천은, 『열린시대의 종교사상』, 원광대출판국, 1992, p.263.
22) 한승조, 「한국정신사의 맥락에서 본 원불교」, 『원불교사상』 4집, 원불교사상 연구원, 1980, pp.56-58.

운동이나 증산교의 활동, 정역해석 등 민족·민중 전통의 영향을 받
았으며, 소태산은 자신의 정체성을 불교에 두면서 불법의 근대적인
변용을 시도한다.[23] 근대사회에 출현한 한국의 종교로서 원불교는 새
시대의 생활불교라는 정체성을 가지고 민중에 다가서는 민중종교로
지속적인 역할을 해야 한다.

미래사회의 종교는 민중 속에서 살아있어야 종교의 생명력이 지속
된다. 21세기 국가는 민중혼·민중종교·민중문화를 국제적으로 글
로벌화하는데 중간 역할자가 되어야 한다.[24] 민중종교의 혼이 살아나
야 한다는 것이며, 그것은 원불교가 소태산의 생활불교 정신을 실천
해야 하는 이유이다. 불교혁신을 통한 시대화 생활화 대중화를 지향
하는 혁신의 과제를 해결하기 위함이다. 이러한 민중불교로서 원불교
가 나아갈 방향으로서 혁신의 가치를 세우고 민중에게 다가서는 길이
무엇인가를 모색하지 않으면 안 된다. 그것은 소태산의 성자혼을 체받
는 길로서 높은 곳보다 낮은 곳을 향하는 종교, 가진 자보다는 소외받
는 자를 지향하는 종교, 권력보다는 민주화를 지향하는 종교이기 때문
이다.

또한 원불교가 일제 강점기에 탄생한 종교인만큼 한반도의 평화와
통일의 염원을 실천에 옮길 수 있는 종교로서 국가에 기여해야 할 것
이다. 한반도의 암울한 시기에 안도산을 만난 소태산은 친히 그를 영
접하였다. 이때 도산이 말하기를, 자신의 일은 판국이 좁고 솜씨가 또

---

23) 이민용, 「원불교와 불교의 근대성 각성」, 제28회 원불교사상연구 학술대회
《개교100년과 원불교문화》, 원불교사상연구원·한국원불교학과, 2009.2.3, p.19.
24) 류병덕, 「21C의 원불교를 진단한다」, 제21회 원불교사상연구 학술대회《21세
기와 원불교》, 원불교사상연구원, 2002.1, p.15.

한 충분하지 못하여, 민족에게 큰 이익은 주지 못하고 도리어 자신으로 인하여 관헌들의 압박을 받는 동지까지 적지 않지만, 소태산대종사는 동포 대중에게 공헌함은 많으면서도, 직접으로 큰 구속과 압박은 받지 아니하니 그 역량은 참으로 장하다(대종경, 실시품 45장)고 하였다. 이때가 원기 20년(1935)으로, 민족지도자이자 독립운동가 안창호가 교단을 다녀갔으니 일경은 불법연구회에 대해 원거리 감시에서 근거리 감시의 필요성을 느끼게 되었다.[25] 소태산은 민족을 위하고 민중을 위하는 독립운동가와 조우를 통해서 국가 독립의 의지와 한반도의 평화를 염원했던 것이다.

## 2) 3교회통과 한국인의 정신

고금을 통하여 한중일 3국은 유불도 사상에 큰 영향을 받아왔다는 점에서 동북아시아에서 종교적 공감대를 형성하고 있다. 한국의 고유사상이 무엇인가를 규정해보면, 이러한 전통종교와 관련된다. 신라 하대의 고운 최치원은 「난랑비서」에서 밝힌 바와 같이 우리 고유사상을 새롭게 인식하고 이를 유불도 외래사상과 조화시키고자 노력한 흔적을 보여준다는 데서 사상사적 의의를 남긴 사람이다.[26] 물론 한중일 3국 중에서도 중국은 유불도(儒佛道), 한국은 유불선(儒佛仙), 일본은 유불신(儒佛神)이라는 용어에 더 익숙할 것이다. 중국은 도교, 한국은 선교, 일본은 신도(神道)에 오랫동안 정체성을 두고 유행하였

---

25) 김정용, 「일제하 교단의 수난」, 『圓佛敎七十年精神史』, 聖業奉贊會, 1989, pp.216-217.
26) 한국철학사상연구회, 『한국철학』, 예문서원, 1995, p.129.

기 때문이다.

상고시대에 있어서 한국의 고유신앙은 태양숭배와 깊이 관련되어 있었으며, 그것은 유불도 이전의 원시신앙과 직결된 것이다. 아득한 옛날부터 한민족은 숱한 신앙을 해왔지마는, 역사의 첫 장을 넘기게 되는 때에는 이미 태양 숭배를 알맹이로 하는 민족적 종교를 가지게 되었으니 이것이 한반도 고유의 신앙이다.27) 원시종교로서의 태양신 숭배는 한국만이 아니라 전 세계적으로 유행하였던 것도 사실이다. 한국은 원시시대를 지나자 중국과의 교통이 활발해지면서 유불도가 들어와, 또 일본에 이를 전수하면서 한국정신사에서 큰 자취를 남기게 된 것이다.

고대와 중세를 지나 조선조 후반에 이르러 한국의 신종교들은 전통 유불도 사상을 근거로 하여 각기 종교혁신의 기조를 지니게 된다. 구한말 태동된 신종교들 대부분 그렇듯이 원불교도 예외가 아니어서 전반적인 교리구성이나 사상체계가 유불도 3교의 회통적 관점을 견지하고 있다.28) 소태산은 이러한 전통종교의 사상을 배척하지 않고 원불교 교리에 그대로 활용하였으며, 특히 불교를 새롭게 혁신하려는 의지를 보인다. 전통불교는 오랜 세월이 지나면서 자체의 한계를 드러낸 이상, 그로서는 새 시대를 구원해야 할 종교의 소명의식을 감지하였기 때문이다.

이에 소태산은 유불선 3교가 각 분야만의 교화를 주로 했으나 이를

---

27) 원불교 정화사, 『원불교 교사』, 원불교 교화부, 1975, p.14.
28) 박병수, 「송정산의 수심정경 연구」, 『원불교사상』 21집, 원불교사상연구원, 1997, pp.441~442.

통합, 종교 혁신과 회통의 정신으로서 활용하고자 하였다. 과거에는 유
불선 3교가 각각 그 분야만의 교화를 주로 하여 왔기 때문이다. 그 일부
만 가지고는 널리 세상을 구원하지 못하므로 원불교는 이 모든 교리를 통
합하여 수양·연구·취사의 일원화(一圓化)와 또는 영육쌍전·이사병행
등 방법으로 모든 과정을 정하였으며, 이대로 잘 공부한다면 3교의 종
지를 일관할 뿐 아니라 세계 모든 종교의 교리가 한 마음에 돌아와서 사
통오달의 큰 도를 얻게 된다[29]는 것이다. 원불교의 원융무애한 종교회
통의 정신이 소태산의 일원주의 정신에 그대로 용해되어 있다.

  일원주의 사상을 천명한 소태산은 유불선 3교 중에서 불교를 주체
로 한 정신개벽에 앞장선다. 새 불교의 맥락에서 정신을 규정하고 그
회복을 통한 실존적 자유의 확산을 정신개벽의 핵심적 요인으로 간주
하였으니, 그의 사상은 3교융합을 지향하면서도 실질적으로는 불교를
중시하고 유교와 도교 사상에 상대적으로 소홀한 느낌을 주고 있
다.[30] 이는 그의 깨달음과 더불어 새 시대의 주세 종교로서 불법을 연
원으로 삼았기 때문이다. 천도교는 유불도 3교 중에서 유교를, 증산교
는 도교를, 원불교는 불교를 주체 삼은 것으로 한국 신종교들의 서로
다른 정체성이 나타난다.

  오늘날 한국종교의 교세를 비추어 보면 유불도만이 아니라 기독교
의 영향력이 적지 않다. 기독교가 한민족에게 종교적 영향력을 확산
함으로 인해서 한국전통종교의 입지를 좁게 하고 있는 것이다. 원불

---

29) 『대종경』, 교의품 1장.
30) 김낙필, 「한국 근대 있다 삼교융합과 생명·영성」, 『원불교사상과 종교문화』
    39집, 원불교사상연구원, 2008.8, p.48참조.

교는 이에 유불도 3교회통만이 아니라, 동서양 종교회통의 측면에서 다가서야 한다. 종교회통의 정신에 입각한 소태산의 일원주의, 정산 종사의 삼동윤리, 대산종사의 종교연합운동이 이와 관련된다.

동서종교 회통의 정신에 기반을 두면서, 한국사회에서 원불교의 역할은 고통 받는 중생들의 구원이다. 이를 위해서 원불교는 불교 외에도 유교와 도교, 나아가 힌두교와 기독교 등 세계 제종교사상의 수행원리와 명상법 등을 비교 고찰하여 조화롭게 수렴하는 작업이 절실히 요청된다.[31] 한국인들에게 호소력 있게 다가서는 노력이 필요하며, 그것은 한국사회에서 원불교의 위상을 세우는 일이기도 하다. 원불교 100년대의 과제가 멀리 있지 않음을 직시하자는 것이다.

### 3) 한민족의 개벽사상

근대 한국사회는 전통 및 수구를 표방하는 조선 유교에 대한 반발과 더불어 서구로부터의 개방 압력으로 인해 격변의 시기를 맞이하였다. 즉 한국의 현대사는 서양문물에 대한 개방에서부터 시작되며, 이는 한국인의 세계관을 넓혀 주었고, 의식의 구조를 바꾸어 주었으나 국민의 올바른 가치의식이 정립되지 못한 채 혼돈 상태에 있었다.[32] 조선조의 유교적 성향에 젖어있던 구한말 한국인들의 사유방식이 근대화의 개방 물결에 따라 동양과 서양의 균형적 가치관 정립에 어려움이 적지 않았다는 뜻이다.

---

31) 노권용,「교리도의 교상판석적 고찰」,『원불교사상과 종교문화』 45집, 원광대 원불교사상연구원, 2010.8, pp.286-287.
32) 현용수,『IQ는 아버지 EQ는 어머니 몫이다』, 國民日報社, 1997, p.122.

근대 유교의 수구세력들은 개화파의 물결에 어쩔 수 없이 개방의
길로 들어서는 과정에서 혼돈이 있었던 것은 한국 과도기의 단면일 것
이다. 따라서 한국인들은 서구문물의 유입과 기성종교의 아노미현상
으로 인해 근래 탄생한 신종교의 개벽사상에 기대가 컸으며, 그것은
과거의 어두움을 단절하고 미래를 희망으로 바라보는 것에서 비롯된
다. 암울한 시대상황을 털어내고 희망으로 떠오른 한국 신종교의 개
벽사상은 선후천 교역기를 맞이하여 과거의 선천시대 오만년이 지나
고 후천시대 오만년이 열리게 된다는 예언적 사상으로, 근·현대사의
전개과정에서 미래 세상에 대한 한국적 이해이다.[33] 이는 신종교 창
시자들이 정도령, 미륵불, 상제라고 자처하면서 중생 구원의 메시아
적 선언을 한 것과 직결된다.

　개벽사상의 언급은 최수운이 효시였으며, 증산에 이어 소태산이 그
생명을 싹을 키운 것이다. 수운에 따르면 후천개벽의 신선선경이 올
때, 한민족이 그 주역이 되고 한반도가 그 중심이 된다는 것으로, 그
핵심은 민족의 오늘과 내일의 문제를 개벽이라는 동양전통의 우주론
적 시간관으로 해석한다.[34] 수운은 "개벽 후 5만년에 네가 또한 첨이
로다. … 무극대도 닦아내니 5만년의 운수로다"(용담유사)라고 하면서
한국이 후천개벽의 대명천지가 될 것임을 예언하였다. 소태산의 개벽
사상 역시 후천개벽의 시대를 예언하는 것으로, 그는 한민족이 정신
개벽을 통해 낙원세상을 열어가는 주인공이 될 것이라 하였다.

---

33) 박광수,「원불교 후천개벽 세계관」,『원불교사상과 종교문화』44집, 원불교사
　　상연구원, 2010.2, p.77.
34) 尹以欽,「韓國民族宗敎의 歷史的 實體」,『韓國宗敎』제23집, 圓光大 宗敎問
　　題硏究所, 1998, p.97.

원불교 개벽론은『정전』「개교의 동기」에 잘 나타나 있으며, 그것은 물질문명의 발달에 따라 정신세력이 쇠약해진 상황에서 물질을 선용할 정신개벽이 절실하다는 것이다. 인류가 물질의 노예로 전락하는 현상은 줄어들지 않았을 뿐만 아니라 정신적 삶이라는 면에 있어서 인간의 미망은 과거보다 훨씬 심해지고 있으므로 원불교 개교의 지도강령은 정신문명의 확충이라는 것이다.[35] 소태산은 현하 물질문명이 발달함에 따라 중생들은 물질의 노예가 되어 정신세력은 오히려 위축되어 있음을 직시하고 정신을 개벽하지 않으면 파란고해의 세상을 구원할 수 없다고 하였다.

소태산의 물질 범람에 대한 정신개벽론을 고려하면, 한국 신종교 창시자들의 개벽론에는 나름의 역할이 있을 것이다. 소태산은 제자들과의 문답에서 개벽의 순서에 대하여 밝히면서 지금은 날이 밝아 만물이 기동할 시기이니 원불교는 이러한 시대적 성찰을 깊이 새겨야 한다고 하였다.[36] 곧 선지자들의 후천개벽 순서를 날이 새는 것에 비유할 경우, 수운 선생은 세상이 깊이 잠든 가운데 첫 새벽의 소식을 먼저 알린 것이며, 증산 선생은 그 다음 소식을 알린 것이며, 원불교는 날이 차차 밝으매 그 일을 시작한 것이라는 제자 김기천의 질문이 있었다. 이에 소태산은 그럴 듯하다고 하였다. 이를 일년 농사에 비유한다면 수운 선생은 해동이 되니 농사지을 준비를 하라는 것이며, 증산 선생은 농력(農曆)의 절후를 일러준 것이며, 소태산은 직접 농사법을 지

---

35) 樓宇烈(북경대 종교연구소장),「한국 원불교 교의의 현대적 의의」,『원불교사상과 종교문화』35집, 원불교사상연구원, 2007, p.4.
36)『대종경』, 변의품 32장.

도한 것이라는 제자 이호춘의 질문에 소태산은 또한 그럴듯하다고 하였다. 수운과 증산이 밝힌 개벽론의 효시적 역할을 인정하면서도 소태산의 개벽론은 새 시대에 개화, 결실을 맺어야 한다는 것이다.

그렇다면 한국 근대의 신종교들 가운데 원불교의 주된 역할은 개벽사상의 구체적 실천 여부에 달려 있다고 본다. 수운과 증산은 개벽을 알리는 선봉의 역할에 있었다면 소태산은 오늘날 이를 실천에 옮기는 실제적 사명을 지녔기 때문이다. 그 구체적인 방법으로는 정신개벽인 바, "물질이 개벽되니 정신을 개벽하자"는 개교의 슬로건이 이와 관련된다. 따라서 정신개벽을 통한 사회개벽·민족개벽이 원불교의 시대적 사명이라고 할 것이다.[37] 물질 범람에 따른 정신의 주체성을 강조한 소태산은 마음공부를 통해서 사회를 개벽하고 국가를 개벽하며 세계의 개벽까지 유도하였다. 그것이 다름 아닌 광대무량한 낙원세계의 건설이다.

## 3. 삼대력과 국가치유론

### 1) 삼대력과 지도자론

세상을 살아가려면 누구나 나름의 책임이 있을 것이며, 사회와 국가의 지도자들은 일반 사람들보다 책임이 더 크다고 본다. 지도자의

---

37) 한승조, 「한국정신사의 맥락에서 본 원불교」, 『원불교사상』 4집, 원불교사상연구원, 1980, p.64.

책임 있는 역할이 요구되고, 국민들을 지도해야 할 임무가 막중하기 때문이다. 소태산은 이 세상에 모든 사람이 각각의 책임이 있다며, 상하와 귀천을 막론하고 그 책임만 이행한다면 이 세상은 질서가 서고 진보가 될 것이라고 하였다. 그에 의하면 사회 국가는 모든 지도자가 그 중추의 책임이 되어 모든 기관을 운영하고 조종하게 된다38)며, 각자의 처지를 살펴보아서 어떠한 책임이든지 그 이행에 정성을 다할 것이니 자신은 물론 대중의 전도에 지장이 없도록 하라고 하였다. 이는 지도자로서 막중한 사명에 등한히 하지 말 것을 언급한 내용이다.

여기에서 소태산은 사회와 국가는 물론 종교 지도자로서의 실력을 거론하고 있음이 주목된다. 원불교의 지도자론에 있어서 실력양성은 일원상 진리를 닮아가기 위해 진공묘유의 수행이라는 삼대력 병진으로 이어진다. 진공묘유의 수행 또는 자성불 삼대력 수행의 구체적 내용으로서 원불교에서는 정신수양 사리연구 작업취사의 삼학병진 수행을 강조한다.39) 이를 넓혀 보면 원불교신앙의 대상인 일원상의 진리에 계합하기 위해서는 사은보은의 신앙문과 삼학병진의 수행문이라는 두 문의 통과가 요구된다. 여기에서 삼학 수행은 지도자의 인격함양을 위해 갖추어야 할 방법론이다.

원불교의 삼학 수행법을 통하여 지도자로서 얻게 되는 것은 삼대력인 바, 삼학의 병진을 언급한 배경의 하나는 과거 불교의 한계와 새 시대의 불법이라는 차별화의 측면과 직결된다. 과거 불가에서 가르치

---

38) 『대종경』, 인도품 23장.
39) 노권용, 「교리도의 교상판석적 고찰」, 『원불교사상과 종교문화』 45집, 원광대 원불교사상연구원, 2010.8, p.285.

는 과목은 경전, 화두, 염불, 주문, 불공하는 법인데 불교신자에 있어
서는 이 과목들을 한 사람이 다 배워야 하는 번거로움은 물론 편벽된
수행길이라는 것이다. 이에 소태산은 이 모든 과목을 통일하여 화두
와 경전으로 연구력을 얻고, 염불·좌선·주문으로 수양력을 얻고,
모든 계율을 실천하여 취사력을 얻어야 하며 이 삼대력으로써 신자의
수행도 또한 원만하게 될 것[40]이라고 하였다. 미래의 지도자는 편벽
된 수행보다는 원융한 삼학병진 수행이 필요하며 새 시대의 국가와 세
계를 구원할 지도방편으로서의 삼대력 양성을 강조한 것이다.

지도자의 실력향상으로서 삼대력은 자신의 수행은 물론 국가와 세
계를 향도할 원불교인의 원융한 자질론과 직결된다. 수양력과 연구력
그리고 취사력의 바른 이해와 실천은 시대화 생활화 대중화라면서 수
양력을 통해 탐진치에 끌리지 말고, 연구력을 통해 바른 판단을 얻고,
취사력을 통해 바른 행동을 하는 것이다.[41] 탐진치에 끌리는 중생계
를 벗어나 사회와 국가를 시대화하고 생활화하며 대중화할 수 있는 지
도자의 자세가 삼대력의 확충이라고 볼 수 있다. 탐진지에 구애되고
판단이 흐리며 어리석은 행동을 하는 사람은 국가의 지도자가 될 수
없다. 소태산대종사가 밝힌 교리정신, 곧 삼대력을 갖춘 지도자로서
교법의 시대화 생활화 대중화를 통한 국가와 세계 구원에 진력하자는
것이다.

세계구원이란 삼대력 양성을 통해 얻어지는 것으로 낙원세계와 정
토국가 건설이다. 소태산이 밝힌 수양력과 연구력과 취사력은 모두가

---

40) 『대종경』, 서품 19장.
41) 박장식, 『평화의 염원』, 원불교출판사, 2005, pp.241-242.

고통을 버리고 도락을 취하여 영원한 낙원국가를 이루자는 것이며, 이렇게 보면 수양력 연구력 취사력이라는 삼대력은 고락을 초월한 극락 수용에 있다.[42] 우리가 일생동안 살아가는 인생사에 있어서 희로애락과 생로병사가 고통으로 다가오는 경우가 적지 않다. 그로 인해 인간의 시시비비가 따르게 되어 집착과 무명이 뒤따른다면 그것은 낙원세계와 멀어진다는 사실을 알아야 할 것이다.

낙원건설을 위한 주체세력으로 소태산은 삼대력을 갖춘 지도인을 상정하고 이와 관련한 지도인의 요건을 거론하고 있다. 『정전』최초 법어에서 밝힌 「지도인으로서 준비할 요법」에서는 다음 네 가지가 거론된다. 첫째 지도받는 사람 이상의 지식을 가지며, 둘째 지도받는 사람에게 신용을 잃지 말며, 셋째 지도받는 사람에게 사리를 취하지 말며, 넷째 일을 당할 때마다 지행을 대조하라고 했다. 「최초법어」로는 수신의 요법, 제가의 요법, 강약진화상의 요법, 지도인으로서 준비할 요법이 거론되고 있는데 그것은 수신 제가 치국 평천하의 유교 원리와 통한다. 특히 「지도인으로서 준비할 요법」은 국가와 세계를 평정할 방법이며, 그것은 광대무량한 낙원세계 건설과 직결된다.

## 2) 병든 사회와 치료

성자의 안목에서는 선후천 교역기의 말세적 상황을 엄중히 직시할 수밖에 없다. 소태산이 출현한 시기는 구한말 말세적 상황이었으며

---

42) 한종만, 「원불교 삼학수행과 고락의 문제」, 『원불교사상』 제17·18집, 원불교 사상연구원, 1994.12, pp.385-386.

전환기의 소용돌이에서 헤어나지 못하고 있었으니, 이러한 사회의 혼돈과 고난의 상태를 소태산은 병든 사회로 파악했다.[43] 그는 시대의 운수가 다하였으니 대명천지 도덕문명의 세계를 전망하고 시대의 병폐를 위기의식으로 받아들였다. 선천시대의 종말과 후천시대를 예고한 것이다. 선천시대의 모습은 모든 권한이 하늘에 있고 인간에 없었으니 인간 존엄의 권위가 추락할 수밖에 없었다.

선천시대가 지나고 후천시대에 접어들어서도 물질문명의 범람에 따라 자본주의가 지니고 있는 폐단은 적지 않았다. 황금만능주의, 인간 생명의 경시, 도덕의 타락 등으로 자본과 물질의 논리에 종속된 인간 존재가 안타까울 뿐이며, 이러한 자본주의의 모순을『정전』「병든 사회의 치료법」과『대종경』교의품 34장에서 지적하고 있다.[44] 자본주의는 문명의 편의성과 풍요로움을 추구하려는 인간의 이기주의적 속성과 맞물려 있는 현대 상황이 복잡한 상황으로 전개되었다. 자본주의의 편의성으로 인해 야기되는 사회 국가의 실상은 병들어가고 있었던 것이다.

사회와 국가의 실상은 물질 범람이었다. 이 같은 물질의 풍요를 얻는 대가로 인해 야기되는 문제에 대하여 소태산은 6가지를 거론하고 있는데 그것이 병든 사회의 폐단이다. 그는 말하기를, 지금 세상은 밖으로 문명의 도수가 안으로 병맥의 근원이 깊어져서 이대로 놓아두다가는 장차 위경에 빠지게 된다며, 세상의 병으로는 돈의 병, 원망의

43) 서경전,『교전개론』, 원광대학교 출판국, 1991, p.506.
44) 신순철, 「원불교 개교의 역사적 성격」,『원불교사상』14집, 원불교사상연구원, 1991, p.17.

병, 의뢰의 병, 배울 줄 모르는 병, 가르칠 줄 모르는 병, 공익심이 없는 병(『대종경』, 교의품 34장)이라 하였다. 소태산은 이러한 한국 사회를 진단하고 지도자의 부패상을 진단함과 동시에 대안으로 「병든 사회와 치료법」을 내놓았다.[45] 돈병 원망병 의뢰병 등으로 인해 사회병맥이 깊어졌음을 인지함과 더불어 병든 사회와 국가의 치유방법을 구체적으로 제시한 것이다.

오늘날처럼 자본주의 경쟁에 따른 한국사회의 병맥이 지속된다면 물질문명을 활용할 정신문명의 확충이 대안으로 요구된 것은 당연한 일이다. 돈, 권리, 명예, 지식은 잘 사용하면 복이 되지만 잘못 사용하면 화를 자초하여 많은 문제점을 야기하게 되므로 반야용선을 만드는 공부를 잘 해서 거친 인생의 파도를 헤치고 항해를 하지 않으면 안 된다.[46] 세파를 파헤쳐 항해하라는 의미에서 소태산은 "물질이 개벽되니 정신을 개벽하자"라는 표어를 제창하였다. 돈과 권리와 명예, 지식 등은 물질문명을 향도하는데 있어서 잘만 활용하면 병든 사회의 폐단을 극복할 수 있으니 그것은 정신세력의 확장이며, 이를 위해 정신을 개벽하자고 한 것이다.

정신개벽을 강조한 소태산은 병든 사회의 실상을 심각히 인지함과 더불어 이를 치료하기 위해 「병든 사회와 치료법」을 제시하였음은 이미 언급한 바이다. 여기에서 우리가 병이 들어 낫지 못하면 불구자가 되고 그 사회는 불완전한 사회가 될 것이라 했다. 이를 심각히 인지함으로써 병든 사회를 치료할 방법을 제시하였으니, 그것은 자기의 잘

45) 류병덕, 『원불교와 한국사회』, 원광대학교출판국, 1978, pp.354-355.
46) 장응철 역해, 『자유의 언덕-반야심경 강의』, 도서출판 동남풍, 2000, p.91.

못을 항상 조사할 것이며, 부정당한 의뢰생활을 하지 말 것이며, 지도 받을 자리에서 정당한 지도를 받을 것이며, 지도할 자리에서 정당한 지도로써 교화를 할 것이며, 자리주의를 버리고 이타주의로 나가면 병은 치료됨으로써 건전하고 완전한 사회가 될 것이다.[47] 간략히 말 해서 개인의 경우 자력생활을 할 것이며, 사회의 경우 이타주의를 만 들어야 한다는 것이다.

궁극적으로 병든 사회의 치료 목적은 우리가 사회의 고통으로부터 벗어날 수 있도록 심신건강과 사회평등을 성취함으로써 얻는 지상낙 원 건설에 있다. 암울한 현실을 극복하고자 마음공부와 건전한 국가 건설을 유도한 소태산은 인간의 정신이 주체가 되어 발달된 물질문명 을 인간 해방의 도구로 삼고 그 혜택이 모든 인류에게 골고루 미치는 세상이 되어야 한다[48]한다고 했다. 병든 사회의 치유는 물질문명으로 부터 탈피함으로써 개인은 물론 병든 가정, 병든 사회, 병든 국가를 예방하고 모두에게 삶의 행복을 가져다주는 것으로, 이것이 진정한 불국토요 낙원세상인 것이다.

## 3) 균등사회 건설

조선조 봉건시대를 지나 일제의 한일합방 이후 한국사회는 더욱 암 담한 상황이 전개되었다. 일제는 식민지 정책으로 한국의 고등교육 을, 특히 과학 및 기술과 직업을 철저하게 말살했음을 상기할 일이

---

47) 『정전』 제3수행편, 제15장 병든 사회와 치료법.
48) 신순철, 「원불교 개교의 역사적 성격」, 『원불교사상』 14집, 원불교사상연구 원, 1991, p.23.

다.[49] 이에 더하여 조선시대의 봉건사회가 한국사회에 신분차별의 고통을 안겨주었으니 19세기의 한국은 그야말로 암울한 상황이 지속되었다. 소태산은 이러한 시대적 고통을 겪으며 불평등해진 사회를 구원코자 대각을 이룬 후 원불교를 창립하였으니, 교조의 포부를 실현해야 할 원불교의 시대적 과제는 막대하리라 본다.

조선 후반기인 구한말의 한국사회에 만연하였던 인간의 신분차별 등 제반의 모순을 진단한 소태산은 한국사회를 개혁하려는 민중종교의 측면에서 고심하였다. 그가 밝힌 사요는 수운과 증산이 불공평한 사회를 개혁하려는 민중종교의 성향과 관계가 있음을 감안할 필요가 있다. 한국사회가 근대화되면서 민중의식이 싹틈으로 인하여 사요는 인간 해방을 위한 교리강령으로 적용되었던 것이다. 민중의식의 성장 과정은 부당한 억압과 착취로부터 인간 해방을 염원한 것이며, 이러한 인간 해방의 이념은 원불교 교리 가운데 사은사요로 표현되어 있다.[50] 민중이 불합리한 차별의 고통으로 벗어나 해방과 자유를 누리는 것이 한국사회에 있어서 절박한 상황이었으며, 그것은 소태산의 사요 천명에서 구체적으로 발견된다.

사회를 개혁하려는 교법실천의 강령으로서 사요는 어느 시대나 어느 국가에도 응용될 수 있는 것이며, 특히 한국사회를 혁신하려는 염원을 담고 있는 것이다. 소태산은 교법 가운데 일원을 종지로 한 교리의 강령인 삼학팔조와 사은 등은 어느 시대 어느 국가를 막론하고 다

---

49) 피터 드러커 著, 이재규 譯,「한국 독자들에게-한국의 새로운 도전을 위하여」,『프로페셔널의 조건』, 청림출판, 2001, p.6.

50) 신순철,「원불교 개교의 역사적 성격」,『원불교사상』 14집, 원불교사상연구원, 1991, p.20 & 주19.

시 변경할 수 없으나, 그 밖의 세목이나 제도는 그 시대와 국가에 적당하도록 변경할 수도 있다(대종경, 부촉품 16장)고 하였다. 사요는 이처럼 소태산이 선후천 교역기의 사회 실상을 진단한 후 제시한 교강이기 때문에 불평등한 한국사회를 구원할 방법론으로 적절한 것이었다.

한국사회 구원의 요강(要綱)으로서 사요는 사회불공 나아가 국가불공을 의미한다. 사요가 사회불(社會佛)에 대한 불공의 방법이라는 의미는 곧 사요가 사회불공법이라는 의미와 상통하며, 그것은 사요의 사회적 성격을 직설적으로 나타내고 있다.[51] 사회 구성에 필요한 모든 존재를 부처로 알고 불공의 대상으로 삼아 실행에 옮기도록 하는 요강으로서의 사요는 당시 사회에 만연한 비합리적이고 불합리한 요소를 제거하자는 것이다. 이에 밝고 균등한 전반사회와 국가를 건설하는데 목적이 있다는 사실을 인지해야 한다.

사회불공의 방법으로서 사요의 정신을 새겨볼 때 그것은 한국 현대사회의 발전만을 위한 것이 아니라 바람직한 미래사회의 방향 설정에도 도움이 되리라 본다. 『정전』에 명시되어 있는 사요의 세목 조항은 주로 당시의 한국적 상황 아래에서 강조되었던 내용들로 반영되어 있음을 감안할 때, 현대사회와 미래의 지구촌 시대를 지향하는 사요의 근본적 개정 내지 그 의미에 대한 재검토가 요청된다.[52] 다만 사요의 조항들이 시대의 흐름에 따라 국가의 상황에 맞게 변천될 수 있겠지만, 사요의 근본이념만큼은 변함없이 현재는 물론 미래의 전반세계

---

51) 이성택, 「사요의 사회변동적 접근」, 『인류문명과 원불교사상』(上), 원불교출판사, 1991, p.295.
52) 노권용, 「교리도의 교상판석적 고찰」, 『원불교사상과 종교문화』 45집, 원광대 원불교사상연구원, 2010.8, p.283.

건설에 도움이 될 것이다.

무엇보다도 사요의 근본이념은 균등과 평등을 지향하고 있다는 점을 새겨 볼 일이다. 대산종사의 「교리실천도」에 의하면, 사람사람이 자력을 세우게 되면 인권평등이 되고, 사람사람이 배워 알게 되면 지식평등이 되고, 사람사람이 남을 위하여 가르치게 되면 교육평등이 되고, 사람사람이 남을 위해 봉공하게 되면 생활평등이 되어 자연히 다 같이 영원히 평화와 안락을 누리게 될 것53)이라 했다. 자력양성, 지자본위, 타자녀교육, 공도자숭배의 조항 하나하나가 실천될 때 평등사회는 물론 밝은 국가가 건설될 것이다.


## 4. 한민족의 자긍심과 세계화

### 1) 동방예의지국과 한민족

새 시대의 종교로서 원불교의 목표는 크게 문명한 도덕국가를 이루는 일이다. 새 세상의 대운은 불보살들이 경륜이 담긴 것으로 이 나라는 동방예의지국으로서 도덕국가요 전 생령의 정신적 부모국이 될 것이다. 타고르는 '동방의 등불'(1929)에서 "일찍이 아시아의 황금기에 빛나던 등불의 하나인 코리아, 그 등불 다시 한 번 켜지는 날에 너는 세계의 밝은 빛이 되리라"54)고 하였다. 이처럼 한국은 동방의 등불로

---

53) 안이정, 『원불교교전 해의』, 원불교출판사, 1998, p.265.
54) 한종만, 『원불교 대종경 해의』(下), 도서출판 동아시아, 2001, pp.537~538.

서 밝은 내일을 기약하면서 그 발전은 타고르의 예언처럼 부단히 지속될 것이다.

한민족이 동방예의지국으로 자처하는 것은 무엇보다 세계 평화를 사랑하고 상호 예절을 존중하기 때문이라 본다. 밝음을 숭배하고 예의를 숭상하며 평화를 사랑하는 우리나라는 이웃 나라들로부터 동방군자국이라는 기림을 받았으며, 부당한 침략을 용감히 물리치기는 하였으나, 일찍이 한 번도 이웃을 침략하여 싸움을 일으키지 않았다.[55] 한국이 이웃 나라를 침략하지 않았다는 것은 중국과 일본을 비교해 볼 때 동방예의지국으로서 큰 자부심으로 다가온다. 중국도 군자국이며 일본도 예의바른 나라라고 하지만 한반도를 여러 차례 침입하여 고통을 주었다는 사실을 감안하면 한민족은 평화를 사랑하는 동방예의지국이라 자처할 수 있을 것이다.

동방의 등불 내지 동방의 나라라는 개념은 한국 신종교가 예언한 후천개벽 사상과도 관련된다. 우리는 오래 전부터 '빛은 동방으로부터'라 했으니 근대의 동학과 증산 및 소태산의 사상에서 나타나는 후천개벽론이 한국을 중심으로 이루어진다.[56] 19, 20세기를 지나 21세기에 진입한 상황에서 보면 이러한 예언자적 역할론은 더욱 요청되고 있다. 후천개벽의 시대에는 정신문명을 발전시켜 물질문명의 폐단을 극복함은 물론 도덕성 회복의 시대가 도래하고 있다는 것을 염두에 둘 필요가 있다는 것이다.

---

55) 원불교 정화사, 『원불교 교사』, 원불교 교화부, 1975, p.13.
56) 이은봉, 「미래종교에 대한 원불교적 대응」, 제18회 원불교사상연구 학술대회 《少太山 大宗師와 鼎山宗師》, 원광대 원불교사상연구원, 1999년 2월 2일, p.12.

도덕문명의 도래에 따라 맑고 밝은 나라를 건설하는 데에 우리 모두의 합력이 필요하다. 특히 고통을 받고 있는 중생 구원의 메시아로 다가온 성자의 역할은 지대한 것이다. 성인도 원하는 힘이 많은 곳으로 강림하는 바, 한국은 예로부터 성인을 받들어 왔으므로 많은 성자들이 한국에 강림하였다.57) 여기에서 선성의 뒤를 이어 소태산대종사는 주세불로 이 땅에 출현하여 한국의 전통불교를 혁신함으로써 새 불교를 창립한 것이다. 선후천 교역기에 인류를 구원할 성자의 출현으로 생활불교가 탄생하였음을 감안하면, 한국사회에서 소태산의 출현은 민족정기를 계승하면서도 정신개벽을 주체로 할 동방예의지국의 등장을 의미한다.

우리나라 초등학교 교과서에서도 원불교가 국가와 세계를 구원할 종교로서의 역할을 할 것을 기대하고 있다. 1990년 3월 초등학교 「사회」 교과서에서 원불교는 '새로 일어난 종교'란 제목으로 소개되었으니, 소태산은 물질문명만으로는 인간이 참다운 구원을 얻을 수 없다는 생각에서 원불교를 일으켰으며, 앞으로 다가올 문명한 시대에는 우리 민족이 정신적으로 세계를 이끄는 국민이 될 것을 예시한 것이다.58) 그리하여 예절을 숭상하는 동방의 고요한 아침나라에 설립된 원불교가 국가를 위한 사명이 무엇인가를 살피는 일에 게을리 할 수 없으며, 특히 원불교가 한국사회에서 예절문화를 부활시키는 일이 필요하다.

---

57) 『辛丑日記』, 1961년 7월 22일(東山文集編纂委員會, 동산문집 Ⅱ 『진리는 하나 세계도 하나』, 원불교출판사, 1994, p.58).

58) 오선명, 「원불교는 새불교로서의 새종교인가」, 《院報》 제46호, 원광대 원불교사상연구원, 1999년 12월, pp.53-54(『원광』 236호, 1994, pp.146-152 발췌).

한국사회에 사람들에게 매너와 품위를 갖추도록 계몽시키기 위해 원불교에서는『예전』을 발간하였다. 본『예전』은 소태산대종사가 원기 11년(1926) 2월, 진리에 근거, 실생활에 적합한 예법의 시행을 통하여 허례를 지양하고 예의 근본정신을 드러내고자 신정의례를 제정한 데서 비롯된다. 그 뒤 원기 20년에『예전』을 편성 발행하였고 종래의『예전』을 수정 보강하여 원기 53년(1968) 통례편, 가례편, 교례편의 3편으로 편성하여 현행『예전』을 발행하였다.[59]『예전』의 근본정신은 개인의 인격함양은 물론 사회 국가의 공익질서를 유지하기 위한 것이라 본다. 소태산이 염원한대로 예절교육을 통해서 우리가 국가질서가 바르게 향도한다면 그것은 동방예의지국이라는 한국의 위상에 걸맞게 광대한 낙원국가로 변모할 수 있을 것이다.

### 2) 태극기와 정신지도국

각 국가마다 국기가 있으며 우리나라의 국가는 태극기이다. 한민족의 애국심은 상징적으로 태극기를 사랑하는 것과 직결되어 있다. 여행가 한비야는 세계를 일주하면서 자신의 배낭에는 태극기와 우리나라 그림엽서가 어김없이 들어 있었다[60]고 회고하였다. 단군의 자손으로서 태극기를 가슴에 품고 살아가는 것은 한민족의 애국정신에서 비롯된다고 보며, 이에 우리가 태극기를 사랑하는 것은 당연한 일이다. 외국에서 한국을 상징하는 것으로 태극기는 자랑스럽기까지 하며,

---

59) 이운철, 「출판언론사」, 『원불교 70년정신사』, 성업봉찬회, 1989, pp.551-552.
60) 한비야, 『중국견문록』, 푸른숲, 2001, p.146.

UN본부에 태국기가 펄럭이고 있다는 사실을 상기하면 우리의 자부심은 더욱 크리라 본다.

한민족의 태극기 사랑은 단지 외부에 그려진 태극 형상을 선호하는 것에 만족할 수는 없을 것이다. 내면에 담겨 있는 태극 철학을 이해함으로써 태극기에 담겨 있는 숭고한 정신을 확인할 수 있으며, 한민족의 태극기에 대한 자존심은 극대화될 것이다. 태극기의 유래는 깊은 철리(哲理)를 담고 있으며 그것은 알다시피 『주역』 철학에 근거하고 있다. 『주역』 철학은 유교 세계관의 핵심으로 자리하는 바, 태극기는 심오한 철학을 나타낸 도덕의 중심국, 정신적 지도국임을 표방하고 있다.61) 『주역』의 태극 이론은 송대 주돈이의 「태극도설」에서 심화되었고, 우리나라의 경우 이퇴계의 「성학십도」에 태극도가 배열되어 있다.

원불교 교서에도 '태극'이라는 용어가 나타난다. 『대종경』에 태극은 유교의 상징적 원리로서 신앙의 대상인 일원상 진리와 회통하고 있다. 일원상은 능히 유와 무를 총섭하고 천지만물의 본원이자 언어도단의 입정처이며, 유가에서는 이를 일러 태극이라 하고, 선가에서는 이를 일러 자연 혹은 도라 하며, 불가에서는 이를 일러 청정법신불이라 하였으니, 소태산은 원리에 있어서는 모두 같은 바로서 어떠한 방면 어떠한 길을 통한다 할지라도 최후에는 다 일원의 진리에 돌아간다62)고 하였다. 그는 유불선 3교의 근본원리를 회통하면서 일원상을 유교의 태극과 관련시켜 원만한 종교의 틀을 세워주었다.

무극과 태극의 원리는 일원상의 진리에서 보면 일원과 사은의 원리

---

61) 소광섭, 「일월성신론」, 『圓評』 창간호, 원불교교수협의회, 2011.1, pp.55~56.
62) 『대종경』, 교의품 3장.

로도 볼 수 있다. 무극은 본원으로서 접근된다면 태극은 동정 작용에 의한 음양의 두 기운에서 접근된다는 사실 때문이다. 일원의 내역은 사은이요 사은의 내역은 삼라만상이라는 논리와 관련시켜 보자는 것이다. 소태산은 일원상의 내역을 말하자면 우주만유로서 천지만물 허공법계가 다 부처 아님이 없다[63]고 하였다. 여기에서 천지만물 허공법계는 사은의 발현이라는 점이다.

물론 일원상과 사은의 관계를 상즉의 측면으로 볼 수 있으며, 이와 달리 본원으로서의 일원과 실제로서의 사은으로 볼 수도 있다. 소태산은 궁궁을을(弓弓乙乙)을 설명하면서 궁궁은 무극 곧 일원이 되고 을을은 태극이 된다(대종경, 변의품 29장)고 하였다. 이것은 무극과 태극을 일원상에 연계할 수 있으면서도 무극을 일원상으로 태극을 사은으로 해석할 수 있는 개연성을 열어준 셈이다. 궁궁과 을을이 같으면서도 전자는 무극, 후자는 태극으로 보고 있기 때문이며, 이와 유사하게 일원과 사은이 상즉이면서도 일원은 본원, 사은은 현상으로[64] 해석할 수 있기 때문이다.

아무튼 태극기의 태극은 우주의 근본 원리라는 점에서 보면 만물이 있게 하는 근원인 것은 사실이다. 이를 일원상의 원리와 관련시켜 보면 일원상은 우주의 본원이며 일체중생의 본성이라는 점이다. 정산종사에 의하면 태극기는 수많은 기(旗) 가운데 그 이치가 깊다고 하였다. 그리하여 '태극'은 만겁의 조종으로서 우주의 원리이며 만물의 부

---

63) 『대종경』, 교의품 4장.
64) 일원상 신앙은 본체와 현상의 양면이 통합되어 있는 신앙이다(송천은, 「소태산의 일원철학」, 숭산 박길진박사 고희기념 『한국근대종교사상사』, 원광대학교출판국, 1984, p.1092).

390 ● 원불교와 한국인

모란 뜻이요, '기'는 여러 사람이 높이 받든다는 뜻이니, 즉 우주의 원리를 부모와 같이 의지하고 높이 받든다는 뜻[65]이라 하였다. 덧붙여 그는 이 태극은 우주의 원리요, 그 근원은 일원대도이니 천만사리의 조종이요 만법의 어머니라고 하였다. 정산종사는 이처럼 태극은 우주의 원리라고 하면서, 태극의 근원을 일원으로 연계하고 있다는 점에서 원융무애한 일원상 진리의 회통성을 강조하고 있다.

일원상 진리의 회통성을 고려할 때, 일원상의 진리를 깨달음과 동시에 원불교를 창립한 소태산은 '일원상을 유교의 진리와 회통시키면서도 원불교가 후천개벽의 종교임을 밝히고 있다. 그는 대각 후 많은 가사와 한시를 읊어 내어 그것을 수록하고 『법의대전』이라 하였다. 이어서 그 뜻이 지견으로는 이해하기 어려우나, 그 대강은 도덕의 정맥이 끊어졌다가 다시 난다는 것과 세계의 대세로서 역수가 지내면 순수가 온다는 것과 회상 건설의 계획 등을 말하였는데, 친히 그것을 불사르도록 하고 세상에 전하지 못하게 하였으나 "개자태극 조판으로 원천이 강림어선절후계지심야(蓋自太極肇判元天降臨於先絶後繼之心也)"라고 한 첫 구절과 한시 열 한 귀가 구송으로 전해진다.[66] 원불교는 태극으로부터 세상이 조판되어 후천개벽의 시운을 따라 이 나라를 정신지도국으로 향도할 새 회상이 될 것임을 전망한 것이다.

65) 『정산종사법설』, 제4편 하나의 세계 6장.
66) 『대종경』, 전망품 29장.

### 3) 민중종교와 교법의 세계화

원불교는 원기 원년(1916) 4월 28일 전남 영광에서 소태산대종사의 대각과 더불어 창립된 종교라는 점에서 한민족의 정기를 안고서 탄생한 종교라 볼 수 있다. 한국에서 탄생한 종교이기 때문에 원불교를 민족종교 혹은 민중종교라고 하는 경우가 있다. 원기 50년대에 활기를 띠었던 '한국종교협의회' 또는 '종교인협의회'에 가입한 교단은 능동적이고 주도적인 자세로 그 활동에 참여함으로써 한국의 대표적 민족종교의 하나로 평가받게 된 것이다.[67] 물론 신생의 종교를 민족종교, 민중종교, 신흥종교, 개창종교, 신종교 등으로 다양하게 부르기 때문에 특별한 구분 없이 사용하는 점에서 보면 원불교가 새롭게 출발한 신종교임은 쉽게 알 수 있다.

하지만 원불교를 한국에서 탄생한 종교라 해서 민족종교라고 한정해버리면 문제가 없지 않다. 원불교가 태생학적으로 민족의 정기를 고양하고 있지만, 교리는 세계종교를 지향하고 있기 때문이다. 그것은 원불교의 교리가 세계성을 지녔다는 뜻이다. 원불교는 민족 중심의 신앙이 주체를 이루는 민족종교가 아니고 세계 보편사상을 근간으로 하고 있다[68]는 사실을 간과해서는 안 된다. 어떤 종교든 탄생한 지역에 대한 역할이 필요하며, 그렇다고 그 지역에 한정해버리는 오류는 범하지 말자는 것이다. 만일 탄생지역에 한정해버린다면 수많은 종교들이 민족이라는 범주에 구속될 것이며, 그 종교가 지니는 세계

67) 손정윤, 「개교반백년 기념사업」, 『원불교 70년정신사』, 성업봉찬회, 1989, pp.336-337.
68) 宋天恩, 『열린시대의 종교사상』, 원광대학교 출판국, 1992, p.502.

성은 그 민족성에 파묻히고 만다.

환기컨대 원불교를 민중종교 내지 신종교라고 부르는 것이 비교적 무방하다고 본다. 민중의 아픔을 대변하며 그들의 고통을 구원하기 위한 점에서 원불교는 선천을 지나 후천개벽을 들고 나온 민중의 종교라는 사실 때문이다. 소태산을 비롯한 신종교 지도자들은 한국뿐만 아니라 세계의 변화에 관심을 갖고 대응하고자 하였으며, 한국사회의 불평등과 국제사회 침략주의와 식민주의에 대한 비판적 성찰을 통해 새로운 민중종교 운동을 전개하였다.69) 민족종교가 지니는 한계로서 민족의 색채를 너무 강하게 지닌다면 세계종교로서의 역할에 한계가 따른다. 다만 민중종교는 민족이라는 국수적 한계를 극복한 세계 민중을 대상으로 한 점에서 원불교는 민족종교라기보다는 민중종교라 하는 것이 좋을 것이다.

주목할 바, 원불교가 세계적 종교를 지향한다는 것은 교리의 세계성에 더하여 인재양성과 교화대상을 한국이라는 지역에 국한하지 않고 있다는 사실 때문이다. 원불교 성직자를 양성하는 교립학교가 한국과 미국에 있으며, 미국에서의 성직자 양성은 미주선학대학교가 담당하고 있다. 국제교화의 새로운 전기를 마련할 특징적인 사업들이 중앙총부와 미국을 중심으로 펼쳐지고 있으니, 국제교화자의 전문적 양성을 위해 미국 펜실베니아주에 미주선학대학원대학교가 2002년 개교해 많은 졸업생을 배출했으며70) 지금도 해외교화를 염원한 원불

---

69) 박광수, 「원불교 후천개벽 세계관」, 『원불교사상과 종교문화』 44집, 원불교사상연구원, 2010.2, pp.77-78.

70) 유용진 외 編(문향허 외 집필), 『원불교 개교 100주년을 연다』, 원불교신문사, 2006, p.30.

교 성직자들이 이곳에서 양성되고 있다. 미국 현지교화에 힘입어 미국 원어민을 상대로 성직자 양성을 시도하면서 세계교화의 틀을 이곳 교육기관에서 시작했다.

교단사를 회고해보면 원불교가 민중종교이면서도 세계종교를 지향하는 것은 원불교 창립과정의 역사에서 잘 알 수 있다. 원불교는 한국의 개화기 및 일제 강점기에 창립된 종교로서 당시 한국 민중이 겪는 고통을 직시하고 이를 구원하고자 한 점에서 민중종교의 성향을 지닌 것이다. 민중 구원의 사명을 지닌 소태산은 자신의 정체성을 불교에 두고서 불법의 근대적인 변용을 시도하였으며[71] 불법의 세계성을 고려하여 불교를 혁신한 생활불교를 표방하였다. 원불교가 민중종교이면서도 세계종교를 지향하는 점은 소태산의 인류 구원이라는 포부와 경륜에 잘 드러나 있다.

그동안 원불교가 한국에서 탄생한 종교라 해서 민족종교 내지 한국종교라는 테두리에 가두는 경우가 없지 않았다. 또한 일부이기는 하지만 원불교는 불교가 아니라 새 종교라는 주장[72]도 있어왔던 점을 보면 세계불교와의 미래지향적 연대가 묻히는 경우가 있었다. 원불교

71) 이민용, 「원불교와 불교의 근대성 각성」, 제28회 원불교사상연구 학술대회 《개교100년과 원불교문화》, 원불교사상연구원·한국원불교학과, 2009.2.3, p.19.
72) 새시대 새종교라는 규정은 어떠한 근거가 있어서이며, 종교를 '새종교, 낡은 종교'라고 해도 무방한가? 여기는 두 가지가 전제된다. 하나는 교단 운영에서 독자적인 우수성과 합리성이 있기에 새종교라 하고 있다는 것과 또 하나는 기성종교에 대한 거부 내지는 창의적인 교세를 꾀하기 위한 의도에서 새종교를 표방하고 있지는 않은가이다(오선명, 「원불교는 새불교로서의 새종교인가」, 《院報》 제46호, 원광대 원불교사상연구원, 1999, pp.56-57).

교단 일부에서나마 독자성을 강조하다보니 새 종교나 민족종교의 측면이 너무 부각되어 국내에서는 긍정적인 기능이 없지 않았지만, 국제적인 관계에서는 혁신불교와 세계종교로서의 역할을 하는데 장애요소가 적지 않았음이 지적되어 오고 있다.[73] 어느 종교든 역사가 짧을 경우 민족적 색채가 남아있을 것이라 보며, 원불교는 이제 100년의 시대에 진입한 만큼 세계종교로서의 역할이 기대된다. 원불교 교법의 세계화로서 낙원세계 건설을 추구하고자 한 것이 소태산대종사의 포부이기 때문이다.

## 5. 불교혁신과 낙원세상

### 1) 불교혁신과 불국정토론

한국에서 오랫동안 정신적 축으로 역할을 해왔던 전통불교가 근래에 이르러 그 역할을 다하지 못한 한계를 극복하고자 소태산은 불교를 새롭게 혁신하였다. 불교혁신의 의지는 생활불교 내지 대중불교를 지향하는 것이다. 소태산 당시 불교계는 500년 동안 계속된 조선의 억불숭유정책으로 인하여 어려운 상황이었으니, 불법을 중심으로 하는 새로운 회상으로서 불법의 시대화 생활화 대중화의 기치를 내걸었다.[74] 구한말 한국불교의 성향은 시대화에 미치지 못하고 생활종교로

---

73) 김영두, 「원불교학 쟁점의 해석학적 고찰」, 『원불교사상과 종교문화』 39집, 원불교사상연구원, 2008.8, p.84.
74) 김방룡, 「보조 지눌과 소태산 박중빈의 선사상 비교」, 『한국선학』 제23호, 한

서의 역할은 물론 대중불교로서의 한계가 있었기 때문이다. 그가 주장한 생활불교는 후천개벽의 미륵불 세상, 곧 불국 정토론을 지향하는 것이었다.

불교가 탄생한 지 3천년의 세월이 흐름과 더불어 불타의 본의는 약해지고 오히려 불교의 기복적 방편이 확대되면서 정법과 상법을 지나 말법시대가 도래했다. 석가모니는 정법 상법 말법을 언급하고 여래 멸후 오백년을 말하여 불법의 성쇠와 재흥(再興)을 예언하였으니, 한반도에서 금강산이 법기도량으로, 이 나라가 불국연토(佛國緣土)로 믿어져 온 것은, 미륵불을 기다리는 신앙 행사가 다른 어느 지역보다 성행하였던 사실 때문이다.[75] 금강산의 한반도가 장차 법기도량이 될 것을 감안하면 최수운의 후천개벽, 강증산의 해원상생에 이어 소태산의 정신개벽은 불교를 혁신하고 새 시대의 불토낙원을 이 땅에 이루려는 것이다.

정신개벽이라는 시대적 소명의식에 따른 소태산의 불교혁신은 원기 5년(1920)에 구상되어 20년에 발표한 『조선불교혁신론』에 잘 나타나 있다. 본 혁신론은 과거 조선사회의 불법에 대한 견해, 조선승려의 실생활, 세존의 지혜와 능력, 외방의 불교를 조선의 불교로, 소수인의 불교를 대중의 불교로, 분열된 교화과목을 통일하기로, 등상불 숭배를 불성일원상으로 등 7개 항목으로 나타나 있다. 불법의 시대화 대중화 생활화를 표방한 교판사상을 강도 있게 드러낸 것으로 불법에 대한 의식으로부터 신앙생활, 그리고 사회구원을 향한 제도조직에 이르기

---

국선학회, 2009.8, p.143.
75) 『원불교 교사』, 제1편 개벽의 여명, 제1장 동방의 새불토, 4. 선지자들의 자취.

까지 혁신 개선의 구체안이 나타나 있다.[76] 그가 불교를 혁신한 의도
는 새 시대의 종교로서 과거불교의 한계를 극복함과 동시에 낙원세계
를 건설하려는 것이다.

불교혁신을 통해 이룩될 낙원세계는 정신개벽을 통한 미륵불 세상
으로서 정토극락세계라 할 수 있으며 그것은 불교의 이상향과 같다.
이상향이란 현실이 아닌 미지의 세계이므로 보다 확실한 이상국을 찾
아야 하는데 이것이 곧 타방세계의 이상세계이며, 이 차방세계의 정
토실현이라는 것이다.[77] 불교에서 말하는 정토실현이란 자비로운 세
상 내지 무지 무명을 극복한 깨달음의 세계와 같다. 부처의 무한방편
인 대자대비가 실현되는 세상이기 때문이다. 악업이 극복되고 해탈을
이루어 극락의 세계에서 살아가는 세상이 소태산이 꿈꾼 세상이요 정
토세계이다.

정토극락의 세계란 또한 원불교에서 말하는 자심미타의 체험 곧 자
성극락에 진입하는 것이다. 염불 칭호로서의 '아미타불'이란 범어의
음역인데 '무량수불'(amitayus)이라고도 하여 두 가지로 번역되어 통
용된다. 아미타불은 법장(法藏)이라는 비구의 수행자로서 그는 중생
제도의 서원(48원)을 일으켜서 무수한 중생을 교화하고 제불을 공양
하면서 대오하였다.[78] 소태산에 의하면, 과거에는 불타의 신력에 의
지하여 서방정토 극락에 나기를 원하여 미타성호를 염송하였으나 우리
는 바로 자심미타를 발견하여 자성극락에 돌아가기를 목적한다고 하였

---

76) 양현수, 「원불교사상연구사」, 『원불교70년 정신사』, 성업봉찬회, 1989, p.794.
77) 불교신문사 편, 『불교에서 본 인생과 세계』, 도서출판 홍법원, 1988, p.134.
78) 中村 元著, 김용식・박재권 공역, 『인도사상사』, 서광사, 1983, p.104.

다. 「염불의 요지」에서는 우리의 마음이 원래 생멸이 없으므로 곧 무량수라 할 것이요, 그 가운데에도 소소영령하여 매하지 아니한 바가 있으니 곧 각이라, 이것을 자심미타라고 하였다. 불국정토의 자심미타를 발견하기 위해서는 지속적인 염불의 수행법이 강조되고 있다.

불국정토 건설에 있어서 관건은 염불 주송만이 아니라 앞으로 원불교가 한반도에 불법의 시대화 생활화 대중화를 위해 어떤 역할을 하느냐에 달려 있다. 과거의 불교가 겪었던 한계를 극복하고 새 불법을 통한 비전을 제시해야 하기 때문이다. 다시 말해서 『조선불교혁신론』에 나타나 있듯이 전통불교의 무기력한 상황을 비판하고 한국인에게 쉽게 다가설 수 있는 대중화된 불교, 시대화된 불교, 생활화된 불교를 지향하고, 신앙대상을 등상불 대신 진리불인 법신불 일원상으로 하여 진리적 종교의 신앙과 사실적 도덕 훈련을 지속적으로 시행해야 한다.79) 원불교의 불국 정토론은 전통불교혁신의 정신에서 비롯되며, 이의 실현은 원불교의 개교동기에서 밝힌 진리적이고 사실적인 교법에 의함이어야 한다.

## 2) 금강산과 한국인의 성품

한반도는 사계절이 뚜렷하고 산이 수려하여 삼면이 바다로 둘러싸여 있다. 무궁화 삼천리 화려강산이 말해주듯이 우리나라는 살기 좋은 나라임에 틀림이 없으니, 명산인 금강산이 법기(法起) 도량이며 이 나라가 불국토가 될 것이라고 믿어왔다. 불자들은 한반도에 미륵불이

---

79) 이운철, 「출판언론사」, 『원불교 70년정신사』, 성업봉찬회, 1989, p.547.

출현할 것을 기대하여 왔으며, 실로 불문의 선지자들은 한반도가 장
차 새 불토로 될 것을 예견하고 민중의 마음속에 그 믿음을 뿌리깊이
심어준 것이다.[80] 삼국시대와 고려시대에는 불교가 흥성하였지만 조
선조에 이르러 유교문화가 성행하였고, 오늘날은 다종교의 시대로 접
어들면서 여전히 불교는 기성종교로서 역할을 다하려 노력하고 있다.

수려한 금강산이 국가의 명산이자 성현이 출현할 법기도량이라는
점에서 소태산은 우리나라 금강산을 매우 자랑스럽게 여겼다. 그에
의하면 금강산은 한국인의 희망이라며 시골 아이들에게 용기를 불어
넣어 주었다. "조선 좋다. 아침 조(朝), 빛날 선(鮮), 얼마나 좋은가.
… 금강산이 있는 머리에 우리 조선이 드러난다."[81] 한민족의 보배로
운 산으로서 화려한 금강산을 구경하기 위해 오대양 육대주 사람이 다
우리나라로 도학 공부하러 온다고 하였다. 법기도량인 금강산을 포함
한 백두산, 설악산, 지리산, 한라산 등은 한반도의 아름다운 산으로서
민족의 정기를 지니고 있다고 본다.

이처럼 아름다운 금강산이 있음으로 인해서 세계인들이 장차 이곳
을 방문하려 할 것이다. 그로 인해 금강산이 세계만방에 드러날 것이
며, 소태산은 금강산의 금강자성과 같은 실력을 쌓아서 원불교가 세
계종교가 되도록 해야 한다고 하였다. 제자들에게 금강산으로 인해
한국이 드러나고 금강산은 그 주인으로 인해 더욱 빛이 날 것이니, 금
강산의 주인 될 자격을 갖추기에 힘쓰라[82]고 하였다. 금강산은 세계

---

80) 원불교 정화사, 『원불교 교사』, 원불교 교화부, 1975, pp.15-16.
81) 오종태 선진의 구술자료이다(박용덕, 『금강산의 주인되라』, 원불교출판사,
　　2003, p.317).
82) 신명교, 「원불교 교단관」, 『원불교사상시론』 1집, 수위단회사무처, 1982,

속의 아름다운 강산이듯이 우리가 금강산의 주인이 되기 위해서는 성
자의 실력을 쌓으라는 것이다.

소태산은 금강산을 유람한 적이 있다. 원기 15년(1930) 5월, 그는
이공주, 이동진화, 신원요 등의 제자들과 함께 금강산을 탐승하였다.
소태산은 금강산을 탐승한 감회를 다음과 같이 한시로 읊었다. "보습
금강경 금강개골여 금강현세계 조선갱조선"(步拾金剛景 金剛皆骨餘
金剛現世界 朝鮮更朝鮮). 이를 해석하면 "걸음걸음에 금강산의 경치
를 다 더듬고 나니, 금강산 경치는 빈껍데기만 남았구나, 금강산의 아
름다운 경치가 세계에 널리 드러날 때, 한국은 다시 세계 속의 새로운
한국이 되리라"[83]이다. 이와 관련한 법문이『대종경』전망품 5장에도
나타난다. "금강이 현세계(金剛現世界)하니 조선이 갱조선(朝鮮更朝
鮮)이라"며, 금강산은 천하의 명산이므로 장래에 세계 공원으로 지정
되어 각국이 찬란하게 장식할 날이 있을 것이라 했다. 우리가 금강산
의 주인이 되도록 그만한 실력을 쌓아서 세계 사람들을 맞이하자는 뜻
이다.

금강산과 관련한 소태산의 법어는 이 나라의 국운을 밝게 드러내고
있다. 금강산의 주인이 되도록 권면하면서, 또한 미래의 용화회상을
건설하도록 하면서 그 주인이 되기 위해서는 하나하나 먼저 깨치는 사
람이 주인이 되리라(대종경, 전망품 16장)고 하였으니, 새 시대는 적
극적이며 실천적으로 이뤄나가야 할 것임을 시사하고 있다.[84] 외면적

---

pp.27-28.

83) 편집자,「선진예화-대종사와 금강산 다람쥐」,『월간교화』154호, 2006.2, 원불
   교 교화훈련부, p.82.

84) 한정석,「원불교 불교관」,『원불교사상시론』 1집, 수위단회사무처, 1982,

으로만 아름다운 금강산이 아니라 내면적으로도 아름다운 금강자성을 간직도록 부지런히 수행 적공하라는 것이다.

수도인의 금강자성은 금강산의 주인이 되도록 실력을 쌓음으로써 이루어진다. 「금강반야바라밀」에서 언급한 '금강'은 우리 인간의 마음에 간직된 맑은 자성을 말한다. 또한 '반야'는 그 금강자성의 바탕에서 한없이 우러나오는 자성광명을 말하며, '바라밀'은 금강자성을 회복하는 것과 자성광명을 활용하여 지혜를 닦고 어리석지 않는 삶을 실천하는 행위를 말한다.[85] 금강산과 금강자성이 '금강'(金剛)이라는 용어에서 동의어로 쓰이는 것에 한하지 않고, 외면적 수려한 금강산과 내면적 밝은 금강자성(여래의 지덕으로 번뇌가 없어진 성품)이라는 내외 일치의 인품을 주문한 것이다. 금강산을 통해 한국이 드러나듯이 원불교가 세계의 종교로 거듭나려면 실력 갖춘 종교인으로 거듭나야 한다.

### 3) 낙원건설의 평화론

19세기 후반, 한국 신종교들의 목표였던 개벽시대의 낙원건설은 선천시대를 극복하고 후천시대를 선도하는 것이었다. 신·구의 교체를 언급하며 새 시대의 개벽론을 주장한 인물들로서 수운, 증산, 소태산의 공통된 바가 있다. 개벽사상은 후천개벽 시대를 예언하는 것으로, 개벽의 주체는 한국이며 한국이 세계의 도덕적, 정치적, 또는 문명적 중심지가 될 것이라[86]는 것이다. 한국으로부터 개벽이 일어날 것이

---

p.83.
85) 장응철 역해, 『생활속의 금강경』, 도서출판 동남풍, 2000, p.4.
86) 박광수, 「원불교 후천개벽 세계관」, 『원불교사상과 종교문화』 44집, 원불교사

며, 그것은 어두웠던 한국사회의 극복과 새 시대의 낙원과 평화를 염
원하는 간절함으로 나타났다.

무엇보다도 소태산이 밝힌 낙원건설은 물질문명에 노예가 되는 것
을 극복하는 것에서 출발한다. 조선의 봉건적 잔재와 서양문명의 유
입으로 한국사회가 급격한 혼돈과 산업화의 과도기를 거쳤고, 자본주
의의 물결에 따라 한국사회는 황금만능주의로 치달았다. 소태산은 물
질문명에 치우치고 정신문명을 등한시한다면 무슨 화를 당할지 모른
다고 했다. 육신은 완전하나 정신에 병이 든 불구자와 같다면 어찌 완
전한 세상이 될 수 있겠는가를 보면, 내외 문명이 병진되어야 결함 없
는 평화 안락한 세계가 될 것이다.[87] 정신세력을 확장함으로써 파란
고해의 일체생령을 광대한 낙원으로 인도하려는 소태산의 포부와 경
륜이 드러나 있다.

개교의 동기에 나타난 바처럼 원불교의 낙원건설은 고통 받는 병든
사회를 구제하는 것에서부터 출발한다. 구한말 한반도에 당면했던 사
회의 시폐를 극복하고 한민족에게 새로운 종교로써 전반세계를 향도
하려는 것이기 때문이다. 은혜롭고 광대무량한 낙원사회의 건설을 위
한 한국적 진단과 처방이라는 특수성으로 사요가 천명되며, 한국사회
를 모델로 하여 형성된 민족구원 사업이 바로 사요의 실천이다.[88] 그
것은 불평등한 사회를 지양하고 전반세계를 건설하려는 목적과 관련
된다. 소태산이 직시한 한국사회는 자력양성, 지자본위, 타자녀교육,

---

상연구원, 2010.2, p.97.

87) 『대종경』, 교의품 31장.

88) 박병수, 「원불교 사요의 민족적 적용에 관한 고찰」, 『원불교사상』 19집, 원불
교사상연구원, 1995.12, p.305.

공도자숭배와 동떨어진 불평등 사회였으며, 한국사회가 겪는 불평등한 고통을 치유하려는 것에서 낙원건설의 출발인 것이다.

또한 원불교의 낙원건설은 한국불교의 폐단을 극복하는 것과 결부되어 있다. 불교의 말법 증상이 한국에서 나타난 이유를 알고 불교혁신을 도모하려 하였기 때문이다. 소태산은 원기 5년(1920) 한국불교의 말법 상황을 인지하였고, 이에 불교혁신을 통한 새 시대의 원불교를 구상하였다. 원기 20년에는 『조선불교혁신론』을 저술함으로써 말법시대의 극복과 새 회상 건설의 희망찬 미래를 대비한 것이다. 새 회상 창립과 더불어 소태산의 불교개혁은 부분적 제도의 수정을 시도한 방법론적인 접근이 아니었다. 조선조 불교에 대한 억압에서 초래된 불교 정체성을 회복하고 새로운 불법의 해석을 시도함으로써 불법의 실천적인 방향을 제시한 것이다.[89] 그것은 원불교의 교리정신으로서 생활불교를 통해 광대한 낙원세계를 도모하려는 소태산의 포부와 경륜이었다.

낙원건설은 궁극적으로 한반도 평화, 나아가 세계 평화의 정착에 관련된다. 한반도는 지정학적으로 열강에 끼어 있다. 중국과 일본, 러시아가 주변에 있으며 미국 또한 한국에 있어서 우방의 나라이기 때문이다. 특히 한반도는 세계에서 유일한 남북대치의 정국에 있다는 면에서 이들 열강과의 협력이 필요하며, 그것은 남북대치의 상황에서 평화를 유지하기 위함이다. 낙원건설은 남북 평화가 깨지면 불가능한

---

89) 이민용, 「원불교와 불교의 근대성 각성」, 제28회 원불교사상연구 학술대회 《개교100년과 원불교문화》, 원불교사상연구원·한국원불교학과, 2009.2.3, p.19.

일이다. 한반도는 주변 강대국의 완충지대로서 어느 하나의 세력권에 흡수될 수가 없는 위치에 놓여있으며, 한반도가 어느 한쪽에 기울여질 때 동북아의 평화는 유지되기가 어렵다.[90] 소태산의 활동기에는 일제 강점기였으며, 정산종사 때에는 남북분단의 상황이 발발하여 지금까지 지속되고 있으니 원불교의 낙원과 평화세계 건설의 사명은 막중한 일이다.

낙원세계, 곧 진정한 평화의 세상은 본질적으로 불같이 타오르는 마음의 욕심이 사라진 세상일 것이다. 욕심이 있으므로 전쟁이 일어나고 다툼이 생겨나기 때문이다. 이에 소태산은 이기심의 발로에 의해 일어나는 욕심을 극복하기 위해서 욕심을 항복받도록 하였으며, 이를 위해서 심전계발을 하도록 하였다. 그는 말하기를, 지금 세상은 과학문명의 발달을 따라 사람의 욕심이 날로 치성하므로 심전계발의 공부가 아니면 이 욕심을 항복받을 수 없고 욕심을 항복받지 못하면 세상은 평화를 보기 어려우므로 심전계발을 통해 수행이 원숙한 사람[91]이 되도록 하였다. 한국사회에 만연한 물질문명의 폐단을 극복하고, 남북 대치의 상황에서 평화를 유지하기 위해 이기적 욕심을 극복하는 심전계발 공부가 필요하다고 본 것이다. 탐심을 제거하도록 마음공부를 강조하는 원불교의 수행 의지가 21세기 평화를 지켜가는 지남(指南)이다.

---

90) 한승조, 「한국정신사의 맥락에서 본 원불교」, 『원불교사상』 4집, 원불교사상
　　연구원, 1980, p.50.
91) 『대종경』, 수행품 60장.

# 제2장

# 송정산의 국가관

## 1. 평생에 기쁜 일

　정산종사의 한민족관을 거론함에 있어서 무엇보다도 그가 저술한 『건국론』에 근거해야 할 것이다. 거기에는 깊은 혜지(慧智)로 해방 한국을 재건하려는 그의 의지가 그대로 노정되어 있기 때문이다. 그는 8.15 해방 후 「건국론(建國論)」을 저술하였던 관계로 한반도의 시대상을 고려하여 이에 접근해야 한다. 그는 일제로부터 해방 후 8월 15일 이후 여러 대표의 선언도 들었고 인심의 변천 상태도 대개 관찰한 나머지, 건국의 소회를 애국의 심경에서 자세히 밝혔다. "어느 때는 혹 기뻐도 하고 어느 때는 혹 근심도 하며 어느 때는 혹 이렇게도 하였으면 좋지 아니할까 하는 생각도 자연 나게 되므로…"[1]라는 단서로 시

---

1) 『정산종사법어』, 국운편 4장.

작하여 그는 국력을 배양하자는 취지에서 시국상황에 따른 『건국론』 저술의 감상을 전하고 있으며, 그의 국가관은 여기에서 추출이 가능하다.

시대를 꿰뚫어보는 성자의 심법에 나타난 정산종사의 국가관은 자신의 조국에 대한 우국과 애국의 충정에서 발상되고 있다. 애국의 국가관은 정산이 소박하게 밝힌 '평생에 기쁜 일 두 가지'라고 언급한 것에서 잘 나타난다. 그는 일생을 통하여 가장 행복한 일로서 국가와 교단을 관련짓고 있다. 첫째는 이 나라에 태어남이며, 둘째는 대종사를 만남(정산종사법어, 기연편 8장)이라 하였다. 이처럼 그는 국가와 교단이라는 공간무대를 설정하여 가장 기쁜 일이라 회고한 것이며 이는 애국의 충정이라 본다. 지정학적으로 한국은 열강대열에 있는 국토로서 주변 강대국의 침략을 자주 받았음은 물론 경제적으로 어려운 상황에 있었지만 그는 이 나라에 태어난 것을 오히려 가장 기쁜 일로 상기한 것이다.

기쁨으로 다가온 정산종사의 국가 사랑은 한국의 꽃인 무궁화와 한국의 국기인 태극기를 거론하고 있음에서 주목된다. 그는 소태산대종사를 계승하여 원불교 제2대 종법사가 되었으며, 종법사 재임시 산동교당을 방문하여 그곳 뜰 앞의 무궁화와 태극기를 보고 견해를 밝힌다. 무궁화는 그 이름이 좋으니, 무궁은 한량없고 변치 않음을 뜻한다고 하였고, 태극기는 그 이치가 깊으니 태극은 우주의 원리로서 만물의 부모가 되는 것[2]이라 했다. 무궁화의 무궁한 이치와 태극기의 심오한 태극 원리를 드러냄으로써 원불교 신앙의 대상인 일원상과 관련

---

2) 『정산종사법어』, 국운편 33장.

지어 의미를 부여하고 있다. 다시 말해서 한국의 무궁화와 태극기의
원리를 원불교의 진리와 연계시키고 있는 것이다.

또한 원불교는 우리나라의 명산인 금강산에 대하여 큰 의미를 부여
하고 있다. 소태산은 금강산이 장차 세상에 드러난다고 하였으며, 정
산은 금강산을 법기 보살도량으로 인지하고 있다. 한반도에서 금강산
이 법기도량으로, 이 나라가 불국연토(佛國緣土)로 믿어져 온 사실을
주목할 일이다.3) 정산종사에 의하면, 대종사가 원불교를 개교하기 위
해 이 땅에 수생(受生)하였다며, 금강산이 법기(法起)보살 도량이라는
전설은 세상을 구제할 새 법이 이 나라에서 일어날 것을 예시함(정산
종사법어, 도운편 14장)이라 하였다. 이처럼 정산종사는 한국의 명산
인 금강산을 불연의 적공 도량임과 동시에 수많은 인재들이 이곳에서
탄생할 것이라 전망했다.

주지하듯이 한국인들은 기쁠 때나 슬플 때나 민요 '아리랑'을 부르
곤 한다. 한국인에 있어서 아리랑은 민족의 감성을 강하게 드러내는
가사가 담겨 있기 때문이다. 외국인이 한국에 귀화해서 아무리 오래
살았어도 김치를 먹고 아리랑을 부를 줄 모른다면 진정한 한국인이라
고 할 수 있을까4)라는 지적이 있을 법한 일이다. 정산종사는 원광대
전신 유일학림의 학생들을 자주 격려하였다. 한 번은 '아리랑'을 부르
던 한 학생에게 "너는 어째서 희망 없는 노래를 부르느냐? '아리랑 고
개를 넘어 간다'보다는 '넘어 온다'가 얼마나 기쁘고 희망이 있는 말이

---

3) 『원불교 교사』, 제1편 개벽의 여명, 제1장 동방의 새불토, 4. 선지자들의 자취.
4) 김종서, 「광복이후 한국종교의 정체성과 역할」, 제32회 원불교사상연구원 학
   술대회 《광복이후 한국사회와 종교의 정체성 모색》, 원광대학교 원불교사상
   연구원, 2013.2.1, p.17.

냐"며 가사 하나에도 꿈과 희망과 용기가 묻어나는 노래를 부르도록 하였다(원불교신문, 2002.2.8). 이처럼 정산종사는 아리랑과 관련한 일화에서 희망을 넣어주는 노래를 개사해주고 있으니 그의 애국정신이 얼마나 섬세한지 알 수 있다.

앞으로의 교운을 드러내려는 정산종사의 견해는 원기 29년(1944) 10월, 옛 글 한귀를 써 준 것에도 잘 나타나 있다. "계산에 안개 개면 울창하고 높을지요, 경수에 바람 자도 잔물결은 절로 있다. 봄철 지나 꽃다운 것 다 시든다 말을 마라, 따로이 저 중류에 연밥 따는 철이 있다."[5] 이처럼 정산종사는 미래의 전망을 밝게 밝히면서 이는 교단의 교운이라고 하였다. 오늘날 한국이 해방된 직후 6・25 동란을 겪은 악조건에서도 세계의 선진국 대열에 들어선 것도 이러한 정산종사의 전망과 무관하지 않다고 본다. 그는 이 나라에 태어난 기쁨을 언급하였으며, 한국의 보물과도 같은 소중한 태극기와 무궁화, 금강산, 아리랑 등을 예시하며 희망을 잃지 말도록 하고 있는 것이다.

## 2. 국가 성립의 요소

국가 성립에는 무엇이 거론될 수 있는가? 중요한 것은 국가가 생긴 원인이 무엇이며, 국가가 왜 존재해야 하는가에 대한 필요성이 국가 성립에 있어서 중요한 요소라 본다. 국가와 관련된 현상을 거론할 때,

---

5) "稽山罷霧鬱嵯峨 鏡水無風也自波 莫言春度芳菲盡 別有中流採芰荷"(『정산종사법어』, 국운편 1장).

가장 중요한 문제는 아마도 국가의 기원, 본질, 최선의 형태, 통치자 및 통치권에 관련된 문제일 것이다.[6] 이러한 문제들을 접근하려면 국가 정의론에 대하여 하나하나 천착해 들어가야 한다. 다만 여기에서는 원불교 종법사를 역임한 정산종사의 소박한 국가 이해의 시각에서 국가 성립론에 대하여 고찰하고자 한다.

이와 관련하여 정산종사의 국가관을 거론하려면 그의 저술『건국론』일 것이다. 국가 재건에 대한 전반적 견해가 여기에 나타나 있기 때문이다. 국가 성립에 대한 그의 시각은 한반도가 처한 시대상황과 맞물려 있다.『건국론』은 일제의 식민지로부터 조국의 해방 직후 나온 시점(1945.10)으로서 특수한 상황이기 때문이다. 정산종사는 일제의 날카로운 예봉 속에서 감격적인 민족 해방을 맞이하였으며, 이때 우후죽순처럼 일어나는 수많은 단체들의 국가 만년대계를 위한 국가관의 일단을 피력하였으니 이것이 바로『건국론』이다.[7]

이에 정산종사의 국가관에 나타난 국가 단위의 구성은 개인, 가정, 사회, 국가 세계라는 범주 속에 있다. 인지가 미개하고 계한이 편협한 시대에는 개인만을 본위로 하는 개인주의나, 한 가족을 본위로 하는 가족주의나, 사회를 본위로 하는 단체주의나, 한 국가를 본위로 하는 국가주의가 인심을 지배하였으나, 불보살 성현들은 일찍부터 이 모든 국한을 초월하여 세계를 본위로 하는 큰 정신을 주로 고취하였다[8]는 것이다. 개인, 가정, 사회, 국가, 세계 속에서의 국가 범주가 거론되

---

6) 불교신문사 편,『불교에서 본 인생과 세계』, 도서출판 홍법원, 1988, p.140.
7) 김정관, 「8·15광복과 건국사업」,『원불교 70년정신사』, 성업봉찬회, 1989, p.236.
8)『정산종사법어』, 도운편 32장.

며, 국가는 또 세계주의를 지향하지 않을 수 없으니 그것이 바로 대자 대비로서 세계주의라는 것이다. 유교의 수신 제가 치국 평천하라는 범주와 유사하다.

국가 구성의 범주가 이처럼 몇 가지의 테두리에 있다고 해도 국가 는 세계의 테두리에 있어야 한다. 개인주의의 이기성에 함몰될 때 국 가는 개인 독재자를 위한 국가로 전락할 우려가 크기 때문이다. 또한 가정주의는 한 가정만을 중심으로 하는 씨족에 파묻힐 수도 있을 것이 며, 국가 역시 한 국가만을 중심으로 보면 국가간 경쟁과 대립 구도로 이어져 전쟁이 유발될 수 있다.

여기에서 정산종사는 국가의 폭넓은 구성체를 세계주의로 상정하고 있다. 그에 의하면 현하 시국의 대운을 촌탁하건대, 인지가 새로 개벽 되고 국한이 점차 확장되어 바야흐로 대 세계주의가 천하의 인심을 지 배할 초기에 당하였으니 이는 곧 대도 대덕의 대 문명세계가 건설될 큰 조짐이라[9]고 하였다. 물론 개인주의나 가족주의나 사회주의나 국 가주의를 아주 없애자는 뜻은 아니다. 다만 세계주의를 본위로 할 때 국가의 소단위가 갖는 이기주의적 속성을 극복할 수 있다는, 원불교 교의가 지향하는 세계주의를 고려하자는 것이다.

이처럼 세계주의 건설을 지상목표로 삼으면서도 국가주의를 인정한 정산종사는 국가가 성립되려면 무엇보다도 치교와 국민의 도가 전제 되어야 한다고 밝힌다. 국가를 벗어난 국민은 없고, 국민을 버린 국가 는 없기 때문이다. 그는 『세전』에서 국가에 있어서는 치교의 도와 국 민의 도가 있어야 한다(제1장 총서)고 하였다. 특히 국가적 차원에서

---

9) 『정산종사법어』, 도운편 33장.

국민의 의식수준 향상을 위하여 일정한 프로그램을 작성하고 시행하여야 한다고 보았는데, 그가 언급한 국민의 의식수준 향상이란 시민의식의 함양을 말한다.10) 국가주의는 국가가 성립하기에 적합한 국민의 도가 있어야 하며, 이는 시민의식의 성숙된 모습으로서 향상된 의식수준과 직결되어 있다.

국가 건설과 관련해 볼 때, 국민의식의 향상을 위해서는 국가 구성원의 책임이 필요하다. 그들이 헌신하고 있는 분야에서 자신의 역할을 충실히 할 때 국가는 발전할 수 있기 때문이다. 정산종사는 말하기를, 건축에도 주초와 기둥과 들보가 책임이 있어서 각 위치에서 서로 힘을 합하지 아니하면 집을 건설하지 못하는 것처럼, 나라 건설에도 각각 책임이 있어서 그 맡은 바 직장에서 서로 힘을 합하지 않으면 나라를 건설하지 못한다11)고 하였다. 정치 분야에서, 행정 분야에서, 산업 분야에서 맡은 바의 역할을 충실히 할 때 국가 발전과 국민들의 생활수준이 향상되는 것이다.

국민의 생활수준이 향상된 국가의 건설에 있어서 우선시해야 할 것은 국가 구성원들의 정신자세 곧 국민의 도이다. 정산종사에 의하면 국민은 곧 그 나라의 주인이니 모든 국민이 각각 그 도를 다하면 나라가 흥성하고 민중이 행복을 얻지만, 만일 그 도를 다하지 못하면 그 나라는 쇠망할 것이요 그 민중은 불행해진다고 하였다. 국민의 도는 국법 존중, 국민의 의무 이행, 직업 봉공, 합심 단결이라며 그 도를 충

---

10) 한종만, 「정산종사의 건국론 고」, 『원불교사상』 15집, 원불교사상연구원, 1992, p.423.
11) 『정산종사법어』, 국운편 26장.

실히 한다면 나라의 발전이 이루어진다(세전 제6장 국가, 3. 국민의 도)고 하였다. 그는 국민의 도로서 개인을 뛰어넘어 국가 구성의 일원인 국민이라는 공인의 입장을 견지해야 한다[12]는 점을 분명히 하고 있다.

국가에서 국민이 주인인 이상, 주인된 국민으로서 온전한 국가관의 실체를 간직하기 위해서는 무엇보다도 정신 자세가 중요하다. 정산종사에 의하면 국가 발전에 있어서 ① 마음단결, ② 자력확립, ③ 충의봉공, ④ 통제명정, ⑤ 대국관찰이라는 5대정신은 건국요항이요 국가가 영원히 완전할 요소라는 것이다.[13] 그는 국가 지도자들이 먼저 이 정신 진흥에 주의하여야 할 것이며, 모든 국민으로 하여금 철저한 국민성 구축에 진력하도록 하였다. 국가 발전의 조건으로 이러한 다섯 가지의 정신을 강조하는 것이며, 다만 한국인들은 이러한 정신세계를 구축하는데 진력하지 못했기 때문에 어려움이 적지 않았다는 것이다.

요컨대 국가 자립의 기본 요건으로는 인간으로서 누릴 수 있는 가장 기본적 권한을 상기할 필요가 있다. 그것은 국가의 평등과 자유라 할 수 있다. 국민으로서 평등할 권리와 자유를 누릴 권리 등 행복을 보장해주는 국가여야 국가가 온전히 존립할 수 있다는 뜻이다. 정산종사는 『건국론』의 결론에서 건국이 있은 후에 평등이 있고 자유도 있어서 우리의 행복을 우리 스스로 사용할 것이라고 하였다. 국가의 자주 독립은 우방국의 도움으로 이루어졌으며, 국민은 이를 통해 평등·자유·

---

12) 박상권, 「송정산의 건국론에 대한 의의와 그 현대적 조명」, 『원불교사상』 19 집, 원불교사상연구원, 1995.12, p.299.
13) 『건국론』, 제2장 정신.

행복을 누릴 수 있게 된 것이다.

정산종사의 국가 성립론에 있어서 간과할 수 없는 것은 국가 재건
에 방해되는 요인을 환기하는 일이라 본다. 그는 국가가 패망하는 요
인 10여 가지를 설명하고 있다. 이는 주의주장에 편착하는 것이라든
가, 명예에 구속되는 것, 정권 야욕, 시기 투쟁, 충동적 불공정, 지방
성과 파벌, 상대방을 원수로 생각하는 것, 사심과 이욕이 앞서는 것,
애국지사의 충정을 무시하는 것, 단결하지 못하는 것이다.[14] 국가가
치국의 도를 실천하지 못하는 것은 이처럼 국가 재건의 방해요인 때문
이다.

## 3. 국가발전의 정신적 기반

국가의 발전에는 건국의 정신이 강령적으로 분명해야 한다. 국가
창건의 정신이 조명될 때 그 나라의 존립과 발전의 지속성을 유지할
수 있는 것이다. 정산종사는 해방 직후 국가 재건이라는 건국의 강령
을 다음과 같이 비유하였다. 곧 건국 요지는 정신으로서 근본을 삼고,
정치와 교육으로써 줄기를 삼고, 국방·건설·경제로써 가지와 잎을
삼고, 진화의 도로써 그 결과를 얻어서 영원한 세상이 뿌리 깊은 국력
을 잘 배양하는 것이다.[15] 국가가 발전하려면 바른 정신자세를 근간
으로 삼아야 하는 것으로, 이는 나무 전체가 건실하게 성장하는 것과

---

14)『건국론』, 제2장 정신, 1. 마음단결.
15)『건국론』, 제1장 서언.

같다는 뜻이다. 특히 국가 발전의 정신자세는 다음 세 가지 측면에서 접근이 가능하다.

### 1) 마음단결

국가 발전에 있어서 마음단결이 중요한 이유는 애국심과 공도정신이 국민들의 마음단결과 직결되어 있기 때문이다. 독일의 피히테는 1807년 프랑스군이 독일 침공할 때 독일 국민을 일치 단결시키기 위해 「독일 국민에게 고함」이라는 애국심 유발의 강연을 하였다. 정산종사의 『건국론』 역시 종교에 바탕한 건국의 방향, 대국민 정신교육의 지향점 제시라는 점에서 애국정신, 공도정신이 공유되어 있다.[16] 국민의 마음단결은 애국정신임과 더불어 국가라는 공동체적 정신자세를 촉구하는 점에서 무엇보다 중요한 것이라 본다.

국민들이 뭉치면 살고 흩어지면 죽는다는 것은 단결의 필요성을 언급하는 것으로 이해된다. 이에 정산종사는 아무리 작은 것이라도 모으면 능히 큰 것을 이루고 아무리 큰 것이라도 흩어지면 마침내 작은 것이 된다며, 반드시 먼저 단결의 위력을 통찰하고, 그 대의를 체득하여 단결해야 하므로 종교나 국가의 급선무는 단결이라는 것이다.[17] 지구는 작은 먼지와 먼지의 결합이며, 한 사람 한 사람이 합하여 인류를 이루었으므로, 무엇이나 합하면 큰 것이요 거기에서 큰 위력이 생긴다며 정산종사는 국민의 마음단결을 강조하고 있다.

---

16) 김귀성, 「정산종사의 사회교육관-건국론을 중심으로」, 『원불교사상』 15집, 원불교사상연구원, 1992, p.647.
17) 『정산종사법어』, 공도편 33장 참조.

해방 직후 위정자들이 마음단결을 하지 못하여 건국에 많은 지장을 초래하였던 것은 안타까운 일이다. 정산종사는 건국에 있어서 마음단결이 없고서야 어찌 완전한 국가, 강력한 민족을 감히 바랄 수 있겠는가(건국론 제2장 정신, 1. 마음단결)라고 반문한 것도 이 때문이다. 그는 한민족의 장래 운명을 고려하면서 이념 및 계급 대립과 지역의 당파성을 초월한 심령의 단합이 있어야 민족의 단결을 이룰 수 있다고 했다. 또 민족의 단결이 결성될 때만이 국가의 초석이 확립되어 독립적인 민족국가가 건립될 수 있다고 한 것이다.[18] 달리 말해서 민족의 마음단결이 없다면 국가 발전은 상상하기 어렵다는 뜻으로 이해할 수 있다.

따라서 국민들이 합심하여 마음단결을 이루어야 국가의 발전은 물론 세계평화가 전개된다. 정산종사는 "세계 평화는 한 사람 한 사람의 화하는 마음에서부터 이루어지나니, 화하는 마음이 곧 세계 평화의 기점이니라"(정산종사법어, 도운편 26장)고 하였다. 그의 『건국론』은 국민들이 서로 단결하고 화합하여 광복된 이 나라의 건국이 순조롭기를 염원하면서 이 민족에게 제시한 탁월한 경륜이 담긴 글[19]이며, 이러한 경륜이 한민족의 발전에 한정되어서는 안 되는 것이다. 그것은 세계의 평화로 이어져야 하며 삼동윤리의 정신이 이러한 세계평화의 길이다.

---

18) 김정호, 「송정산 건국론 계시」, 정산종사 탄생 100주년 기념사업회편 『평화통일과 정산종사 건국론』, 원불교출판사, 1998, p.135.
19) 김영두, 「정산 송규종사의 건국론과 삼동윤리」, 『원불교학』 4집, 한국원불교학회, 1999, p.480.

## 2) 종교장려

인생에 있어서 신앙은 삶의 원천이라고 해도 과언이 아니다. 종교의 신앙이 행복한 삶을 위해 필요하다는 것이다. 정산종사에 의하면 뿌리 깊은 나무는 바람에 뽑히지 않듯이(용비어천가, '불휘 기픈 남간 바라매 아니 뮐째') 인생에 있어서 신앙은 뿌리이니 신앙이 깊은 생활은 어떠한 역경에도 굽히지 않을 것(정산종사법어, 권도편 4장)이라 하였다. 대체로 한국인은 사회 속에 있을 때 유교도이며, 철학적이면 불교도이고, 곤경에 처했을 때는 정령숭배자가 된다고 할 수 있다.[20] 이처럼 인생의 뿌리와도 같은 종교의 힘은 우리의 행복한 삶에 있어서 근원이 된다는 사실을 인지해야 한다.

그렇다면 국가 재건에 있어서 종교 장려가 왜 중요한 일인가? 우리의 신념, 정신통제, 양심을 위해서는 종교 장려가 필요하기 때문이다. 우리의 삶에 있어서 신념, 정신력, 양심이 부족한 것은 종교의 신앙심이 없다는 뜻이다. 정산종사는 당시 민중의 대체를 본다면 종교에 대한 신념이 너무나 박약해서 정신 통제와 양심 배양의 힘이 부족하므로 순역경계를 당함에 자행자지하여 국민의 범죄율이 많게 되며, 또는 미신에 침혹하고 편심에 집착해서 국민의 참다운 생활과 대중의 원만한 도덕을 널리 발휘하지 못하였다[21]고 밝힌다. 이에 대비하기 위해

---

20) Hulbert, H. B., *The passing of Korea*, London, 1906, p.388(김종서 번역). 이것은 서양 선교사로 19세기 말 한국에 들어왔던 헐버트(1863~1949)의 글이다 (김종서, 「광복이후 한국종교의 정체성과 역할」, 제32회 원불교사상연구원 학술대회《광복이후 한국사회와 종교의 정체성 모색》, 원광대학교 원불교사상 연구원, 2013.2.1, p.7).
21) 『건국론』, 제3장 정치, 7. 종교장려.

서 국가의 주인과도 같은 국민의 지도를 위해 적당한 종교를 장려하도록 하였다.

정산종사의 종교장려는 국가 중심기관의 하나로서 종교를 상정하였다는 점에서 주목된다. 이를테면 국가에는 행정·사법·교육·종교 등의 기관이 있어 각각 그 임무를 담당한다고 하였다. 이처럼 종교는 국가의 4대기관으로서 역할을 해야 하므로, 국가 발전이라는 목적을 달성하기 위하여 행정, 사법, 교육, 종교의 4기관을 동원하여 정신통제와 양심을 상벌의 방법을 써서 추구하기를 원했다.[22] 정치와 종교를 치교(治敎) 양면으로 보면서도 국가 발전을 위한 4대 중심기관의 하나로써 종교의 위상을 밝힌 것이다.

종교가 국가의 대 기관에 부속되면서도, 정치와 종교의 양면을 거론하는 이유가 있을 것이다. 정산종사는 정치와 종교가 서로 표리가 되어 치교(治敎) 병진을 하면 국가의 만년대계가 된다고 하였다. 곧 종교(도덕)는 정치의 체가 되고 정치는 종교의 용이 된다는 것으로, 한 국가의 건설에 있어서 정치의 근본은 종교(도덕)요 도덕의 근본은 마음이라[23]고 하였다. 이처럼 정산종사는 치교병진이라는 논리에 의해 정치와 종교의 상생적 역할이 필요하다고 하였으며, 이는 소태산 대종사가『대종경』교의품 36장에서 비유한 엄부(정치)와 자모(종교) 역할과 같은 맥락에서 이해되는 것이다.

---

22) 정기래, 「송정산의 건국론과 평화사상」,『원불교학』2집, 한국원불교학회, 1997, p.650.
23) 『정산종사법어』, 국운편 27장.

## 3) 훈련의 필요성

국민들의 정신적 수준이 낮다면 그 이유는 여러 가지가 있을 것이다. 제대로 교육받지 못할 경우라든가, 정신 고양을 위한 수련이 적기 때문이라 본다. 정산종사는 조선 민중이 아직도 일반적 정신수준이 저열한 것은 장구한 시일에 국가적 훈련이 없었던 관계 때문이라(건국론 제3장 정치, 5. 훈련보급)고 하였다. 그리하여 현실의 안목으로 사회를 보는 사람은 국가가 혼란하면 국가를 원망하게 되나, 진리의 안목으로 보는 사람은 정신교육과 도덕의 훈련이 충분히 보급되지 못한 소치임을 알게 된다[24]는 것이다. 개인, 가정, 사회, 국가, 세계의 평화가 마음의 수련 여하에 달려 있기 때문이다. 그는 교육과 훈련을 하지 않으면 국민의 정신 수준이 낮을 수밖에 없다는 입장을 분명히 하고 있다.

하지만 국가에서 국민의 정신 고양을 위해서 훈련을 실시한다면 국가의 기초가 견고해질 것이라는 점에서 정산종사는 훈련의 구체적인 의견을 피력한다.[25] 이를테면 국가의 정론을 세운 후 국민 훈련법을 시행하여 매년 정기 또는 임시로 전국을 통하여 도·군·면리 등의 순서를 따라 어느 계급을 물론하고 일제히 단기 훈련을 받게 하고, 강사는 사회 종교의 각계 명사를 동원하고 지방 인사를 이용하며, 강연 제목은 애국정신과 공중도덕 하에서 인심을 진흥하도록 하였다. 또한 극장과 가요 등을 동원하여 교육을 지속하면 국민정신이 고양될 것이

---

24) 『한울안 한이치에』, 제4장 사자좌에서 9.
25) 『건국론』, 제3장 정치, 5. 훈련보급.

며, 정신의 고양으로 국가가 견고한 힘을 얻게 될 것이라고 하였다.

주도면밀하게 국민의 교육과 훈련을 촉구하는 의도가 드러나 있으며, 그것은 국가의 튼튼한 기초를 위함이라 본다. 아울러 훈련의 전국적 시행의 의도는 학교교육과 함께 사회교육을 제도적으로 정착시키려는 것이다.26) 민중계몽이란 전국적 단위로 이루어져야 하며, 그것은 학교교육과 사회교육이라는 범국가적 시설과 그와 관련한 편의시설 제공이 요구된다. 제도적 훈련법을 통하여 국민들에게 교육기회에 참여케 함으로써 훈련의 효력을 얻도록 하려는 것이다.

그러나 국가 재건을 위해『건국론』에서 거론한 훈련법은 실제 행동으로 이어지지 못한 점은 아쉬운 일이며, 설상가상으로 국론의 분열과 6·25 전쟁이라는 고통이 야기되었다. 다만『건국론』은 1945년 10월에 프린트 본으로 발간, 시국 상황을 고려하여 당시의 정계 요인들과 교단 요인들에게 한정적으로 배부되었으며, 중도주의와 정신주의, 훈련주의가 강조된 것으로, 각계의 상당한 관심을 불러일으키는 가운데 특히 임시정부 김구 주석 등의 공감을 얻었다.27) 따라서 국가 재건의 기초로서 훈련을 강조한 정산종사의 포부와 경륜이 상당한 관심을 불러일으킨 것에 만족해야 할 것이다 .

---

26) 김도종, 「정산종사의 정치철학」, 정산종사 탄생 100주년 기념사업회편『평화통일과 정산종사 건국론』, 원불교출판사, 1998, pp.293-294.
27) 김정관, 「8·15광복과 건국사업」, 『원불교 70년정신사』, 성업봉찬회, 1989, p.237.

## 4. 국가 건설의 청사진

### 1) 교육과 인재

우리나라의 발전은 국민의 높은 교육열 때문이라고 한다. 한 국가의 성쇠는 국민의 교육 여부에 달려 있으므로 교육이 국가 발전에 그만큼 중요하다는 뜻이다. 정산종사에 의하면, 교육은 세계를 진화시키는 근원이요 인류를 문명케 하는 기초라 하면서, 개인 가정 사회 국가의 성쇠와 흥망을 좌우하는 것은 교육을 잘하고 잘못함에 있다[28]고 하였다. 인간은 이성을 가진 만물의 영장으로서 그 이성을 바르게 활용하려면 교육이 필요하다. 사람이 비록 만물 가운데 영특하다 하나 교육의 힘이 아니면 능히 그 최령의 자격을 이루지 못할 것이란 정산종사의 지적은, 가정 사회 국가 세계가 교육의 힘이 아니면 발전할 수 없음을 확인해주고 있다.

이에 정산종사는 건국의 핵심 과제의 하나로 교육을 거론하고 있으며, 여기에는 초등교육의 의무제, 중학 전문대학의 확장, 정신교육의 향상, 예의교육의 향상, 근로교육의 실습을 예시하고 있다. 특히 교육의 중심기관으로서 학교설립을 밝힌 그는 학교를 세우되 1은 국립, 2는 민립으로 하고 지방은 도·군·면의 인구 정도를 따라 건설하며, 교수는 국가에서 선발하여 의무적으로 근무하게 할 것을 주문하였던 바, 학교의 발전 여하는 국가의 발전 여하를 좌우하는 근원이 된다[29]

---

28) 『세전』, 제2장 교육.
29) 『건국론』, 제4장 교육, 2. 중학 전문대학의 확장.

고 하였다. 이처럼 정산종사는 국가 발전을 위해 국민들을 의무적으로 교육하도록 함은 물론, 전문 인재양성을 위해 전문대학을 세우도록 하였다.

교육을 강조한 것은 국가의 인재양성을 위함이라 본다. 인재가 국가 곳곳에서 역할을 해야 발전이 지속되기 때문이다. 그가 국가 진화의 도로서 인재의 유학을 유도하고 있는 것도 이와 관련된다. 외국 유학을 강조하여 외국 문명을 배워야 세계의 시민의식을 불러일으킨다는 것이다. 그는 외국문명을 배워오지 아니하면 국내 인심이 항시 고루 과문(孤陋 寡聞)에 빠지게 되므로 영재의 외국유학을 장려하여 정치나 기술 방면에 항시 진보적 지견을 얻어야 할 것30)이라 하였다. 오늘날 국제화의 시대에 처하여 수출을 통해 부강해진 한국의 상황을 고려하면 외국 유학의 강조는 정산종사의 탁견이 아닐 수 없다.

그리하여 정산종사는 국가 교육과 외국유학을 통한 인재양성이 중요함을 여러 차례 언급하였다. 『건국론』제4장 교육에서 그는 인재양성의 중요성을 나무에 비유하였다. "나무는 십년을 기르고 사람은 백년을 기른다." 이렇듯 인재배양을 강조함으로써 문명시대의 도래와 함께 모든 나라에서는 교육을 자국부강의 만년대계로 삼았으니, 정산종사는 교육을 통해 학생들로 하여금 지덕노가 겸비된 나라의 기둥으로 양성할 것을 주장하였다.31) 교육의식이 부족한 미개한 나라는 선진국으로의 진입이 어렵다는 것이다. 문맹률이 높은 나라가 어떻게

---

30) 『건국론』, 제7장 진화의 도, 6. 영재의 외학장려.
31) 김정호, 「송정산 건국론 계시」, 정산종사 탄생 100주년 기념사업회편 『평화통일과 정산종사 건국론』, 원불교출판사, 1998, pp.144-145.

선진대국으로 진입할 수 있을 것인가? 한민족의 발전에는 교육을 통한 인재양성이 필수임을 인지하고, 교육기관을 설립하여 의무교육과 장학혜택을 부여함으로써 영재를 육성하는 것이 더욱 요구된다.

## 2) 국방력 강화

우리나라 국방력의 강화는 시국적 상황 또는 지정학적 배경과 밀접하다. 한일합방에서 해방에 이르는 시대적 불운이라든가, 남북한 대치상황을 염두에 둘 수밖에 없다. 해방 당시로서는 남북 분열은 없었지만 좌우 대립이 심했기 때문에 민족의 이데올로기 분단이라는 우려가 현실로 다가왔던 것이다. 이념 대립의 우려 속에서 볼 때, 국방은 국가의 평화와 발전을 고려해야 한다. 『건국론』의 요지는 정신으로써 근본을 삼고, 정치와 교육으로써 줄기를 삼고, 국방건설 경제로써 가지와 잎을 삼고, 진화의 도로써 그 결과를 얻어서 영원한 세상에 뿌리 깊은 국력을 잘 배양하자는 것이다.[32] 국방은 국가 발전의 근원이라는 점을 고려해야 한다고 본다.

국방과 생명의 나무를 비교한 이유는 국방의 의무를 소홀히 할 수 없고, 국방을 통해서 생명을 살려야 하는 군인들의 역할 때문이다. 정산종사는 국방군의 본분이란 규율이 엄정하고 통제가 명정한 것에 있다며, 일본의 패전 원인으로 만주사변과 노구교(蘆溝橋) 사건을 예로 들며 『건국론』의 '국방군의 본분'을 설명하고 있다. 그는 군국주의가

---

32) 『원불교 교사』, 제2편 회상의 창립, 제5장 교단체제의 완비, 2. 전재동포 구호와 건국사업.

일어날 가능성을 예지하였으니, 일본군이 중일전쟁에서 패배한 이유
는 정부의 지도를 받지 않고 군의 독단으로 전쟁도발을 하였기 때문이
다.[33] 국군의 엄정한 규율에 더하여 명정한 통제가 반드시 필요하다
는 것이다.

또한 정산종사는 국방의무는 군인에게만 있는 것이 아니라고 하였
다. 적이 우리 강토를 침략해 올 때에는 국내에 사는 사람으로서 누구
나 국방의 의무가 있으니 어찌 군인에게만 그 책임을 미루겠는가라는
것이다. 일반 국민이 투철한 국방정신을 가진다면 아무리 강적이라도
능히 방어할 수 있다며, 자주적인 국방정신을 역설하였다. 군인뿐만
아니라 일반국민도 국방에 관심을 갖도록 환기시키고 있는 것은, 국
방의 요체가 결국 국민의 총체적 힘에서 나오기 때문이다.[34] 국방의
의무를 지닌 군인들만이 국방정신을 투철히 하고 국민들이 국방에 대
하여 방심한다면 국가의 총체적 위기가 다가올 수밖에 없다.

오늘날 세계 강대국들 특히 중국과 일본의 센카쿠 열도 분쟁, 독도
가 한국 영토임에도 불구하고 일본이 침탈하려는 의도로 인해 각 나라
들은 국방력 강화에 심혈을 쏟고 있다. 정산종사도 국방을 하는 데에
도 육해공 3방면의 방어가 필요하다[35]고 하였다. 이러한 국방의 정신
에 못지않게 수도인들에게도 3방면의 항마(降魔)가 필요하며, 그것은
순경과 역경과 공경(空境)의 세 경계라 하였다. 그는 국방에만 한정된

33) 정기래, 「송정산의 건국론과 평화사상」, 『원불교학』 2집, 한국원불교학회,
    1997, pp.653-654.
34) 한종만, 「정산종사의 건국론 고」, 『원불교사상』 15집, 원불교사상연구원,
    1992, p.427.
35) 『정산종사법어』, 권도편 41장.

것보다는 수도인의 유혹되기 쉬운 마음도 잘 방어해야 한다고 했다. 도인이 항마하는 것과 군인들이 적군을 막는 것을 비유한 것이다. 마음을 도적맞거나, 국가를 도적맞는 것은 모두가 우리의 마음 단속에 소홀하기 때문에 나타나는 현상이다. 정산종사는 국가 국방만을 단순히 강조한 것이 아니라 중생들의 삼독심을 막도록 하였다.

### 3) 전문가의 시대

앞으로는 전문가의 시대이다. 모든 것이 세분화되어 있고 과학 기술도 과거 어느 때보다도 첨단의 길을 걷고 있다. 소태산대종사는 앞날을 내다본 후 초기교단의 인재양성을 통한 전문가 배양의 길을 열었다. 원기 13년(1928) 인재양성소기성조합단을 만들었는데, 임원 양성은 남녀간 재지유신(才智有信)한 자를 뽑아서 지식을 활용하는 인물이 되도록 함은 물론 남녀 유능한 자를 뽑아서 교육자가 되도록 했으니, 인재양성소는 차후 교정원의 육영부(현 교육부) 발족의 근간이 되었다.[36]『정산종사법어』를 보면 원불교가 신앙불교, 학자불교, 실행불교를 다 갖춘 불법이 참 불법이라(법훈편 13장) 하였다. 정산종사는 일면 학자불교를 강조하면서 유일학림(원광대학교 전신)의 첫 졸업식에서 지금은 비록 좁은 교실에 학인의 수효도 많지 못하나 장차 수 없는 도인들이 여기에서 쏟아져 나와 넉넉히 세계를 제도하게 될 것이라 했다.

이에 인재양성을 위해 외국유학을 강조했다. 외국유학이 아니면 외

---

36) 김혜광, 「교육사」, 『원불교 70년정신사』, 성업봉찬회, 1989, pp.582-583.

국의 문명을 배워오지 못하고, 외국문명을 배워오지 아니하면 국내 인심이 고루 과문에 빠지게 된다며 영재의 외국유학을 장려하여 정치나 기술 방면에 진보적 지견을 얻어야 한다(『건국론』, 제7장 진화의 도, 6. 영재의 외학장려)고 하였다. 그가 외국유학을 장려한 것은 국내 사람이 알지 못한 외국기술과 기타 한 방면의 고유한 비장의 기술을 학습하여 널리 대중에게 알려서 사회 국가에 큰 발전이 있게 하려는 뜻(동서, 제7장 진화의 도, 5. 특별기술자 우대)이었다.

이처럼 정산종사는 전문가의 시대를 예견하였으니, 전문가를 양성하려면 전문대학의 창설을 당연한 일로 받아들인 것이다. 전문대학을 확장하라고 한 것은 전문가를 양성하는 학교의 발전이 국가 발전에 중요한 축이 되기 때문이다. 학교를 국립 또는 사립으로 건설하도록 하고, 지방은 도·군·면의 인구 정도를 따라 그에 맞게 건설하도록 했다. 전문가를 양성하는 교수는 국가에서 선발하여 근무하게 하고 외국인을 초빙하여 인재를 양성할 수 있도록 하였으니, 이는 국가의 발전 여하를 좌우하는 근원이 된다.[37] 오늘날의 외국유학은 당연한 일이라 볼 수 있지만, 해방정국의 시점에서 고등교육기관의 건설 제안은 매우 비전 있는 것이라 본다.

전문가 양성기관만 세운다고 해서 무조건 전문가가 많이 나오는 것은 아닐 것이다. 그들이 양성되어 어디에서든 자신의 능력을 십분 발휘할 수 있고 그에 맞는 대우를 받도록 하는 사회 분위기가 중요하다는 것을 정신종사는 인지하였다. 그는 진화의 도에서 「특별 기술자의 우대」로 표창, 표상훈장, 존호(尊號), 보장(保障), 열지(列誌), 수향

---

37) 『건국론』, 제4장 교육, 2. 중학 전문대학의 확창.

(受享) 등을 언급하고 있다. 표창은 표창장을 송정(送呈)하는 것이며, 표상은 상품을 송정하는 것이다. 그리고 훈장은 훈장을 송정하는 것이며, 존호는 사회적으로 경칭을 올리는 것이며, 보장은 혹은 무슨 곤란이 있을 때는 국가적 보호받는 것을 말한다. 또한 열지는 공적을 따라 후인의 추모를 받는 것이며, 수향은 국묘를 건설하여 영원히 향례를 받게 하는 것이며, 열지와 국묘는 과거 선조로 위시하여 위순을 정하며, 위패는 부분적 공동위폐로 하고 향례시 열지로써 그 위호(位號)를 봉창하게 하는 것이라 했다.

## 4) 건설과 경제

국가 건설에 있어서 경제의 활성화는 중요한 관심사의 하나이다. 정산종사는 국가의 경제발전을 위해 보다 구체적인 경륜을 전개하였으니 그 항목은 무려 13개 항목에 이른다. ① 전기공업의 증강, ② 지하자원의 개발, ③ 운수교통의 개수, ④ 농지와 산림의 개량, ⑤ 위생보건의 설비, ⑥ 국영과 민영, ⑦ 노동의 증장, ⑧ 독선의 방지, ⑨ 각 구역 공익재단 건설, ⑩ 저급생활의 향상, ⑪ 일산의 처리, ⑫ 취사선택, ⑬ 긴급대책이 이것이다. 위의 항목들 중에서 1, 2, 3, 4항은 경제와 산업의 기반이 되는 조건들이며, 7항의 노동력 증장은 전 국민이 함께 땀을 쏟아갈 필요성과 방법이며, 9항의 공익재단 건설은 정산이 제시한 사회발전을 위한 독특한 내용이다.[38] 이처럼 국가 건설과 경

---

38) 박상권, 「송정산의 건국론에 대한 의의와 그 현대적 조명」, 『원불교사상』 19집, 원불교사상연구원, 1995.12, pp.295-296.

제의 활성화가 한민족의 식민지 해방 정국에서는 급선무였다.

경제 활성화를 위해서 당시의 긴급대책이 있었다. 국산을 외지에 밀수출한 자를 엄벌하며, 물자 융통은 정부의 직할 하에 하도록 하고, 중요한 물자는 공출배급을 행하며, 공장을 조사하여 어떠한 지장이 있을 때는 이를 교정 또는 원조하여 다시 가동하게 하고, 외국 기사를 초빙하여 기술을 보충하며, 생산 필수품의 공업시설을 급히 하는 것(『건국론』 제6장 건설·경제)이 이것들이다. 다시 말해서 『건국론』의 「긴급대책」에서는 국가에서 교통수단인 철도, 선박, 기타 운수기관을 통제하며, 공장 등을 정부의 기술과 자금 원조 하에 재생산할 수 있게 돕고, 국민후생, 사회질서가 있는 다음에 경제와 정치가 안정된다[39]고 하였다. 긴급대책의 필요성은 경제 건설의 기간산업에 관련한 곳의 엄정한 규제와 생필품의 배급을 원활히 하자는 것이다.

건설 경제에 있어서 정산종사는 취사선택의 조항들을 열거하고 있다. 이를테면 철도, 우편, 은행, 회사, 조합, 전매, 보험, 영업 등과 기타제도는 대개 종전과 같이 하되 그 내부조직을 재검토해 보며, 세금제도 역시 종전의 예로 하되 일본이 전쟁 중에 시행하던 가렴징세(苛斂徵稅)만은 삭제하고, 생명보험법을 조정하고 양로보험과 교육보험을 장려하는 등 전반을 적당히 취사선택함이 필요하다[40]고 하였다. 곧 기간산업의 전매활동이나 영업 등을 지혜롭게 취사선택함으로써 사회의 건전한 건설 경제를 촉구하였다. 아울러 세금제도의 불합리한

---

39) 정기래, 「송정산의 건국론과 평화사상」, 『원불교학』 2집, 한국원불교학회, 1997, pp.655-656.
40) 『건국론』, 제6장 건설·경제, 12. 취사선택.

부분을 수정하도록 하여 사회보험의 적용을 지혜롭게 하자는 것이다.

국가 건설과 경제의 추진에 있어 방해되는 것들이 있음을 알고 이를 지양하도록 하는 것도 주목을 끌만하다. 이를테면 도박, 음주, 무위도식, 도살, 도벌, 밀주 등을 하지 못하도록 하여 소비의 과도를 방지하자는 것이다. 또 물자애호법을 두어 공공물자가 있는 현장을 조사하여 보관을 잘 못하거나 파괴와 손실을 일으킬 수 있음을 경고하였다. 그리고 강도, 절도, 위협, 공갈자를 철저히 제거하고, 허영심을 없애도록 하며, 통화 팽창을 금지하도록 하라는 것이다(『건국론』제6장 건설·경제, 13. 긴급대책). 이처럼 근로 훈련법을 두어서 놀고먹는 사람, 부랑자나 도박꾼들을 징용하여 근로정신을 갖게 함으로써 사회적 생산을 높이는 일에 주목하였다.[41] 국가에 방해되는 일들을 미연에 방지함으로써 사회적 부의 손실을 막자는 것으로 정산종사는 건설과 경제에서 매우 구체적인 실천 항목을 예시한 것이다.


## 5. 국가운영의 제도

### 1) 도치와 덕치

국가를 다스리는 방법으로는 여러 가지가 있을 것이다. 그 나라의 이데올로기에 따라 국가의 통치스타일도 다양할 것이기 때문이다. 정

---

41) 김도종, 「정산종사의 정치철학」, 정산종사 탄생 100주년 기념사업회편 『평화 통일과 정산종사 건국론』, 원불교출판사, 1998, p.293.

산종사는 나라의 통치에 대한 이해를 위해 세 가지 방법을 거론하고 여기에 의미를 부여하였다. 그에 의하면 세상을 다스리고 교화하는 도의 강령을 말하면, 첫째 도로써 다스리고 교화함이요, 둘째 덕으로써 다스리고 교화함이요, 셋째 정으로써 다스리고 교화함이라 했다. 과거에는 시대를 따라 이 세 가지 가운데 그 하나만을 가지고도 능히 다스리고 교화할 수 있었으나, 앞으로는 이 세 가지의 도를 아울러 나아가야 원만한 정치와 교화가 베풀어지게 된다[42]는 것이다. 『정산종사법어』에서도 이 세 가지 길에 근원하여 개인을 상대할 때나 가정 사회와 국가 세계를 상대할 때 항상 이를 병진하여 대도 사업의 선도자가 되라(경륜편 16장)고 하였다.

국가의 세 가지 통치법 중에서도 선진국으로 향하는 데에는 정치보다는 도치와 덕치를 보다 권면하였다. 정산종사는 종교 지도자의 입장에서 본 견해를 밝혔으며, 그의 제자들에게 책임이 무겁다면서 이 나라를 세계의 일등국으로 만드는 것은 돈으로나 힘으로 만드는 것이 아니라 도덕이어야 한다(정산종사법어, 도운편 19장)고 하였다. 과거의 도는 천하 다스리는 도로써 평천하에 이르게 하려 하였으나, 미래에는 평천하의 도로써 근본을 삼고, 천하 다스리는 도를 이용하여 평천하에 이르게 할 것이니, 천하 다스리는 도는 정치의 길이요, 평천하의 도는 도치·덕치의 길[43]이라는 것이다. 과거의 통치방식과 앞으로의 통치방식이 다르다는 것으로, 과거의 권력에 의한 통치보다는 미래의 법력에 의한 통치가 필요하기 때문이다.

---

42) 『세전』, 제6장 국가, 2. 치교의 도.
43) 『정산종사법어』, 도운편 30장.

원불교의 시각에서 도덕으로 다스려야 하는 이유를 분명히 밝히는 것이 필요하다. 그것은 종교적 입장에서 치세(治世)를 고려하자는 것이다. 정산종사는 제자에게 묻기를 "우리의 본의가 무엇인지 아느냐"라고 하였다. 이에 시자는 사뢰기를, 도덕으로 천하를 한 집안 만들려는 것이라고 하였다. 정산종사는 이어서 말하였다. "네 말이 옳다. 도덕천하위일가(道德天下爲一家)가 우리의 본의니라"(정산종사법어, 유촉편 1장). 이처럼 그는 대종사의 도덕바람을 불리는 동남풍과 정치를 하는 서북풍을 깊이 새긴 것이다. 동남풍은 상생상화를 기본으로 하지만[44] 서북풍은 엄정한 법률을 적용하는 것으로, 도덕의 동남풍을 훈훈하게 불리는 도치로써 교화의 바람을 불리고자 하였다. 정치와 종교의 합일정신, 곧 정교 동심의 입장에서 상생상화의 교화를 지향하자는 것이다.

엄밀히 말해서 정산종사의 덕치는 유교의 덕치와 다소 차이점이 발견된다. 유교의 덕치론은 정치인의 지도력에 기반하는 것이지만 원불교의 덕치론은 종교인의 교화력에 기반하기 때문이다. 즉 유교의 덕치주의는 기본적으로 지도자 위주의 발상인데 반해, 원불교『건국론』의「민주주의의 강령」은 모든 사람으로 하여금 각각 자기의 본래 성품인 우주의 원리를 깨치게 해주는 한층 평등주의적인 도를 요구하는 것이다.[45] 정치에 의한 엄벌주의보다는 덕치에 의한 솔성의 원리를 반조하게 하고, 마음원리를 깨치게 함으로써 맑고 훈훈한 세상을 건설

---

44) 한종만, 『원불교 대종경 해의』(上), 도서출판 동아시아, 2001, p.169참조.
45) 백낙청, 「통일사상으로서의 건국론」, 『원불교학』 2집, 한국원불교학회, 1997, pp.597-598.

하기 위함이라 본다.

## 2) 중도주의

우리나라는 지정학적으로 강대국에 둘러싸인 관계로 좌우를 아우르는 중도주의로 나가지 않을 수 없다. 어느 한 강대국만을 추종한다면 다른 강대국의 정치적 간섭을 받을 수도 있기 때문이다. 정산종사는 이에 말하기를, 우리는 공평한 태도와 자력의 정신으로서 연합국을 똑같이 친절할지언정 자기의 주의나 세력 배경을 삼기 위하여 어느 일개 국가에 편부(偏付)하여 다른 세력을 대항하려는 어리석고 비루한 생각은 절대로 하지 말아야 한다[46]고 했다. 미국과 러시아, 중국과 일본 등 열강이 우리나와 중요한 외교의 관계 속에 있다는 것을 염두에 두고 한 말일 것이다. 우리 주변의 정세를 살필진대 중도주의가 아니고는 평화의 유지가 쉽지 않을 것이라 하였다.

좌우 열강이 주변에 위치한 한국의 지정학적 상황에서 중도주의는 절실한 것이었다. 강대국이라 해도 이념의 성향이 다르다는 사실에서 이를 심각히 인지하였으며, 중국과 러시아는 공산주의라면, 미국과 일본은 자본주의라는 사실 때문이다. 이에 좌파니 우파니 하는 이념 논쟁에 치우친다면 난국의 수습이 어렵게 된다. 통일 직후의 새로운 질서형성 과정에서 국내에 극단적인 좌파나 우파의 논리가 표출될 때 이를 견제하기 위해서는 중도주의가 요청되었던 바, 주변 4대국의 편승을 견제할 수 있도록『건국론』에서 중도주의를 강조하였다.[47] 좌우

---

46)『건국론』, 제2장 정신, 2. 자력 확립.

대립을 극복하려는 것은 해방정국이나 현재의 상황에 있어서 주요 과제로 등장하고 있음을 주목할 일이다.

　그러면 중도주의의 의미는 무엇인가? 물리적인 시공의 양자 사이에 있어서 무조건 가운데 위치해 있으면 중도인가? 공산주의와 민주주의의 한 가운데 있다고 해서 중도는 아닌 것이다. 정산종사는『건국론』에서 말하기를, 중도주의는 과와 불급이 없는 것이니, 즉 각 상대편에 서로 권리 편중이 없는 동시에 또한 각자의 권리를 정당하게 잘 운용하자는 것(『건국론』제3장 정치, 2. 중도주의의 운용)이라 했다. A와 B의 물리적인 거리 간격의 한 중심에 있는 것을 무조건 중도주의라고 할 수는 없는 바, 관리는 관리에 대한 권리, 민중은 민중에 대한 권리에 있어서 과불급이 없다는 뜻이다. 또한 자본가와 노무자의 권리가 서로 공평 정직하여 조금도 강압 착취와 횡포 자행하는 폐단이 없게 하는 것을 중도주의라 한다. 그가 말하는 중도주의는 민주주의로서 권리의 편중이 없는 것이며 권리의 정당한 운용이다.[48] 어느 편에든 과·불급이 없어야 하며, 그 원리로는 민주주의에 적합해야 중도가 되는 것이다.

　각 국가의 통치론에는 나름대로 선호하는 운용의 방법이 있지만, 세계의 평화를 위해서는 기본적으로 중도주의에 근거한 중정의 도가

---

47) 김영두, 원불교통일노력의 상황과 평화통일사상,『원불교사상』제19집, 원불교 사상연구원, 1995, pp.259-261.
　　김용욱,「통일한국의 이념과 체제」,『21세기 한민족의 전망』, 원광대 개교 50주년 기념사업 학술분과, 1997, p.237.
48) 김도종,「정산종사의 정치철학」, 정산종사 탄생 100주년 기념사업회편『평화통일과 정산종사 건국론』, 원불교출판사, 1998, p.289.

바람직하다. 정산종사는 천하의 큰 도란 서로 이해하는 도, 양보하는
도, 중정의 도라면서 이 세 가지의 도를 가지면 개인으로부터 세계에
이르기까지 능히 평화를 건설할 수 있다[49]고 하였다. 그는 앞으로 중
정의 도가 천하의 벼릿줄이 될 것이라면서 이는 세상을 바르게 향도할
수 있는 가장 기본적인 도라 했다. 중정의 도는 중도주의를 말하는 것
으로, 국가 발전을 위해 중도주의를 실행에 옮기는 것은 매사 중정의
원리에 입각해야 한다.

### 3) 공화제도

불타는 공화(共和) 제도에 대하여 호감을 가졌던 것으로 전해진다.
불교도는 국왕의 지배 하에서 가능한 한 멀어져서 우선 출가자들 사이
에서라도 완전한 이상사회(samgha)를 만들어냈지만, 국가를 전혀 무
시하여 이상사회를 실현하려는 생각은 실제적 문제에 있어서 불가능
했다. 불타는 밧지(Vajji)족의 공화제 정치를 칭찬했다고 전해지며,
불교 교단의 운영 방식은 공화정치를 모방한 것이었다.[50] 초기경전에
는 공리제와 군주제라는 제도가 있었지만 불타는 공화제도를 선호했
다. 『대반열반경』에서는 이상적인 공화정치를 뒷받침하는 원리로 잦
은 회의와 화합을 위한 공화정신이 강조되고 있으며, 원시불교의 교
단을 승가(Samgha)라고 하는데 여기에서 승가는 화합을 중시하는 공
화제의 기반이 된다.

---

49) 『정산종사법어』, 도운편 23장.
50) 中村 元著, 김용식·박재권 공역, 『인도사상사』, 서광사, 1983, pp.65~66.

원불교의 경우, 정산종사는『건국론』에서 한국의 정치제도는 물론 세계의 경우 공화제도가 바람직하다고 하였다. 그것은 세계 평화를 실현하는 길이기 때문이라는 것이다. "세계 평화를 실현하는데 세 가지 큰 요소가 있나니, 주의는 일원이요 제도는 공화제도요 조직은 십인 일단의 조직이니라."51) 그가 밝힌 공화제도는 일원주의와 교화단 조직으로 연결되어 있음을 상기할 일이다. 교화단 조직은 어느 일방에 의한 통치스타일이 아니라 공의를 수렴할 수 있는 공동체 정신에 기반한다. 초기교단의 공동체 정신을 연상하면 공화제도의 근본정신을 이해할 수 있다.

이상적 정치제도로 거론되는 공화제의 의미를 새겨보도록 한다. 정산종사에 의하면 '공화'(共和)라는 용어가 많이 쓰이고 있다며 이는 참으로 좋은 소식이라 했다. 이 세상이 모두 이름과 실이 함께 공화의 정신을 가진다면 천하사는 어렵지 않으며, 우리가 세상을 상대할 때에 권리를 독점하려 하거나 명예를 독점하려 하거나 대우를 독점하려 하지 않으면, 스스로 공화가 된다(정산종사법어, 도운편 25장)고 하였다. 그가 밝힌 공화란 권리의 비독점, 이익의 비독점, 명예의 비독점, 대우의 비독점을 의미하며 평화 및 복지 균점과 배분적 정의를 확립하는 일종의 평등사회를 이상시한 것이다.52) 비평등 사회는 독점에 의한 독재의 정치스타일로서 사회의 불안과 갈등을 야기한다는 점에서 평등에 의한 균등사회의 실현을 지향하는 공화제도는 원불교의 사요

---

51) 『정산종사법어』, 도운편 22장.
52) 김용욱, 「송정산의 중도주의와 건국·통일론」, 『원불교학』 2집, 한국원불교학회, 1997, p.621.

정신과 직결된다.

이처럼 공화제도를 정산종사가 강조한 것은 당시 우리나라의 실상과 관련되어 있다. 이는 해방정국에 있어서 사회 갈등을 극복하려는 것이었다. 『건국론』에 나타난 정치체제는 민주공화제를 지향함으로써 해방정국의 정치 사회적인 국민통합의 단결로서 새로운 민족국가를 건설하려는 것이었다.53) 따라서 공화제는 중도주의의 본질과 관련되어 있다고 본다. 정산종사가 밝힌 공화정치는 중도주의의 이념과 직결되어 있기 때문이다. 여기에서 거론되는 공화제도는 공산주의나 전제주의를 배격한 민주주의에 기반하고 있다. 공산주의나 전제국가에서는 좌우 이념을 포용하지 못하며 일인 독재체제를 고수한다. 공화제도가 오늘날 세계 정치의 근간으로 작용해야 하는 것은 인류공동체의 정신에 의한 민주주의와 무관하지 않을 것이다.

### 4) 자유주의

한민족은 일제 침략이라는 식민지의 고통을 겪은 탓에 자유가 얼마나 중요한지를 알게 되었다. 근래 우리가 자유를 누리는 이유는 일제 식민지를 극복하였기 때문이다. 정산종사는 세계의 침략자를 숙청하고 조선의 자유를 오게 하는 것은 연합제국의 용감한 전쟁과 따뜻한 동정에서 나온 선물이며, 이에 연합국에 대한 감사의 마음을 가져야 할 것이라며, 자손 대대에 이르기까지 그 정신을 잃지 말라54)고 하였

---

53) 신순철, 「건국론의 저술배경과 성격」, 『원불교학』 제4집, 한국원불교학회, 1999, p.518.
54) 『건국론』, 제2장 정신, 2. 자력 확립.

다. 연합제국에 의해 성취된 자유가 소중하기 때문에 이를 다시 잃어
서는 안 된다는 독립정신과 애국 충정이 정산종사의『건국론』에 잘 나
타나 있다.

자주 독립에는 자유주의 국가의 올바른 이해가 필요하다. 자유 국
가의 의의를 알지 못하면 자유의 진정한 의미를 모르기 때문이다. 자
유주의란 인류의 평등원칙에 가장 발달된 사상이므로 이를 잘못 이해
하는 자는 우선 누구의 제재를 받지 아니하고 자행자지하여 궤도 없는
생활에 빠지게 되므로 어찌 참 자유의 원리냐는 것이다.[55] 자유의 원
리는 먼저 각자의 마음이 공중도덕과 통제생활에 위반되지 않아야 하
며, 남의 정당한 의견이나 정당한 권리를 침해 구속하지 않는 데에서
발견된다.

따라서 남의 권리에 대한 침해가 아니라 민주의 개념으로 자유를
새겨야 할 것이다. 정산종사는 국민이 주인이라는 민주의식 속에서
자유가 성취되는 것으로 보고 있다.『건국론』에서 말하듯이, 국민이
주인이라는 민주와 차별성의 현실 속에서 무차별의 평등과 제도의 테
두리 안에서의 자유, 그리고 만족스러운 생의 보람이 성취되는 것이
다.[56] 개인주의로 흐르기 쉬운 방종의 자유가 아니라 모든 국민이 주
인이 되는 민주국가의 향유가 자유이며, 이는 개인과 개인이 민주주
의를 지켜가는 것에서 발현된다. 자신의 자유가 향유되기 위해서는
다른 사람의 자유도 보장되어야 하는 것이며 그것이 민주주의의 원리

---

55)『건국론』, 제8장 결론, 2. 동포에게 부탁하는 말.
56) 박상권, 「송정산의 건국론에 대한 의의와 그 현대적 조명」, 『원불교사상』 19
   집, 원불교사상연구원, 1995.12, p.299.

이다.

그간 우리나라가 겪어온 역사의 실상을 살피고, 이에 적합한 자유
민주국가를 건설해야 한다. 정산종사는 말하기를, 조선의 현상을 정
확히 파악한 후에야 적당한 정치가 발견된다고 했다. 만약 내외정세
를 달관하지 못하고 한편에 고집하거나, 또는 어느 한 국가의 정책에
맹목적으로 추종해서는 적당한 정치가 정립되지 못하므로 민주주의의
강령만은 공동 표준으로 해야 한다[57]는 것이다. 민주주의를 수호하는
한국은 강대국 사이에서 지정학적으로 매우 중요한 곳에 자리하고 있
다. 중국과 러시아는 공산주의를 체제로 하고 있으며, 일본과 미국은
자본주의 체제를 취하고 있다. 한국은 이러한 정황 속에서 중도에 기
반하되, 민주주의 강령을 취함으로써 영원한 자유주의 국가를 추구해
야 한다는 점에서 정산종사의 자유주의는 의미 있게 다가온다.


## 6. 한민족의 지도자상

일반적으로 지도자란 여러 측면에서 거론된다. 세계 및 국가의 지
도자, 사회의 지도자, 단체의 지도자 등이 이와 관련된다. 정산종사는
국가의 지도자상을 밝히면서도 종교의 지도자의 자질론과 관련하여
정신적 축을 세우고 있다. 그에 의하면 나라의 지도자들은 「정전」에
밝혀 준 「지도인으로서 준비할 요법」을 먼저 갖추는 동시에 반드시 그
도를 잘 이행하여야 나라의 운명과 민중의 앞길에 지장이 없을 것[58]

---

57)『건국론』, 제3장 정치, 1. 조선현시에 적당한 민주국 건설.

이라 했다. 소태산대종사가 밝힌 지도인의 요법을 그대로 전수하면서 이를 국가의 지도자와 직결시키고 있다. 국가와 세계의 지도자는 원불교에 밝힌「지도인으로서 준비할 요법」을 익혀야 한다는 것이다.

지도자가 아무리 지도를 잘 하려 해도 지도받는 이와 관계가 서먹하다면 지도는 원활하지 못하게 된다. 지도자에 대한 지도받는 이의 자세는 신맥과 법맥(法脈)을 전하는 정도에까지 이르러야 한다는 사실 때문이다. 지도하는 이가 지도 받는 이를 상대할 때에 사량과 방편을 쓸 필요가 없고, 지도 받는 이가 지도하는 이를 상대할 때에 기망(欺罔)과 조작이 없으면 그 사이에는 자연 대의가 확립되어 법맥이 연하게 된다(정산종사법어 응기편 1장). 그가 밝힌 지도자는 상하좌우 관계를 조화롭게 해야 한다면서 지도자와 피지도자 각자의 관계를 자각적으로 확립할 것을 쉽게 설명했다.59) 피지도자의 자세가 지도자의 자세 못지않음을 깨우치려는 것이다.

그리하여『건국론』에 나타난 지도자상은 당시의 시국과 무관하지 않으며, 종교 지도자로서 국가의 지도자상을 상세하게 밝힌 것 자체가 주목을 끌기에 충분하다. 정산종사가 건국에 관한 경륜을 펼친 것 자체가 종교 지도자로서 특이하려니와, 8.15 해방 후 불과 2개월이 지난 시점에서는 당시의 정당이나 정치인 가운데도 이만큼 구체적인 논의를 제시한 예가 드물었다.60) 종교와 정치의 관계를 중시하고 있는

---

58)『세전』, 제6장 1. 국가에 대하여.

59) 김정호,「송정산 건국론 계시」, 정산종사 탄생 100주년 기념사업회편『평화통일과 정산종사 건국론』, 원불교출판사, 1998, pp.138-139.

60) 백낙청,「통일사상으로서의 건국론」,『원불교학』2집, 한국원불교학회, 1997, p.587.

원불교로서는 정교동심의 자세를 통해서 국가와 종교의 상생 호혜의
측면을 강조하고 있다.

## 1) 공로자

국가의 발전에는 공로자가 있기 마련이다. 원불교의 교강 중에서
사요의 한 조항이 공도자 숭배이다. 공도를 위해 헌신한 공로자를 숭
배하도록 하자는 것이다. 정산종사도 건국에 있어서 공로자의 중요성
을 거론하며, 공로자를 숭배하도록 하고 있다. 그가 말하는 공로자란
무엇인가? 『건국론』에서 다섯 종류의 공로자를 예시하고 있다. ① 정
치에 관한 공로자 우대, ② 도덕에 관한 공로자 우대, ③ 사업에 관한
공로자 우대, ④ 발명자 우대, ⑤ 특별기술자 우대61)가 이것이다. 정
치는 물론 도덕, 사업, 발명자, 기술자에 대하여 구체적으로 밝힌 점
은 공로의 분야가 다양하기 때문이다. 각 분야에서 헌신한 공로자들
을 그에 맞게 우대하라는 것으로 공도자숭배의 중요성을 밝히고 있다.

여기에서 공로자가 존중받아야 할 중요성을 인지하여 그들을 표창
하는 것이 필요하다. 국가의 발전에 상벌이 중요한 만큼 공을 위해 헌
신한 이에게는 당연히 표창해야 할 것이다. 정산종사는 제1회 특별 공
로자 시상식에서 치사하기를, 상은 원래 몇몇 분의 드러난 공로를 치
하함으로써 남은 대중의 일반 공로도 간접으로 치하하는 뜻을 표하자
는 것이요, 몇몇 분을 드러난 표준으로 내세워서 남은 대중에게도 그
러한 노력을 더욱 권장하자는 것62)이라 했다. 그의 언급처럼 표창을

---

61) 『건국론』, 제7장 진화의 도.

하는 것은 공로자의 공을 드러냄으로서 권선을 하자는 뜻이다. 권선을 통해서 공도 헌신하는 분위기를 만드는 것이 중요하며 그것은 국가 발전의 원동력이다.

공익사업이 국가 발전의 원동력이라는 점에서 공도를 넓게 보면 한 국가만의 발전이 아니다. 곧 인류 및 우주의 발전이기도 하다. 정산종사는『건국론』에서 인류의 공도이자 우주의 공도는 균등사상과 평등사상의 근원으로, 이 원리를 깨닫고 노력하면 참다운 건국이 이루어져 공존공영의 정신이 확산된다고 했다.63) 공도자는 마을의 공도자, 사회의 공도자, 국가의 공도자로 이어지며 그것은 곧 인류의 공도이자이자 우주의 공도자이다. 우주의 공도를 지향할 때 국가간 분쟁은 사라질 것이며, 개인의 이기주의적 소산도 소멸될 것이다. 우리가 공도를 추구하는 것은 이처럼 광대한 우주정신을 갖고 임하는 넓은 지혜가 필요하다는 것을 정산종사는 깨우치고 있다.

아무튼 공도에 헌신한다는 것은 국가 진화의 길을 지향하는 것이다. 공중을 위하는 정신이 충천하다면 그것은 공익정신의 발휘로서 국민들에게도 바람직한 삶으로 연결되기 때문이다.『건국론』의「진화의 도」에서 공도에 헌신한 공도자를 숭배토록 하고 있으며, 나아가 상속법의 제한, 세습법의 철폐 등도 결국은 사회 공익을 위한 기여에 큰 뜻을 두고 있다.64) 한민족의 지도자상에서 가장 중요한 것은 지도자로서 공

---

62)『정산종사법어』, 경륜편 23장.
63) 정기래,「송정산의 건국론과 평화사상」,『원불교학』 2집, 한국원불교학회, 1997, p.660참조.
64) 김귀성,「정산종사의 사회교육관-건국론을 중심으로」,『원불교사상』 15집, 원불교사상연구원, 1992, p.649.

익을 위해 헌신하는 것이 근간임은 고금의 역사를 통해 이미 증명하였
다. 국가에 헌신한 공도자의 출현이 국가 진화의 길의 첩경임을 알아
야 하며, 그것은 정산종사의 건국정신에서 세세하게 드러나 있다.

## 2) 실력인

세상 사람들은 실력을 기르지 못하고 날뛰다가 필경 죄업의 구렁에
떨어지므로 본연의 실력을 기르도록 해야 할 것이다. 실력의 중요성
이『건국론』에 잘 나타난 것도 같은 맥락이다. 일제 식민지에서 해방
된 후 독립 국가의 영속성을 위해 세상에 천명된 것이『건국론』이다.
본 저술에 의하면, 우방의 도움으로 해방을 맞이했지만 장차 외국 의
존을 벗어나 실력양성이 있어야 독립 국가를 이룬다고 하였다. 우방
의 차력(借力)은 영원히 우리의 힘은 아니라면서, 우리나라를 완전히
만들기로 하면 먼저 실력양성에 착수해야 한다65)고 했다. 실력양성은
정신, 시책, 인적양성, 물질개발 등을 통해 우리의 힘으로 자립자위
(自立自衛)한 후에야 비로소 독립 국가가 완성된다고 할 것이다.

건국 정신에서 실력양성을 강조하는 이유는 다른 나라에 다시는 예
속되어서는 안 된다는 비장한 각오에서 비롯된다. 정산종사는『건국
론』제3장 정치의 「실력양성」에서 실력양성이란 무엇인가를 생동하
게 하는 것으로 국민들을 인도해야 한다고 했다. 곧 조국을 다른 나라
에 예속시키는 것이 아니며, 설사 우방이라도 모든 것을 다른 나라에
의존할 것이 아니라 우리 자체의 실력을 양성하여 자체의 힘으로 나라

---

65)『건국론』, 제3장 정치, 6. 실력양성.

를 건설해야 한다[66]는 것이다. 미국을 비롯한 연합국에 의해 우리가 해방이 되었다면서 우방국에 지나치게 의존한다면 그것은 진정한 독립국가의 길이 아니라는 뜻이다. 우리의 자력으로 실력을 양성하여 독립 국가를 향도하는 것이 진정한 실력자의 역할이기 때문이다.

누구나 독립 국가의 지속을 위해서 실력을 갖춰야 한다. 정산종사는 세상은 형식 시대가 지나가고 실력과 실행이 주가 되어 알되 실지로 알고, 하되 실지로 실천하는 인물이라야 세상에서 찾게 되고 쓰이게 될 것이라며 후영을 칭송하였다. 우리는 바깥 형식에 끌리지 말고 오직 실력을 갖추기에 힘을 쓰며, 앞으로 어느 직장에 간다 하여도 각자의 자리에서 실력을 발휘하여, 후영이 마을 문을 드러내듯 그대들과 직장이 드러나게 하라[67]는 것이다. 그가 후영을 예로 든 것은 후영이 옛날 중국에 한낱 마을 문지기였으나 그 역량과 재주로 인해 세상에 널리 떨칠 뿐만 아니라 보잘 것 없는 마을 문까지 드러나게 되었으므로 그가 진정한 실력자였기 때문이다.

실력 갖춘 지도자상은 정산종사의 다음 법문에도 잘 나타난다. '명대실소 후무가관'(名大實小 後無可觀)이라는 글을 전하며 최후승리는 실력이라 한 것이다. 또한 정산종사는 개인의 실력과 교단의 실력을 말하였다. 개인적 실력은 정력(定力)을 닦는 것과 진리를 연마하는 것과 계율을 바르게 가지는 것이며, 교단적 실력은 교재를 정비하는 것과 교역자를 양성하는 것과 교단 경제를 안정케 하는 것이다.[68] 이처

---

66) 김정호, 「송정산 건국론 계시」, 정산종사 탄생 100주년 기념사업회편 『평화통일과 정산종사 건국론』, 원불교출판사, 1998, p.143.
67) 『정산종사법어』, 근실편 16장.
68) 『정산종사법어』, 경륜편 33장.

럼 개인과 교단에서 실력을 갖추어야 개인의 발전 및 교세의 확장이
이루어진다. 실력양성은 건국에 있어서 절실하며, 나아가 수행인 및
교단 모두에게  중요한 일이다.

### 3) 애국지사

국가 지도자로서 애국지사가 되려면 무엇보다도 충(忠)의 정신이
중요하다. 충성을 통한 애국심이 발휘되어야 그는 바른 지도자로서
역할을 하기 때문이다. 정산종사는 충(忠)이란 가운데 마음이니, 내외
심이 없는 곧 거짓이 없는 참된 마음[69]이라 했다. 충의 진정한 의미를
인지한다면 지도자의 대열에 설 것이다. 현하 시대의 인심을 본다면
충에 병든 지 이미 오래되었으니, 충의 진정한 의미에서 벗어난 것으
로 그것은 비양심과 관련되어 있다. 충의 개념에 상반되는 것이 양심
을 벗어난 것으로, 이 같은 비양심의 소유자는 한민족의 지도자가 될
수 없다. 건국 사업의 참 지도자가 되려면 양심으로 국가에 봉사하는
애국적 행위가 필요하며, 충의 진정한 의미를 새기며 살아가는 이가
애국자라고 본 것이다.

따라서 정산종사는 충(忠)을 강조하면서도 충의 개념을 효와 열에
비교하고 있다. 우리나라에서 전통적 가치로서 충효열이 병행되는데,
그는 이를 선지자의 유훈으로 새기고자 하였다. 선지자의 유훈에 "세
상에 충이 없고 세상에 효가 없고 세상에 열이 없으니, 이런 고로 천
하가 병들었다"라 하며 "천하의 병에는 천하의 약을 쓰라" 했다.[70] 충

---

69) 『정산종사법어』, 경의편 58장.

효열을 멀리하는 것이 마음병이라 하면서, 원불교의 교법에 따라 우리의 참 성품을 연마하는 것은 충 공부이며, 보은에 힘을 쓰는 것은 효 공부며, 신앙을 굳게 하고 계율을 잘 지키는 것은 열 공부라 했다. 애국지사는 충은 물론 효와 열을 아우르는 국민의 정신자세를 간직해야 한다는 것이다.

애국지사의 모델로서 이순신, 황희정승, 김구 등을 언급한 정산종사는 왜 그들이 애국지사인가를 다음과 같이 말한다. 억울한 경계에도 안분하고 위에서 몰라주어도 원망이 없으며, 공이야 어디로 가든지 나라 일만 생각하던 이순신 장군의 정신과, 세상 사람이 비겁하게 여길지라도 나라를 위하여 정적(政敵)을 피해 가던 조(趙)나라 인(藺相如)정승과, 지조 없다는 누명을 무릅쓸지라도 민중을 위하여 벼슬을 맡았던 황(黃喜)정승의 정신은 공사를 하는 이들의 본받을 만한 정신이다.[71] 이어서 김구 서거의 소식을 접한 후, 정산종사는 민족의 손실임을 통탄하며, 그의 백절불굴의 의(義)와 주도면밀한 신(信)과 근검실행의 역(力)을 찬양하였다. 곧 애국지사가 되기 위해서는 어떠한 천신만고를 당할지라도 이해와 고락과 생사를 불고하고 끝끝내 굴하지 않을 대의를 세우라(정산종사법어, 공도편 6장)는 것이다.

충의 애국정신을 간직하라는 의미에는 국가를 위해 헌신하는 마음, 그리고 국민들의 정신적 지도자의 품위를 견지하라는 정신이 스미어 있다. 정산종사는 국가에 충성하는 정신을 '교목세신'(喬木世臣)이라는 말로 대신하면서, 세신이란 대대로 나라를 받들어 나라와 가문이

---

70) 『정산종사법어』, 경의편 61장.
71) 『정산종사법어』, 공도편 5장.

운명을 같이 할만한 신하를 말한다(동서 공도편 7장)고 하였다. 그리
하여 옛날 백제(百濟)는 처음에는 세신이 있어 십제(十濟)라 하였다가
후일 백 명의 세신이 있게 되어 백제라 하였다며, 국가에 충성하는 애
국자가 되라는 것이다. 『건국론』에서 가장 절절하게 느껴지는 것은,
정산종사가 광복 직후 한민족 가운데서 애국애족의 걸출한 정치이론
가라는 점이다.[72] 종교의 지도자이면서 국가의 지도자는 애국애족의
마음이 간직되어 있어야 하며, 그 이유로는 교단과 국가, 세계를 향도
하는 지도자이기 때문이다.

### 4) 솔선의 리더

세상에는 지도하는 이와 지도받는 이라는 두 종류의 사람이 있다.
전자의 경우 무엇보다도 국민들에게서 신뢰를 받아서 그 역할을 십분
발휘하는 자이며, 그것은 무엇보다 솔선이라는 신뢰가 요구된다. 선
두가 존경을 받아야 좌우 사람들이 그를 뒤따르기 때문이다. 이에 정
산종사는 머리가 어지러우면 끝이 어지럽고 머리가 바르면 끝이 바르
므로 일체의 책임이 다 지도자에게 있다[73]고 하였다. 세상을 향도하
는 지도자들이 갖추어야 할 덕목이 솔선이며, 그것은 세상 사람들이
가장 신뢰할 수 있는 덕목의 하나인 셈이다.

만일 솔선하는 지도자의 권위가 없다면 어찌 할 것인가? 실제 그러
한 상황이 벌어지면 난세로 이어져 세상은 질서가 파괴될 것이다. 정

---

72) 김정호, 「송정산 건국론 계시」, 정산종사 탄생 100주년 기념사업회편 『평화통
  일과 정산종사 건국론』, 원불교출판사, 1998, pp.150-151.
73) 『정산종사법어』, 국운편 25장.

산종사는『건국론』에서 지도자가 지도의 권리가 없고 지도받을 자가 지도받을 마음이 없으며, 숭배 받을 자가 숭배 받을 지위가 없고 숭배할 자가 숭배할 용의가 없다면 통제정치를 실행하기가 어렵게 되며, 이것이 건국에 모순되는 일이라(『건국론』제2장 정신, 4. 통제명정)고 하였다. 종교의 지도자에 속하는 교역자는 말과 행동이 일치하지 못하고 입으로만 외쳐대는 교역자가 아니라 솔선수범의 실천을 선도하라[74]는 언급도 같은 맥락이다. 솔선하지 못하는 것은 성직 수행에 있어서 언행 불일치가 되기 때문이다.

솔선의 리더가 되려면 가치 있는 일은 어떠한 일이든 먼저 느끼고 먼저 체험하지 않을 수 없다. 솔선하여 체험한 후 그것의 감화력을 통해 대중을 인도하는 것이 기본이다. 정산종사는 말하기를, 사람을 교화하는 이는 자신이 먼저 실지로 느끼고 체험하여 대중을 두루 살펴 감화시켜야 기운이 서로 응하여 참된 교화가 이뤄진다[75]고 하였다. 사소한 일이라 해도 자신이 먼저 실행한 이후에 그것을 사회에 응용해 보는 지도자의 솔선적 덕행이 요구된다. 어떠한 목적을 성취하는데 있어서 지도자의 희생적 실천력이 없다면 그것은 누구에게나 공염불로 들리는 경우가 허다하다.

결과적으로 개인의 발전 및 건국사업에는 국민을 통어할 수 있는 역량 있는 지도자가 필요하며, 여기에는 솔선의 지도력이 요구된다. 정산종사는 건국을 하는 데에는 지도자와 지도받는 자의 신뢰가 요구

---

74) 이종진, 「원불교 교무론」, 『원불교사상시론』 1집, 수위단회사무처, 1982, p.245.
75) 『정산종사법어』, 공도편 50장.

되며, 누구나 지도의 처지에 있다면 반드시 협력 병진하는 것이 건국 행사의 정로(正路)(『건국론』제2장 정신, 4. 통제명정)라고 하였다. 누구를 물론하고 지도자는 솔선 실행을 하여 대중에게 이로써 지도 · 교화할 것76)을 주문하였다. 솔선 실행이 원불교 교리의 사대강령의 중심임을 고려하면 지도자로서의 솔선 실행이야말로 사회 나아가 국가의 재건에 있어서 중요한 것이다.

### 5) 진화인

국가 진화의 길에는 여러 가지 방법이 있다고 본다. 그 방법 중에서도 중요한 것은 교육이며, 이는 진화의 근간이 된다고 본다. 정산종사는 말하기를, 진화의 근본은 교육이요, 교육 가운데는 정신교육이 근본이라(정산종사법어, 무본편 7장)고 하였다. 무지한 사람들을 문명인으로 만드는 것이 교육이며, 교육을 통해 그들이 더욱 성장하기 때문이다. 교육이 사회와 국가 진화의 길로 나아가게 하는 동력으로, 『건국론』에서 당시 시국에 대한 소감을 밝혔다. 그 요지는 정신으로써 근본을 삼고 교육으로써 줄기를 삼는다고 하여 교육은 국민과 세계를 진화케 하는 기초며 개인 가정 사회 국가의 성취와 흥망을 좌우하는 것으로 보았다.77) 교육이 없다면 사람들은 무지하게 되며, 결과적으로 무지는 사회와 국가의 퇴보를 가져다준다.

물론 교육만으로 진화를 완성한다고 할 수는 없을 것이다. 국가 진

---

76) 『정산종사법설』, 제9편 불교정전의해, 3.사대강령.
77) 김혜광, 「교육사」, 『원불교 70년정신사』, 성업봉찬회, 1989, p.585.

화의 중요성을 설명하기 위해서 정산종사는 나무를 비유하여 진화의
유기체성을 밝히고 있다. 곧 『건국론』의 서술체계를 나무에 비유하고
있으니 정신으로서 근본을 삼고, 정치와 교육으로써 줄기를 삼고, 국
방·건설·경제로서 가지와 잎을 삼고, 진화의 도를 결실에 비유한
것이다.[78] 국가의 진화에는 어느 일방만으로 되지 않으므로 진화의
총체적 측면에서 보면 정신, 정치, 교육, 국방, 건설, 경제 등이 유기
체적으로 작용해야 한다.

국가 진화를 위해서는 헌신한 자를 우대해야 한다. 여기에는 공로
자 우대론이 거론될법한 일이다. 진화의 주체자가 수동적 차원이 아
니라 능동적 자세를 견지할 때 모든 사람들이 이를 귀감삼기 때문이
다. 정산종사는 『건국론』 제7장 진화의 도에서 정치, 도덕, 사업, 발
명자, 특별기술자, 영재의 외학장려, 연구원 설치 등을 거론하고 있
다. 이처럼 공도자를 숭배하고 대우하여 공사간 진화의 도를 얻게 하
자는 것이다.[79] 국가 발전의 길에는 직접적으로 공헌을 한 공로자를
국가에서 유공자로 지정하고 보상하는 제도가 필요하다.

궁극적으로 진화의 참 모습은 태평세계라 할 수 있다. 정산종사는
태평세계가 돌아오고 있으나, 태평 세상은 서로 힘을 합해야 하고 또
우리들부터 실천하여야 이뤄지며, 그러하면 만인이 다 은인이 되어
태평세계가 절로 이룩된다(정산종사법어, 유촉편 6장)고 하였다. 이
러한 태평세계는 대립과 폭력이 없고 순서대로 순리대로 이루어지는

---

78) 한종만, 「정산종사의 건국론 고」, 『원불교사상』 15집, 원불교사상연구원,
    1992, p.415.
79) 김정관, 「8·15광복과 건국사업」, 『원불교 70년정신사』, 성업봉찬회, 1989,
    pp.243-244.

바, 『건국론』 「진화의 도」가 평화적 방법에서 생겨나는 평화적인 결
실[80]이라는 것이다. 태평세계는 국가 평화의 질서로서 갈등과 폭력이
사라지는 것이며, 이는 상호 유기체적인 활동 속에서 전개된다는 것을
인지해야 한다. 진화의 궁극 목적이 평화가 지속되는 태평세계임을 알
고 태평성세를 이루기 위해서는 국가 구성원 모두의 노력이 필요하다.


## 7. 국가와 세계의 상관성

국가와 세계의 관계는 어떻게 설정할 수 있는가? 우리가 살고 있는
현재의 이곳은 조국이라 할 수 있고, 외국인이 살고 있는 저곳은 외국
이라 할 수 있다. 여기에서 국경을 넘나드는 심법을 소유하는 것은 진
정한 세계인이라 할 것이다. 실제 국가와 국가를 연합하여 세계라 하
며, 국가와 국가의 평화는 세계평화라고 할 수 있다. 이에 정산종사는
세계는 곧 인류를 한 단위로 한 큰 집[81]이라고 하였다. 이를 사촌간
가족단위로 보면 작은 집과 큰집이 있는데, 사촌 자녀의 입장에서 아
버지 형제 집안을 작은집·큰집이라 하는 바, 정산종사는 국가와 세
계를 작은집과 큰집으로 비유하였다.

좁은 단위를 벗어난 세계는 나와 이웃을 합한 '인류'라는 공통 용어
를 사용할 수 있을 것이다. 따라서 인류가 번영하는 것이 세계의 목표

---

80) 정기래, 「송정산의 건국론과 평화사상」, 『원불교학』 2집, 한국원불교학회,
   1997, p.661.
81) 『세전』, 제7장 세계, 1. 세계에 대하여.

이기도 하다. 정산종사는 우리 인류가 함께 번영하려면 협력하여 나아가야 할 것이라 했다. 이를 위해서 인류의 도를 몇 가지의 강령으로 언급하고 있다. 첫째 세계의 종교인들이 종파를 벗어나 한 울안 한 이치임을 알고 나아가며, 둘째 세계 인종과 민족들이 한 종족 한 겨레임을 알고 하나의 세계 건설에 합심하며, 셋째 세계의 모든 사업가들이 한 사업임을 알고 하나의 세계 건설에 합심하는 것이다.[82] 인류 모두가 삼동윤리의 입각하여 합심한다면 호혜적 인류의 도에 따라 세계는 한 집안이 되리라 본다.

인류가 함께 번영하여 세계 평화를 건설하는 보다 구체적인 방법은 무엇인가? 이를 단계적으로 접근한다면 수제치평이라는 유교 교화론이 거론될 수 있다. 정산종사는 이 세상 모든 일을 접응할 때에 개인의 일이나 가정의 일이나 사회의 일이나 국가의 일이나 세계의 일이 결국 한 일임을 철저히 알아서[83] 상생적으로 접근하라 했다. 개인주의에 떨어지거나 가족주의에 사로잡히지 말라는 뜻이다. 또한 국가주의에 떨어질 경우도 갈등이 생겨 전쟁을 유발하게 된다. 평화 세계의 건설에는 수제치평의 유기체적 정신이 요구된다.

만일 우리가 개인주의에 사로잡힌다면, 그것은 가정을 다스릴 수도 없을 것이다. 가족주의에 사로잡힐 경우도 사회나 국가에 대한 공익적 사유가 사라지고 만다. 이에 정산종사는 개인보다 세계를 우선하는 마음으로 살라고 하였다. 한 몸 한 가족을 위한 개인 본위의 학업보다 시방 세계의 구제를 목표하는 대공도 본위의 사상을 극력 진작하

---

82) 『세전』, 제7장 세계, 2. 인류의 도.
83) 『세전』, 제7장 세계, 1. 세계에 대하여.

는 것84)을 주문한 것이다. 이는 새 세상이 요구하는 기본요건이며, 이기주의적 개인주의나 가족주의에 떨어지지 말고 공익과 공도를 받드는 세계주의를 건설하는 것이 우리의 본무이다.

사실 미래의 방향은 개인과 국가의 갈등이 아니라 하나의 공동체 세계를 향하는 것이 바람직하다고 본다. 다시 말해서 한집안의 정신으로 세계가 향도해야 한다는 것이다. 과거에는 모든 지역의 교통이 불편하고 동서남북에 각각 지방이 분리되어 있었으나, 현재와 미래는 세계가 한집처럼 가까워진 까닭에 성자의 심법으로 살아가도록 해야 한다.85) 종교적으로 말하면 우주 허공법계를 내 집안 살림으로 삼으라는 뜻이다. 정산종사에 의하면 천지 허공법계를 내 집안 살림으로 삼고 시방세계에 복록을 심어 그 복록을 수용할 수 있는 국한 없는 세상을 지향하도록 하자는 것이다.

국한 없는 세상이란 국경이 없는 세상을 만들라는 뜻이기도 하다. 국경 없는 세상은 실제 국가의 경계선이 없다는 것은 아닐 것이다. 국경이 있다고 하더라도 국경 없는 이웃나라처럼 섬기는 심법을 가진다면 낙원세상이 되리라 본다. 이에 정산종사는 말하기를, 앞으로 세상이 더욱 열리면 나라 사이에 국경이 따로 없고 각 지방 간의 이주와 왕래가 쉬울 것이요, 인종과 국적의 차별이 없이 덕망 있고 유능한 사람이 그 나라의 지지를 받으면 그 나라의 지도자가 될 수도 있는 것86)이라 하였다. 국경 없는 평화로운 세상을 위해서는 덕망과 역량이 있

---

84) 『정산종사법어』, 경륜편 14장.
85) 『정산종사법어』. 도운편 16장.
86) 정산종사법어』, 도운편 17장.

는 지도자가 요구된다.

그러면 지도자들은 국가와 세계의 발전을 위해 어떠한 운동을 벌여야 할 것인가? 원불교적 시각에서 본다면 정신개벽 운동을 통한 평화건설이 이와 관련된다. 각자가 마음공부에 바탕한 정신개벽에 노력하여 이 정신으로 국가와 세계에 널리 호소하며, 이 정신을 국가와 세계에 널리 베풀어서 대문명 세계를 건설하자[87]는 것이다. 정신개벽에 의해 국가와 세계의 문명세계를 건설한다면 세계평화와 인류의 심신안정에 기여할 것이기 때문이다. 정신개벽이란 인류 공동체의 밝은 내일을 기약하는 것으로, 어둠의 무지 무명을 벗어나는 수행이라 본다. 더욱이 소아를 벗어나 대아를 지향하는 것이 바로 마음의 세계를 열어놓는 정신개벽이다.

이를 위해서는 개인의 소아주의를 벗어나는 감사생활이 필요하다. 이기적 소아주의에서 보은 감사생활이라는 대아주의로 나아갈 때 개인주의, 나아가 국수주의를 극복하고 세계주의를 향하게 된다. 정산종사는 말하기를, 개인으로 부터 세계에 이르기까지 평화를 요구하면서도 평화를 얻지 못하는 것은 서로 은혜를 모르거나 알고도 보은의 실행이 없기 때문이며, 모두가 보은 감사의 생활을 한다면 참다운 세계 평화의 길을 열어갈 것[88]이라 했다. 각자가 감사생활을 함으로써 사회와 국가, 세계에 감사의 공덕이 미칠 것이며, 그것은 대아주의자로서 누리는 국토낙원임에 틀림없다.

---

87) 『정산종사법어』, 경륜편 19장.
88) 『정산종사법어』, 도운편 28장.

# 제3장

# 원불교와 실학사상

## 1. 현대사회와 실학

근래 대학의 인식과 평가가 과거의 방식과 달라지고 있다. 그동안 대학의 평가는 형설의 상아탑으로서 지식을 연마하고 전문분야를 개척함은 물론 교육 및 캠퍼스 환경이 아름다운 대학에 높은 평가의 비중을 두었다. 그러나 오늘의 대학 평가에 의하면, 각종 지수의 관리가 관건으로 등장하고 있다. 졸업생 취업, 교수 충원, 결원학생 충원, 장학금 지급, 재단전입금의 비율 등에 이어 교수들의 연구비 수주율 등의 지표가 대학평가에 큰 영향을 미친다는 것이다. 실제적 지수관리에 의한 대학의 평가를 보면 그 방식의 호오(好惡)를 떠나 격세지감이 아닐 수 없다.

근래에 등장하는 지수(指數)의 개념은 경쟁사회와 지식정보화 사회에 직결된 실제 상황에 근거한 평가의 잣대가 되는 것이며, 그것은 대학의 실용성과 관련된다. 커트 루윈의 명언에 의하면 "실용적이 아니면 더 이상 이론이 아니다"라고 하였는데, 대학의 평가도 이제 실용적으로 변모하고 있다. 대학이 더 이상 이론의 학습장에 머물러서는 안 되며, 학생들이 취직을 하고, 교수들이 강의에 더하여 연구 실적을 쌓아야 하며, 재단의 대학 후원 정도에 따라 대학평점의 순위가 매겨지는 실정이다.

앞으로 시간이 지날수록 각자의 삶과 사회에 필요한 실용지식이 더 필요할지 모를 일이다. 이론 창출만이 아니라 사회에 실제 활용되는 지식이 더욱 요구된다는 의미이다. 이론 중심으로 사회의 현안을 해결하는데 큰 도움이 되지 않기 때문이다. 프랑스혁명, 독일의 레지스탕스 운동, 베트남 반전운동, 조선후기 실학운동은 이러한 실제 지향의 학문에 바탕한 이론이 요구되어 왔음을 반영하는 것이며 신지식인 주도의 혁명도 주로 여기에 관련되어 있다.

우리가 주목할 것은 사회를 변화시키는 시대정신 내지 사회에 유용한 실천적 지식인이 더욱 요구된다는 점이다. 이를 종교의 사명과 결부시키면 현대의 종교가 사회 발전에 실제 도움이 되지 않으므로 그 종교의 효용성이 떨어진다는 논리로 귀결된다. 물론 지식의 실용성을 종교의 효용성과 직접 결부시키는 것은 무리일 수 있지만, 종교가 중생제도를 향한 실제적 종교로서 역할을 해야 하는 것이 시대적 사명이라는 사실을 무시할 수 없다.

종교는 여기에서 두 가지 과제에 직면한다. 실제적 사회구제와 종교 본령의 영성적 정신구원이다. 이에 종교가 현실사회의 건전한 발전에 저해가 된다면 바로 실학에서 이탈한 것이며, 아울러 사회의 발전은 물질적 발전만으로 국한되지 않으므로 그 사회의 병을 치료할 수 있는 정신적 양식도 실학에 속한다.[1] 종교는 이러한 과제를 해결하는데 있어서 영성세계의 접근만큼이나 사회구원과 봉사라는 실제성을 중시하지 않을 수 없다.

특히 사회참여의 역할에 소홀할 경우 그것은 종교의 설득력을 상실한다는 점에서 문제의 심각성을 가져다준다. 한국 유교의 경우를 성찰해 보면, 성리학이 조선조 후반 자리를 내준 것은 제왕학(帝王學)으로서 시대적 변화를 요구하는 근대화에 저해되거나 민중 구원으로 다가서지 못한 탓에 있다. 성리학이 조선조 5백년동안 정치 이념으로서 유교적 제왕학에 의하여 그 기초를 두었지만, 군자와 소인으로 대립된 이원적 통치체제에 더하여 실제의 상공학(商工學)을 천시하였다.[2] 그와 같은 전통과 보수의 성리학에 반기를 들고 나타난 근대의 신학문이 실학이었던 것이다. 유교뿐만 아니라 불교가 탈세속화로 이어지면서 현실의 삶에 소홀히 한 결과 민중으로부터 멀어져간 역사적 사실을 간과할 수 없다.

본 연구는 이러한 문제의식을 통하여 종교의 실제지향적 실학성을 중시하면서 논리를 전개하고자 한다. 그것은 조선후기 성리학에 대한 실학의 등장 원인과 역할을 반면교사로 삼으려는 뜻이다. 전통불교에 대한 원불교의 등장도 성리학에 대한 실학의 등장과 전혀 별개의 사항이 아니라는 점을 고려해보자는 것이다. 다만 실학을 오늘날 성공한 학문으로 평가할 수 있느냐는 점은 논의의 여지가 있다고 본다.

이러한 시대적 맥락에서 보면 종교는 앞으로 실제지향의 실학성을 염두에 두고 교화의 방향을 점검해야 할 것이다. 더욱이 원불교는 근

---

1) 송천은, 『일원문화산고』, 원불교출판사, 1994, p.147.
2) 이을호, 「원불교 교리상의 실학적 과제」, 『원불교사상』 8집, 원불교사상연구원, 1984, pp.252-253.

대에 탄생한 종교로서 구시대의 혁신과 새로운 시대의 생활불교를 추구하는 점에서 실학의 근대성과 맞물려 있다. 그것은 원불교를 창립한 소태산의 실학적인 정신을 살펴보는 계기로 이어진다. 본 연구에서 실제지향의 실학사상에 많은 지면을 할애한 것도 원불교의 개혁이라는 성찰적 측면과 무관하지 않다.

여기에 덧붙여 원불교 사상의 정립에 있어서 근대의 실학적 성향을 간과하여 이념이나 이론 중시의 성향은 없었는가를 성찰해 볼 필요가 있다.[3] 이것은 교학 정립에 있어 실학이 지닌 시대적 변화의 요구와 실제 중시의 실학적 성향을 점검, 교학의 시대정신을 반영하자는 뜻이다. 따라서 그간 연구 발간된 원불교학 논문 및 논자의 저술을 성찰해봄으로써 앞으로 원불교 관련 연구와 저술의 실학적 과제가 무엇인지를 모색하려는 의도가 있다. 본 연구의 방법은 원불교 사상의 실학적 성향과 원불교학의 실학적(실천교학적) 정립의 과제라는 두 가지 측면에 한정하였다.

## 2. 실학의 개념과 실학사상

### 1) 실학의 개념과 성향

실학이라는 용어가 언제 등장하였으며, 누가 이를 처음 사용하였는

---

3) 원광대학교 원불교사상연구원에서 시리즈로 발간하고 있는 『원불교사상과 종교문화』를 중심으로 살펴보았다.

가를 살펴보고자 한다. 본래 실학이라는 개념은 북송의 정이천 (1033~1107)이 "경서 연구는 실학(實學)이다. …『중용』한 책과 같이 지극한 이치로부터 사물에 미루며, 국가에 구경(九經)이 있으니 역대 성인의 유적에 미치면 실학 아닌 것이 없다"라고 한 것이 시초이고, 다음은 주자가 『중용장구』에서 "모두 실학이다"고 했으며, 육구연도 "대개 옛 사람은 모두 실학을 했다"라고 했으며, 왕양명도 "장부책과 송사·옥사 일은 실학 아닌 것이 없다"라고 하였다.[4] 이처럼 실학이란 말은 경세(經世)의 학문으로서 송대 유학의 성향과 관련된다.

실학의 개념에는 크게 두 가지가 대두되고 있다. 실학이라는 말은 아직 도학자들 간에 통일된 개념으로 사용되지 못하고 있다는 증거이다. 실학의 개념에 대한 견해 중에서 심각하게 대립되는 것은 대체로 성리학이 곧 실학이라는 견해와, 성리학의 반동으로 일어난 것이 실학이라는 견해가 그것이다.[5] 한우근과 천관우의 견해가 이것으로, 실학이 유학의 한 특성을 나타내는 점에서 유학과 동의어에 속한다. 그것은 유학 전개의 온전한 시각과 급진적 유학 전개를 도모하려는 시각의 차이에서 나타난다.

---

4) 유명종,「정산종사의 실천실학」, 제17회 원불교사상연구 학술대회보 《鼎山思想의 현대적 조명》, 원불교사상연구원, 1998년 2월 5일, p.11(朱熹,『中庸章句』中者 不偏不倚無過不及之名 庸平常也-「子程子曰 不偏之謂中 不易之胃庸 中者天下之正道 庸者天下之定理 此篇乃孔門傳授心法子思恐其久而差也 故筆之於書以授孟子 其書始言一理 中散爲萬事 末複合爲一理 放之則彌六合 卷之則退藏於密 其味無窮 皆實學也 善讀者 玩索而有得焉 則終身用之 有不能盡者矣).

5) 윤사순,「박세상의 실학사상에 관한 연구」, 고려대 아세아문제연구소 편,『실학사상의 탐구』, 현암사, 1979, p.12.

보다 근원적인 실학의 개념은 한대(漢代)의 노장철학에 대한 송대의 신유학이라고 보는 시각에서 추론되고 있다. 범칭적인 실학의 실(實)은 본래 한대 노장학에 대한 대칭적 입장에서 사용했던 실사구시의 실로서 그것은 허(虛), 무(無), 공(空) 등의 반대 개념이라고 해야할 것이다.[6] 따라서 실학의 원초적 의미로는 허공이라든가, 허무, 나아가 외양을 중시하는 문·화(文·華)에 대한 대칭 학문이라는 점이 주목된다. 실학은 한나라의 학풍에 대한 우려로 인해 송나라 때 등장한 신유학에서 그 근원을 찾아볼 수 있기 때문이다.

실학의 개념을 구체화한다면 실학은 공리공론이나 몽상이 아닌 실사구시의 학문을 말한다. 그것은 학문이 허공을 잡는 공론에 매달려서는 안 된다는 위기의식의 발로라 본다. 그로 인하여 실학의 실사구시라는 말은 학문의 방법과 내용 및 지향을 담고 있는 말로서, 구체적으로는 유학의 방법과 내용 등을 지칭한다.[7] 바람직한 유학은 몽상적 이론이나 이데올로기에 구애되지 말고 미래를 적극적으로 대응해야 그 역할이 확대되기 때문이다.

또한 실학은 개신(改新) 유학이라고도 볼 수 있다. 실학이란 이조 후기의 개신유학으로서 1920년대 이래 십수년간 대체로 순조롭게 일반에게 받아들여져 왔던 것이므로 이러한 의미의 실학 용어가 더 편리할 것이다.[8] 새롭게 변혁하지 못하는 학문은 이론에 치우치기 쉽다.

---

6) 이을호, 「원불교 교리상의 실학적 과제」, 『원불교사상』 8집, 원불교사상연구원, 1984, p.260.
7) 한국철학사상연구회 著, 『韓國哲學』, 예문서원, 1995, p.67.
8) 윤사순, 「박세상의 실학사상에 관한 연구」, 고려대 아세아문제연구소 편, 『실학사상의 탐구』, 현암사, 1979, p.17.

현실을 무시하거나 도외시한다면 사회구제의 국가적·종교적 입지는 그만큼 좁혀질 것이기 때문이다. 실학이 갖는 명분은 구폐(舊弊)에 대한 개신의 의미가 강조되고 있다.

실학 개념은 또한 당무(當務)와 실효, 숭실(崇實)의 학풍을 말한다. 율곡은 무실의 학, 허무를 주장하는 속학이라고 반대하고 당무실효불사문(當務實效不事文)의 실학을 주장하였는데, 이를 단적으로 표현하면 실리와 실심에 근거하여 실(實)을 추구하고 그 실을 현실화하는데 힘써서 실효를 얻는 것을 말한다.9) 실학에 있어서 그 실을 방치하고서 어느 것도 상정할 수 없는 것인 만큼 실학은 실효에 입각한 실제를 추구하는 학문이 아닐 수 없다.

이처럼 실(實)을 강조하는 바, 실학이 지니는 명제는 주로 기술향상과 사회 개혁을 다루고 있으므로 현실성을 감안한 것을 축으로 삼는다. 이를테면 실학은 토지제도, 상공업은 물론 정치, 경제, 법률, 제도, 군사, 산업, 지리, 역사 등에 관한 책략, 이른바 경세학에 치중하여 그것을 개발하는 결과를 낳았다.10) 실학은 성리학에서는 주목받지 못했던 일상의 삶에 대한 경제적 혜택과 후생을 위한 기술적 측면을 중시하고 있기 때문이다. 산업과 기술의 향상을 도모하는 일종의 사회혁명과도 같은 일대 변환을 추구하는 학문이었다고 보면 좋을 것이다.

실학은 이러한 기술개발만이 아니라 근대화로서 인간주의 사상을

---

9) 이동인, 「율곡의 '實' 사상과 실학」, 『한국사회사상사연구』, 나남출판, 2003, p.26.
10) 윤사순, 앞의책, 1979, p.17.

제시하고 있는 점도 주목된다. 특히 실학자들은 일을 천시하는 성리학을 조선사회에서 발전의 장애물로 여겼고 그로 인한 근대 인간주의 사상을 보여주기도 했다.11) 이것은 근대의 정치와 사회에서 민권과 인권의 신장을 도모하는 것으로 유교의 봉건적 현상을 극복하려는 뜻이다. 이러한 인간주의 사상에서는 양반과 상민, 계층의 갈등이 아니라 개인의 자유권 및 평등권을 기반으로 함으로써 결국 근대 민족주의의 발아를 가져온 것이다.

그것은 민중을 감안한 것으로, 예컨대 당시 유행한『정감록』등은 민중신앙을 기반으로 삼으면서 새로운 사회질서와 민중의식을 불러일으켰다. 조선 후기의 실학을 중심으로 한 '위로부터의 개혁'이 실패하면서 기층 민중의 삶은 마침내 생존을 위해서는 목숨을 걸고 체제에 저항하지 않을 수 없는 상황에까지 이르렀으니, 그들이『정감록』등과 같은 감결류(鑑訣類)를 신봉하는 민중의식을 가지게 된 것이다.12) 조선 후기에 접어들면서 그동안 잠자고 있던 민중의 의식이 깨어나고 있었으니 그것은 민중을 지향한 실학의 배려와 그 유행을 의미한다.

이러한 실학의 흐름은 민중의식 속에 그려지는 조선 후기소설의 실학자들이 염원했던 지상의 이상사회였다. 당시의『홍길동전』과『허생전』등에 나타나는 율도국이나 변산군도의 무인도 등은 실학자들이 생각한 이상사회라 할 수 있으며, 이는 기성사회의 소외계층 즉 신분적·관료적 소외로서 서류(庶類)나 실학자들의 현실비판 의식에 바탕

11) 차인석,「근대성을 향한 철학」, 범한철학회 2000년 봄 학술발표회《21세기, 철학적 화두의 모색》, 범한철학회, 2000년 5월, p.5.
12) 박맹수,「원불교의 민중종교적 성격」, 추계학술대회《소태산 대종사 생애의 재조명》, 한국원불교학회, 2003.12.5, pp.18-19.

하고 있다.[13] 실학자들이 추구하는 이상향에는 사회개혁과 신분철폐를 통한 평등과 민족주의의 염원이 실려 있으며, 그것이 오늘의 과학기술, 근대 민족주의에 큰 도움을 주는 계기가 되었다.

### 2) 한국실학사상의 등장

실학의 시대 성향의 규명에 있어 고려말과 조선초의 전기실학은 성리학이라 할 수 있고, 영·정조 시대를 전후한 실학은 후기실학이라 할 수 있다. 성리학은 신유학으로서 그동안 전수된 유학의 개혁을 위한 노력이 적지 않았고 도가나 불가의 사상에 대한 비판의 시각을 지니고 있었으므로 실학적 성향이 적지 않았다. 그러나 영·정조 시대를 전후하여 대두한 소위 후기실학의 성향은 전기의 그것과는 사뭇 다르다. 유가의 성리학 자체가 관념철학화함에 따라 실천, 실용, 실증 등의 실학적 성격에서 일탈하게 되자 이에 대한 해결책으로 대두된 것이 경세적 실학으로서 한국의 후기실학이 등장하였다.[14] 후기실학은 성리학 중시의 형이상학적 비실제성에 반발한 것으로 생산과 산업 등 실사구시를 모토로 전개해 온 것이다.

후기실학으로서 한국의 실학은 16세기 말에서 19세기 말까지 전개된 탈성리학이라 부른다. 실학사상은 이미 16세기경부터 태동하다가 임진왜란과 병자호란 등을 통하여 파탄에 빠진 이조 사회체제를 다시

---

13) 신명국, 「소태산 역사의식」, 『원불교사상시론』 제Ⅱ집, 수위단회 사무처, 1993년, p.117.
14) 이을호, 「원불교 교리상의 실학적 과제」, 『원불교사상』 8집, 원불교사상연구원, 1984, pp.260-261.

정비하는 과정에서 나타난 사상[15]인 점을 감안하면 탈성리학이 신학풍을 불러일으키기에 충분하였던 것이다. 물론 12세기 이후 한국에 전파된 성리학 역시 실학이라 불리었지만 이는 전기실학의 성향에 머물렀고 후기실학에 이르러 실학의 실제 지향적 용어에 더욱 다가서기 위해 탈성리학적 성향을 지녔다.

그리하여 16~17세기 영정조 때의 후기 실학으로서 한국실학이 내세우는 모토에는 세 가지가 있다. 경세치용(經世致用), 이용후생(利用厚生), 실사구시(實事求是)가 그것이다. 이러한 세 가지 이념은 조선조 후반의 개화사상에까지 영향을 미쳤다. 실학 문명은 16~17세기 이래 한국의 사상계에 크게 문제시된 학풍으로서 공리공론을 배척하고 경세치용, 이용후생, 실사구시 등 현실생활을 건설적으로 개선할 수 있도록 하는 사상적 경향이었다.[16] 토지제도의 변혁을 통한 새 토지제도(均田 限田 永業田 閭田論)의 발표를 통하여 경세치용이나 이용후생론을 강조한 것이 이와 관련된다. 사실에 입각한 제도개선의 실사구시, 경제개념을 동원한 경세치용, 후생을 강조한 이용후생은 과거 성리학이 지녔던 이론과 형식은 물론 명분에 머물렀던 것에 대한 반발로 나타난 슬로건들이 당시 한국사회에 설득력을 지녔다.

조선조 실학자들이 세 가지 슬로건을 내걸 수밖에 없었던 이유는 당시 지배사상인 성리학이 한계로 드러낸 무기력 때문이다. 그것은 조선조 성리학이 현실에 응답할 수 없는 시대적 상황과 맞물리는 일이었다. 곧 조선의 신유가 사상에 도전했던 유학자들이 실학이란 이름

---

15) 강만길, 「유형원과 개혁사상」, 『한국의 실학사상』, 삼성출판사, 1983, p.43.
16) 송천은, 『일원문화산고』, 원불교출판사, 1994, p.145.

으로 시대의 변화에 대응하려 했던 것은 지배사상인 성리학을 현실에 응답할 수 없는 공리공담으로 간주했기 때문이며, 이는 권위주의적 학문 풍토에서 대단한 이변이 아닐 수 없었을 것이다.[17] 더욱이 조선조에 접하지 못했던 서학(西學)의 전래라는 전환기적 사회에 처하여 실학의 신지식인들은 성리학의 폐해를 그대로 방치하고 있을 수만은 없었다. 공리공론적 성리학은 새 시대를 향도하는데 역부족으로 받아들여져 그들에게 중세적 모순과도 같은 것으로 여겨졌기 때문이다.

따라서 조선조 중후기의 실학은 송대 성리학적 봉건체제가 지니고 있었던 허구성에 대한 대어(對語)이자 근대화의 선구로 등장하였다. 이념적 허구성에 대한 실제 지향의 대응 논리와도 같은 학풍이라는 뜻이다. 실학에서 추구되는 실제성은 어디까지나 그 역사적 상황에 적용되는 실제성으로, 당시의 성리학적 봉건체제가 지니고 있던 허구성에 대응한 사실[18]을 눈여겨 볼 필요가 있다. 성리학은 지배체제의 이데올로기로 간주되어 봉건체제에 부식(扶植)하던 모든 허상을 탈피토록 하는 극복의 대상이었기 때문이다. 그로 인하여 실학은 한민족에 있어 근대화의 원동력이자 물질문명의 발달을 가져다 준 학풍으로서 등장하였다.

그러면 실학의 학풍을 일으켰던 주체는 누구였는가? 그들은 조선 집권층 엘리트의 이데올로기인 성리학으로는 현실문제의 해결에 한계가 있음을 인지한 양심적 지식인들이었다. 이들은 성리학의 허구성을

---

17) 차인석, 「근대성을 향한 철학」, 범한철학회 2000년 봄 학술발표회《21세기, 철학적 화두의 모색》, 범한철학회, 2000년 5월, p.5.

18) 고려대 아세아문제연구소 편, 『실학사상의 탐구』, 현암사, 1979, pp.3-4(金俊燁, 서문).

맹렬히 비판하기에 이른다. 현실적으로 조선 집권 엘리트의 이데올로
기 성리학은 당대의 정치 불안, 경제적 파경, 사회적 현란을 해결하지
못한 채 그들의 계급적 이익 수호의 권력 획득과 유지에 급급하여 관
중(官中)에서 파벌 싸움만을 조장하는 결과를 가져왔으므로 양심적인
지식인들이 실학사상으로 접근할 수밖에 없는 환경여건이 조성된 것
이다.19) 어느 시대를 막론하고 양심적 지식인들은 그 시대가 안고 있
는 정체현상을 극복하고, 새로운 변혁의 주체세력으로서 시대를 선도
할 역사의식을 지닌 사람들이 주류를 이루어 왔다.

   그러면 시대적 선구자로서의 지식인들이 들고 나온 당시의 실학은
무엇을 강조하였으며, 학풍은 어떻게 전개되었는가? 17세기~18세기
에 접어들면서 민중의식이 발아됨과 더불어 근대화의 물결이 점진적
으로 등장하여 실학의 전성기를 이루었다. 근래 사용되고 있는 실학
이라는 용어는 대체로 영·정조(英·正祖) 시대를 전후하여 대두되었
던 새로운 학풍으로서의 특징을 실사구시에 두고 있었다.20) 아울러
경세치용, 이용후생으로서 실학의 학풍을 일으켜 성리학이 지녔던 성
즉리(性卽理)의 공리공론적 부분을 비판하지 않을 수 없었다. 이론에
치중하는 관념론보다는 현실 중시의 경제와 과학 기술에 관심을 기울
인 것이며, 그것은 민중의 경제적 안정, 국가의 발전이라는 시대적 요
청에 맞물려 주창된 실학의 이념이었다.

   실사구시에 이어 경세치용과 이용후생의 이념을 통해 시대를 개혁

---

19) 한승조, 「한국정신사의 맥락에서 본 원불교」, 『원불교사상』 4집, 원불교사상
   연구원, 1980, p.46.
20) 이을호, 「원불교 교리상의 실학적 과제」, 『원불교사상』 8집, 원불교사상연구
   원, 1984, p.260.

하고자 등장한 실학은 반계 유형원이 그 선구였다. 17세기와 18세기에 나타난 실사구시의 실학 개념은 일제 때부터 생겨나기 시작했다고 하는 자가 있다. 예컨대 최남선은 임진과 병자 양난 이후에 '자아'라는 사상이 선명해지면서 조선의 본질을 알고 실정(實情)을 밝히려는 경향이 날로 깊어져 영정 양조에 이르러서는 드디어 학풍이 일변하였다고 하고, 이 신학풍의 선구자로 반계 유형원을 지목했다(최남선, 1956).[21] 유형원은 율곡 후대의 사람이자 실학자 윤휴보다 앞선 사람으로 실학의 선구자적 역할을 하였던 것이다. 민생을 위한 개혁운동이 그의 저술에 그대로 드러나고 있다.

하여튼 조선조의 신 학풍으로서 실학의 흐름을 특징화할 수 있다고 본다. 이른바 근대유학은 3파로는 정주의 성리학파가 있고, 육왕의 심학파, 후기 실학파가 그것이다.[22] 정이천과 주자는 성리학파로서 성리를 중심으로 한 유학의 정통적 이론을 전개하는 역할을 하였다면, 육상산과 왕양명은 불교사상에 심취되어 심학파가 되었으며, 후기의 실학파는 시대의 개혁과 실제 중시의 사유를 민중 현장에 접목하고자 하였다. 이처럼 성리학파, 심학파, 실학파는 조선조 전반을 통한 유학의 3학파라고 볼 수 있다.

여기에서 실학은 반드시 성리학에 한정되어 있거나 성리학의 반동으로 나타난 것인가? 그 범주를 넓혀보면 성리학에 대한 반발적 학풍에 치우친 것이 아니라 도교나 불교 등 전통사상에 대한 실사구시적

---

21) 이동인, 「율곡의 '實' 사상과 실학」, 『한국사회사상사연구』, 나남출판, 2003, pp.26-27.
22) 姜錫煥, 「원불교의 유교수용에 관한 고찰」, 『정신개벽』, 제9집, 신룡교학회, 1990, p.91.

새 학풍으로 보지 않을 수 없다. 즉 조선후기 사회에 일기 시작한 실학의 학풍이란 성리학에 대한 새로운 학풍 때문이 아니라 불교를 포함한 전통사상 전반에 걸쳐 실사구시 또는 진리성 등을 표방하면서 일기 시작한 새로운 학풍을 포괄하여 지칭하는 것이다.[23] 이들 사상은 한중일 3국을 통하여 나타난 새 시대의 학풍이자 유불도 사상의 교판적 비판과 그 수용 과정에 결부되어 등장한 것으로 본다.

## 3. 조선조 실학사상과 근대

### 1) 실학사상과 근접사상

실학사상의 이해에 있어서 근접사상을 살펴보는 것은 실학 태동의 시대적 배경을 파악하고 그 주변사상의 포괄적 접근에 있어서 필요하다. 우선 서구의 실학적 성향은 근대정신과 관련된다. 서구는 17세기 영국 부르주아 층의 노동관을 제시하기도 했고, 하늘에 의지하지 않고 인간 스스로가 자신의 운명을 개척한다는 근대성의 정신을 표방하였으며, 이들의 실학사상은 정치적, 사회적 세력의 지지 없이 사상운동으로 남았다.[24] 이러한 근대정신으로서 미국의 경우를 보면 그들의 실학적 성향은 실용주의(pragmatism)에서 찾아볼 수 있다. 프래그머

---

23) 홍윤식, 「진리적 종교로서의 원불교의 역사적 위치」, 류병덕 박사 화갑기념 『한국철학종교사상사』, 원광대 종교문제연구소, 1990, p.1088.
24) 차인석, 「근대성을 향한 철학」, 범한철학회 2000년 봄 학술발표회《21세기, 철학적 화두의 모색》, 범한철학회, 2000년 5월, p.5.

티즘이란 퍼어스(CS. Peirce)가 처음 사용하여 19세기 후반 미국에서 태동한 사상의 성향으로 그들이 추구하는 실용주의는 영국의 경험주의 철학의 전통과 진화론에 기반하여 구성되었다. 이는 관념이 아닌 실제생활을 강조하는 것으로 우리의 실생활을 존중하고, 경제와 사회적 혜택을 누리는데 관심을 지니며, 합리적이고 실제적인 삶에 도움을 주는 방향에 관심을 갖는다.

이어서 한중일 3국 중에서도 일본은 실학적 사유에 걸맞게 과학 발전의 선두에서 그 역할을 해왔다. 물론 일본 실학은 역사적으로는 그리 오래지 않지만 일본의 실학은 명치유신(明治維新) 시기로서 서구적인 자연과학 사조의 수용 과정에서 성숙된 것이다.[25] 일본은 성리학을 흥성시키지 못했지만 물질문명의 선진국으로 먼저 등장한 것은 서구의 문물을 그대로 받아들이고 공학과 순수과학을 발전시키는데 국력을 기울였으니, 그것은 과학의 발달을 가져온 선진국 대열에 합류한 계기로 이어진다. 자연과학과 공학 기술의 발전을 위해 장인정신(匠人精神)으로 살아온 일본인의 근대화적 근성은 일본식의 실학 발전에 도움이 되었다.

그러면 한국과 일본에 있어서 실학은 다소의 차이가 있다는 것인가? 대체로 일본은 유교를 형이하학 곧 실학으로 받아들였지만 한국은 형이상학으로 받아들인 데서 차이가 나타난다. 이를테면 일본은 유교를 철저한 근면성, 실천성, 질서의식의 측면에서 받아들임으로써 공자를 직업인으로 배웠다면, 우리나라는 유교를 성리학 내지 형이상

---

25) 이을호, 「원불교 교리상의 실학적 과제」, 『원불교사상』 8집, 원불교사상연구원, 1984, p.261.

학의 측면으로 수용하여 공자를 학자로 받아들였다고 보는 것이 좋을 것이다. 같은 성리학이라 하더라도 한국에서는 주자학을 거의 그대로 수용하였다면 일본은 기업의 근대화를 추구하는 실학의 측면에서 다 가섰기 때문이다. 이것은 일본이 동아시아에서 과학 발전의 근대화에 선구가 되었다는 뜻이다.

돌이켜 보면 실학은 중국 유학에 뿌리를 두고 있다. 중국 실학의 뿌리는 물론 한나라에 까지 거슬러 올라가지만 그들의 실학 배경은 송나라에 이어 명나라 청나라에서 발달했으며 청대의 고증학이 이에 근접하고 있다. 실학의 이념과 관련된 정주학의 격물치지설(格物致知說)을 보면 정이와 주희는 만물 속에서 리(理)가 있으니 우리 마음에도 리가 갖추어져 있다고 했다.

뒤이어 양명학의 경우 지행합일의 입장에서 격물치지를 바라보았다. 즉 실학에 있어서 정주학과 양명학은 격물치지설의 객관주의와 주관주의의 특성이 있는데 비해 도덕주의라는 공통의 기반 위에 있다26)는 것이다. 송대의 격물치지에 대하여 청대 고증학의 실학적 성향은 근대 산업경제의 출현으로 이어지게 한 주요 원인이 되었다.

구체적으로 말해서 실학은 정주학의 수기(修己), 청초의 치인(治人) 및 고증학으로 이어졌으며 시대의 변천과 더불어 실학의 지향점이 과학 발전으로 다가선 것이다. 청조에 이르러 나라가 망하게 된 것은 주자학과 양명학의 공리공담 때문이라고 하여 고증학적 학풍이 일어났으며, 그로 인해 고염무와 황종희 등은 감각적 경험을 중시하고 실학

---

26) 최영돈, 「자연과학의 발전과 원불교학 연구의 과제」, 한국원불교학회보 제10호《원불교학 연구의 당면과제》, 한국원불교학회, 2002.12.6, pp.77-78.

을 추구하였는데, 이러한 학풍이 청대를 지배하였다.27) 그리하여 정주학에 있어서는 실학이 수기의 경향에서 청초에 있어서 치인과 실용으로 나아가게 되었다. 이것은 청대의 고증학이 발전하게 된 배경과 그 궤를 같이하는 것이다.

그렇다면 실학에 있어서 중국과 한국은 공통성이 있는가를 살펴본다. 청초 및 조선 후기의 일부 새로운 유학의 대상은 바로 그 이전의 성리학이었던 바, 성리학이 지닌 예학(禮學) 중심의 형이상학적 공리공론이 약점으로 드러나, 청초 및 조선 후기의 이른바 실학이란 명나라의 패망 및 왜란·호란 등의 비참한 현실 앞에서 무력한 성리학에 대한 반성으로부터 출발한 것이다.28) 성리학의 공리공론, 곧 실제보다는 이념 중시의 학풍이 중국 청나라 때에 반성적으로 받아들여졌으며, 이는 한국의 경우 조선 중반과 후반에 같은 현상으로 받아들여졌다는 뜻이다. 당시 중국 학풍의 성향이 한국 학풍의 성향과 크게 다르지 않다는 것이며, 실학의 경우 이러한 점에서 상호 공통성을 지니게 된다.

따라서 중국의 성리학과 실학의 학풍은 한국에 영향을 주어왔던 관계로 밀접한 연관성을 지닌다. 다만 그 성향으로 볼 때 정주학과 양명학, 실학이 회통되었다면 우리나라에서 자연과학이 자생적으로 발생할 수 있었을 가능성이 크다.29) 그리고 중국의 정주학과 양명학, 나

---

27) 정진일, 「유교의 致知論 소고」, 『범한철학』 제15집, 범한철학회, 1997년 7월, p.142.

28) 윤사순, 「박세상의 실학사상에 관한 연구」, 고려대 아세아문제연구소 편, 『실학사상의 탐구』, 현암사, 1979, p.16.

29) 최영돈, 「자연과학의 발전과 원불교학 연구의 과제」, 한국원불교학회보 제10호《원불교학 연구의 당면과제》, 한국원불교학회, 2002.12.6, p.79.

아가 고증학 등이 한국의 철학사상 및 자연과학에 영향을 미쳤을 것이
다. 퇴계와 율곡은 중국 성리학을 수용하면서 전자는 이기의 리(理)
중시의 철학을 전개하였고, 후자는 기(氣) 중시의 성리학을 전개하였
다. 여기에서 조선조 전기는 온건한 성리학이 영향을 미쳤다면 조선
조 후기는 중국 청조의 고증학 영향으로 실학이 전성기를 맞이하였던
것이다. 일본에 비해 한국은 중국 사상의 영향을 많이 받으면서 청대
고증학이 조선 후기의 실학에까지 영향을 주었을 것으로 사료된다.

한국과 중국의 학풍에서 볼 때 송대의 유학과 청초의 유학이 실학
을 자처한 것이라 하더라도 오늘날 전자는 흔히 성리학(리학, 신유학)
으로 지칭되고, 후자만이 실학이라 지칭되고 있는 점은 숙고할 일이
다.30) 조선 전기의 유학과 후기의 새로운 학풍이 유학을 각각 구별하
여 성리학과 실학이라 하는 것을 감안하면, 한국에서는 조선 후반기
에 이르러 성리학보다는 실학이 민중의 의식주와 사회개혁에 커다란
영향을 미쳤다. 근대화와 신문명의 발전을 위해 조선 후기의 많은 실
학자들이 신지식인으로 등장한 것도 이와 무관치 않다.

아울러 실학사상과 근접사상에 있어 간과할 수 없는 것은 유불도
의 사상과 연계성 여부이다. 한국 사상사의 맥락에서 본다면 실학은
유학이면서도 도교 및 불교와의 관련이 적지 않기 때문이다. 결과적
으로 성리학과 실학을 단순히 유학적 학문의 테두리에 한정해서 보려
는 것은 바람직하지 않은 일이다. 우리나라 정신의 발달과정은 크게
보아서 다음 다섯 단계로 나누어 볼 수가 있을 것이다. ① 단군 신선

---

30) 윤사순, 「박세상의 실학사상에 관한 연구」, 고려대 아세아문제연구소 편, 『실
학사상의 탐구』, 현암사, 1979, pp.14-15.

사상의 시대, ② 불교 도참사상의 시대, ③ 유교 성리학 지배의 시대, ④ 실학 개화사상의 시대, ⑤ 새로운 한국사상이 창조되는 시대가 그 것이다.[31) 유교 성리학, 실학의 전후에 불교와 도교가 맞물려 있음을 간과해서는 안 된다는 뜻이다.

성리학자와 실학자의 공통점이 있는데 그것은 불교와 도교에 대한 비판적 시각을 지니고 있었다는 점이다. 성리학이 스스로를 실(實)이 라 주장하게 된 것은 도교사상 및 불교사상이 지니는 공허(空虛) 사상 에 대한 반성에 이어 도교의 은둔사상 및 불교의 피안사상 때문이었 다.[32) 성리학이 당시 시대적 유행 전후에 공존하고 있던 도교 및 불교 의 이러한 약점을 교판적으로 접근하면서 그 명분을 삼으려 했던 점을 상기할 일이다. 따라서 성리학은 허무를 주장하는 도교와 피안사상에 머물러 있는 불교와 차별화를 기하면서 도교와 불교를 비판하였다는 점은 당시 유불도가 공존하면서 서로의 영향력을 잘 알고 있었기 때문 으로 보인다. 성리학의 그러한 노력에도 불구하고 근대 실학은 이를 극복하려 한 것이며, 다만 양자는 불교와 도교의 사상에 대한 교판적 시각을 견지하였던 것이다.

## 2) 조선조 실학사상의 전개

실학자의 출현은 박학다식한 조선조 지식인들이 그들의 실제 지향

---

31) 한승조, 「한국정신사의 맥락에서 본 원불교」, 『원불교사상』 4집, 원불교사상 연구원, 1980, p.41.

32) 윤사순, 「박세당의 실학사상에 관한 연구」, 고려대 아세아문제연구소 편, 『실 학사상의 탐구』, 현암사, 1979, p.15.

의 지식을 가지고 기존 성리학의 구폐를 청산하고 사회를 개혁하려는 점에서 공감하였기 때문이다. 그들의 공통된 특성은 학문에 대한 탐구가 대단하였고, 현실 타개에 대한 관심이 컸다는 점이다. 실학자로서 경세치용 학파는 물론 북학파가 핵심을 이루는 이용후생 학파 및 실사구시 학파 등 모든 실학파에게서 발견되는 것으로 지봉 이수광, 반계 유형원, 성호 이익(이상 경세치용학파)의 『(지봉유설(芝峯類說)』, 『반계수록(磻溪隨錄)』, 『성호사설(星湖僿說)이라든지, 오주 이규경(실사구시학파)의 『오주연문장전산고(五洲衍文長箋散稿)』 등은 일종의 백과전서적 저술이므로 박학다식의 성격은 말할 나위도 없으며, 초정 박제가, 연암 박지원, 청장관 이덕무, 담헌 홍대용(이상 이용후생파) 등에 의한 일군의 북학론적 저술, 즉 『북학의(北學議)』, 『열하일기』, 『입연기(入燕記)』, 『연기(燕記)』 등은 박학다식의 성격을 띠고 있다.[33] 모두 자신의 저술에 박학다식을 그대로 노정하고 있으며 백과사전과도 같은 다양한 지적 역량을 선보이고 있다.

실학자들을 연대별로 살펴봄으로써 실학사상이 전개된 흐름을 살펴보도록 한다. 우선 조선조 김시습(1435~1493)이 실학의 선구로 거론될 수 있다. 실학은 17~18세기에 싹트다가 18~19세기에 전성기에 들어섰지만, 처음은 그것이 성리학의 테두리 안에서 성장하였는데 김시습이 그 선구였던 것이다.[34] 그는 불교와 유교사상에 대하여 관심이 많았으며 특히 불교와 도교에 대한 그의 열정은 지대하였다. 조선시

33) 윤사순, 「이규경 실학에 있어서의 전통사상」, 고려대 아세아문제연구소 편, 『실학사상의 탐구』, 현암사, 1979, p.293.
34) 한승조, 「한국정신사의 맥락에서 본 원불교」, 『원불교사상』 4집, 원불교사상 연구원, 1980, p.47.

대 도교사상의 선구자로도 여겨지는 김시습은 『용호(龍虎)』, 『복기
(服氣)』, 『수진(修眞)』 등의 글을 발표함으로써 양생론의 방법론에 관
심을 불러일으켰다. 도교사상에 대하여 이념적 접근에 그치지 않고
실제 도움이 되는 방향에서 접근하였다.

　다음으로 율곡(1536~1584)의 수기치인(修己治人) 사상에 근대 실
학적 사고가 들어 있다는 점을 언급하고자 한다. 율곡은 학문에 있어
수신, 제가, 치국, 평천하라는 방법론에 깊은 관심을 갖는다. 또 기
(氣)를 중시하는 입장에서 현실에 대한 올바른 인식과 이를 바로잡는
실천적 노력을 강조하고, 수기(修己)의 측면에서 역행(力行)을 중시하
는 것과 같이 치인(治人)의 영역에서도 객관적·사회적 실천을 중시
함으로써 경세사상에서 시대의 변화를 바르게 파악하고 대처하여 사
회적 모순을 개혁하려는 근대 실학적 사고를 지녔다.[35] 십만병사 양
성론 등 율곡의 국가개혁적 의지는 실행되지 않았지만, 실학파의 선
구로서 안민(安民)과 개혁 등의 경세치용에 소홀하지 않았다. 무실(務
實)과 실공(實功)을 강조함으로써 실천 없는 학문을 참된 학문으로 간
주하지 않았다는 것이며, 이러한 배경이 성리학자이면서도 실학자의
선구로서 율곡을 거론할 수 있는 것이다.

　이어서 실학자 유형원(1622~1673)을 언급하고자 한다. 그는 『반계
수록』을 지어 실학의 본연을 밝히고 있으며, 특히 민본의 실학을 강조
하였다. 유교 경전을 연마한 후 실제 현상과 사물에 연결함으로써 선

---

35) 송석구, 「율곡사상과 새 시대의 전망」, 『한국사상논문선집』 222, 불함문화사,
　　2001, pp.82-89.
　　이성전, 「內聖外王의 도로서의 栗谷의 聖學」, 『원불교사상과 종교문화』 28
　　집, 원불교사상연구원, 2004.8, p.214.

비의 책무를 위한 실학을 전개하였고, 민생을 위한 개혁정신을 밝히었던 것이다. 그는 17세기 중엽에 살았던 조선조 대표적 사상가이자 초기의 실학사상을 총정리한 학자였으며, 20여 년간 계속된 연구작업은 대단히 광범위한 것이어서 정치 경제 군사 교육 사회 문제는 물론 역사 지리 언어 등의 각 분야에 걸쳐 많은 저술을 남겼다.[36] 그의 저술『반계수록』은 26권 13책으로 구성되어 있으며, 그 내용은 전제(田制), 교선제(敎選制), 임관제(任官制), 직관제(職官制), 녹제(祿制, 병제(兵制)로 구성되어 있다. 속편에서는 노예, 언어, 도량, 가사(家舍), 용거(用車) 등을 거론하여 개혁을 체계화하고 있다. 그는 유교경전과 선학자들의 글을 연구함으로써 의미를 깨우치고 실제의 현상 사물과 연결시켜 이해하려 했던 대표적 실학자였으니 그의 학문자세와 개혁정신은 높이살만 하다.

반성리학자이자 반주자학자의 대표적 주자를 언급한다면 윤휴(1617~1680)와 박세당이었다. 당시 윤휴는 급진적 반성리학자로 지목된 인물로 알려져 있다. 주자의 경의(經義)에 반기를 들고 자기류의 주석을 통하여 경전을 해석하였기 때문에 정계와 학계에 큰 물의를 일으켜 사문난적의 낙인으로 찍혔던 것이다.[37] 윤휴는 "어머니를 신하로 삼을 수 있다"고까지 말하여 선비들에게 상당히 충격을 주기도 하였다. 보수주의적 유교 중시의 시대에 주자의 해석에 따르지 않으면 난적으로 몰아붙이던 시절에 살다간 윤휴는 "주자의 해석이 있다면 내

---

36) 강만길, 「유형원과 개혁사상」, 『한국의 실학사상』, 삼성출판사, 1983, p.39.
37) 윤사순, 「박세상의 실학사상에 관한 연구」, 고려대 아세아문제연구소 편, 『실학사상의 탐구』, 현암사, 1979, p.19.

해석도 있을 수 있다"고 하여 이때 석학이었던 송시열에게 사문난적으로 몰려 죽음에 이르렀다.

또 급진적 실학의 인물로 알려진 박세당(1629~1703)은 명분이나 형식보다는 실질과 내실을 중요시하였다. 반주자학적인 박세당 역시 『도덕경』을 주석한 주요 목적은 명분만 앞세우는 당시의 시대상을 소박 무욕의 노자 사상을 통해 비판하기 위함이었으니, 주자학의 핵심이 이기론이나 체용론과 같은 고원한 사유방식에 있는 것이 아니라 실질적인 경세에 있음을 강조하였다.38) 이처럼 박세당은 성리학적 이론이나 허언보다는 실학의 실질적인 것이 중요함을 인지하여 민생의 복지를 강조하고 실질을 중시하였으니 실학의 필요성을 절감하였던 것이다.

이어서 성호 이익(1681~1763)의 실학사상에 대하여 접근해 본다. 이익은 가난한 가세(苛細)에 식구마저 많았는데 가을걷이가 겨우 열두 섬뿐이었으니 가난을 극복하려는 염원이 컸을 것이다. 『성호사설』의 저자 이익은 그의 저술에 실학적 경륜을 그대로 담아내고 있다. 『성호사설』은 일종의 백과전서 성격의 저술로서 전체 내용을 「천지문」, 「만물문」, 「인사문」, 「경사문(經史門)」, 「시문문(詩文門)」 등 5개의 문으로 나누어 3천57개 항목을 수록하였으며, 천문 지리 역사 관제(官制) 군사 경제 풍속 문학 종교 등 그 범위는 각 분야에 미치고 있다.39) 그의 개혁사상은 아들 조카 손자들에게 계승되어 실학의 일가를 이루었다. 예컨대 종손 이중환은 '택리지'로 유명하며 역사 지리 경제 경학

38) 김학목, 「醇言에 나타난 율곡 이이의 실학사상」, 추계학술회의 《도가철학의 쟁점들Ⅱ》, 한국도가철학회, 2001.12.15, p.76.
39) 이동환, 「박지원과 연암집」, 『한국의 실학사상』, 삼성출판사, 1983, p.132.

등 각 방면에서 큰 역할을 하였던 것이다. 오늘날 잘 알려진 것처럼 성호학파의 규모는 18~19세기의 새로운 시대변화를 이끄는 학문적 전통을 형성하였다.

뒤이어 담헌 홍대용(1731~1783)의 실학사상도 주목된다. 배워서 안 바를 반드시 실천해야 한다는 홍대용의 주장은 '실심실학(實心實學)'이라고 할 수 있다. 그의 실심실학은 스승(김원행)의 가르침에 있어 근본적 문제이자 담헌의 학문적 목표였으니, 김원행은 "사람이 실심이 있으면 실사가 있고, 실사가 있으면 실공(實功)이 있으니, 공부함에 있어 나타난 실공이 없다면 이것은 실심이 없는 사람이다"(渼湖集, 卷14, 陶谷潛記)[40]라고 하였다. 노태천에 의하면 홍대용은 18세기 조선조의 실학자이자 과학사상가로서 역할을 수행하였으니, 북학파 실학자로 알려진 담헌은 한글 기행문인 『을병연행록』을 남기고 『해동시선』을 편찬한 문학가, 거문고와 서양의 칠현금을 연주한 예술가, 수학도서인 『주해수용(籌解需用)』을 저술한 수학자, 지구설·지전설(地轉說)과 같은 과학사상을 제시한 자연과학자, 그리고 혼천의(渾天儀)와 자명종과 같은 관측기구를 제작한 기술자로 평가할 수 있다(同書, p.36). 실학과 실심을 강조하여 수기치인의 방법론을 구체화한 실학자 담헌의 활동 역량이 그대로 드러나 있다.

실학자 박지원(1737~1805)은 사농공상에서의 사(士)는 농공상을 포괄해야 실학이 된다고 하였다. 그가 살다 간 18세기의 한국사회는 역사의 전환기에 처해 있었다. 점입가경의 역사적 여러 모순과 신구

---

40) 노태천, 「담헌 홍대용의 교육사상」, 『한국사회사상사연구』, 나남출판, 2003, p.52.

(新舊) 양 요소 사이에 빚어내는 온갖 갈등의 양상들은 역사에 투시안을 가진 지식인의 진지한 성찰을 요구하고 있었는데, 박지원은 이러한 역사적 현실에 부응하여 출현한 일련의 실학자라고 부르는 사상가이자 문학가이다.[41] 실학자로서 놓칠 수 없는 휴머니즘, 민족주의, 실용주의, 리얼리즘의 선진적인 세계관을 소유하고 있었으므로 그는 주자사상에 대한 반골적인 실학자로 불린다. 특히 선비의 학문 대상은 농공상업의 위치를 포괄하는 것이어야 한다며, 농공상의 실학적 입지를 강조하고 있음이 주목된다.

이어서 실학자 박제가(1750~1805)의 학문은 그의 저술『북학의』에 잘 나타난다. 그것은 우리가 계승 발전시켜야 할 실학정신의 전형이자 실학사상의 핵심이며, 조선시대에 있어서 가장 근대적 합리 정신에 찬 우리의 고전으로서 가난을 극복하려는 방책이 그의 체험과 지식을 통해 보다 넓은 시야에서 제시되고 있다.[42] 사실『북학의』란 북학파라고 불리던 박제가를 북학의 선봉이라고 부르는 저서로 잘 알려져 있다. 빈민 구제에 대한 그의 체험과 지식이 여기에서 다양하게 제시되고 있으며, 오늘의 병폐나 그 시정책에 많은 시사를 주고 있다.

조선조 대표적 실학자로서 알려진 사람은 다산 정약용(1762~1836)이다. 그는 조선후기 변혁방법과 방향을 제시한 실학사상의 집대성자이기 때문이다. 그의 저술은 사서에 대한 새로운 해석을 내린『맹자요의』,『논어고금주』,『대학공의』등과 정치 경제에 대한 개혁구상을 밝힌 소위『목민심서』,『흠흠신서』,『경세유표』에 이르기까지 500여권

41) 이동환, 「박지원과 연암집」, 『한국의 실학사상』, 삼성출판사, 1983, p.211.
42) 위의책, p.273.

이 훨씬 넘는 방대한 것으로서 그 자신이 표현한 것처럼 내외를 고루
갖춘 저서이다.[43] 그는 수기치인의 실학으로서 육경사서를 청조 고증
학풍의 방법론에 의해 조명하였으며, 그의 실학은 18세기 말~19세기
초 조선사회가 절박하게 요구하는 변혁의 방법과 방향을 제시하였다
는 점에서 의의가 크다. 자신의 실학적 안목을 유교경전의 해석에 새
로운 방식을 가져다주었으며, 당시 부패하고 잔혹한 봉건적 지배로부
터 민중을 벗어나게 하는데 큰 도움을 주었다. 농민들의 궁핍을 목격
하고 탐관오리들에 분노하며 각성토록 한 것이다.

실학자 이규경(1788~1856)은 60여권의 방대한 저서를 남겼다. 본
저서에는 1400여 항목에 이르는 지식의 다채로움을 선보이고 있다.
당시의 모든 사상에 대한 이규경의 지식이 이 방대한 항목 속에 용해
되어 있다. 또 변증이라는 이름으로 주관적인 비판을 더하고 있으니
그의 『오주연문전산고(五洲衍文箋散稿)』에 소개되고 있는 항목들은
거의 모두 변증설이라는 형식의 명칭이 붙여지고 있다.[44] 그가 변증
법의 색채를 지닌 것은 백과전서적 서술 방법을 동원하고 있기 때문이
며, 『청장관전서』라는 백과전서는 이덕무의 손자 이규경에게 이어져
『오주연문장전산고』라는 경학, 사학, 문학, 자연과학 등 백과사전식
다채로운 지식을 전하고 있다. 그의 종두 변증설을 보면 철종 5년
(1854) 평안도에서 처음으로 종두를 실시했다는 내용이 기록되어 있
기도 하다.

---

43) 김영호, 「정약용과 경세유표」, 『한국의 실학사상』, 삼성출판사, 1983, p.330.
44) 윤사순, 「이규경 실학에 있어서의 전통사상」, 고려대 아세아문제연구소 편,
　　『실학사상의 탐구』, 현암사, 1979, p.297.

다음으로 최한기(1803~1877)의 실학사상을 살펴본다. 그는 조선후기 실학파의 마지막 인물로서 근대 개화의 진보적 지성이었던 바, 당시 이규경은 후배 최한기의 학문을 높이 평가하고 있다. 최한기에 의하면 주공, 공자가 백세의 스승인 이유는 그들의 존호에 있는 것이 아니요 또는 객의(客儀) 신채(神彩)에 있는 것도 아니라 오로지 입강(立綱), 명윤(明倫), 수신(修身), 치국治國)에 있다[45]고 하였다. 구습을 지켜오던 고루함을 극복하고자 사화(詞華), 훈고(訓詁)를 벗어나서 혁신적인 새로운 사상을 전개하고자 하였던 것이다. 다시 말해서 유교 경전에 구속되지 않고 경학적 자율성을 지향했다는 뜻이다. 그는 독자적인 기철학을 정립하였음은 물론 인사관리에 응용한『인정(人政)』을 저술하여 기철학의 3부작을 완성했던 인물이다. 이처럼 조선조 실학자들은 신학풍을 이어가며 빈민구제와 시대정신을 이어갈 근대 후천개벽의 서광으로 다가섰던 것이다.

### 3) 근대 민족주의 실학과 원불교

역사를 서술함에 있어서 시대 구분은 대체로 고대, 중세, 근대, 현대라는 4 가지의 범주로 설정된다. 근대는 근현대라는 용어와 겹청되는 경우가 있는 것처럼 현대로 이어지는 접점으로 이해된다. 자유와 평등, 민족의 개념이 형성됨과 동시에 물질의 혜택을 얻는데 큰 힘을 얻은 시기가 근대라는 것이다. 서구에서는 18세기에 자유, 평등, 박애의

45) 박종홍,「최한기의 경험주의」, 고려대 아세아문제연구소 편,『실학사상의 탐구』, 현암사, 1979, pp.358-359.

구호를 외치고 일어났던 프랑스혁명이 있었고 근대 민주주의의 정치이 념 또한 평등사상에 기초를 두었다.[46] 근대화의 물결은 자유와 민족 의 가치를 인지하는 시점이었고, 그것은 합리와 실제 지향의 사유에 익숙해지면서 인류에게 현실의 풍요를 누리도록 하는 계기가 되었다.

이러한 근대화의 물결 속에서 전성기를 누린 실학은 구 시대의 청 산과 새 시대의 등장에 일정부분 역할을 하였다. 건실한 주체적 자세 를 근본 바탕에 두고서 낡은 시대를 청산하고자 한 실학은 우리의 역 사 속에서 하나의 새로운 시대를 맞이하는 예지의 보고(寶庫)였다고 할 수 있다.[47] 신·구의 전환기에서 전개된 실학은 낡은 시대의 청산 을 주요 과제로 여기고 새로운 문물의 유입을 위한 실제 지향의 자세 를 통해 전근대적 사고를 탈피하고자 하였기 때문이다.

이와 같은 구시대의 청산을 위해서 공리공론에 치우쳤다고 여겨진 반주자학적 학풍을 극복하고, 양명학 및 경학에 이어서 16~17세기에 등장한 실학은 근대화의 혁신적 선봉에서 기여하고자 하였다. 봉건철 학의 성격이 짙은 주자학에 반대하는 반주자학의 철학사상, 가령 양 명학이나 경학 특히 실학사상 속에는 근대 사상의 내용이 풍부하며, 이럴 경우 그 시기는 17세기까지 거슬러 올라가게 된다.[48] 이것은 한 국의 실학이 영조와 정조 때에 실학이 부흥한 것과 관련된다. 근대화

---

46) 불교신문사 편, 『불교에서 본 인생과 세계』, 도서출판 홍법원, 1988, p.107.
47) 고려대 아세아문제연구소 편, 『실학사상의 탐구』, 현암사, 1979, p.4(金俊燁 서문).
48) 홍원식, 「한국 근대사상과 전병훈」, 계명대·원광대 학술교류협정 기념 학술 세미나 《한국근대시기의 동서철학의 만남-전병훈을 중심으로》, 원광대학교, 2001.5.4, p.3.

의 시기와 맞물리면서 새로운 문명을 기약하는 조선 후기의 실학이 발
전하는 부흥기였던 것이다.

이때의 실학은 여러 유파로 나누어지지만 그 공통점은 근대에 전개
되어온 국제 현실에 대한 민족적 자주의식의 발로이다. 각 유파의 실
학은 당시 국가가 처해진 국내적 · 국제적 현실에 대하여 민족적인 자
주의식을 통해서 중국 문화권으로부터 독립된 자국을 자각하여 동국
(東國)이라는 자주의식을 가지고 있으며, 실학사상의 기저도 민족주
의적 성격을 지니고 있다.49) 이는 한국 민족주의의 사상적 시원이 근
대 실학사상에서 모색된다는 의미이기도 하다. 그만큼 실학은 대내외
현실에 대한 민족적 자주의식의 등장이기도 하다. 이러한 자주의식
속에서 근대화의 사명을 건설적이고 신속하게 실천해야 한다는 지식
인들의 사유와 학풍을 실학자들이 주도함으로써 민족주의와 근대화를
발전시키는 촉매제로 작용한 것이다.

따라서 조선 후반기부터 싹트기 시작한 민족주의는 근대화의 과제
를 수행하는데 주요 축이 되었다. 실학사상사에서 발생한 민족주의는
근대화라는 과제 앞에서 새로운 국면을 맞이한 것이다. 실학에 의한
한국 근대화의 원동력은 민족주의 역사의식에서 창출된 것으로 자주
적 반침략과 진보적 반봉건이라는 개혁 지향의 양면성이 역사적 과제
였던 것이다.50) 민족주의로서 근대화를 이루기 위해 실학자들은 국내
외적으로 전개되는 국면에 대한 새로운 역사의식을 가지지 않을 수 없

---

49) 이성택, 「민족주의와 원불교사상」, 『원불교사상』 12집, 원불교사상연구원,
    1988, p.45.
50) 위의 책.

었다. 그것은 자주의식에 의한 침략과 봉건이라는 구시대의 잔재를
극복하는 근대화의 과제와 연계되었다.

조선조 근대화의 해법으로서 새 시대의 흐름을 인지한 실학자들은
민족의 주체성과 자긍심을 심어주었다. 그들에게서 간과할 수 없는
점은 실학이 지향한 실제성의 기준이 어디까지나 나를 감싸고 있는 이
민족에 있었다는 사실이며, 실학에 있어 실제성의 판단은 모름지기
민족과 국가를 어떻게 위하는가의 여부로부터 내려지는 것이었다.[51]
그것은 실학이 우리 민족에 대한 자주성과 자각을 고양시키기 위함이
었고, 어느 때보다도 민족의 주체성을 강조할 수 있었다는 사실에 기
인한다.

이러한 맥락에서 한국의 민족주의는 실학이 그 원류가 되고 있다.
한국 민족주의는 그 시원을 실학사상에서 찾는 것이 정당한 바, 그것
은 실학이 봉건사회의 해체기 및 하향기에 양심적 학자와 지식층에 의
해서 형성되었으며, 이는 당시의 역사 방향을 근대화로 지향하는 것
이었음에 틀림없다.[52] 역사의 방향이 수구파의 고수 혹은 근대화의
물결에 장애가 된다면 그 명분은 상당부분 실종되었을 것이다. 한국
의 민족주의가 실학에서 근거를 찾을 수 있다면 그것은 근대화로서 실
학이 갖는 주요 명분이기 때문이다.

이러한 근대화의 명분 속에서 17~18세기의 실학이 위정척사, 동도
서기, 개화사상으로 발전하기도 하였다. 근래 유불도 3교의 상황 속에

---

51) 고려대 아세아문제연구소 편, 『실학사상의 탐구』, 현암사, 1979, p.4(金俊燁,
    서문).
52) 이성택, 「민족주의와 원불교사상」, 『원불교사상』 12집, 원불교사상연구원,
    1988, p.44.

서 서교 곧 천주교의 도래로 말미암아 위정척사론으로까지 번지게 된 충격의 요인 중에서도 중요한 것은 대중 흡인력에 있었다고 보며, 유교 지배층의 선비의식에 의하여 조성된 상하 계층사회에 있어서 가장 두려운 사실은 그들이 지배하는 서민 대중의 이탈이 아닐 수 없었다.53) 이러한 서민 대중의 이탈을 실학자들은 그대로 보고 있을 수만은 없었다. 조선조에 유교문화권의 질서를 형성해온 우리나라는 근대 서양의 제국주의가 무력을 앞세운 약육강식의 논리로 전진해 왔으므로 이에 대한 실학의 노선은 위정척사나 개화사상, 동도서기 사상으로 흡인될 수밖에 없는 역사의 물결 속에 있었다.

동도서기론은 미완의 이론으로 평가되었던 것도 사실이다. 사람들은 주자학적 세계관을 바탕으로 위정척사운동과 의병운동을 이어갔지만, 여기에서 동도서기론자의 동도(東道)는 반드시 객관적이지 않기 때문에 동도의 가용성과 가변성이 그 속에 들어 있다.54) 하지만 동도서기론도 시대적 변화에 무조건 거스를 수만은 없었으며, 그것은 동도에 대한 서기(西器)의 동점(東漸) 물결을 수용하였음을 부인할 수 없다. 물질의 개발이라는 시대적 흐름을 동도서기론에서 간과할 수 없었을 것이라는 추단은 얼마든지 가능한 일이다.

19세기 후반의 개화파 사상 역시 근대화의 물결 속에 실학자들이 지향한 노선을 비켜가지 않았다. 외국의 문물제도가 백성에게 유리하

---

53) 이을호, 「원불교 교리상의 실학적 과제」, 『원불교사상』 8집, 원불교사상연구원, 1984, pp.253-254.
54) 홍원식, 「한국 근대사상과 전병훈」, 계명대·원광대 학술교류협정 기념 학술세미나 《한국근대시기의 동서철학의 만남-전병훈을 중심으로》, 원광대학교, 2001.5.4, p.3.

다면 무엇을 배우면 어떤가라는 사유 속에 "화이(華夷)가 따로 있는
것인가"라는 주체적인 개혁사상이 실학자들에 의하여 주장된 것이
며, 이들의 개혁 노력은 19세기 후반에 와서 개화파의 사상으로 이어
진다.[55) 한국 근대의 개화사상은 동양 중시의 위정척사나 동도서기론
의 흐름 속에 있었지만, 개화파들은 서구사상을 수용하는 개혁의 선
봉에 있었다는 점에서 주목되는 것이다.

아무튼 한국 민족주의가 실학사상에 연원하는데, 원불교는 위정척
사, 동도서기, 개화사상, 동학사상 후에 형성된 새 시대의 생활불교라
는 점을 새겨볼만한 일이다. 시대정신과 대중성을 지향하는 생활불교
로서의 원불교는 실학자들이 추구해온 근대화의 흐름에 적합한 이념
적 수용성을 지니고 있다. 한국 민족주의가 실학사상에 그 시원을 연
원하고 그 후 대내외적 충격과 자극 속에서 위정척사, 동도서기, 개화
사상, 동학사상의 민족주의 운동을 전개한 직후에 원불교는 탄생하였
으며, 그것은 원불교가 종적으로는 구한말 대내외적 충격에 의한 반
봉건 반침략적 민족주의 운동을 계승하였다[56)는 의미이기도 하다.

원불교는 이러한 근대화의 물결을 수용하면서 물질개벽과 정신개벽
을 병진하는 슬로건을 내걸었다. 물질개벽이라는 근대화의 대전환을
인식한 소태산은 정신개벽이라는 명분을 통해서 그의 포부와 경륜을
전하게 된 것이다. 이 무렵 1894년 갑오개혁 이후 보호조약이 체결되기
까지 약 10년간 구 교육제도를 근대식 교육제도로 개혁하려는 노력으로

---

55) 한승조, 「한국정신사의 맥락에서 본 원불교」, 『원불교사상』 4집, 원불교사상
    연구원, 1980, pp.47-48.
56) 이성택, 「민족주의와 원불교사상」, 『원불교사상』 12집, 원불교사상연구원,
    1988, pp.50-51.

한국인의 독자적인 민족교육기관을 설립하였으나, 1906년 보통교육령, 1911년 조선교육령의 공포로 일제 식민지 교육의 정책인 차별교육이 실시되어 교단 내외로 어려운 상황57)이었음을 쉽게 알 수 있다.

이러한 국내외적 난관 속에서도 근대화의 흐름에 걸맞게 원불교는 불법을 주체화하면서 불법의 실제적 활용이라는 생활불교의 의지를 불태웠다. 그것은 정신개벽을 주체로 하면서 물질개벽을 수용하는 실제성을 지니면서, 원불교의 실제지향적 교리정신이 실학사상과 직결되는 것이다. 본 연구에서 실학사상과 원불교를 접점으로 하여 시대적 교리정신을 강조하려는 목적이 여기에서 드러나고 있다.


## 4. 원불교와 실학사상

### 1) 원불교의 실학적 성향

원불교 창립을 전후한 19세기 사상사는 다음과 같이 정리될 수 있다. 즉 ① 집권엘리트층의 보수적 이데올로기 성리학, ② 반집권파로 권력에 소외된 지식인들의 개혁주의 실학파, ③ 민중 사이에 퍼지는 혁명주의적 민족종교58)가 그것이다. 이러한 가운데 구한말 우리나라는 외세의 침략을 물리칠 만큼 국력이 강하지 못했다는 점에 한계가 있다. 민족종교의 경우, 동학과 증산교가 구한말 새 시대의 도래와 민

---

57) 김혜광, 「교육사」, 『원불교 70년정신사』, 성업봉찬회, 1989, pp.578-579.
58) 한승조, 「한국정신사의 맥락에서 본 원불교」, 『원불교사상』 4집, 원불교사상연구원, 1980, p.49.

족의 개벽을 주창하였던 점이 주목되며, 원불교 역시 19세기 후발주
자로서 개화사상과 민족 신종교들의 흐름에 함께 하고 있다. 원불교
를 창립한 소태산은 증산과 수운을 선지자로 보면서도 불법을 주체로
삼고 새로운 시대에 맞는 생활불교를 표방한 점에서 후기 실학적 성향
이 농후하게 나타난다.

  1910년대를 전후한 한국사회는 내외적으로 전통문화에 대한 비판과
외래문물의 부작용을 어떻게 극복하느냐 하는 절박한 상황에 놓여 있
었다. 후기 실학사상은 외래문화를 주체적으로 수용하였으나, 상당수
실학은 성리학에 대응한 실학적 성향으로만 인식하는 것에 문제가 없
지 않았다. 불교의 실학적인 면을 인지하지 않을 수 없었다는 것이다.

  여기에서 원불교는 불교혁신을 통한 시대개혁 및 교법의 실학성을
간과하지 말아야 한다. 실학이란 성리학에 대한 실학적 경향만을 그
범주로 인식하게 되어 전통불교에 대한 실학적 경향이라 할 수 있는
한용운의 불교유신론이나 원불교의 불교혁신론은 도외시되어 왔음이
사실이다.[59] 성리학에 대한 실학의 범주를 확대하여, 불교 혁신을 통
한 실제지향이라는 광의의 실학개념으로 유도할 필요가 있다는 것이
다. 성리학이 불교와 도교의 무기력과 공리공론을 비판한 점에서 유
교의 실학을 강조한 것을 염두에 두면, 상대적으로 오랜 역사를 통해
전승되어 온 전통불교에 대해 원불교는 교판적으로 혁신하는 과정에
서 후기 실학적인 면이 적지 않았다.

  따라서 원불교는 유불도 3교의 통합 활용이라는 소태산의 회통정신

---

59) 홍윤식,「진리적 종교로서의 원불교의 역사적 위치」, 류병덕 박사 화갑기념
　　『한국철학종교사상사』, 원광대 종교문제연구소, 1990, p.1087.

에 의거하여 성리학의 수렴 및 유교 개혁적 시각에도 관심을 두었다. 원불교가 유교의 영향을 받은 것이 주로 성리학이라는 점, 그로 인해 조선후기의 실학적 경향이나 원불교 출현 당시에 일어났던 유교개혁 운동과 원불교 사상의 관련성[60]을 눈여겨 볼 필요가 있다. 사실 유교 나 도교의 사상을 원불교가 수용한 것은 대동세계라든가 인본주의, 유신 등 실사구시적 교의에 관련된다. 소태산은 유교, 불교, 도교의 이념을 수렴하면서도 민중 구원의 과제를 수행하기 위해 새 시대의 생활불교로서 기성종교를 개혁하려 했던 것이다.

원불교에서 실학의 뿌리인 유학과의 관계를 더욱 무시할 수 없었던 원불교가 출현한 구한말은 유교적 배경이 강하게 자리하고 있었다. 유교와의 관계에 있어서 소태산과 그의 제자들 중에서 유학 정통의 제자들이 적지 않았다는 것이며, 나아가 전통불교와의 관련에서 볼 때 실제적이며 일속에서 연마하는 실학의 종교로 남은 것이다.[61] 이점에서 본다면 원불교는 실학의 뿌리인 유교를 폭넓게 수렴하면서도 불교의 세계관을 주체적 교의로 활용한 생활불교를 지향했다. 성리학에 대한 실제지향의 실학, 전통불교에 대한 혁신을 추구한 새 불교로서 선후천 교역기를 선도할 후천개벽의 종교가 원불교라는 점이다.

초기 교단사를 돌이켜 보면 원불교의 창립정신에도 실학이 관련되어 있다. 원불교를 창립한 소태산의 실제 지향은 교단 창립의 방법 가운데에서도 일찍이 저축운동을 벌여 교단의 재산 증식을 꾀한 것이라

---

60) 金洛必, 「원불교의 儒教思想 수용에 관한 연구」, 『한국근대사에서 본 원불교』, 도서출판 원화, 1991년, p.84.
61) 송천은, 「원불교의 성리인식」, 류병덕 박사 화갑기념『한국철학종교사상사』, 원광대 종교문제연구소, 1990, p.1131.

든지, 교단의 이익뿐 아니라 국가 사회의 생산에 도움이 됨을 내세워 방언공사 등의 개척사업을 펼친 사실 등이 그것이다.[62] 소태산은 스스로 깨달음을 이룬 후 저축조합, 숯장사, 방언역사로써 그 기반을 구축하였고, 자작자급을 위한 노력을 기울이며 황무지 개간, 농축산, 양잠 등을 시행하였다. 이러한 일련의 창립사업들이 그가 강조한 실제 중시의 생활불교를 지향한 것이며, 창립정신으로 거론되는 이소성대 일심합력 무아봉공 등은 원불교의 실학적 정신을 드러내주는 것이다.

나아가 교법의 상징성을 지닌 표어들로는 실천실학적 성향이 그 주류를 이룬다. 예컨대 영육쌍전, 이사병행, 불법시생활, 생활시불법, 무시선, 무처선, 처처불상, 사사불공 등의 표어에서 짙은 실학성을 엿볼 수 있다.[63] 원불교에서 밝힌 표어는 형식불교를 극복하자는 것이요, 공리공론적 이념종교에 치우치지 말자는 것이다. 무시선과 무처선은 생활 속에서 선을 할 수 있는 실제적 수도의 길을 제시한 것이며, 영육쌍전은 자작자급의 의식주 해결에 필요한 실학적 방향성을 드러내고 있다. 불법시생활이나 생활시불법은 문자 그대로 생활을 떠난 불법이라든가 불법을 떠난 생활은 형식종교와 이론불교에 치우친다는 것을 강조함으로써 실학적 면모를 보여주고 있다.

원불교 개교의 동기에 있어서도 원불교는 실학의 측면이 농후하다. 진리적 종교의 신앙과 사실적 도덕의 훈련을 표방한 생활불교인 점에서 원불교 출현이 실제 지향의 종교임을 알게 해주는 것이다. 진리와

---

62) 윤사순, 「濟度意識에 있어서의 실학적 변용-원불교와 實學」, 『원불교사상』 8집, 원불교사상연구원, 1984, p.284.
63) 송천은, 『일원문화산고』, 원불교출판사, 1994, p.146.

사실에 바탕하여 신앙·수행의 실생활을 더욱 존중하는 점에서 실학적 구도가 드러나고 있기 때문이다. 특히 사실적 도덕의 훈련은 원불교의 실지불공, 생활불교, 인도상요법 등으로 나타나는데, 이는 실학이념에 비유할 수 있다.64) 개교동기에서는 이처럼 진리적이고 사실적인 성향에 바탕하여 원불교가 출현한 이유를 밝히고 있으므로 조선후기 실학운동의 명분 및 시대개혁의 정신과 벗어나 있지 않다.

더불어 원불교 교강(教綱)의 실학성은 원불교가 지향할 바의 세계관을 잘 드러내주고 있다. 이는 인도상의 요법을 주체로 하여 교강을 선포한 것과 관련된다. 곧 인도상의 요법이란 삼학 팔조와 사은 사요의 교리 실천적 성향을 드러내준다. 삼학 정신에서 과학적 합리성과 시비선택의 비판정신이 깊숙이 깃들어 있음을 알 수 있는 바, 이는 근세 실학정신과도 통하는 것을 보면 원불교의 삼학정신이야말로 근세 한국실학에서 접근이 시도되었던 것으로 평가된다.65) 사은 역시 천지 부모동포 법률이라는 실지불공과 사실신앙의 대상으로 삼고 있으며, 사요의 경우 자력양성 지자본위 타자녀교육 공도자숭배 항목을 보면 인도상의 요법에 근거한 평등 사회구원이라는 실학정신과도 통한다.

현실을 지향하는 불법의 혁신에서도 원불교의 실학적 성향이 두드러진다. 사대강령의 하나인 '불법활용'이 이와 관련된다. 소태산은 불법의 현실 활용을 매우 강조하였으니, 불교가 현실 사회에 유익을 주지 않는다면 무용한 것이라 하여 원불교의 실학적 성격을 선양하고 있

---

64) 趙庸晃, 「근대유학과 원불교」, 『정신개벽』1집, 신룡교학회, 1982, p.36.
65) 이을호, 「원불교 교리상의 실학적 과제」, 『원불교사상』 8집, 원불교사상연구원, 1984, p.273.

다.66) 일상의 삶에 유익을 주도록 불법을 활용하는 것은 소태산의 불교혁신 정신에 부합된다. 그는 처처불상, 사실불공, 실지기도, 실지불공 등을 통하여 교법의 실학화를 추구하여 불교나 유교가 간과하기 쉬웠던 공리공론을 벗어나고자 하였다. 모든 교리가 현실에 도움이 되지 않는다면 그것은 지면으로 장식된 팔만장경에 불과하다(대종경, 수행품 23장)고 본 소태산은 이 세상 모든 것을 산 경전으로 간주, 교법의 현실적 활용을 강조하였다.

더욱 주목할 것은, 원불교 전서에 '실학'이라는 용어가 처음 등장하고 있으니 『정산종사법어』가 이것이다. 시자 물었다. "조신(操身)의 예를 밝히신 첫 편의 모든 조항은 그 설명이 너무 자상하고 비근하여 경전의 품위에 혹 손색이 없지 않을까 하나이다." 정산종사 답하였다. "무슨 법이나 고원하고 심오한 이론은 기특하게 생각하나 평범하고 비근한 실학은 등한이 아는 것이 지금 사람들의 공통된 병이니, 마땅히 이에 깊은 각성하여 평상시에 평범한 예절을 잘 지키는 것으로 예전 실행의 기본을 삼을 것이며…." 『정산종사법어』 예도편 2장이 실학용어의 효시이다. 정산종사는 돌아오는 세상은 형식주의와 갈등구조에서 야기되는 비리를 비판하고 우리 후학들에게 실학을 강조하면서 내실을 기하는 실력 위주의 교육과 교화인이 되어야 한다67)고 하였다. 소태산대종사를 계승한 정산종사의 실천실학의 의지가 드러나고 있다.

정산종사의 실천실학은 소태산대종사가 원기 5년에 구상한 『조선

---

66) 송천은, 『일원문화산고』, 원불교출판사, 1994, p.148.
67) 한기두, 「소태산 대종사와 정산종사」, 『원불교사상』 24집, 원불교사상연구원, 2000, p.31.

불교혁신론』과도 무관하지 않으며, 또한 소태산의 교법을 미래지향적
으로 풀이한 정산의 교리 요해에도 관련된다. "미륵불은 인도의 말이
나 당나라 말로는 근실이라는 뜻이니, 근(勤)이란 의뢰심을 버리고 오
직 자주적 정신으로 만사를 자각하여 행한다는 뜻이니라. 재래에는
종교를 타력에 의지해서 신앙하였나니, 곧 하나님이나 부처님이나 신
에게 의뢰하고 염불도 하며 경도 보게 되었기에 … 실(實)은 실다움을
이름이니 보라. 재래의 경전은 장엄이 십에 팔구나 되나니라."68) 그
는 재래불교의 무기력함을 극복하고 미래에 출현할 미륵불을 부각,
근실을 강조하면서 실다움을 추구하는 실학적 당위성을 밝히고 있다.
매사에 허식을 즐기지 말라며, 겉으로 화려하고 안으로 보잘 것 없는
것은 개인 가정 사회 국가를 쇠망케 하는 원인(정산종사법어, 근실편
8장)이라고 하였다.

　나아가 원불교는 교법만이 아니라 의례나 제도에 있어서도 실사구
시의 성향을 강조하고 있다. 신정예법이나 의례 등에서 원불교가 실
학적 면모를 발휘하고 있다는 뜻이다. 신정예법을 비롯한 원불교의
윤리 도덕은 실학의 특성인 성리학 비판을 위시해서 반봉건적 민생민
본 사상, 반의존적 자주정신, 반관념·반형식적 실제성 추구의 정신
을 수용하고 있다.69) 과거 형식에 치우친 번다한 의례를 극복하려는
흔적은 『원불교 예전』에도 잘 나타나 있다. 소태산은 사회혁신의 차
원에서 원기 11년(1926)년 2월 신정의례를 발표하였으며, 원기 20년

---

68) 『정산종사법설』, 제4편 하나의 세계 4장.
69) 姜錫煥, 「원불교의 유교수용에 관한 고찰」, 『정신개벽』, 제9집, 신룡교학회,
　　 1990, p.113.

(1935)에는 『원불교예전』을 발간하였다. 이것은 구시대의 의례나 제도에 사로잡힌다면 중생 구원이 어렵다는 것인 바, 실제 중시의 새 불교로서 사회 구원을 향한 소태산의 간절한 포부와 관련된다.

원불교가 지향하는 이상세계는 교법 실천이나 제도의 혁신 속에서 더욱 가능한 것이다. 그것은 교법과 제도가 민중의 일상생활에 도움을 주려는 실학의 이상론과도 통한다. 다시 말해서 원불교는 현실세계 안에서 이상적 생활철학을 추구하고 이상국가론을 지향하고 있으며, 여기서 우리는 원불교의 강렬한 실학적 현실성을 느끼는 것이다.[70] 실학이 추구한 바와 같이 형식주의와 관념주의 극복을 통한 새 시대의 사명의식은 소태산이 추구한 현실낙원이다. 이에 원불교나 실학은 진리와 실제에 근거한 이상적 현실관을 공유한다.

## 2) 원불교학에서의 실학 연구

시대화 생활화 대중화를 지향하는 종교이자 불법을 활용하는 종교임를 자임하는 원불교는 명실공히 교리의 새로운 해석학적 접근을 지향한다. 그리고 교법의 구체적 실천 방법론을 모색하는 측면에서 교학(敎學)의 실학적 접근은 바람직한 일이라 본다. 교학 전개의 원근법을 활용할 경우, 조선조 성리학의 공리공론적 형식주의를 타파하고 새 시대를 선도하려 했던 실학을 분석, 평가하는 것은 원불교 교리의 관념적 모색의 극복, 나아가 실천교학적 방향을 점검하는 시금석이

---

70) 이을호, 「원불교 교리상의 실학적 과제」, 『원불교사상』 8집, 원불교사상연구원, 1984, p.274.

된다. 오늘날 격변의 시대에 처한 우리는 시대적 난국을 파헤쳐 나갈 슬기를 찾기 위하여 실학의 보고(寶庫)를 두드리지 않을 수 없다.[71] 원불교학의 정립에 있어서 불교혁신의 의의, 현실구원의 과제, 미래 지향적 교학응용의 방향을 점검하는데 있어서 실학이 시사하는 바가 적지 않다고 본다.

조선조 변혁을 도모한 학풍으로서의 실학은 원불교학의 정립에 있어서 조명을 받은 바 있다. 1983년 12월 22일 원광대 원불교사상연구원의 제5회 학술회의에서 「실학사상과 원불교」라는 주제가 처음 조명되었던 것이다. 여기에서 실학 개념은 무엇이며, 원불교의 실학적 측면이 무엇인가를 관련 학자들에 의해 모색되었다. 실학으로서의 신학풍은 17세기 중엽에서 18세기 중엽에 이르는 동안에 싹터 18세기 중엽에서 19세기 중엽에 이르면서 개화한 것이다.[72] 이는 원불교의 창립과 시대사적 궤를 같이 하고 있다는 점에서 흥미를 끌었던 것이다. 또한 원불교학계에 의해 실학 개념의 정립(도표1 참조)이 있었으니, 원불교의 실학적 접근은 원불교학 연구가 1960년대에 시작된 이래 수십 년 후라는 점을 상기하면 교학과 실학이 조우해야 하는 것을 간과하지 않았다는 점에서 고무적이다.

시대의 변천과 더불어 교학을 새롭게 정립하는 일은 시대적 요청이다. 이와 관련한 연구는 교학의 실질적인 관심을 충족시키고 사회를 바람직한 방향으로 향도하는 점에서 원불교학과 실학의 상관적 비교

---

71) 고려대 아세아문제연구소 편, 『실학사상의 탐구』, 현암사, 1979, pp.4-5(金俊燁).
72) 이동인, 「율곡의 '實' 사상과 실학」, 『한국사회사상사연구』, 나남출판, 2003, p.27.

는 중요한 일이 아닐 수 없다. 학문은 비록 일상생활이 요구하는 해답
과 해결책을 즉각적으로 제시하기 보다는 전문적으로 깊이 있는 연구
를 통해 보다 신빙성이 높은 지식을 중, 장기적으로 제공하므로 실질
적인 관심을 충족시키고 사회를 바람직한 방향으로 변화시키려는 실
천적인 관심에 부응하지 않을 수 없다.[73] 원불교학 연구에 있어서는
바로 이러한 점을 인지하면서 관련 세미나를 개최하고 연구 논문집을
발간함은 물론 저술활동을 해온 것으로 알고 있다.

그러면 당시 실학과 관련한 교학연구 세미나에서 그 대상과 범주를
삼은 것은 무엇이었는가를 보자. 일례로 원불교의 실학 관련 세미나
에서 발표한 윤사순 교수는 다음과 같이 말한다. "우리는 원불교에 깃
든 실제 지향의 정신이면 어느 것이나 다 찾으려는 것이 아니다. 우리
가 알아보려는 것은 원불교에 깃든 실제 지향의 정신 중 특히 종래 불
교를 개혁 개신하려는 노력 가운데 원용된 실학으로서의 실제 지향의
정신에 국한된 것이다."[74] 그는 원불교의 실학적 측면을 종래 불교를
개혁하려는 불교혁신의 정신에서 찾고자 하였다. 물론 실학의 대상과
범주는 협의적으로 접근할 수도 있을 것이다. 원불교학의 실학적 접
근에서 원불교의 실학연구 범주를 협의의 차원에서 조심스럽게 접근
했던 흔적을 높이 평가하면서 광의의 실학적 접근도 필요하다고 본다.

협의와 광의의 방법을 동원한 원불교와 실학의 상관성을 접근하는
데 몇 가지 사항이 검토되고 있다. 실학적 전문지식에 바탕한 윤사순

---

73)  한국산업사회연구회 편, 『새로운 사회학 강의』, 미래사, 1992, p.23.
74)  윤사순, 「濟度意識에 있어서의 실학적 변용-원불교와 實學」, 『원불교사상』 8
집, 원불교사상연구원, 1984, pp.284-285.

교수의 원불교학 정립의 과제를 보면, 불법의 생활화를 위해서는 첫째 보다 적극적이고 철저한 철학화의 방법이 제불(諸佛) 중 법신불에 의한 생활화를 꾀하는 것이고, 둘째 윤리 · 도덕 정신의 강화를 통한 방법이며, 셋째 보다 철저한 학문과 교육의 방법을 강구하는 것이다.75) 원불교 사상의 실학적 접근은 유불도 활용정신에 더하여 불교 혁신에서 그 근거가 모색되는 바, 윤교수의 언급처럼 신앙대상 활용의 실학성, 윤리 도덕적 실학성, 인재양성의 실학성에서 원불교의 실학적 면모가 접근된다.

이미 국내 학계의 전문 실학자들을 초빙하여 원불교학과 실학을 주제로 해서 개최한 학술회의는 소태산의 실천실학이 학계에 공인되었다는 의미이다. 소태산의 실천실학 역시 역사학계에서 공인된 실학사상으로서의 환원을 시도하여, 원불교 특유의 공동체 운동을 실학사상의 소태산 시대의 발현으로 해석하도록 하자는 것이다.76) 이와 같이 교학정립에서 주변학문과의 학제간 연구로서 해석학적 접근은 원불교학의 객관성 확보와 정립의 방향성을 제공하는 것으로, 원불교학의 바람직한 방향이기도 하다. 상호 비교연구를 통한 교판적 교학 정립이 지속되어야 한다는 뜻이며, 그것은 동양사상, 서양사상, 종교철학, 역사학 등 학제간의 연구가 시도될수록 좋다는 것이다.

지금까지 원불교학계에서 추구해온 교학의 정립은 실학적 성향보다

---

75) 윤사순, 「濟度意識에 있어서의 실학적 변용-원불교와 實學」, 『원불교사상』 8집, 원불교사상연구원, 1984, pp.285-287.
76) 유병덕, 한국민중종교사상론, 1985, 시인사(이민용, 「원불교와 불교의 근대성 각성」, 제28회 원불교사상연구 학술대회《개교100년과 원불교문화》, 원불교사상연구원 · 한국원불교학과, 2009.2.3, p.10).

는 다소 관념적 이론 정립 내지 추상적 성향이었던 점을 부인할 수 없다. 교학에 있어 이론이 필요하지 않다는 것이 아니라 그 이론을 현장의 특수한 상황에 입혀보는 실제의 힘이 있어야 한다는 것이다. 이에 철학에도 철학공과대학이 있어야 하고, 원불교학과에도 실제에 뚫고 들어갈 수 있는 원불교 과학과가 있어야 할 필요가 있다.[77] 이론과 실제의 양면성에 대한 균형적 접근으로서 원불교 학계의 부단한 성찰이 요구된다. 이론과 실제의 균형감각에 바탕한 교학 정립에 심혈을 기울여야 하는 것이며, 그것은 교학의 실천교학적 접근이라는 부단한 과제를 던져주고 있다.

앞으로 원불교학계에서 수행해야 할 교학 정립의 과제는 다양하게 나타날 것으로 본다. 일례로 ① 소태산의 조화사관, ② 소태산의 실천실학, ③ 소태산의 이기론, ④ 은(恩)의 윤리학, ⑤ 원불교의 정의론[78] 등이 거론될 수 있다. 본 과제 중에서 주목되는 바 소태산의 실천실학에 대한 것이다. 1996년도에 류병덕 교수가 교학정립의 여러 과제 중에서 원불교의 실학적 접근을 거론하고 있다. 이는 향후 교학연구의 방향을 환기시킨 점에서 선견지명이 아닐 수 없다.

그간 교학의 실학과 관련한 학술대회가 다음의 〈도표〉1의 5항과 같이 전개되었음을 알 수 있다.

---

77) 정범모, 「대학교수의 기능」, 원불교교수협의회 세미나, 1998년 2월 13일(원광대 숭산기념관), 「특강내용」.
78) 류병덕, 「원불교학 연구의 현황과 과제」, 『원불교학』 창간호, 한국원불교학회, 1996, pp.15-16.
양은용, 「원불교 학술활동의 현황과 과제-원불교사상연구원의 학술·연구활동을 중심으로」, 『원불교사상과 종교문화』 47집, 원광대·원불교사상연구원, 2011.2, p.149.

〈표1〉 원불교사상연구원 학술회의의 개최[79]

| 연번 | 개최기간 | 학 술 회 의 명 | 발표자수 |
|---|---|---|---|
| 1 | 1977.06.04 | 1회 학술회의: 한국의 인본사상<br>한국고유사상에 나타난 인본사상 외 | 7 |
| 2 | 1980.10.11 | 2회 학술회의: 한국의 전통사상과 원불교<br>유교사상과 원불교 외 | 4 |
| 3 | 1981.07.18 | 3회 학술회의: 과학문명과 원불교<br>과학문명과 원불교 외 | 4 |
| 4 | 1982.11.27 | 4회 학술회의: 개화사상과 원불교<br>개화기 일제시의 민중종교운동 외 | 4 |
| 5 | 1983.12.22 | 5회 학술회의: 실학사상과 원불교<br>원불교 교리상의 실학적 과제 외 | 3 |
| 6 | 1986.05.10 | 6회 학술회의: 현대한국사회와 종교의 역할<br>현대한국사회와 불교의 역할 외 | 4 |
| 7 | 1987.12.06 | 7회 학술회의: 원불교와 미래사회<br>소태산대종사가 본 한국미래상 외 | 3 |
| 8 | 1988.12.09 | 8회 학술회의: 전무출신이념의 재조명<br>전무출신정신의 교단사적 조명 외 | 6 |
| 9 | 1990.05.11 | 9회 학술회의: 한국사상과 소태산사상<br>소태산사상의 철학적 조명 외 | 9 |
| 10 | 1991.07.05 | 10회 학술회의: 2000년대를 지향하는 원불교교역자 교육의 과제와 방향<br>교육이념 및 교육체제 외 | 6 |
| 11 | 1996.07.29 | 11회 학술회의: 종교철학 연구의 현황과 과제<br>종교철학 연구 방법에 대한 일제언 외 | 16 |
| 12 | 2004.10.15 | 마음공부의 정체성 연구<br>자성을 세우는 마음공부 외 | 3 |
| 13 | 2005.01.21 | 종교연합운동(UR)의 이정표<br>원불교 종교연합운동의 정체성 외 | 4 |
| 14 | 2010.04.17 | [마음인문학 학술대회] 마음과 생명 그리고 종교<br>생명윤리와 마음공부 외 | 7 |

---

79) 양은용, 「원불교 학술활동의 현황과 과제-원불교사상연구원의 학술·연구활동을 중심으로」, 『원불교사상과 종교문화』 47집, 원광대·원불교사상연구원, 2011.2, pp.135-136.

제5회 학술회의「실학사상과 원불교」(원불교사상연구원 주최)에서 발표된 학술논문은『원불교사상』제8집에 수록되었는데, 본 연구는 원불교의 실학적 접목에 있어 그 효시이자 지남(指南)이 되리라 본다. 당시 실학과 관련한 국내 저명한 학자들에 의해 원불교사상이 객관적으로 분석되었기 때문이다. 이을호 교수의「원불교 교리상의 실학적 과제」, 윤사순 교수의「제도의식에 있어서 실학적 변용」, 송천은 교수의「원불교교전 표어의 실학적 성격」이라는 논문이 수록되었다. 그 외에 본 논문집에는 부록으로「한국종교의 현대화방향」이라는 주제로 숭산 박길진박사 고희기념 학술강연회 원고를 수록하였다.[80] 여기에는 이기영 교수의 불교적 입장, 이을호 교수의 유교적 입장, 변선환 교수의 기독교적 입장, 한종만 교수의 원불교적 입장이라는 주제의 강연회가 개최되었으며, 이 역시 외래교수의 초청에 의하여 원불교학과 실학의 공통적 관심사를 다루었다는 점에서 평가할만한 일이다.

다음으로 원불교사상연구원에서 지속적으로 발간한 논문을 분석하여 보면 실학적(혹 실용적, 실천교학적, 실증교학적) 교학 연구의 흐름을 감지할 수 있으리라 본다.

---

80)『원불교사상』제8집, 원광대 원불교사상연구원, 1984, pp.305-348참조.

## 〈표2〉『원불교사상과 종교문화』 발간 상황[81)]

| 권번 | 발간일 | 특집 및 수록논문 | 논문수 | 비 고 |
|---|---|---|---|---|
| 1 | 1975.11.15 | 일원상진리의 상즉성, 일원상론, 원불교사상의 연구, 원불교 사회개혁방안에 관한 연구 외 | 7 | 원불교 사상 |
| 2 | 1977.11.30 | 구한말 사회상황 연구, 일원상진리 소고, 일원상신앙의 역사적 의의, 최초법어 연구 외 | 11 | |
| 3 | 1979.2.20 | 원불교 우주관에 관한 연구, 선종의 선사상과 원불교 선사상, 원불교의 기본진리 외 | 12 | |
| 4 | 1980.2.20 | 소태산의 인간과 연구, 한국정신사의 맥락에서 본 원불교, 육대요령 해제 외 | 9 부록1 | |
| 5 | 1981.10.10 | 일원상상징과 제종교상징의 비교고찰, 불교사상과 원불교, 유교사상과 원불교 외 | 16 부록1 | |
| 6 | 1982.12.25 | 소태산대종사의 역사창조의식, 원불교와 과학, 무시선법의 연구, 개화기 사상계의 추이 외 | 16 부록2 | |
| 7 | 1983.12.25 | 무시선의 실제-목우행-, 일제침략하 원불교의 민중운동에 관한 연구, 조선불교혁신론 해제 외 | 13 부록2 | |
| 8 | 1984.12.25 | 원불교신앙론 연구, 수심정경의 선가적 성격, 불조요경본 사십이장경의 연구 외 | 15 | |
| 9 | 1986.2.25 | 종교와 사회복지, 원불교의 사회복지 이념, 원불교복지의 전망과 과제, 불죠정전에 대하여 외 | 11 | 〈특집〉 원불교와 사회복지 |
| 10 · 11 | 1987.6.30 | 일원상 신앙장 연구, 원불교의 사회관, 소태산대종사의 상담원리에 대한 서설적 연구 외 | 20 | 〈특집〉 전팔근 화갑기념 |
| 12 | 1988.12.25 | 원불교교화사에서 본 여자교무의 역할, 원불교교도의 사회경제적 지위와 그 이동에 관한 연구, 민족주의 원불교사상 외 | 9 | |
| 13 | 1990.11.25 | 원불교사상의 사회윤리적 접근, 사회구원의 찬원에서 본 개교의 동기 외 | 11 | |
| 14 | 1991.12.25 | 수양연구요론의 구조와 성격, 구도자로서의 소태산, 정기훈련 11과목의 구조적 조명 외 | 16 부록1 | |
| 15 | 1992.12.25 | 정산종사의 생애와 사상, 정산종사의 가계고, 정산종사의 세전사상, 정산종사의 성품관 외 | 19 | 〈특집〉 정산종사의 사상 |

---

81) 양은용, 「원불교 학술활동의 현황과 과제-원불교사상연구원의 학술·연구활동을 중심으로」, 『원불교사상과 종교문화』 47집, 원광대·원불교사상연구원, 2011.2, pp.137-140참조.

| 권번 | 발간일 | 특집 및 수록논문 | 논문수 | 비 고 |
|---|---|---|---|---|
| 16 | 1993.12.25 | 교화학의 위상과 과제, 원불교교화의 발전방향, 원불교교화 이대로 좋은가 외 | 15 | |
| 17·18 | 1994.12.4 | 소태산사상의 근대사적 조명, 소태산대종사의 진리적 종교관, 소태산의 인간상 외 | 20 | 〈특집〉소태산대종사와 원불교 |
| 19 | 1995.12.25 | 사은신앙에 관한 연구, 소태산대종사의 한국관, 새삶운동과 민족적 진로 외 | 20 | |
| 20 | 1996.12.20 | 원불교 사회교화의 이념과 방향, 21세기 생명윤리의 과제, 정보화사회와 사회윤리 외 | 20 | |
| 21 | 1997.12.25 | 원불교 설교의 기능에 관한 연구, 북한교화의 방향과 과제, 원불교학의 기본체계 외 | 20 | |
| 22 | 1998.12.25 | 정산종사의 실천실학, 정산종사의 선사상고찰, 정산종사의 저술과 관련연구 분석 외 | 20 | |
| 23 | 1999.12.25 | 대종사와 정산종사의 교리체계 비교, 정산종사의 사상과 경륜, 정산종사의 환경관 외 | 20 | |
| 24 | 2000.12.25 | 소태산대종사와 정산종사, 동원도리에 관한 연구, 정산종사의 교육사상 외 | 18 | |
| 25 | 2001.12.25 | 사은신앙의 고찰, 21세기와 원불교, 송정산의 영기질론의 형성시기와 배경 외 | 18 | |
| 26 | 2002.12.25 | 팔조에 관한 연구, 원불교선의 수행체계, 현대물리학과 원불교사상 외 | 17 | |
| 27 | 2004.2.25 | 불교계대학에서 종교교육의 문제, 불교정전의 성립과 특징, 사회운동과 종교 외 | 15 | 원불교사상과 종교문화, 년2회발간 |
| 28 | 2004.8.25 | 결복기교운을 열어갈 교무상, 21세기 원불교 교당형태에 관한 연구, 외 | 15 | |
| 29 | 2005.2.25 | 일상수행의 요법 주석상의 제문제, 원불교 마음공부 개념에 대한 연구 외 | 11 부록1 | 년3회 발간 |
| 30 | 2005.8.30 | 석두암 문답시의 소재연구, 이공주 일기에 나타나 소태산대종사의 열반상황 외 | 12 | |
| 31 | 2005.12.31 | 불교적 영성의 일고찰, 대종경 변의품 해석에 대한 기초적 연구 외 | 16 | |
| 32 | 2006.2.25 | 소태산대종사의 조선불교혁신론과 불교개혁사상, 불법연구회 잡지의 법설기록자에 관한 연구 외 | 13 | |
| 33 | 2006.8.25 | 신과학과 생명윤리, 원불교 성리의 성립사 연구, 정산종사 심성영기론의 연원 외 | 12 | |
| 34 | 2006.12.31 | 원불교 교화단에 관한 연구, 영성과 평화, 21세기 종교의 기능과 원불교 외 | 13 | |
| 35 | 2007.2.25 | 대종경 전망품의 사회문화적 함의, 뉴에이지운동의 한국수용 배경과 그 특성 외 | 10 | |

| 권번 | 발간일 | 특집 및 수록논문 | 논문수 | 비 고 |
|---|---|---|---|---|
| 36 | 2007. 8.25 | 사은사상과 세계의 조화, 죽음의 원불교적 해석, -문화관광 정보의 현단계와 전망 외 | 11 | |
| 37 | 2007.12.31 | 불전번역, 위의경과 그 연구의 의의, 주산 송도성종사의 유묵에 나타난 서화세계 외 | 10 | 년4회발간 |
| 38 | 2008.2.25 | 종교화해와 해석학, 법신불일원의 보신불적 해석의 모색, 민속종교의 영성 외 | 8 | |
| 39 | 2008.8.25 | 한국근대종교의 삼교융합과 생명영성, 생명 영성의 문제와 불교 외 | 9 | |
| 40 | 2008.12.31 | 진리인식에 있어서 무-일원상진리의 구조해 석학에 있어서 무의 문제 외 | 9 | |
| 41 | 2009.2.25 | 사은사상의 신앙적 의미 재조명, 은사상에 대한 또 하나의 시각 외 | 7 | |
| 42 | 2009.8.25 | 무시선법 중 경계에 대한 인식과 수행의 단 계 고찰, 원효의 언어관 연구 외 | 9 | |
| 43 | 2009.12.31 | 세계윤리와 삼동윤리의 맥락화용, 일본에서 의 전쟁과 종교 외 | 7 | |
| 44 | 2010.2.25 | 원불교 마음공부 본질에 관한 서설, 원불교 의 후천개벽 세계관, 양명의 죽음관 외 | 11 | |
| 45 | 2010.8.25 | 마음인문학의 과제와 전망, 일본인의 생명 관, 일본 세계문화유산 속의 백제문화 외 | 16 | |
| 46 | 2011.1.7 | 죽음의 원불교적 해석학, 원불교 교역자제도 변천사 연구, 한과 모노노아와레 외 | 10 | |
| 47 | 2011.2.25 | 법신여래 일원상, 원불교학술활동의 현황과 과제, 종교와 예술의 문제 외 | | |
| 48 | 2011.6.30 | 사요의 용어 변천에 대한 연구, 원불교계문 의 성립과 현대적 조명 외 | | |
| 49 | 2011.9.30 | 마음공부와 도덕교육 프로그램 개발의 방향, 법신불사은 호칭 제고 외 | | |
| 50 | 2011.12.31 | 원불교와 불교의 관계 재고, 원불교 사회복 지의 시원에 관한 연구 외 | | |
| 51 | 2012.3.31 | 원불교 일원상 신앙, 원불교 영산성지의 풍 수적 의미에 관한 연구 외 | | |
| 52 | 2012.6.30 | 원불교 일원상 진리와 사은의 관계에 관한 논의, 정산종사 삼동윤리의 연구사적 검토 외 | | |
| 53 | 2012.9.30 | 원불교 초기교단의 강연 연구, 원불교의 물 질개념, 종교의 과거와 상극 외 | | |
| 54 | 2012.12.31 | 소태산 박중빈의 인권사상, 원불교 마음공부 의 체계 연구 외 | | |
| 55 | 2013.3.31 | 원불교의 조직적 특성, 종교의 미래와 상생 의 정치신학, 한국 신종교에 있어서 후천개 벽과 역의 상관성 외 | | |

| 권번 | 발간일 | 특집 및 수록논문 | 논문수 | 비 고 |
|------|--------|------------------|--------|-------|
| 56 | 2013.6.30 | 정기훈련법의 연구, 원불교 내의 근본주의 비판과 극복, 원불교 정신수양의 심리적 개념화 외 | | |
| 57 | 2013.9.30 | 소태산의 예언과 초기 원불교의 상징에 대한 풍수이기론적 해석, 다도철학과 현지 외 | | |
| 58 | 2013.12.31 | 원기 100년대와 원불교학의 정체성 문제, 의두 성리공부의 동기유발 방안 연구 외 | | |

위의 논문집에 나타난 바대로 근간 교학연구의 성향을 다음 몇 가지로 정리할 수 있다.

첫째, 지금까지 일원상 사은 삼학 등 교강정립과 초기교사 연구에 주류를 이루어 왔다. 원불교는 100년의 역사에 진입하여 있는 관계로 아직 초기교단의 측면들이 적지 않다. 교학연구의 역사도 1960년대로부터 비롯된 관계로 50여년의 역사에 지나지 않는다. 이에 초기교단의 교학연구는 주로 교리와 교단사의 연구에 초점이 맞추어져 왔음은 부득이한 현상이라 보며, 교학연구의 기반을 다지는 역할을 했다.

둘째, 원불교학 연구에 있어서 유불도 3교와의 회통정신을 주로 조명하고 있다. 소태산은 불교를 주체로 하면서 유불도 3교를 통합 활용한다고 하였다. 이 모든 교리를 통합하여 수양·연구·취사의 일원화와 또는 영육쌍전·이사병행 등 방법으로 잘 공부한다면 3교의 종지를 일관할 뿐 아니라 모든 종교의 교리가 사통오달의 큰 도를 얻게 된다[82]고 하였던 것이다. 신종교의 탄생은 이러한 전통종교의 계승과 창조라는 측면에서 종교 회통적 성향을 지닌다. 신종교의 면모를 완전히 극복했다고 보기에는 성급한 점에서 원불교는 교학 연구에 있어

---

82) 『대종경』, 교의품 1장.

서 3교의 교섭 및 상관성의 측면들을 부각시키고 있다.

셋째, 실천교학적 접근으로 사회복지, 좌선, 설교, 선법, 원불교 교화의 방법론, 마음공부 등에 관련한 연구가 있어왔다. 원불교의 실천교학적 접근은 교화의 오랜 정체와 더불어 이를 극복하기 위해 비교적 근래에 강조되어 온 관계로 초기 교학연구사에서 크게 조명 받지 못하였다. 물론 원불교학은 완성된 학문이 아니라 이제 겨우 이론교학의 기반이 확립되었으며, 아직 답보상태임[83]을 부인할 수 없다. 원불교의 기초교학 정립에 치중한 나머지 교화의 방법론적 접근과 관련한 실천교학적 연구는 심화되지 못한 점이 적지 않다. 위의 세 가지 특징 중에서도 실천실학적 접근이 다소 부족하다는 점을 인지, 후학들은 실천교학 나아가 원불교의 실학적 측면을 더욱 조명해야 할 것이다.

한편 교학 연구사를 성찰하면서 필자의 경우도 예외일 수는 없는 바, 그간 자신의 저술활동을 되돌아보면서 실학적 성향과 관련한 저술은 없었는가를 〈도표3〉을 통해서 살펴보고자 한다. 편의상 실학적 성향과 활용적 성향을 구분하였는데, 그 성격을 저서 내용의 실학성과 일반 독자의 활용 정도에 의하여 기준을 삼았다는 뜻이다. 이러한 저술 분석의 틀을 실학적 측면과 관련짓고자 했으며, 아울러 그것이 일선교당에서 얼마나 활용되고 있느냐 하는 점을 참조하자는 것이다.[84] 이러한 저술의 분석은 실학과 관련한 자성적 성찰의 계기를 삼으려는 의도가 깔려 있다.

---

83) 김성장, 「원불교학 연구의 당면과제」, 『원불교학』 제2집, 한국원불교학회, 2003.6, p.195.

84) 활용정도는 저술 판매량으로 기준을 삼았는데, 2011년 11월 현재, 『대종경 풀이』 상하는 3판(1800부), 『정전풀이』는 재판(1200부), 정산종사법어는 1판(600부)에 이른다.

〈표3〉 저술목록85)

| 번호 | 저서명 | 출판사, 출판연도 | 실학/활용 |
|---|---|---|---|
| 1 | 원불교와 동양사상 | 원광대출판국, 1995 | |
| 2 | 동양의 수양론 | 서울 학고방, 1996 | |
| 3 | 성직과 원불교학 | 서울 학고방, 1997 | |
| 4 | 경쟁사회와 원불교 | 원광대출판국, 1998 | 실학성향 |
| 5 | 정보사회와 원불교 | 원광대출판국, 1998 | 〃 |
| 6 | 지식사회와 원불교 | 원광대출판국, 1999 | 〃 |
| 7 | 지식사회와 성직자 | 원광대출판국, 1999 | 〃 |
| 8 | 21C가치와 원불교 | 도서출판 동남풍, 2000 | 〃 |
| 9 | 중국철학사 | 원광대출판국, 2000 | |
| 10 | 정산종사의 인품과 사상 | 원불교출판사, 2000 | 활용성향 |
| 11 | 정산종사의 교리해설 | 원불교출판사, 2001 | 〃 |
| 12 | 원불교인은 어떠한 사람들인가 | 원불교출판사, 2002 | 실학성향 |
| 13 | 원불교인, 무얼 극복할 것인가 | 원불교출판사, 2003 | 〃 |
| 14 | 소태산과 노자 지식을 어떻게 보는가 | 원불교출판사, 2004 | 활용성향 |
| 15 | 대종경풀이(상) | 원불교출판사, 2005 | 〃 |
| 16 | 대종경풀이(상) | 원불교출판사, 2006 | 〃 |
| 17 | 원불교해석학 | 원불교출판사, 2007 | 〃 |
| 18 | 정산종사법어(1) | 원불교출판사, 2008 | 〃 |
| 19 | 정산종사법어(2) | 원불교출판사, 2008 | 〃 |
| 20 | 정산종사법어(3) | 원불교출판사, 2009 | 〃 |
| 21 | 정전풀이(상) | 원불교출판사, 2009 | 〃 |
| 22 | 정전풀이(하) | 원불교출판사, 2010 | 〃 |
| 23 | 정전변천사 | 원불교출판사, 2010 | 〃 |
| 24 | 장자철학의 지혜 | 학고방, 2011 | 〃 |
| 25 | 원불교와 깨달음 | 학고방, 2012 | 〃 |
| 26 | 견성과 원불교 | 학고방, 2013 | 〃 |
| 27 | 원불교와 한국인 | 학고방, 2014 | 실학성향 |

---

85) 2014년 4월 현재까지의 저술 자료임을 밝힌다.

위의 도표를 참조할 때, 특히『경쟁사회와 원불교』(1998),『정보사회와 원불교』(1998),『지식사회와 원불교』(1999),『지식사회와 성직자』(1999),『21C가치와 원불교』(2000)라는 저술명이 실학적 성격을 지니고 있다. 21세기에 진입한 길목에서 새 시대의 원불교학이 나아가야 할 방향을 조명하려는 저자의 의도가 부각되었다. 뒤이어『대종경 풀이』(상~하),『정산종사법어 풀이』(1~3),『정전 풀이』(상~하)를 간행함으로써 일선교당에서 경전 이해를 용이하게 돕고자 하였다. 이러한 논자의 저술활동을 성찰하면서 양과 질의 측면에서 보면 앞으로 보완되어야 할 사항이 많을 것으로 본다. 중요한 것은 오늘날 원불교학계에서 교학정립과 관련한 단행본류는 양적으로 미흡하다는 점을 상기코자 한다.

무엇보다 원불교학 연구의 실학적 성향을 조명한다는 것은 교학연구계에 지속적인 과제를 가져다주는 것이며, 이는 실천교학의 연구가 필요하다는 뜻이다. 그동안 실천교학의 연구가 미약하였다는 점을 상기하면 앞으로 실제지향의 교학 연구가 큰 과제라 본다.[86) 교화발전을 향한 실천교학적 접근으로, 현장교화에 경력이 풍부한 교역자의 적극적 연구 참여가 요구된다.

이미 원불교 교정원 교육발전안 연구위원회(교발위)가 원기 86년(2001년) 원불교학을 이론교학 실천교학 실증교학 응용교학 원불교역사학 등으로 분류한 시점에서 보면, 원불교학은 완성된 학문이 아니라 이제 이론교학의 기초가 확립되었다고 볼 수 있다. 교화 대불공의

---

86) 원불교대학원대학교에서는 실천교학 연구와 관련한 논문집(2013년 12호)을 매년 발간하고 있는 것으로 알고 있다.

차원에서, 또는 교단 100년대 교학연구의 현실에서 실천교학의 부단한 연구는 교단 발전과 교화 확장을 도모할 기반이 된다. 실천교학의 연구는 학계에서 활동하는 교학연구자에게만 미룰 수는 없는 일이며, 교화 현장의 교역자들의 연구가 뒷받침되어야 한다.


## 5. 실학과 불교혁신

실학사상을 연구하면서 주목되는 점은, 실학이 동도서기론의 미완학설처럼 조선조에 유행한 학풍 정도로 과소평가할 우려가 있다. 그러나 그것은 동북아 근대화의 뿌리가 되었고, 구시대의 개혁이라는 명분을 고려하면 후천개벽을 목적으로 창립된 신종교에서 주목해야 할 것이다. 또 실학의 학문적 범위는 분명히 할 수 없는 점에서 성리학의 범주에 포함하느냐, 반성리학적인 범주냐 하는 점도 논쟁 속에 있다.

그러나 실학을 성리학에 포함하느냐, 그렇지 않느냐의 논쟁보다는 그것이 관념론적 허구성을 극복하고 구시대의 청산과 실제 지향을 추구한다는 점에서 실학의 본질을 고려해야 한다. 아울러 원불교를 불교의 범주에 포함하느냐의 여부보다는 원불교가 불교를 새롭게 혁신, 생활불교로서 제대로 역할을 하느냐의 문제가 더 중요하다는 것이다. 원불교의 실학적 접근이 이와 관련되기 때문이다.

실학이 실제 지향의 과학정신 나아가 근대민족주의 정신 및 시대개혁이라는 노선을 분명히 한 점에서 원불교의 불교혁신과 유사한 점이 적지 않다고 본다. 그것은 원불교의 창립과 교리정신, 사회구원론이 구시대의 청산과 실제 지향의 실학 이념과 상통하는 부분이 적지 않다

는 의미이며, 당시 실학의 한계마저 넘어서야 하는 과제를 남기고 있
다. 구한말 우리나라 통치계급은 무기력했으며 기존의 성리학 사상이
나 실학사상도 빛을 잃어가고 있었으니, 최수운의 언급처럼 군주나
양반은 제구실을 못했고 부자와 자식 간의 천륜관계도 이루어지지 않
는 실정이었기에, 사람들은 모든 사회생활이 정상궤도에서 벗어나버
린 탈선된 사회현실에 직면했던 것이다.[87] 이러한 전환기적 개벽시대
에 직면하여 최수운, 강증산, 소태산으로 이어지는 성자의 시대인식
론은 인류구원과 종교혁신이라는 사명을 지닐 수밖에 없었다.

앞으로 전통사상과의 비교를 통한 교학정립의 과제로는 원기 100년
에 즈음한 원불교의 새로운 방향을 제시해 주어야 할 것이다. 한국 실
학의 원불교적 접근은 이러한 과제 해법에 일조가 될 수 있으리라 본
다. 실학자 이을호에 의하면 한국 실학과 원불교와의 관계는 어떻게
설명되어져야 할 것인가를 환기해 보자고 하였다. 곧 원불교는 유교
가 아닌 불교라는 테두리 안에서 연원한 종교이긴 하지만, 기본이념
과 실천강령에는 생활종교로서의 실학적 요소가 허다하게 내포되어
있는 만큼 실학적 원불교 또는 원불교적 실학이라는 개념을 설정하여
이를 다룰 수 있는 가능성은 얼마든지 있다[88]는 것이다. 실학과 원불
교사상의 비교연구가 전통종교와의 교판적 접근에서 보면 그 의의가
크다.

더욱이 원불교는 불교의 교판 정신을 이어서 새로운 실학적 경향을

---

87) 한승조, 「한국정신사의 맥락에서 본 원불교」, 『원불교사상』 4집, 원불교사상
　　연구원, 1980, p.55.
88) 이을호, 「원불교 교리상의 실학적 과제」, 『원불교사상』 8집, 원불교사상연구
　　원, 1984, p.262.

지닌 점에서 새 불교로서의 역할을 해야 한다는 점을 고려하면, 원불
교학의 실학적 접근은 혁신불교의 측면을 부각시키는 점에서도 필요
하다. 원불교는 한국사회가 근대화를 지향하면서 필연적으로 요구되
었던 불교에 있어서의 실학적 경향을 지니게 되었다는 점에서, 불교
의 새로운 단계를 발돋움하는 발전적 계기를 마련하고 있는 새 불교로
서 자리매김해야 할 것[89]이라는 지적이 이것이다. 불법을 혁신하려는
소태산의 불교혁신정신을 돌이켜 본다면 교학의 다채로운 접근은 바
람직한 일이다.

교학의 실학적 접근에 있어서 주의할 점은, 상호 비교연구에 이질
성이 있을 수 있다는 점을 고려하면 원불교학의 실학적 연구에 지나친
기대는 금물이라 본다. 원불교의 실학적 경향은 실제로 관심의 초점
이 후기 실학자들과는 달랐기 때문에 기술향상이나 과학의 진흥, 경
제와 산업의 진흥에 대한 직접적이고 구체적인 방안을 제시하거나 정
치적 제도의 개선책에 대한 구체적 이론을 제시한 적이 없었기 때문이
다.[90] 그것은 종교와 실학이라는 범주의 차이 때문이며, 다만 시대의
변혁, 제도의 혁신, 실제 지향의 정신을 추구하는 점에서 원불교학이
실학으로부터 얻을 수 있는 시사점은 많다.

과학문명과 물질개벽이 화두가 되는 현 시대에 처하여 원불교는 조
선후기 실학자들이 그러했던 것처럼 전환기의 시대적 사명에 부응해
야 하는 과제를 안고 있다. "물질이 개벽되니 정신을 개벽하자"는 소

---

89) 홍윤식,「정산종사의 새로운 회상관이 갖는 의미」, 제19회 원불교사상연구 학
술대회《鼎山宗師의 信仰과 修行》, 원광대 원불교사상연구원, 2000년 1월 28
일, p.6.
90) 송천은,『일원문화산고』, 원불교출판사, 1994, p.152.

태산의 개교동기를 보면, 교리정신에 바탕한 과학문명을 선도해야 한
다는 뜻이다. 과학문명의 물결에 대응할 종교의 필요성에 부응하려는
뜻에서 새로운 양상의 종교를 구축하려한 결과가 원불교이므로, 교단
의 실학적 변용 역시 이러한 성립 배경에 대한 폭넓은 고려 하에서 이
해되어야 한다.91) 시대를 향도할 원불교의 정신개벽론이 더욱 부각되
어야 할 것이다.

원기 100년도에 즈음한 교단 발전을 위해 원불교학 정립의 과제는
적지 않다고 본다. 소태산의 교리정신을 새롭게 노정해야 하며, 차제
에 조선 후반에 유행하였던 위정척사 운동, 동도서기론, 개화론과의
비교 연구가 필요하다. 이를테면 위정척사 운동에서 본 원불교학, 동
도서기론에서 본 원불교학, 개화파의 이념에서 본 원불교학은 금후
교학 정립의 과제가 적지 않음을 인지케 한다. 원불교의 실학과의 비
교 접근은 이러한 맥락에서 얼마든지 거론될 수 있는 것이다.

---

91) 윤사순, 「濟度意識에 있어서의 실학적 변용-원불교와 實學」, 『원불교사상』 8
집, 원불교사상연구원, 1984, p.295.

哲山 **류성태**

現 원광대학교 원불교학과 교수
現 원광대학교 동양학대학원장

〈주요 저서〉
- 정전풀이(상~하)(2009)
- 정산종사법어풀이(1~3)(2008)
- 견성과 원불교(2013)
- 원불교 해석학(2007)
- 원불교와 동양사상(1995)
- 정산종사의 인품과 사상(2000)
- 원불교인, 무얼 극복할 것인가(2003)
- 장자철학의 지혜(2011)
- 소태산과 노자, 지식을 어떻게 보는가(2004)
- 21C가치와 원불교(2000)
- 지식사회와 성직자(1999)
- 정보사회와 원불교(1998)

- 대종경풀이(상~하)(2005)
- 원불교와 깨달음(2012)
- 정전변천사(2010)
- 원불교와 한국인(2014)
- 정산종사의 교리해설(2001)
- 원불교인은 어떠한 사람들인가(2002)
- 성직과 원불교학(1997)
- 동양의 수양론(1996)
- 중국철학사(2000)
- 지식사회와 원불교(1999)
- 경쟁사회와 원불교(1998)

# 원불교와 한국인

초판 1쇄 인쇄  2014년 03월 27일
초판 1쇄 발행  2014년 04월 05일

저    자 | 류성태
펴 낸 이 | 하운근
펴 낸 곳 | 學古房

주    소 | 서울시 은평구 대조동 213-5 우편번호 122-843
전    화 | (02)353-9907 편집부(02)353-9908
팩    스 | (02)386-8308
전자우편 | hakgobang@chol.com
홈페이지 | http://hakgobang.co.kr
등록번호 | 제311-1994-000001호

ISBN      978-89-6071-367-3  93200

값 : 33,000원

이 도서의 국립중앙도서관 출판시도서목록(CIP)은 서지정보유통지원시스템 홈페이지
(http://seoji.nl.go.kr)와 국가자료공동목록시스템(http://www.nl.go.kr/kolisnet)에서 이용하
실 수 있습니다.(CIP제어번호: CIP2014009156)